역사선생님도 궁금한

101가지
한국사
질문사전

역사선생님도 궁금한

101가지
한국사
질문사전

박래훈 외 8명 글
이병익 그림

북멘토

즐거운 역사,
쉬운 역사 공부를 위하여

교실에서 역사 수업 장면 1

선생님이 열심히 역사를 가르치고 있습니다. 반면 학생들은 선생님의 설명에 집중하는 학생보다 딴짓을 하거나 꿈나라에 든 학생이 더 많습니다. 왜 그럴까요? 역사 수업은 기본적으로 '이야기하기(스토리텔링)'가 잘 되어야 합니다. 그런데 시간적으로 제한된 학교 수업에서 교과서 내용 전체를 가르치려다 보니, 교과서에 나와 있는 역사 지식만 나열할 수밖에 없습니다. 당연히 학생들에게는 역사 수업이 수면제에 불과하지요.

교실에서 역사 수업 장면 2

4명씩 짝을 지어 모둠별 토론 수업을 진행합니다. 학생들을 자세히 관찰하니, 주제를 제시해 주었는데도 모둠별 토론이 수박 겉핥기 같은 뻔한 이야기만 오가고 있습니다. 왜 그럴까요? 토론이 활발하려면 학생들이 주제와 연관된 역사 지식을 사전에 충분히 이해하고 있어야 합니다. 그런데 이게 되어 있지 않으니 실제 토론 수업 현장에서 토론거리가 나오지 않습니다. 토의가 잘 이루어질 리 없지요.

이 책은 역사 수업 현장의 이러한 문제점을 조금이라도 개선하기 위해 교실 수업 개선에 적극적인 선생님들이 함께 엮었습니다. 많은 학생들이 두루두루 이 책을 보며 역사와 친해지기를 기대합니다.

2021년 2월
집필자 일동

차례

머리말 … 4

1
선사 문화와 우리 역사의 형성

001 주먹도끼가 구석기 시대 세계 역사 지도를 바꾸었다고요? … 14

002 빗살무늬 토기 바닥은 왜 뾰족한가요? … 18

003 고인돌이 청동기 시대 지배자의 무덤 맞나요? … 22

004 단군은 사람 이름인가요? … 27

005 위만은 중국 사람인가요? … 31

006 왕이 죽으면 산 사람을 함께 묻었다고요? … 35

007 형이 죽으면 형수를 아내로 삼았다고요? … 39

2
삼국의 성립과 발전

008 왜 나라를 세운 사람들은 알에서 태어났을까요? … 44

009 경주에서 발견된 그릇에 왜 광개토대왕의 이름이 있나요? … 47

010 신라 사람들은 집도 마음대로 지을 수 없었다면서요? … 51

011 삼국이 한강을 차지하기 위해 싸웠던 이유는 뭔가요? … 54

012 백제 무령왕은 누구의 아들인가요? … 59

013 중앙 집권 국가와 율령 반포는 무슨 관련이 있나요? … 63

014 삼국 시대 사람도 서역을 갈 수 있었나요? … 66

015 경제 대국이었던 가야가 쉽게 멸망한 이유는 뭔가요? … 70

016 칠지도는 왜 만들어졌나요? … 74

017 삼국 시대 각 나라의 무덤 양식은 어떤가요? … 78

018 고분 벽화로 알 수 있는 고구려인의 삶은 어땠나요? … 83

019 백제 왕자와 신라 공주가 결혼했다고요? … 87

020 중국을 통일한 수나라는 왜 고구려를 이기지 못했을까요? … 92

021 신라의 삼국 통일, 최선이었을까요? … 96

3
통일 신라와 발해의 발전

022 남북국 시대는 어떤 시대였나요? … 100

023 신문왕은 왜 일의 대가로 주는 녹읍을 없애려고 했나요? … 104

024 원효가 '나무아미타불'을 강조했던 이유는 뭔가요? … 107

025 발해는 어떻게 해동성국이 되었나요? … 110

026 최치원은 왜 당나라로 갔나요? … 114

027 궁예는 왜 미륵불을 자처했나요? … 118

4
고려의 성립과 변천

028 그 많던 호족은 다 어디로 갔나요? … 124

029 공식적으로 복수를 허용하는 법이 있었다고요? … 128

030 서희는 정말 말 몇 마디로 거란을 물리쳤나요? … 132

031 9성을 개척한 윤관이 처벌을 받았다고요? … 137

032 이자겸의 두 딸은 왜 한 남자와 결혼했을까요? … 141

033 몽골은 왜 고려를 멸망시키지 않았나요? … 145

034 고려 시대에도 사교육이 활발했나요? … 150

035 고려의 부모들은 아들과 딸을 차별하지 않았나요? … 154

036 한 사람의 공으로 고향 사람 전체가 혜택을 보았다고요? … 157

037 고려에서는 외국인도 고위 공무원이 될 수 있었나요? … 160

038 《팔만대장경》은 왜 세계기록유산이 되었나요? … 164

039 나무 몽둥이가 공문서와 같은 효력을 가졌다고요? … 168

5
조선의
성립과 발전

040 임금 이름에 붙은 '조'와 '종'은 어떻게 다른가요? ⋯ 174

041 조선 시대에도 수능 시험이 있었나요? ⋯ 176

042 조선은 어떻게 부정부패를 막았을까요? ⋯ 181

043 조선 시대 노비는 평생 노비로만 살아야 했나요? ⋯ 185

044 조선 시대에는 결혼하면 꼭 시가에서 살아야 했나요? ⋯ 188

045 조선 왕은 왜 중국 황제에게 이것저것 갖다 바쳤나요? ⋯ 192

046 조선 시대에는 세금을 어떻게 냈나요? ⋯ 197

047 사림들은 왜 죽임을 당했나요? ⋯ 205

048 편을 갈라 논쟁하는 것이 나쁜가요? ⋯ 211

049 일본 무사 사야가는 왜 조선인 김충선이 되었나요? ⋯ 216

050 인조는 왜 청 황제 앞에서 큰절을 했나요? ⋯ 221

051 장례식 때 입는 옷이 논쟁거리가 된 적이 있다면서요? ⋯ 226

052 진경산수화는 어떤 그림인가요? ⋯ 231

053 숙종은 정말 여자밖에 모르는 사랑꾼이었나요? ⋯ 234

054 실학은 어떤 학문인가요? ⋯ 239

055 조선 시대에도 택배 배달원이 있었다면서요? ⋯ 243

056 조선 후기에는 책을 대신 읽어 주는 사람이 있었다면서요? ⋯ 247

057 한밤중에 정조가 화성에서 군사 훈련을 한 이유는 뭔가요? ⋯ 251

058 우리나라에 천주교 성인이 103명이나 있다고요? ⋯ 256

059 갈밭 마을 남자는 왜 거시기를 스스로 잘랐나요? ⋯ 260

6

개항과
근대 국민 국가
수립 운동

060 근대화가 도대체 뭔가요? … 268

061 프랑스는 외규장각 도서를 왜 임대 형식으로 반환했나요? … 271

062 남연군의 묘는 왜 충청도에 있나요? … 275

063 위정척사 운동가들이 서양 문물 수용을 반대한 이유는 뭔가요? … 279

064 조선의 국모가 가짜 장례식을 치렀다고요? … 283

065 갑신정변 실패 후 주역들은 어떻게 지냈나요? … 287

066 외국 상인의 한반도 진출로 조선 상인들도 이득을 보았다는데요? … 291

067 농민들의 세상이 왔다고요? … 295

068 신분제가 철폐되었으니 바로 평등한 세상이 되었겠지요? … 299

069 고종은 왜 하필 러시아 공사관으로 피신했나요? … 302

070 서재필은 고종에게 받은 4,400원으로 무엇을 했나요? … 306

071 한말 의병장 중에 여성도 있었다고요? … 310

072 안중근은 의사일까요? 테러리스트일까요? … 313

073 사진만 보고 1만 킬로미터를 찾아가 결혼한 사람들이 있다고요? … 317

074 양복·양산·양말·양주의 '양'이 서양을 뜻한다고요? … 321

7

일제 식민 지배와
민족 운동의 전개

075 한일 병합 조약에는 순종의 서명이 없었다고요? ··· 326

076 헌병 경찰과 보통 경찰은 어떻게 달랐나요? ··· 330

077 동양척식주식회사는 무슨 일을 하는 회사였나요? ··· 334

078 신흥무관학교를 세운 사람들은 누구인가요? ··· 338

079 3·1 운동의 시작점은 일본 도쿄였다면서요? ··· 343

080 대한민국 임시 정부에도 탄핵된 대통령이 있다고요? ··· 347

081 봉오동과 청산리 영웅들은 모두 어디로 갔나요? ··· 352

082 우리나라에도 공산당이 있었다고요? ··· 356

083 학생 독립운동 기념일은 왜 11월 3일인가요? ··· 362

084 의열단원들이 의열 투쟁을 계속했던 이유는 무엇인가요? ··· 367

085 일본군을 탈출해서 광복군이 된 사람이 있다고요? ··· 371

086 한글은 서울역 창고에서 다시 태어났다면서요? ··· 375

087 매주 수요일 일본 대사관 앞에 사람들이 모이는 이유는 무엇인가요? ··· 379

088 우리나라가 세계에서 두 번째로 원자폭탄 희생자가 많다고요? ··· 384

089 일제 강점기에 고향을 떠난 사람들은 어떻게 되었나요? ··· 388

8
대한민국의 발전

090 해방을 맞았는데 총독부 건물에 왜 미국 국기가 게양되었나요? ⋯ 394

091 잘못된 신문 보도 하나로 온 나라가 혼란에 빠졌다고요? ⋯ 398

092 민간인 학살을 주도한 사람들이 훈장을 받았다고요? ⋯ 402

093 대한민국 《관보》 1호 발행일은 왜 '대한민국 30년 9월 1일'일까요? ⋯ 406

094 친일 청산에 힘쓴 반민특위 사람들이 왜 빨갱이로 몰렸나요? ⋯ 410

095 우리나라는 전쟁이 끝난 게 아니라 쉬고 있는 거라고요? ⋯ 414

096 고등학생의 일기가 역사적인 자료가 되었다고요? ⋯ 418

097 우리나라 경제는 성장했는데,
노동자 전태일은 왜 자신의 몸에 불을 붙였나요? ⋯ 422

098 신문 광고란에 시민들의 응원 문구가 가득찬 까닭은 뭔가요? ⋯ 425

099 경찰이 책상을 탁! 치니 대학생이 억! 하고 죽었다는데, 사실인가요? ⋯ 429

100 뽀로로가 남북 협력으로 만들어졌다고요? ⋯ 436

101 동아시아 평화를 위한 바람직한 한일 관계는
어떻게 만들어 가야 할까요? ⋯ 441

찾아보기 ⋯ 446
사진 출처 ⋯ 454

1

선사 문화와
우리 역사의 형성

001 주먹도끼가 구석기 시대 세계 역사 지도를 바꾸었다고요?

002 빗살무늬 토기 바닥은 왜 뾰족한가요?

003 고인돌이 청동기 시대 지배자의 무덤 맞나요?

004 단군은 사람 이름인가요?

005 위만은 중국 사람인가요?

006 왕이 죽으면 산 사람을 함께 묻었다고요?

007 형이 죽으면 형수를 아내로 삼았다고요?

주먹도끼가 구석기 시대
세계 역사 지도를 바꾸었다고요?

역사 수업 첫 번째 시간이었어요. 선생님께서 구석기 시대를 설명하면서 "한반도 중부 지방에서 발견된 주먹도끼가 세계 구석기 역사 지도를 다시 그리게 했다."고 하셨습니다. 아무리 생각해도 알쏭달쏭합니다. 우리나라 주먹도끼가 정말 그렇게 대단한가요?

구석기 시대의 맥가이버 칼, 주먹도끼

구석기 시대를 대표하는 뗀석기로 '찍개'와 '주먹도끼'가 있습니다. 두 도구의 차이점은 제작 방법에 있습니다. 찍개는 돌의 한쪽 면을 깨뜨려 날을 만들고 반대편은 그대로 두어 손잡이로 삼았습니다. 반면에 주먹도끼는 찍개를 만드는 데서 좀 더 발전해 미리 머릿속으로 어느 쪽을 내리쳐서 날을 만들지 생각한 후에 좌우와 앞뒷면이 대칭을 이루게 칼날을 만든 다음 끝부분을 뾰족하게 다듬었습니다.

한쪽 면만 손질된 찍개(위 2개)와 전체적으로 손질된 주먹
도끼(아래 2개)

찍개가 몇 번의 타격만으로 투박하게 만든 도구라면, 주먹도끼는 머릿속에서 미리 전체 제작 과정을 설계한 다음 여러 번의 잔손질을 거쳐 만든, 찍개보다 날카롭고 쓰임새가 광범위한 도구입니다. 따라서 주먹도끼는 구석기 시대의 최첨단 생활 도구이자, 오늘날의 맥가이버 칼처럼 여러 용도로 사용된 도구였습니다.

구석기 시대 사람들은 주먹도끼 하나로 사냥도 하고 사냥한 동물의 가죽도 벗기고, 땅도 파고 나무 도구도 만들었습니다. 이런 만능 도구를 '주먹도끼'라 이름 붙인 건 손에 쥐기 편하게 만들어져 주먹 안에 꽉 쥐고 사용했기 때문입니다.

이러한 주먹도끼를 고고학계에서는 불과 몇십 년 전까지만 해도 인도의 서쪽 지역인 유럽, 아프리카, 서아시아 지역에서만 제작했고, 우리나라를 비롯한 동아시아와 아메리카 일대에서는 사용하지 않았다고 생각했습니다. 그래서 미국의 고고학자인 모비우스(H. L. Movius)는 구석기 시기 인도 서쪽 지역을 '주먹도끼 문화권'으로, 동아시아 일대는 '찍개 문화권'으로 분류하며 주먹도끼 문화권이 찍개 문화권보다 발전된 지역이었다고 주장했습니다.

주먹도끼 문화권

찍개 문화권

전곡리

모비우스의 주먹도끼 문화권과 찍개 문화권 분류 지도

구석기 시대 역사 지도를 바꾼 연천 전곡리 주먹도끼

그런데 1978년 경기도 연천 전곡리에서 그동안 동아시아에서는 전혀 출토되지 않았던 주먹도끼가 발견되었습니다. 이 유물을 발견한 사람은 동두천에서 주한 미군으로 근무하고 있던 그렉 보웬 하사관이었습니다. 그는 대학에서 고고학을 공부하다가 미군에 입대해 한국에 왔습니다.

하루는 그가 한국인 애인과 함께 부대 근처의 한탄강으로 산책을 나갔습니다. 둘이 함께 강변을 걷던 중 보웬의 눈에 끝이 뾰족한 돌 하나가 들어왔습니다. 고고학을 전공한 그는 이것이 구석기 시대 유물이라는 것을 알아봤습니다. 그는 비슷한 돌이 또 있는지 주변을 살폈습니다. 아니나 다를까, 사람 손으로 만들어진 것 같은 뾰족한 돌 몇 개가 눈에 더 들어왔습니다.

그는 자신이 발견한 것을 사진 찍어 세계적인 구석기 시대 연구자인 프랑수아 보르드 교수에게 보냈습니다. 교수는 볼품없는 이 돌멩이가 세계 구석기 문화권에 관한 기존의 학설을 뒤엎을 중요한 발견이라고 생각했습니다. 그는 바로 답장을 보내 고고학 연구소가 있는 서울대학교에 연락하도록 했습니다. 보웬은 발견한 돌들을 서울대학교로 가져갔고, 이후 서울대학교 박물관은 1979년부터 전곡리 일대를 조사해 주먹도끼를 비롯한 다양한 구석기 시대 유물을 발굴했습니다.

전곡리 일대의 주먹도끼 발견으로 인도 서쪽 지역에서만 구석기 시대 최첨단 도구인 주먹도끼가 만들어져 사용되었다는 모비우스의 주장은 폐기되었고, 우리나라를 비롯한 동아시아 지역에서도 주먹도끼가 만들어졌다는 것을 새롭게 알게 되었습니다. 연천 전곡리의 주먹도끼 발견은 구석기 시대 세계 역사 지도를 바꾼 대단한 사건이 아닐 수 없습니다.

빗살무늬 토기 바닥은
왜 뾰족한가요?

신석기 시대를 대표하는 유물인 빗살무늬 토기 바닥은 뾰족한 모양
이에요. 그런데 음식을 담는 그릇이 이렇게 뾰족하면 사용하기 불
편하지 않았을까요? 세우기도 힘들고 바닥 깊숙이 있는 음식을 꺼
내 먹기도 어려웠을 것 같은데, 왜 불편하게 이런 모양으로 그릇을
만들었을까요?

신석기 시대, 삶이 달라지다

지금으로부터 약 1만 년 전 빙하기가 끝나고 기후가 따뜻해지면서 생태계에 변화가
일어났습니다. 혹독한 추위를 견딜 수 있게 온몸이 털로 덮여 있던 매머드, 털코뿔이
같은 몸집 큰 동물들이 사라지고, 사슴, 멧돼지 같은 작고 날쌘 동물들이 등장했습니
다. 또 강과 바다에는 물고기나 조개 같은 것들이 많아졌습니다. 이러한 환경 변화에
신석기 시대 사람들은 새로운 도구를 만들어 적응해 나갔습니다.

신석기인들은 작고 빠른 동물들을 사냥하기 위해 활과 화살을 만들었습니다. 물고기를 잡기 위해 낚시와 작살, 그물도 제작했습니다. 하지만 사냥과 물고기잡이만으로는 배고픔을 해결할 수 없었습니다. 기후가 따뜻해지면서 사람들의 수도 전보다 많이 늘어났기 때문입니다.

이때 인류의 굶주림을 해결해 줄 놀라운 방법이 등장했습니다. 바로 농사를 짓는 것입니다. 농사를 짓기 전에는 주로 사냥을 하며 곡식은 자연에서 나던 것만 채취해서 먹었는데, 이제는 땅에 직접 씨를 뿌려 조, 피, 수수 같은 곡물을 재배하기 시작했습니다.

씨를 뿌려 곡물을 재배하기 시작하면서 사람들은 한곳에 정착할 수밖에 없었습니다. 왜냐고요? 생각해 보세요. 씨를 뿌려 놓고 다른 곳으로 가 버리면 곡물이 다 익어도 수확할 수가 없잖아요. 이제 사람들은 농사짓는 땅 근처에 머물며 움집을 지어 살기 시작했고 자연스럽게 마을이 형성되었습니다.

정착 생활을 하다 보니 사냥을 위해 굳이 '동물 찾아 삼만리'를 할 필요가 없어졌습니다. 그런데도 사람들은 이미 고기 맛을 보았고, 고기가 너무 먹고 싶었습니다. 이럴 땐 어떻게 해야 할까요? 궁하면 통한다고, 사람들은 새로운 방법을 생각해 냈습니다. 동물을 산 채로 잡아 와 집 주변에 울타리를 치고 직접 키우기 시작했습니다. 정착 생활로 인해 목축을 시작하게 된 것이지요.

새롭게 시작된 농경과 목축을 효과적으로 하기 위해서는 개량된 도구가 필요했습니다. 땅을 파고 곡식을 수확하기 위해 돌낫과 돌보습을 만들었고, 곡식의 껍질을 벗기기 위해 갈돌과 갈판을 제작했습니다. 그리고 토기를 만들어 음식을 조리하거나 곡식을 저장하는 데 사용했습니다.

토기의 이용은 인류의 생활을 완전히 바꿔 놓았습니다. 토기가 없던 시절에는 사냥해 온 고기를 날로 먹거나 모닥불에 구워 먹는 수밖에 없었습니다. 그러나 이제는 토기를 이용해 다양한 요리를 할 수 있게 되었습니다.

빗살무늬 토기의 미스터리를 찾아서

신석기 시대에 농사가 시작되면서 등장한 토기 중 가장 대표적인 것이 빗살무늬 토기입니다. 토기 표면에 나뭇가지나 동물의 뼈를 이용해 빗살을 새겨 놓았는데, 이 무늬를 보고 학자들은 '빗살무늬 토기'라고 이름을 붙였습니다. 그런데요, 이 토기는 현대를 사는 우리 눈으로 볼 때 이상한 점이 몇 가지 있습니다.

서울 암사동에서 발견된 빗살무늬 토기. 강가나 바닷가에서 발견된 토기들은 대부분 그릇 밑이 뾰족하다.

궁금증 하나! 왜 신석기 시대 사람들은 토기 표면에 힘들게 빗살무늬를 새겼을까요? 고고학자들은 토기의 빗살에 두 가지 기능이 있었으리라 추측합니다. 한 가지는 토기를 더욱 단단하게 만들기 위함이고, 또 한 가지는 빗살무늬가 '비'나 '햇살'을 상징해 농사가 잘되기를 바라는 마음을 담고 있다고 봅니다. 그 밖에도 단순히 장식을 위해 새겼거나, 음식을 조리할 때 불이 토기 내부에 더 잘 전달되게 하기 위해 새겼다고 추측하는 학자도 있습니다.

궁금증 둘! 빗살무늬 토기에는 종종 알 수 없는 작은 구멍이 뚫려 있습니다. 그릇에 구멍이 있다면 그릇으로써 구실을 제대로 할 수 없잖아요? 그런데 신석기 시대 유적지에서 출토되는 빗살무늬 토기에는 종종 개수도 일정하지 않고 위치도 제각각인 구멍 뚫린 토기가 발굴됩니다. 이 구멍은 뭘까요? 이것 역시 추정할 수밖에 없지만,

학자들은 토기를 수리하기 위해 뚫은 것으로 파악합니다. 토기는 유약을 발라 높은 온도에서 구운 도자기와 달리 단단하지 않아서 깨지거나 갈라지는 등 파손되기 쉽습니다. 하지만 갈라졌다고 해서 힘들게 만든 토기를 버리기도 쉽지는 않았을 것입니다. 그래서 토기가 깨진 부분을 중심으로 양쪽에 구멍을 뚫어 끈으로 묶은 후 재사용했을 것으로 보고 있습니다.

궁금증 셋! 빗살무늬 토기에서 가장 궁금한 것은 역시 뾰족한 바닥입니다. 바닥이 뾰족하면 어디에도 쉽게 놓을 수가 없었을 텐데, 왜 당시 사람들은 굳이 바닥을 뾰족하게 만들었을까요? 그것은 신석기 시대 사람들이 살았던 자연환경과 관련이 있습니다. 당시 사람들은 농사를 짓거나 고기잡이를 위해 물이 있는 곳, 즉 강가나 바닷가에 주로 살았습니다. 강가나 바닷가 땅은 대부분 모래나 진흙으로 이루어져 단단하지 않습니다. 이런 곳에서는 그릇 밑을 뾰족하게 만들어 땅에 꽂아서 쓰거나 깊이 묻어 놓고 사용하는 것이 더 안전했습니다. 그렇다고 신석기 시대 토기가 모두 바닥이 뾰족한 것은 아닙니다. 산지나 구릉지에서 발견되는 토기는 바닥이 평평합니다. 그리고 보면 신석기 시대 사람들도 각자 사는 곳의 환경에 자신들의 생활양식을 맞추며 적응하고 살았다는 것을 알 수 있습니다.

고인돌이 청동기 시대
지배자의 무덤 맞나요?

얼마 전 유네스코 세계문화유산으로 지정된 전남 화순 고인돌 유적을 보러 갔어요. 다양한 형태의 고인돌 수십 기가 곳곳에 있는 모습이 무척 신기하더라고요. 수업 시간에 고인돌은 청동기 시대 지배자의 무덤이라고 배웠는데, 제가 본 그 수많은 고인돌에 묻혀 있는 사람들이 모두 청동기 시대의 지배자라는 말인가요?

청동기 시대의 시작

우리 민족의 터전인 만주와 한반도 지역은 기원전 2000년경에서 기원전 1500년경에 청동기 시대로 접어듭니다. 뒤이어 나타나는 철기 시대는 기원전 5세기경에 시작되어 약 400년 정도는 청동기와 철기가 함께 사용되다가, 기원전 1세기쯤에는 철기가 널리 사용되었습니다.

청동기를 만드는 금속 재료인 청동은 구리를 주원료로 주석과 아연 등을 섞어 만든 금속입니다. 반면에 철기는 철 성분이 포함된 돌덩이인 철광석을 높은 온도의 불에서 녹여 철만 추출한 금속입니다. 따라서 단순하게 생각하면 철기가 청동기보다 만들기가 더 쉽습니다.

하지만 세계 어느 지역이든 인류 역사는 석기 시대에서 청동기 시대를 거쳐 철기 시대로 전개되었습니다. 왜 그랬을까요? 바로 광석에서 금속을 추출하는 불의 온도 때문입니다. 청동의 원료인 구리나 아연 등을 녹이는 데 필요한 온도는 900℃ 정도입니다. 하지만 철광석에서 철을 추출하기 위해서는 1,300℃ 이상의 고온이 필요합니다. 일반적으로 야외에서 모닥불을 피워 놓고 최대한 올릴 수 있는 불의 온도는 1,200℃ 정도입니다. 더 높은 온도로 올리려면 용광로를 만들어 인위적으로 산소를 공급해 주어야 합니다. 이 말은 결국 철을 생산하기 위해서는 용광로 시설이 있어야 하는데, 이러한 시설을 만들 수 없었기 때문에 철기 시대보다 청동기 시대가 먼저 등장했다는 뜻이지요.

그런데 청동기는 제작하는 과정이 석기에 견주어 너무 복잡했습니다. 석기는 주변에 널려 있는 돌덩이로 쉽게 만들 수 있었지만, 청동기는 재료가 되는 구리나 아연 등을 구하기도 어려웠을 뿐더러 제작 과정도 복잡해 전문 기술자가 아니면 만들 수 없었습니다. 그러다 보니 청동기는 요즘으로 치면 반도체 정도의 가치를 지닌 귀한 도구였고, 그런 청동기를 가질 수 있는 사람은 지배자로 한정될 수밖에 없었겠지요.

계급 발생과 고인돌의 등장

청동기 시대가 되면서 사람들은 사냥이나 채집보다 농사를 주로 했습니다. 재배하는 곡물의 종류도 다양해져 조, 피, 수수 같은 잡곡과 함께 일부 지역에서는 벼농사가 시작되었습니다.

농업 생산성도 이전보다 크게 늘었습니다. 신석기 시대 후기에는 마을 사람들이 협력해 농사와 목축을 했지만, 이것만으로는 모두가 먹고살 수 없었습니다. 그러다 보니 신석기 시대 후기에도 여전히 농사 이외에 채집과 사냥을 함께 해야 했습니다. 하지만 청동기 시대에는 농업 생산성이 증가해 마을 사람 전체가 풍족하게 먹고도 식량이 남을 정도로 여유가 생겼습니다.

이러한 사회 변화 속에서 남은 식량을 둘러싼 부족 간의 약탈 경쟁이 벌어졌습니다. 사람들은 농사도 짓고 인근 부족과의 싸움에서 마을 사람들을 지키기 위해 강 주변에 있는 야산이나 구릉 지대로 이동했습니다. 새로 정착한 마을 주변에는 나무 울타리를 두르고 담장 밖에는 도랑을 파서 다른 부족의 침략에 대비했습니다.

한편 마을 사람 전체가 먹고도 남은 생산물을 처리하는 과정에서 빈부 격차와 계급이 발생했습니다. 재산이 많고 권력을 가진 사람은 지배자가 되어 자신의 권위를 한껏 과시하기 시작했습니다. 당시 과시용 도구로 많이 사용한 것이 최첨단 도구인 청동기였습니다. 지배자들은 다른 부족 사람들과 전투할 때 청동검, 청동창 같은 청동으로 만든 무기를 사용했으며, 청동거울 같은 번쩍거리는 장신구를 몸에 매달고 청동방울을 흔들며 하늘에 제사를 지냈습니다. 그리고 죽어서도 자신의 권위와 부를 뽐내기 위해 커다란 돌을 이용해 고인돌 같은 대형 무덤을 만들었습니다.

고인돌은 무엇일까?

고인돌은 '괴어 놓은 돌' 즉, 기울어지거나 쓰러지지 않도록 덮개돌 아래를 받쳐 놓은 돌이라는 뜻의 순우리말입니다. 만주와 한반도 전역에서 발견되는 고인돌은 청동기 시대를 대표하는 무덤입니다. 지금은 고인돌을 유적으로 잘 관리하고 있지만, 과거에는 큰 바위와 구분하기 어려워 관리가 되지 않았습니다. 논밭에 있던 고인돌은 농사짓는 데 방해가 된다고 들어내거나 부숴 버리기도 했습니다.

고인돌은 다양한 형태가 있는데 크게 분류하면 '탁자식'과 '바둑판식'으로 나눌 수 있습니다. 탁자식 고인돌은 잘 다듬은 판돌 3~4매를 땅 위에 세워 돌방을 만들고 그 위에 평평한 덮개돌을 얹어 마치 탁자나 책상 모양을 하고 있습니다. 바둑판식 고인돌은 땅을 파서 무덤방을 만들고 고임돌을 낮게 놓은 상태에서 덮개돌을 올려 놓아 마치 바둑판 같은 모양을 하고 있습니다.

강화 부근리 고인돌은 대표적인 탁자식 고인돌이다.

　대체로 고인돌이라고 하면 '청동기 시대 지배자의 무덤'이라고 생각합니다. 거대
한 고인돌을 만들기 위해서는 많은 사람이 필요했고, 많은 사람을 동원하기 위해서
는 강력한 힘을 가지고 있어야 하기 때문입니다. 고인돌을 발굴하는 과정에서 청동으
로 만든 무기와 장신구, 제사용 도구가 출토되는 것을 보면 지배자의 무덤이라는 추
측은 일리가 있어 보입니다.

　그런데 여기에 반전이 있습니다. 세계문화유산으로 지정된 전라북도 고창과 전라
남도 화순의 고인돌 유적지에는 일정 구역 안에 고인돌이 수십 기씩 떼 지어 있습니
다. 청동기 시대 고창이나 화순 지역에 지배자가 이렇게나 많았을까요? 분명 교과서
에는 고인돌이 '청동기 시대 지배자의 무덤'이라고 쓰여 있습니다. 하지만 실제로 고
인돌 밑을 발굴해 보면, 청동기 시대 지배자의 무덤임을 입증하는 청동검이나 청동
거울과 같은 부장품이 나오는 고인돌은 소수에 불과하고, 석기나 토기만 있는 고인
돌도 있으며, 부장품이 전혀 없는 고인돌도 다수 있습니다. 이러한 사례들을 근거로
고고학자들은 고인돌을 지배자의 무덤뿐 아니라 그 가족의 무덤 또는 부족의 공동묘
지로 보기도 하며, 고인돌에 묻힌 사람들이 반드시 지배층만은 아니라고 추정합니다.

전남 화순군에 있는 핑매바위는 제단 성격의 고인돌이다.

　　한편 고인돌 중에는 초대형이지만 시신을 매장한 흔적이 전혀 없는 고인돌도 있습니다. 이런 고인돌은 여느 고인돌과 달리 주위를 조망할 수 있는 높은 곳에 세워져 있으며 생김새가 크고 웅장합니다. 또한 다른 고인돌과 떨어져 홀로 있는 경우가 많습니다. 이런 고인돌은 무덤이 아니라 제단이었을 것으로 추측합니다. 당시 사람들은 눈에 잘 띄는 곳에 이렇게 거대한 고인돌을 만들어 놓고 그 앞에 모여 하늘에 제사를 지내거나 다양한 행사를 열며 부족 내부의 결속을 다졌을 겁니다.

단군은
사람 이름인가요?

"아름다운 이 땅에 금수강산에 단군 할아버지가 터 잡으시고……."
초등학교 때 많이 불렀던 〈한국을 빛낸 100명의 위인들〉이라는 노
래입니다. 이 노래에는 단군 할아버지가 가장 먼저 등장해요. 단군
할아버지는 성이 '단'이고 이름이 '군'인가요?

'조선'과 '고조선'은 다르다?

청동기 문화가 발달하면서 만주와 한반도 서북부에는 여러 부족이 등장했습니다. 각
부족들은 세력을 키우기 위해 서로 경쟁했고 주변 부족을 정복하거나 연맹을 맺었습
니다. 이러한 과정에서 우리 역사상 최초의 국가인 고조선이 등장했습니다.

고조선 건국에 관한 이야기는 우리에게 '단군 신화'로 널리 알려져 있습니다. 이 신
화가 실린 가장 오래된 책인《삼국유사》에는 〈고조선〉이라는 제목으로 고조선의 건

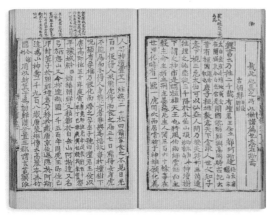

고려 후기 승려 일연이 쓴 《삼국유사》는 고조선의 건국을 기록한 가장 오래된 책이다.

국과 단군에 관한 이야기가 기록되어 있습니다.

그런데 여기서 한 가지 이상한 점을 발견할 수 있습니다. 흔히 단군이 세운 우리 민족 최초의 나라 이름을 '고조선'이라고 하는 건 이성계가 세운 '조선'과 구분하기 위해서라고 합니다. 하지만 《삼국유사》는 조선이 세워지기 전인 고려 후기에 일연 스님이 쓴 책입니다.

일연 스님은 어떻게 아직 탄생하지도 않은 나라와 구별하기 위해 나라 이름 '조선' 앞에 '옛 고(古)' 자를 붙여 '고조선'이라고 했을까요? 예언자라서 조선이라는 나라의 탄생을 예측했던 걸까요?

일연 스님은 이성계가 건국한 나라 '조선'과 구별하기 위해 단군이 세운 나라를 '고조선'이라고 한 것이 아닙니다. 《삼국유사》〈고조선〉 편 다음에 나오는 나라가 '위만조선'입니다. 일연 스님은 위만조선과 구별하기 위해 단군이 세운 조선을 '고조선'이라 했던 것입니다.

기원전 2333년 고조선이 건국되었다?

고조선의 건국과 관련해 확인할 부분이 하나 더 있습니다. 조선 시대 서거정이 쓴 《동국통감》에 다음과 같은 내용이 수록되어 있습니다.

동방에는 최초에 군장이 없었는데, 신인이 단목(檀木) 아래로 내려오자 국인(國人)이 세워서 임금으로 삼았다. 이가 단군이며 국호는 조선이었는데, 바로 당요(唐堯) 무진년이었다.

이 기록을 바탕으로 많은 역사책에서 고조선의 건국 시기를 기원전 2333년이라고 쓰고 있습니다. 그런데 세계 역사를 살펴볼 때 국가가 형성되기 시작한 시기는 청동기 시대입니다. 그리고 한반도와 만주 지역에서 청동기 문화가 시작된 시기는 기원전 2000년경입니다. 기원전 2333년이면 신석기 시대인데, 그렇다면 고조선은 신석기 시대에 건국한 세계 최초의 나라일까요?

사실 고조선의 정확한 건국 시기는 알 수 없습니다. 기원전 2333년이라는 건국 연도는 《동국통감》에 나온 기록을 바탕으로 후대의 역사가들이 추정한 시기입니다. 서거정이 고조선 건국 시기라고 추정했던 '당요 무진년'은 중국의 요임금 즉위년입니다. 하지만 중국 역사에서 요 임금은 전설상의 왕이어서 즉위 연도를 정확히 파악할 수 없습니다. 따라서 요임금이 왕위에 오른 해를 기준으로 추정한 단군의 건국 연도는 부정확할 수밖에 없습니다.

하지만 이런 해석은 가능하겠지요. 단군으로 상징된 씨족 집단이 신석기 시대에 만주와 한반도 서북부의 일정한 지역에서 집단을 이루고 살다가 청동기 시대로 넘어오면서 나라를 만들었다. 그리고 이 나라를 우리 역사에서는 '고조선'이라 한다. 어떤가요? 이런 추정은 충분히 가능하겠지요?

단군은 사람 이름이 아니다?

우리나라 사람이라면 누구나 알고 있는 단군 신화를 보면 믿을 수 없는 이야기가 너무나 많습니다. 하늘에서 사람이 내려오고, 곰과 호랑이가 말을 하며, 곰이 사람으로 변신하기도 합니다. 정말 그랬을까요? 과장도 너무 심한 과장이지요.

하지만 신화는 옛날 사람들이 역사적 사실을 표현하는 방식 중의 하나이기에 신화를 잘 분석하면 당대의 사실을 추정할 수 있습니다. 다만 오랜 세월 동안 사람들의 입에서 입으로 전해지며 현재 이야기로 정착되었기에 신화 속 내용 전부를 사실 그대로 받아들일 수는 없겠지요. 신화를 연구하는 학자들도 신화 속의 상징 요소들을 조합해 신화의 무대가 되었던 당시의 역사적 사실 일부를 복원할 뿐입니다.

그렇다면 단군 신화 속에 드러나는 여러 상징 가운데 단군의 이름에 담긴 의미는 무엇일까요? 우리가 알고 있는 단군 할아버지의 정식 명칭은 '단군왕검'입니다. 여기서 '단군'은 사람 이름이 아닌 '제사장'이라는 뜻을 지닌 한자어입니다. 그리고 '왕검'은 '정치적 지배자'를 뜻하는 말입니다. 따라서 '단군왕검'은 당시 지배자가 제사장뿐 아니라 정치적 지도자의 역할도 함께했으며, 고조선 사회가 제사와 정치를 한 사람이 담당한 제정일치 사회였음을 알 수 있습니다.

위만은
중국 사람인가요?

지금이야 다른 나라 사람이 우리나라 사람으로 종종 귀화하기도 하지만, 불과 20여 년 전만 하더라도 우리나라에 귀화자는 거의 없었어요. 그런데 아주 먼 옛날인 기원전 2세기 무렵에 중국에서 우리 민족이 세운 국가, 고조선으로 건너와 자기 정권을 세웠던 사람이 있어요. 중국 북방 민족이 세운 연나라에 살던 위만이라는 사람이에요. 그렇다면 그가 세운 위만조선은 우리 역사에 속할까요, 중국 역사에 속할까요.

고조선의 발전

기원전 5세기 무렵 고조선은 중국에서 철기 문화를 받아들이기 시작했습니다. 청동기보다 원료를 구하기도 쉽고 더 단단한 철기의 사용으로 농업 생산량은 크게 늘었습니다. 이를 바탕으로 고조선은 중국 연나라와 경쟁할 정도로 세력이 커졌습니다.

기원전 2세기 무렵 위만이 집권한 후부터는 본격적으로 철기 문화를 수용하면서 더욱 강력한 국가로 성장했습니다. 철제 무기를 사용해 주변 국가 정복에 나서며 세

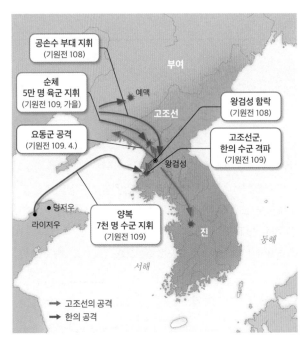

고조선과 한나라의 전쟁(기원전 109~기원전 108) 지도. 철기의 수용과 영토 확장, 중계 무역 등으로 고조선이 강성해지자 한이 고조선을 침략했다. 고조선은 1년여간 항전했지만, 기원전 108년 수도인 왕검성이 함락되었다.

력을 확대했으며, 중국의 한나라와 한반도 남부의 여러 나라 사이에서 중계 무역을 하면서 경제적 이익도 얻었습니다.

고조선이 강력해지자 이를 경계한 한나라 무제는 고조선을 침략해 왔습니다. 고조선은 1년여 동안 한의 대군에 맞서 싸웠지만, 지배층이 분열되면서 수도인 왕검성이 함락되어 결국 멸망했습니다(기원전 108).

위만은 어느 나라 사람일까?

고조선의 준왕을 몰아내고 왕위에 오른 위만에 대해 중국 역사책인 《사기》〈조선열전〉에는 이런 기록이 전하고 있습니다.

조선 왕 위만은 옛 연나라 사람이다. (…) 연나라 왕 노관이 한나라를 배반하고 흉노로 들어가자 위만이 망명해 무리 1,000여 명을 모아 상투를 틀고 조선 복장을 하고 동쪽으로 패수를 건너와 머물렀다. 점차 여러 망명자를 복속시켜 거느리고 왕이 되었으며, 왕검성에 도읍했다.

한나라가 중국을 통일하는 과정에서 연나라 사람 다수가 고조선으로 망명했으며, 그 무리를 이끌고 이동한 사람이 위만이었다는 이야기입니다. 이 기록에 근거해 일제 강점기 일본의 식민 사학자들은 위만은 중국인이며, 위만조선은 중국의 식민지 국가였다고 주장했습니다.

하지만 우리 연구자들은 '위만은 고조선 출신'이라고 주장합니다. 이렇게 주장하는 데는 근거가 있습니다. 첫째, 위만이 고조선으로 넘어올 때 상투를 틀고 조선인 복장을 했다는 것. 둘째, 고조선 사람들이 전쟁 때 끌려가 연나라 땅에 많이 살고 있었기 때문에 위만을 그들 중 한 사람으로 추정할 수 있다는 것. 셋째, 준왕을 몰아내고 왕위에 오른 후에도 '조선'이라는 나라 이름을 그대로 사용했다는 것입니다.

위만의 국적, 뭣이 중헌디

위만의 국적과 관련한 양쪽 주장은 모두 문제가 있습니다. 먼저 위만을 고조선 출신이라고 주장했던 중요한 근거 중 하나인 상투는 고조선뿐만 아니라 당시 북방 계통 여러 종족의 풍속이었습니다. 따라서 상투를 하고 있었다고 해서 고조선 사람이라고 단정할 수는 없습니다. 복장도 마찬가지입니다.

한편, 위만은 중국 사람이니 위만조선은 '중국의 식민지 정권'이라는 것은 더욱 말이 되지 않습니다. 위만이 중국 땅에서 넘어온 것은 분명하지만, 그가 한나라 임금의 명령을 받고 고조선을 식민지로 만들기 위해 건너온 것은 아닙니다. 오히려 한나라의 지배에 반발해 고조선 땅으로 망명했으며, 스스로 고조선 사람이 되기를 원했습니다. 따라서 위만조선을 '중국의 식민지 정권'이라고 말하는 것은 이치에 맞지 않습니다.

고대 중국의 대표적 역사책인《사기》를 비롯한 여러 역사책도 위만조선을 중국사가 아닌 주변 민족의 역사로 서술하고 있습니다.

나라의 정체성을 파악하는 데 건국자의 출신지는 중요한 요소입니다. 하지만 건국자의 출신지가 그 나라의 정체성을 규정하지는 않습니다. 영국에서 종교의 자유를 찾아 떠난 사람들이 미국을 건설했다고 지금의 미국을 영국의 식민지라고 하지는 않으니까요.

역사 속에서 사람들은 끊임없이 이동하고 교류하며 살았습니다. 그리고 그 과정에서 새로운 문화를 만들어 내고 발전시켜 왔습니다. 위만도 마찬가지입니다. 위만은 중국에서 넘어왔지만 고조선의 왕이 되었으며, 영토를 확장하고 대국인 한나라와 맞서 싸웠습니다. 이런 위만에게 타임머신을 타고 가서 "당신의 국적은 어디입니까?"라고 물어본다면 그는 무엇이라고 대답할까요? 아마 조금도 머뭇거리지 않고, "나? 조선사람이지!"라고 할 겁니다.

왕이 죽으면
산 사람을 함께 묻었다고요?

나와 가까운 누군가 죽는다는 건 생각만 해도 너무 슬퍼요. 그런데
오늘 역사 수업 시간에 왕이 죽으면 산 사람도 함께 묻었다는 '순장'
이라는 풍습을 배웠어요. 아무리 옛날 일이라고는 하지만 멀쩡히
살아 있는 사람을 함께 묻었다니, 이거 미친 짓 아닌가요?

순장이란?

고대에는 높은 지위에 있는 사람이 죽으면 그 사람을 가까이에서 시중들던 사람도 함
께 묻는 '순장(殉葬)'이라는 풍습이 있었습니다. 이 풍습은 우리 역사에서 의외로 자
주 찾아볼 수 있습니다.

중국의 역사책인 《삼국지》 〈위서〉 '동이전'에는 "부여에서는 귀한 사람이 죽으면 사
람을 죽여서 순장을 하니, 그 수가 많을 때는 100여 명에 이르렀다."라고 쓰여 있습니

고령 지산동 44호분(경북 고령군)의 발굴 당시 모습. 순장 풍습이 확인된 대표적 무덤이다.

다. 《삼국사기》 〈고구려본기〉 '동천왕조'에도 순장 기록이 보입니다. "왕이 죽자 가까운 신하들이 스스로 죽어 주군과 함께 묻히려 하자, 뒤를 이은 중천왕이 이는 예의에 어긋난다며 금지했다. 하지만 장례일이 다가오자 스스로 목숨을 버린 자가 매우 많았다."라고 쓰여 있습니다. 이 기록으로 고구려에서도 3세기까지 순장 풍습이 존재했음을 알 수 있습니다. 《삼국사기》 〈신라본기〉 '지증왕조'에는 "국왕이 죽으면 남녀 각 5인을 순장했는데, 지증왕 때부터 국가에서 순장을 금지했다."라는 내용이 적혀 있습니다. 신라에도 5세기까지 순장 풍습이 있었음을 알 수 있습니다.

순장의 흔적은 고분 발굴에서도 확인됩니다. 신라의 대표적 고분인 황남대총에서는 무덤의 주인으로 추정되는 예순 살 전후 남성의 뼈와 함께 금귀걸이를 한 10대 소녀의 뼈가 발견되었습니다. 대가야의 왕족들이 묻혀 있는 고령 지산동 고분에서는 하나의 무덤에 약 20여 기의 사람 뼈가 함께 발견되었으며 칼이나 둔기에 의해 살해된 흔적도 나왔습니다.

그렇다면 순장의 대상이 된 사람들은 어떤 사람들일까요? 일반적으로 순장되는 사람들은 주인의 시중을 들던 노비나 첩 같은 사람이라고 생각했습니다. 하지만 고분에서 발견된 유물을 보면 순장의 대상이 매우 다양하다는 것을 알 수 있습니다. 순장된 사람 중에는 금은 장신구로 곱게 꾸민 사람도 있으며, 칼이나 화살촉 같은 무기를 지닌 사람도 있습니다. 심지어 고령 지산동 고분에서는 금동관을 쓰고 있는 어린아이도 발굴되었습니다. 이러한 사례로 볼 때, 순장된 사람 중에는 신분이 높은 사람도 있고, 무기를 가지고 다니며 주인을 호위하던 무사도 있었다고 추정할 수 있습니다.

순장 풍습은 고대 사회에서 우리나라뿐 아니라 세계 곳곳에서 행해졌습니다. 우리가 자주 쓰는 사자성어인 '결초보은(結草報恩)'이라는 말의 유래에서도 순장 풍습을 확인할 수 있습니다.

중국 진나라의 위무자는 평소에 아들 위과에게 자신이 죽으면 첩 조희를 다른 사람과 결혼시키라고 당부했습니다. 하지만 병이 들어 정신이 혼미해지자 그는 말을 바꿔 조희를 자기와 함께 묻어 달라고 유언했습니다. 하지만 위과는 아버지가 세상을 뜨자 조희를 순장시키지 않고 다른 사람과 인연을 맺어 주었습니다. 그로부터 몇 년 뒤 전쟁터에 나가 싸우던 위과는 적에게 쫓기게 되었습니다. 그런데 갑자기 쫓아오던 적장이 말에서 떨어졌고, 위과는 오히려 적장을 사로잡는 공을 세울 수 있었습니다. 그날 밤 위과는 꿈을 꾸었습니다. 머리가 하얀 노인이 나타나 자신을 조희의 아버지라고 소개하면서 딸을 살려 준 은혜를 갚기 위해 풀을 묶어 놓아 말이 넘어지게 했다고 말했습니다. 죽어서도 잊지 않고 은혜를 갚는다는 뜻을 지닌 사자성어 '결초보은'에는 중국 진나라에도 순장 풍습이 있었다는 것을 보여 줍니다.

도대체 순장은 왜 했을까?

순장은 당시 사람들의 죽음에 대한 관념과 관련이 있습니다. 고대 사람들은 죽은 사람이 언젠가는 다시 살아난다고 믿었습니다. 또 사람이 죽은 후에도 영혼은 살아 있어서 살았을 때와 비슷한 생활을 한다고 생각했습니다. 그래서 고대인들은 죽은 사람의 무덤에 그 사람이 평소에 쓰던 생활필수품이나 필요하다고 생각되는 물건들을 함께

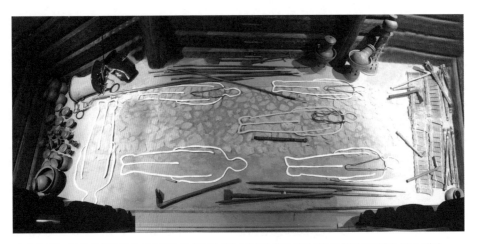

김해 대성동 1호분(경남 김해시) 시신 배치 상태 모형. 무덤 주인과 함께 여러 사람이 묻혀 있었음을 알 수 있다.

넣어 주었습니다. 심지어 지배자였던 사람이 죽으면 살아 있을 때처럼 죽어서도 곁에서 함께할 사람을 묻어 주었습니다. 함께 살던 아내, 경호하던 무사, 시중들던 하인은 물론이고 죽은 사람이 타고 다니던 말까지 묻는 경우도 있었습니다.

그렇지만 시간이 흐르고 사회가 발전하면서 사람들은 순장이 인간 도리에 어긋나는 풍습이라고 생각하게 되었습니다. 또 경제적으로도 순장은 문제였습니다. 노동력이 매우 중요하던 시기에 산 사람을 죽여 순장하면 그만큼 노동력이 없어지기 때문입니다. 그래서 신라에서는 6세기 지증왕 때부터 국왕의 장례식에도 순장을 금지했습니다.

그렇다고 해서 순장이 완전히 사라지지는 않았습니다. 사후 세계에 대한 사람들의 생각이 한번에 바뀔 수는 없었기에 일정한 기간 동안 순장과 비슷한 장례식이 치러졌습니다. 다만 살아 있는 사람이 아닌 사람 모양의 인형이나 소나 말, 마차 모형을 만들어 시신과 함께 묻어 주었습니다.

형이 죽으면
형수를 아내로 삼았다고요?

엄마와 아빠는 서로 사랑해서 결혼했다고 말씀하세요. 저도 당연히
결혼은 사랑하는 사람과 해야 한다고 생각하고요. 그런데 고구려에
서는 형이 죽으면 동생이 형수와 결혼하는 풍습이 있었다고 해요.
아니, 어떻게 동생이 형수와 결혼하죠?

형의 아내와 결혼한 산상왕

고구려의 제9대 왕인 고국천왕은 아들 없이 갑자기 세상을 떠나고 말았습니다. 그날
밤 우씨 왕후는 남편의 죽음을 비밀로 한 채 왕의 바로 아래 동생인 발기의 집을 찾
아갔습니다.

임금께서 아들이 없으니 동생인 당신이 왕위를 이어야 하지 않을까요?

임금이 죽었다는 사실을 몰랐던 발기는 형수인 우씨 왕후에게 '왕위 계승은 함부로 이야기할 수 없으며, 여자가 이렇게 밤에 찾아오는 것은 예의에 어긋나는 일'이라며 왕후의 섣부른 행동을 나무랐습니다. 발기의 말에 수치심을 느낀 왕후는 곧바로 왕의 또 다른 동생인 연우의 집을 찾았습니다. 연우는 발기와 달랐습니다. 옷을 제대로 갖춰 입고 문 앞에서 왕후를 맞이한 후 정성껏 음식을 대접했습니다. 이러한 연우의 행동에 감동한 왕후는 왕의 죽음을 사실대로 알리고 앞으로의 일을 상의했습니다.

대왕께서 돌아가셨는데 아들이 없으니 당연히 발기가 왕위를 계승해야 할 것입니다. 하지만 그는 저를 나무라면서 창피를 주는 등 무례하기 그지없었습니다. 그래서 지금 당신을 보러 온 것입니다.

이 말을 들은 연우는 더욱 예의를 갖추며 왕후에게 줄 고기를 썰기 시작했습니다. 그러다 그만 칼을 잘못 다루어 손가락을 베고 말았습니다. 그 모습을 본 왕후는 자신의 허리띠를 풀어 연우의 다친 손가락을 싸매 주며 연우에게 말했습니다.

밤이 어두워 무서우니 당신이 나를 궁궐까지 데려다주세요.

연우는 왕후의 부탁을 거절하지 않고 함께 궁으로 들어갔습니다. 날이 밝자 왕후는 고국천왕의 유언이라 하며 여러 신하 앞에서 연우를 왕으로 추대했습니다. 이 연우가 바로 고구려 제10대 왕인 산상왕입니다.

동생인 연우가 왕위에 올랐다는 소식을 들은 발기는 분개했습니다. 화가 난 그는 군대를 이끌고 궁궐로 향했습니다. 하지만 사람들은 이미 발기의 편이 아니었습니다. 어쩔 수 없이 그는 한

산상왕 왕위 계승도

나라로 망명했습니다. 그 후 한나라 황제의 도움을 받아 군대를 일으켜 고구려를 공격했지만 패배했고, 발기는 스스로 목숨을 끊었습니다.

산상왕은 자신이 왕위에 오르는 데 도움을 준 우씨 왕후와 결혼했습니다. 전임 왕이자 친형인 고국천왕의 부인을 아내로 맞이한 것이죠.

형이 죽으면 형수를 아내로 맞이하는 형사취수제

산상왕처럼 형수와 결혼하는 사례가 특별한 경우일까요? 그건 아닙니다. 고대 사회에서 흔히 있던 결혼 풍습의 하나였습니다. 《삼국지》〈동이전〉 '부여조'에는 "형이 죽으면 형수를 아내로 삼는다."라는 기록이 있습니다. 일본의 고대사를 기술한 역사서인 《일본서기》에는 백제 개로왕이 동생 곤지를 왜국에 사신으로 보낼 때 자신의 부인을 아내로 주었다는 내용이 실려 있습니다. 물론 이 사례는 부여나 고구려의 형사취수제와는 약간 다릅니다. 형이 살아 있는 상황이었으니까요. 하지만 동생이 형수를 아내로 삼았다는 점에서 백제에서도 형사취수제와 유사한 결혼 풍습이 존재했음을 알 수 있습니다.

그런데 아무리 생각해도 시동생이 형수를 아내로 삼는 일은 선뜻 이해되지 않습니다. 형사취수제는 현재의 도덕이나 윤리관으로 보면 말도 안 되는 결혼입니다. 그러나 고대 사회에서는 집단의 결속을 강화하는 데 필요한 제도였습니다. 만약 형이 죽은 후 형수가 다른 집안 남자와 결혼을 하면, 죽은 남자 집안은 여성 노동력 1명을 잃게 됩니다. 게다가 죽은 형의 재산 상속에도 문제가 생기지요. 그러나 결혼을 하지 않으면 남편을 잃은 형수와 그 자녀들의 생계가 어려워집니다. 따라서 형사취수제는 자신의 집안에서 노동력이 상실되는 것을 막고, 집안의 재산을 고스란히 유지하면서 먹고살기 힘들어진 형의 가족을 동생이 돌본다는 뜻까지 담고 있습니다.

형사취수제는 현대인의 관점에서는 이해하기 어렵지만, 고대인의 관점에서는 집안의 결속을 강화하고 사회 질서를 유지하는 데 꼭 필요한 풍습이었습니다.

2

삼국의
성립과 발전

008 왜 나라를 세운 사람들은 알에서 태어났을까요?

009 경주에서 발견된 그릇에 왜 광개토대왕의 이름이 있나요?

010 신라 사람들은 집도 마음대로 지을 수 없었다면서요?

011 삼국이 한강을 차지하기 위해 싸웠던 이유는 뭔가요?

012 백제 무령왕은 누구의 아들인가요?

013 중앙 집권 국가와 율령 반포는 무슨 관련이 있나요?

014 삼국 시대 사람도 서역을 갈 수 있었나요?

015 경제 대국이었던 가야가 쉽게 멸망한 이유는 뭔가요?

016 칠지도는 왜 만들어졌나요?

017 삼국 시대 각 나라의 무덤 양식은 어떤가요?

018 고분 벽화로 알 수 있는 고구려인의 삶은 어땠나요?

019 백제 왕자와 신라 공주가 결혼했다고요?

020 중국을 통일한 수나라는 왜 고구려를 이기지 못했을까요?

021 신라의 삼국 통일, 최선이었을까요?

왜 나라를 세운 사람들은
알에서 태어났을까요?

고구려를 세운 주몽, 신라를 세운 박혁거세, 금관가야를 세운 김수
로는 모두 알에서 태어났어요. 도무지 말이 안 됩니다. 사람이 새도
아닌데 어떻게 알에서 태어나요? 그런데 왜 역사서들은 나라를 세
운 사람들을 알에서 태어났다고 기록했을까요?

신화란 무엇일까?

주몽, 박혁거세, 김수로, 석탈해 등 고대에 나라를 세운 사람이나 지배자 중에는 알에
서 태어난 사람이 많습니다. 하지만 현대 과학 기술의 관점에서 보면 사람이 알에서
태어나는 일은 있을 수 없는 일입니다. 그런데도 우리나라뿐 아니라 세계 여러 지역
에는 '알에서 탄생한 영웅' 이야기가 아주 많이 전해지고 있습니다.

신화는 아주 오래전에 그 얼개가 만들어져 세월을 거치며 사람들 사이에서 입에서 입으로 전해져 내려온 '신성한 이야기'입니다. 그러다 보니 신화 속에는 신화가 만들어질 당시의 역사적 사실과 함께 오랜 세월을 거치며 변형된 이야기들이 함께 섞여 있습니다. 따라서 신화 자체를 역사적 사실로 받아들여서는 안 됩니다. 그렇다고 해서 신화가 허무맹랑한 거짓 이야기냐? 그건 또 아닙니다. 어떤 신화라도 이야기 속 구조를 잘 분석해 보면 당시 사회의 현실을 알게 하는 상징 요소가 담겨 있습니다. 그래서 신화를 연구하는 학자들은 신화의 상징이나 구조들을 다각적인 면에서 분석하고 해석해 당시 사회 현실을 복원해 냅니다.

건국자들은 왜 알에서 태어났을까?

주몽이나 박혁거세는 왜 굳이 자신이 알에서 태어났다고 주장했을까요? 먼 옛날 나라를 세운 사람들은 자신의 권위를 인정받을 수 있는 무언가가 필요했습니다. 특히 자신이 태어난 건 하늘의 뜻이라는 것을 세상 사람들이 믿게 할 필요가 있었습니다. 왜냐고요? 새로운 나라를 건설해서 그 나라 사람들을 통솔하려면 평범한 사람들과는 출생부터 달라야 했으니까요.

이럴 때 어떻게 해야 할까요? 가장 쉬운 방법은 자신의 출생을 신격화하는 것입니다. 그래서 생각해 낸 것이 하늘을 자유자재로 날아다니는 새가 되는 것이었지요. 새는 땅 위에 사는 사람들은 갈 수 없는 구름 위 하느님의 세상까지 왔다 갔다 할 수 있으니까요. 그런데 사람은 아무리 노력해도 하늘을 날 수 없습니다. 하지만 뻥은 칠 수 있습니다. "나는 하늘을 나는 새처럼 알에서 태어났다." 이 말 속에는 '나는 하늘의 명을 받고 지상에 내려온 사람이니, 너희는 나를 특별한 존재로 잘 모셔야 한다.'라는 특권 의식이 담겨 있습니다. 우리 역사에서 하늘과 자신의 탄생을 연결하려는 노력이 가장 잘 드러나는 이야기가 금관가야를 세운 수로왕의 탄생 신화입니다.

하늘에서 내려온 사람들

《삼국유사》 2권 〈가락국기〉에 나오는 이야기입니다. 낙동강 지역에는 9명의 부족장들이 나라를 다스리고 있었습니다. 그런데 어느 날 하늘에서 "구지봉에 모여 땅을 파며 노래를 부르고 춤을 추어라."는 신비한 목소리가 들려왔습니다. 부족장들은 하늘의 명을 받들어 구지봉에 모여 노래를 부르며 땅을 파기 시작했습니다. 이때 부른 노래가 〈구지가〉입니다.

거북아 거북아 머리를 내밀어라. 그러지 않으면 구워서 먹으리라.

한동안 계속 노래를 부르자 하늘에서 붉은 보자기에 싸인 황금 상자가 내려왔습니다. 상자 안에는 6개의 알이 들어 있었고 이 알들을 탁자 위에 모셔 두었습니다. 며칠 후 알에서는 용모가 단정한 남자아이들이 태어났습니다. 이 아이들은 금세 자라 여섯 가야의 왕이 됐습니다. 그중 알에서 가장 먼저 태어난 수로왕이 금관가야의 왕으로 가야 연맹을 이끌었습니다.

이렇게 수로왕은 하늘에서 내려온 알에서 태어났습니다. 이것은 수로왕이 하늘에서 내려온 신의 자손이라는 뜻입니다. 하늘신이 특별히 보낸 지배자의 말을 따르지 않을 사람은 없었겠지요. 고대 국가를 만든 지배자들은 이렇게 자신의 이야기를 극적으로 꾸며 건국의 정당성을 부여함과 동시에 권력의 강화에도 이용했습니다.

009

경주에서 발견된 그릇에
왜 광개토대왕의 이름이 있나요?

국립중앙박물관 고구려실에서 광개토대왕의 이름이 새겨진 청동
그릇을 보았어요. 이 그릇은 신라의 수도였던 경주 호우총에서 발
굴되었대요. 광개토대왕은 고구려 왕인데 왜 신라 무덤에서 그의
이름이 새겨진 그릇이 나왔을까요?

어떻게 신라에서
광개토대왕의 이름이
새겨진 그릇이!

호우명 그릇

1946년 경주에서는 해방 이후 처음으로 우리 고고학자들의 힘만으로 고분 발굴 조사
가 이루어졌습니다. 첫 번째 발굴 대상이 된 무덤은 경주시 노서동에 있는 신라 고분
이었는데, 이곳에서 아주 흥미로운 유물이 하나 출토되었습니다. 작은 가마솥처럼 생
긴 청동그릇인데 바닥에 열여섯 글자가 한자로 새겨져 있었습니다.

경주 호우총에서 출토된 호우명 그릇. 고구려 광개토대왕을 기념하기 위해 만든 그릇이 신라 무덤에서 발견되었다.

乙卯年國罡上廣開土地好太王壺杅十（을묘년국강상광개토지호태왕호우십）

그릇에 새겨진 열여섯 글자에서 '호(壺)'와 '우(杅)'를 따와 그릇 이름을 '호우명 그릇'이라 했고, 무덤 이름도 '호우총'이라 했습니다. 그런데 당시 고분을 발굴하던 학자들은 호우명 그릇의 한자를 보고 깜짝 놀랐습니다. '국강상광개토지호태왕'은 고구려의 제19대 왕인 광개토대왕이 죽고 난 후 붙여진 이름이기 때문입니다. 연대 추정을 해 보니 그릇은 광개토대왕의 장례를 치른 이듬해인 을묘년(415년)에 제작되었고, 왕의 이름이 쓰여 있는 걸로 보아 광개토대왕을 기념하기 위해 만든 그릇임이 분명했습니다. 광개토대왕의 이름이 새겨진 고구려의 그릇이 어떻게 신라 무덤에 들어가게 되었을까요?

영토 확장에 나선 광개토대왕

4세기 중엽 광개토대왕의 할아버지인 고국원왕 시기 고구려는 국가적 위기를 맞았습니다. 전연의 침략으로 왕의 어머니와 왕비가 포로로 잡혔으며, 백제 근초고왕의 공격으로 고국원왕이 전사했습니다. 다행히 뒤를 이은 소수림왕이 율령 반포와 태학 설립, 불교 수용 등을 통해 국왕 중심의 중앙 집권 체제를 마련했고, 이를 바탕으로 고구려는 안정을 되찾을 수 있었습니다.

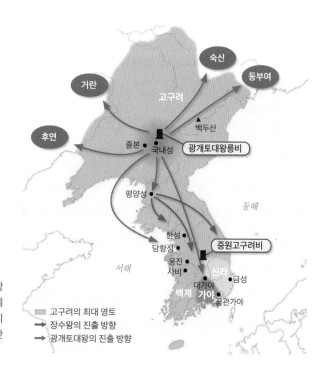

고구려의 영토 확장 지도. 광개토대왕은 군사력을 확대해 주변 국가 정복에 적극적으로 나섰다. 북쪽으로 요동 지역 전체를 차지했으며, 남쪽으로는 한강 유역까지 확장했다.

 광개토대왕은 소수림왕의 후임 왕인 고국양왕의 뒤를 이어 열여덟 살의 나이로 왕위에 올랐습니다. 그는 전임 왕들이 국왕 중심의 중앙 집권 체제를 강화해 준 덕분에 어린 나이에 왕위에 올랐어도 나라를 안정적으로 다스리며 군사력을 확대해 주변 국가 정복에 적극적으로 나섰습니다. 그 결과, 북쪽으로는 거란과 숙신, 후연, 동부여를 공격해 요동 지역 전체를 차지했으며, 남쪽으로는 백제와 가야, 왜를 공격해 한강 유역까지 영토를 확장했습니다.

 광개토대왕 시절 고구려 사람들의 나라에 대한 자부심은 하늘을 찔렀습니다. 다음은 광개토대왕릉비에 쓰여 있는 당시 사회에 대한 평가입니다.

 왕의 은택이 하늘까지 미쳤고, 위엄은 온 세상에 떨쳤다. 나쁜 무리를 쓸어 없애자 백성이 모두 생업에 힘쓰고 편안하게 살게 되었다. 나라는 부강하고 풍족해졌으며, 온갖 곡식이 가득 익었다.

광개토대왕 이름이 새겨진 그릇은 어떻게 신라에 갔을까?

광개토대왕이 집권했던 4세기 말, 신라는 고구려와 달리 매우 힘든 상황이었습니다. 한반도 동남쪽에 있어서 중국의 선진 문화를 받아들이기 어려웠으며, 박·석·김 세 성씨가 돌아가며 왕을 하다 보니 왕권도 약했습니다. 여기에 주변 나라인 백제와 가야, 왜로부터 끊임없는 침략에 시달렸습니다.

서기 400년 가야와 왜의 연합군이 신라를 공격했습니다. 신라의 내물왕은 강대국인 고구려의 광개토대왕에게 도움을 요청했습니다. 광개토대왕은 보병과 기병 5만 명을 신라 땅으로 보내 위기에 빠진 신라를 구해 주었습니다.

신라의 수도 경주에서 고구려 그릇이 출토될 수 있었던 배경도 앞에서 이야기한 신라와 고구려의 관계에서 찾을 수 있습니다. 고구려 군대는 가야와 왜의 연합군을 물리친 다음에도 일정 기간 신라 땅에 주둔했고, 이 시기에 신라 왕자가 고구려에 볼모로 가 있기도 했습니다. 신라를 위기에서 구해 준 광개토대왕의 장례식에 신라 사신들도 참석했겠지요. 그 후 무슨 사연이었는지는 알 수 없지만, 고구려 왕실은 신라 왕실에 광개토대왕의 이름이 쓰인 그릇을 선물했고, 이 그릇이 신라 지배자의 무덤 안에 들어가 오랫동안 잠들어 있다가 1,000년 남짓한 세월이 흐른 후 세상에 그 모습을 드러낸 것입니다. 물론 이 이야기는 추론에 불과하지만, 어떤가요? 꼭 그랬을 것 같지 않나요?

010

신라 사람들은 집도 마음대로 지을 수 없었다면서요?

지난 주말에는 동해로 가족 여행을 다녀왔어요. 차에서 바깥 풍경을 보는데, 아름다운 숲속이나 바다가 보이는 언덕에 집을 짓고 사는 사람들이 있더라고요. 이렇게 자기가 살고 싶은 곳에 집을 짓고 살면 얼마나 좋을까요? 하지만 신라에서는 아무리 돈이 많아도 마음대로 집을 지을 수 없었대요. 왜 그랬을까요?

신라는 능력보다 핏줄 중심 사회

신라의 신분 제도인 골품제(骨品制)는 뼈(骨)에 등급(品)을 매겨 신분을 나눈 것으로, 태어날 때 이미 신분이 결정되었습니다. 경주 지역의 작은 나라로 출발한 신라는 중앙 집권 국가로 발전해 가는 과정에서 주변 부족이나 작은 나라들을 정복해 나갔습니다. 이 과정에서 항복하거나 정복당한 부족장, 지배층들을 귀족으로 편입시키며 세력이나 군사력의 규모에 따라 등급을 부여했습니다. 이것이 시간이 흐르면서 신라의

관등		골품				공복
등급	관등명	진골	6두품	5두품	4두품	
1	이벌찬					자색
2	이 찬					
3	잡 찬					
4	파진찬					
5	대아찬					
6	아 찬					비색
7	일갈찬					
8	사 찬					
9	급벌찬					
10	대나마					청색
11	나 마					
12	대 사					황색
13	사 지					
14	길 사					
15	대 오					
16	소 오					
17	조 위					

신라의 골품 제도. 신라의 모든 관직은 철저히 골품제의 적용을 받았다. 아무리 능력이 뛰어나도 자신이 속한 골품에서 최고로 올라갈 수 있는 등급 이상으로는 승진할 수 없었다.

고유한 신분 제도인 골품제로 발전하게 되었습니다.

골품제에서는 신분을 성골이나 진골처럼 '골'이 붙는 '골제'와 6~1두품처럼 '두품'이 붙는 '두품제'로 구분했습니다. 가장 높은 신분인 성골은 부모가 모두 왕족인 혈통으로 오직 이 혈통만이 왕위에 오를 수 있었습니다. 두 번째 높은 신분인 진골은 부모 중 한쪽이 왕족인 경우입니다. 진골은 5등급 대아찬 이상의 고위 벼슬까지 오를 수 있었으며, 진덕여왕을 마지막으로 성골이 사라진 다음부터는 진골 출신에서 왕위를 계승했습니다. 6두품은 두품제 가운데 가장 높은 등급으로 신라의 17관등 중 6등급인 아찬까지 오를 수 있었습니다. 6두품 밑으로는 5두품, 4두품이 있어 각자 자기 신분에 맞는 자리까지 오를 수 있었습니다. 3~1두품은 골품제 실시 초기에는 일반 백성과 구별되는 신분이었지만 시간이 흐르며 일반 백성과 다름 없는 신분으로 전락해 두품 구분의 의미가 없어졌습니다.

모든 것을 결정하는 골품제

골품제는 신라의 정치와 행정을 유지하는 기본 체제였습니다. 신라의 모든 관직은 철저히 골품제의 적용을 받았습니다. 제아무리 능력이 뛰어난 사람이라도 본인이 속한 골품에서 최고로 올라갈 수 있는 등급 이상으로는 오를 수 없었습니다.

골품제는 일상생활에서도 여러 가지를 규제했습니다. 같은 신분의 사람끼리만 결혼하도록 했으며, 등급에 따라 입을 수 있는 관복 색깔도 달랐습니다. 각 골품별로 살 수 있는 집의 크기도 달랐습니다. 진골은 집을 지을 때 24자를 넘을 수 없었으며, 6두품은 21자, 5두품과 4두품은 각각 18자, 15자를 넘을 수 없었습니다.

이처럼 골품제는 능력이 아닌 신분에 따라 운영되었기에 세월이 흐르며 신분이 낮은 계층들의 불만은 커질 수밖에 없었습니다. 신라 말기에는 6두품 세력이 지방에서 성장한 호족 세력과 손을 잡고 새로운 사회 건설을 추진했습니다. 그리고 이들의 손에 의해 신라는 멸망의 길로 치닫게 됩니다. 결국 신라 말기의 사회 혼란과 신라의 멸망은 골품제의 모순이 가져온 결과라고 할 수 있습니다.

011

삼국이 한강을 차지하기 위해 싸웠던 이유는 뭔가요?

우리나라에는 강이 참 많잖아요. 경상도에 낙동강, 충청도에 금강, 전라도에 영산강, 한반도 북쪽에 압록강 등등. 그런데 삼국 시대에 고구려, 백제, 신라는 다른 강도 아닌 서울을 가로질러 흐르는 한강을 차지하기 위해 그렇게들 싸웠다고 하네요? 도대체 삼국은 한강의 어떤 점 때문에 서로 차지하려 했을까요?

온달이 죽어서도 차지하고 싶어 했던 한강

《삼국사기》〈온달조〉에는 다음과 같은 기록이 있습니다.

고구려의 영양왕이 즉위하자 온달이 아뢰기를 "신라가 우리 한강 이북의 땅을 빼앗아 군현으로 삼으니, 백성들이 가슴 아파하고 원망스러워하며 부모의 나라인 고구려를 잊은 적이 없습니다. 바라옵건대 대왕께서 저를 어리석고 못나다

충북 단양군에 있는 온달산성. 서북쪽은 남한강에 접한 가파른 절벽이며, 동쪽과 남쪽 성벽은 잘 다듬은 성돌을 쌓아 올렸다.

생각하지 마시고 저에게 군사를 주신다면, 한번 가서 반드시 우리 땅을 되찾겠습니다." 하니 왕이 허락했다. 떠나기 전에 맹세하며 말하기를, "계립현과 죽령의 서쪽 땅을 되찾지 못한다면 돌아오지 않겠다!"라고 했다. 마침내 출전해 신라군과 아단성 아래에서 싸웠는데, 날아오는 화살에 맞아 쓰러져 죽었다. 장례를 치르려고 했지만 관이 움직이지 않았다. 마침내 평강공주가 와서 관을 어루만지며, "죽음과 삶이 이미 결정되었으니, 아아! 이제 돌아가시지요."라고 말하니 드디어 관이 움직였다.

오래전부터 구전되어 온 이야기 속 온달은 바보이면서 평강공주와 결혼한 사람으로 유명합니다. 하지만 실제 온달은 고구려의 유능한 장군이었습니다. 그런 온달이 그토록 되찾고 싶어 했던 땅이 바로 한강 유역이었습니다. 왜 그랬을까요?

백제의 전성기(4세기 근초고왕)

근초고왕의 진출 방향
백제의 대외 진출

백두산
국내성
요동 지방
고구려
평양성
동해
백제
위례성
서해
신라
금성
중국 왕조와 교류
가야
왜와 교류
왜

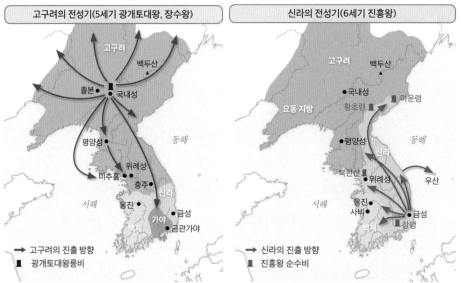

고구려의 전성기(5세기 광개토대왕, 장수왕)

고구려
백두산
졸본
국내성
요동 지방
동해
평양성
위례성
미추홀
충주
신라
서해
웅진
금성
백제
가야
금관가야

고구려의 진출 방향
광개토대왕릉비

신라의 전성기(6세기 진흥왕)

고구려
백두산
국내성
마운령
요동 지방
황초령
평양성
동해
신라
북한산
위례성
우산
서해
웅진
사비
금성
백제
창녕

신라의 진출 방향
진흥왕 순수비

삼국 시대 시기별 한강 유역의 영토 변화

수시로 바뀐 한강의 주인

삼국 중 가장 먼저 한강을 차지한 나라는 백제입니다. 비류와 온조 등 고구려에서 내려온 세력이 자리를 잡고 백제를 세운 곳이 한강 하류, 즉 지금의 서울과 인천 지역이었습니다. 이후 백제는 한강 유역의 지리적 이점을 바탕으로 빠르게 성장해 삼국 중 가장 먼저 중앙 집권 국가로 발전했습니다. 특히 4세기 중반 근초고왕 때는 한강을 이용한 해상 교통로를 활용해 세력을 확장했으며 한반도의 주도권을 장악했습니다.

하지만 4세기 후반에서 5세기 사이 고구려에 싸움 잘하는 광개토대왕과 장수왕이 등장하면서 한강 유역의 주인은 백제에서 고구려로 바뀌었습니다. 광개토대왕은 백제를 공격해 한강 이북의 땅을 차지했으며, 뒤를 이은 장수왕은 수도를 평양으로 옮기고 적극적인 남진 정책을 펼쳐 백제의 수도 한성을 함락하고 한강 유역 전반을 차지했습니다.

고구려의 남진 정책으로 한강을 잃게 된 백제는 신라와 손을 잡고 한강 유역을 되찾으려 했습니다. 이 연합 전술은 성공을 거두어 백제의 성왕은 신라의 진흥왕과 힘을 합쳐 고구려를 한강 유역에서 몰아내는 데 성공했습니다.

하지만 신라의 진흥왕은 한강 유역을 백제와 나누고 싶은 생각이 전혀 없었습니다. 그는 약속을 깨고 백제 군사를 몰아내 한강 유역을 모두 차지했습니다. 배신감에 치를 떨던 백제 성왕은 신라와 한판 싸움을 벌였지만, 관산성 전투에서 패배하며 백제에게 한강 유역은 넘볼 수 없는 땅이 되고 말았습니다.

한편, 고구려도 한강 유역을 되찾고자 했습니다. 영양왕은 백성들에게 인기가 많던 온달을 보내 영토 탈환을 시도했지만 실패로 끝났고, 한강 유역은 삼국 시대가 끝날 때까지 신라의 영토로 삼국 통일 완수의 디딤돌이 되었습니다.

한강이 중요했던 이유는?

그런데 삼국은 왜 이처럼 치열하게 전투를 치르며 한강을 차지하려 했을까요? 첫 번째로 꼽을 수 있는 것은 지리적 요인입니다. 한강은 한반도의 중심에 위치하고 있어서 이곳을 차지하면 삼국 간의 경쟁에서 주도권을 장악할 수 있었습니다. 또한 서해와 연결되어 있어서 중국과 교역을 하는 데도 편리했습니다. 당시 중국은 삼국보다 앞선 문물을 가지고 있었기에 중국과 교류가 편리하다는 점은 경쟁에서 앞설 수 있음을 의미합니다.

두 번째는 경제적 요인입니다. 한강은 유량이 풍부하고 주변의 땅이 비옥해 농사가 매우 잘되었습니다. 이런 지역을 차지하면 농업 생산력을 바탕으로 군사력도 확대할 수 있기 때문에 경제적 측면이나 군사적 측면에서 큰 이점이 있었습니다.

실제로 고구려, 백제, 신라는 한강 유역을 차지하고 있던 시기에 전성기를 누렸습니다. 또한 한강의 중요성은 삼국 시대 이후에도 이어져 조선 시대를 거쳐 현대에도 국가 발전의 큰 역할을 담당하고 있습니다.

012

백제 무령왕은
누구의 아들인가요?

공주에 있는 무령왕릉에 다녀왔어요. 삼국 시대 무덤들과 달리 벽
돌로 만들어진 매우 특이한 무덤이었어요. 게다가 무령왕이 잠들어
있던 관은 일본이 원산지인 금송이라는 나무로 제작했다고 해요.
수입산 관에 무령왕이 누워 있었다니 신기했어요. 그런데 더 놀라
운 건 무령왕의 아버지가 불분명하대요. 왜 그럴까요?

백제 중흥의 시작, 무령왕

1971년 7월, 충남 공주 송산리에서 우리 역사에 아주 중요한 무덤 하나가 우연히 발
견되었습니다. 무덤 입구를 막고 있던 판석들을 치우고 들어가자 돌로 만든 동물이
무덤을 지키고 있었고, 그 뒤로 돌판 2개가 놓여 있었습니다. 이 돌판은 '지석(誌石)'이
라는 것으로, 여기에는 무덤 주인이 누구인지를 알려 주는 중요한 정보가 가득 담겨
있었습니다. 발굴자들이 해석해 보니. 무덤의 주인은 백제 제25대 무령왕이었습니다.

무령왕릉에서 출토된 지석과 석수

　무령왕이 즉위하기 전 백제는 나라의 운명을 걱정해야 할 정도로 매우 어려운 상황이었습니다. 고구려의 공격으로 제21대 개로왕이 목숨을 잃었으며, 수도인 한성을 빼앗기고 급하게 웅진(충남 공주)으로 수도를 옮겨야 했습니다. 하지만 수도를 옮긴 후에도 상황은 나아지지 않았습니다. 오히려 더 나빠졌습니다. 기존의 귀족 세력과 새로운 귀족 세력 간의 갈등으로 내분이 끊이지 않았고, 이 과정에서 무령왕 직전 왕들인 문주왕, 삼근왕, 동성왕이 모두 신하들한테 살해되었습니다. 이처럼 왕권이 약해진 상태에서 즉위한 무령왕은 혼란을 수습하기 위해 다양한 일을 했습니다.

　먼저 동성왕을 죽인 백가의 난을 진압해 왕권을 안정시켰으며, 지방에 설치한 행정 구역인 22담로에 왕족을 파견해 지방에 대한 통제를 강화했습니다. 또한 백성들의 생활을 안정시키기 위해 굶주리는 사람들에게 관청이 보관하고 있던 곡식을 나누어 주었으며, 제방을 쌓아 농업 생산력을 늘렸습니다. 여기에 고구려를 공격해 빼앗긴 영토 일부를 회복했으며, 중국 남조의 양나라, 왜와 활발하게 교류하면서 친밀한 관계를 만들어 나가는 등 백제 중흥의 발판을 마련했습니다.

무령왕의 아버지는 누구? 국적은 어디?

현존하는 가장 오래된 역사책인 《삼국사기》는 무령왕을 동성왕의 아들이라고 기록하고 있습니다. 대부분의 왕위 계승이 부자 상속으로 이루어졌으며 동성왕의 뒤를 이어 무령왕이 즉위했기 때문에 역사학자들은 이 기록을 사실로 여겨 왔습니다. 하지만 무령왕릉이 발견되고 그 속에서 무령왕의 출생 연도가 적힌 지석(誌石)이 발견되면서 혼란에 빠지게 됩니다. 무령왕이 동성왕뿐만 아니라 그 이전 왕인 삼근왕보다 태어난 시기가 빨랐기 때문입니다. 그렇다면 도대체 무령왕의 아버지는 누구란 말인가요? 무령왕의 출생과 관련해서 《일본서기》에 다음과 같은 기록이 전해집니다.

> 백제 개로왕은 아우 곤지를 왜에 보낼 때 자신의 임신한 부인을 아내로 삼게 했는데, 일본으로 가는 도중 각라도〔일본 규슈 북쪽의 가카라시마〕에서 무령왕을 출산했다. 이에 무령왕을 섬왕, 즉 시마왕이라 불렀다.

백제 개로왕은 동생 곤지를 왜에 사신으로 보냈습니다. 이때 곤지는 형의 부인인 왕비를 자신의 부인으로 달라고 요구했습니다. 동생의 요청에 개로왕이 응해 곤지는 형수를 데리고 왜로 건너갔습니다. 당시 왕비는 임신한 상태였습니다. 왜의 땅에 도착하기 전 아이가 태어나려 했습니다. 사절단은 서둘러 배를 작은 섬에 대고 이 섬의 동굴에서 아이를 낳았습니다. 이 아이가 바로 무령왕입니다. 《일본서기》에 기록된 이 이야기가 사실이라면, 무령왕은 동성왕의 아들이 아닌 개로왕의 아들입니다.

너무 오래전 일이라 진실이 무엇인지는 확인하기 어렵습니다. 그래서 무령왕을 연구하는 학자 중 일부는 '개로왕이 임신한 아내를 동생의 아내로 주는 것 자체가 말이 되지 않는다.'고 주장하며, 무령왕이 사실은 곤지의 아들인데 자신을 개로왕의 아들이라고 하면서 정통성을 확보하려 한 것으로 보기도 합니다.

역사를 어떻게 볼 것인가?

역사는 과거에 실제로 일어난 일, 즉 과거의 사실을 가지고 엮어 낸 이야기입니다. 이러한 역사는 대체로 사람들이 남긴 기록을 통해 전해집니다. 물론 역사를 기록하는 사람은 사실을 있는 그대로 남기려 최선을 다하겠지요. 하지만 기록하는 과정에서 자신의 관점과 해석이 담길 수밖에 없습니다. 따라서 우리는 역사책을 읽을 때 책의 내용을 사실 그 자체로 받아들이는 것도 필요하지만, 그 책을 기록한 사람의 관점이나 의도를 파악하는 것도 중요합니다.

현재 남아 있는 기록만 보면, 무령왕이 누구의 아들인지는 분명하지 않습니다. 무령왕의 출생에 관한 다양한 역사 기록을 검토하고 비교 분석하면서 가장 객관성을 가진 사실에 접근해 갈 뿐입니다. 어쩌면 이러한 역사 연구 방법이 '역사'라는 학문이 가진 묘미이자 재미라고도 할 수 있습니다.

중앙 집권 국가와 율령 반포는 무슨 관련이 있나요?

고구려, 백제, 신라는 중앙 집권 국가로 발전해 가는 과정에서 넓어진 영토와 많아진 백성을 다스리기 위해 공통적으로 '율령 반포'를 했다고 배웠어요. 율령 반포란 법률을 제정해 사람들이 지킬 수 있도록 알렸다는 것인데, 이것이 중앙 집권 국가로 발전하는 과정에서 꼭 필요한 일이었을까요?

율령이란?

율령(律令)이란 고대에 나라를 다스리기 위한 법을 말합니다. '율'은 죄를 지었을 때 어떤 처벌을 받을 것인지 규정한 법으로 지금의 형법에 해당하고 '령'은 나라를 다스리기 위한 각종 제도 및 행정에 관한 규정으로 지금의 행정법과 비슷합니다.

　삼국 시대 이전에도 나라에 법은 있었습니다. 고조선에는 8조법이, 부여에는 1책 12법이 있었습니다. 하지만 이 법들은 일상생활에서 관습적으로 행해지던 것을 기본으로 만든 법이었기 때문에 몇 가지 범죄 행위에 대한 처벌 규정만 아주 간략하게 담고 있습니다.

삼국 시대 초기만 해도 나라에 통일된 법이나 제도가 없었습니다. 여러 지역 세력의 연맹체로 건국된 나라들이다 보니, 왕이 국가를 대표하는 사람이기는 해도 각 부족장이 자치권을 가지고 자기 지역을 다스렸습니다. 왕이라 해도 함부로 부족 내부의 일을 간섭할 수 없었습니다. 따라서 삼국 시대 초기에는 나라 안에 중요한 일이 발생하면 부족장들이 전체 회의를 통해 결정했습니다. 이러한 상황에서 백성들은 왕보다는 자신이 속한 부족의 지배자에게 복종했고, 이런 시기에 국가의 힘을 하나로 모으기는 쉽지 않았습니다.

율령이 필요하다

삼국 시대 각 나라는 발전을 도모하는 과정에서 주변 나라들과 경쟁할 수밖에 없었습니다. 경쟁 과정에서 전쟁은 불가피했고, 부족장들의 회의를 통해 나랏일을 결정하는 방식으로는 전쟁에 효과적으로 대처하기 어려웠습니다. 오히려 왕이 강력한 제도와 법을 바탕으로 권력을 행사하면서 나라를 이끌 필요가 있었습니다. 이러한 상황에서 삼국은 중국의 통치 방식을 참고해 각종 제도를 정비하며 왕권 강화에 도움을 줄 율령을 반포했습니다.

율령 반포, 그 후?

율령이 반포되자 부족장들의 회의를 통해 나랏일을 결정할 필요가 없어졌습니다. 이제 모든 일은 문자로 기록된 법률에 따라 이루어졌습니다. 이 과정에서 자연스럽게 왕의 힘은 강해졌고, 지역을 대표하는 부족장들의 세력은 약화되었습니다. 이제 왕은 나라의 최고 권력자로서 권력을 행사했고, 부족장 세력은 점차 중앙 귀족으로 흡수되었습니다.

강력한 왕권을 행사하게 된 국왕은 중앙 귀족이 된 지방 족장 세력을 위해 관직과 등급을 새롭게 정비했습니다. 그리고 지방을 효율적으로 다스리기 위해 왕이 직접 지방관을 선발해 각 지역에 내려보냈습니다. 부족장 세력에 의해 자치적으로 운영되었던 지방도 이제는 왕의 명령이 골고루 퍼지게 되었습니다. 이른바 중앙 집권 국가로 성장한 것입니다.

율령 반포가 나라 발전에 기여했냐고요? 예, 기여했습니다. 각 나라는 율령 체제를 정비하며 전성기를 맞이합니다. 백제는 3세기 고이왕 시기 관등제를 정비하고 국가 통치 규정을 마련해, 4세기 근초고왕 때 국력이 절정에 이르렀습니다. 고구려는 4세기 후반 소수림왕 집권기에 율령을 반포하고 통치 체제를 정비하면서 나라 발전의 기틀을 마련해, 이를 바탕으로 광개토대왕 시기 동북아시아 최강국으로 위세를 떨쳤습니다. 신라는 6세기 법흥왕 시기 율령을 반포하고 불교를 공인하는 등 중앙 집권 체제를 갖추었으며 진흥왕 통치기에는 한강 유역을 차지해 비약적인 발전을 이루었습니다.

014

삼국 시대 사람도
서역을 갈 수 있었나요?

역사에서 말하는 서역은 중국 너머에 있는 우즈베키스탄이나 이란,
터키가 있는 땅을 말한대요. 그런데 그곳은 가장 빠른 교통수단인
비행기를 타고 이동해도 10시간 넘게 걸리는 곳이잖아요. 그런 곳
을 삼국 시대 사람들은 어떻게 다녔나요?

서역이 어딘데?

'서쪽에 있는 나라'라는 뜻의 '서역(西域)'은 중국 한나라 때부터 사용된 지역 명칭입
니다. 이 시절 서역 지방은 중국 신장 서쪽에 있는 타림 분지를 가리키는 지리 용어였
습니다. 이후 중국의 교류 범위가 넓어지면서 서역은 중앙아시아, 서아시아, 인도를
포함한 광대한 지역으로 확대되어 지금도 '서역' 하면 이 일대를 말합니다.

　여러 민족이 살고 있으며 종교도 다양하게 분포되어 있는 서역 지방은 아주 오래

전부터 동서 문화 교류의 중심 지대였습니다. 중앙아시아 사람들은 말과 낙타를 타고 사막을 건너다니며 동서 교류를 했습니다. 서아시아를 중심으로 활동했던 이슬람 상인들은 장거리 중계 무역을 하며 아프리카 북부, 유럽 동부, 중앙아시아까지 오고 갔습니다. 인도 사람들은 종교의 천국인가 싶을 정도로 다양한 종교를 만들고 퍼뜨리며 독자적인 문화를 발전시켰습니다.

가자, 실크로드로!

'실크로드'라는 말을 들어 봤나요? 중앙아시아의 사막과 초원 지대를 통해 유럽까지 연결되는 길을 말합니다. 우리말로는 '비단길'이라고 하죠. 왜 비단길이냐고요? 고대에 중국의 비단이 이 길을 통해 유럽으로 전파되었기 때문입니다.

하지만 넓은 의미의 실크로드는 하나의 길이 아닙니다. 중앙아시아의 사막 지대를 가르는 길이 작은 의미의 실크로드라면, 넓게는 유라시아의 드넓은 북쪽 초원을 지나는 '초원길'과 지중해에서 중국 남해를 잇는 '바닷길'도 실크로드라고 합니다. 그런데 동양과 서양을 잇는 이 길을 삼국 시대 때 우리 선조들도 다녀왔습니다.

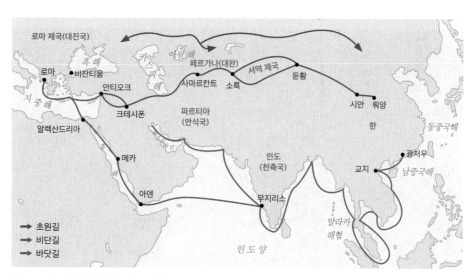

실크로드는 하나의 길이 아니다. 중앙아시아의 사막 지대를 가르는 길뿐 아니라, 유라시아의 드넓은 북쪽 초원을 지나는 '초원길', 지중해에서 남중국해를 잇는 '바닷길'도 실크로드라고 할 수 있다.

삼국의 동서 문화 교류

고구려는 삼국 가운데 가장 적극적으로 다른 나라와 문물 교류를 시도했습니다. 중국 남북조 시대(5세기 전반 ~ 6세기 말)에 북조와 교류하며 거의 해마다 사절단이 오고 갔으며, 남조에서 불교문화를 수용하기도 했습니다. 이처럼 문물 교류를 하는 과정에서 고구려는 서역에 있는 나라에도 사신을 파견했고 그 흔적이 지금도 남아 있습니다.

서역 끝자락에 있는 우즈베키스탄의 도시 사마르칸트에 아프라시압 궁전 유적이 있습니다. 이 궁전의 벽에 7세기 후반 외국 사절단의 모습을 그린 그림이 있는데, 고구려에서 파견한 사신 2명의 모습이 보입니다. 한편 고구려 땅에도 서역에서 온 사람이 살았습니다. 고구려의 수도였던 통구(지금의 지안시) 지방에 만들어진 각저총에는 서역인이 고구려 사람과 씨름하는 장면을 그린 벽화가 있습니다. 이처럼 고구려는 초원길을 통해 유목 민족과 교류했고, 바닷길을 통해서는 일본과 다양한 문물을 주고받았습니다.

백제는 4세기 근초고왕 시절에 중국과 일본 곳곳으로 통하는 해상 교역망을 확보한 후 바닷길을 통해 다양한 문물 교류를 했습니다. 실크로드의 중국 쪽 시작 지점

아프라시압 궁전 벽화(디지털 복원). 7세기 사마르칸트의 궁중 행사 때 외국에서 온 사신을 맞이하는 장면이다. 오른쪽에 고구려에서 파견한 사신 2명(동그라미 안)의 모습이 보인다.

황남대총에서 발견된 유리병과 잔(왼쪽)은 로마산 유리그릇으로 서역을 거쳐 수입된 것으로 추정된다. 미추왕릉 지구에서 발견된 '경주 계림로 보검'(오른쪽). 이러한 형태의 칼은 주로 지중해권에서 발굴되기에 동서 문화 교류의 증거가 된다.

인 둔황에 세계 최대 석굴 사원인 '막고굴'이 있습니다. 이 유적지의 제237굴의 벽화에는 백제인으로 보이는 사람이 그려져 있어, 백제 사람도 동서 문화 교류에 나섰음을 알 수 있습니다.

신라는 지역적으로 한반도 남동부에 있어서 삼국 초기에는 고구려와 백제를 통해 중국과 서역 문화를 받아들였습니다. 하지만 진흥왕 시절에 한강 유역을 차지한 후부터는 직접 중국과 교류하며 서역 문화를 받아들이기 시작했습니다. 경주의 천마총이나 황남대총에서 출토된 유리그릇 중에는 로마 제국에서 수출용으로 만든 제품이 들어 있어서 신라와 서역의 교류를 입증하고 있습니다. 또한 경주 계림로 14호 무덤에서는 독특한 형태의 황금 장식 보검이 발견되었는데, 이 칼의 제작처는 중앙아시아 지역으로 추정합니다. 여기에 경주 괘릉(원성왕릉)과 흥덕왕릉을 지키고 있는 무인상은 매부리코에 주걱턱, 턱수염이 있어 중앙아시아에 살던 소그드인의 모습을 형상화했을 가능성이 큽니다.

이처럼 고구려, 백제, 신라는 서역과는 지리적으로 아주 멀리 떨어진 곳에 있는 나라였지만, 지속적으로 서역을 통해 외래 문물을 수용하며 문물 발전의 기틀을 다져 나갔습니다.

015

경제 대국이었던 가야가
쉽게 멸망한 이유는 뭔가요?

가야는 한반도 남부라는 지리적 이점을 최대한 활용하면서 중국
과 일본 사이에서 중계 무역을 하며 크게 발전했어요. 비슷한 시
기에 각 지역의 맹주로 성장한 고구려, 백제, 신라와 버금갈 정도
였으니까요. 그런 가야가 허무할 정도로 쉽게 멸망하고 말았네요.
왜 그랬을까요?

고대 가요 '구지가'에 담긴 가야 탄생의 비밀

다음은 《삼국유사》에 나오는 가야 6국의 탄생 설화입니다. 세상이 처음 생기고 나라
이름도 왕과 신하의 이름도 없던 시절, 지금의 경상남도 지방에는 삼한 중 한 나라인
변한이 있었습니다. 이곳은 9명의 족장이 각자 자기 부족을 이끌었습니다. 어느 날이
었습니다. 변한 북쪽에 있는 산 구지봉에서 신묘한 소리가 들려 왔습니다.

하늘이 나에게 이곳에 내려와 나라를 세우고 왕이 되라 명령하셨다. 너희는 산 위에서 흙을 파며 '거북아, 거북아! 머리를 내밀어라. 그러지 않으면 구워서 먹으리라.'라는 노래를 불러라.

족장들은 하늘의 뜻임을 감지하고 구지봉에 가서 막대기로 땅을 파며 춤추고 노래를 불렀습니다. 얼마 후 붉은 보자기에 싼 황금 상자가 하늘에서 내려왔습니다. 상자를 열어 보니 황금알 6개가 들어 있었습니다. 족장 중 1명이 상자를 집으로 가져와 높은 탁자 위에 올려 놓고 애지중지 보살폈습니다. 10여 일이 지나 알에서 아이들이 태어났습니다. 알 6개 중에서 가장 먼저 깨고 나온 아이에게 처음 또는 우두머리를 뜻하는 '수(首)'자를 넣어 '수로'라고 이름 지었습니다. 이 아이가 금관가야의 임금이 되어 가야 6연맹체를 대표했고, 나머지 아이들도 각자 왕이 되어 자신의 나라를 다스렸습니다.

백제와 신라는 왕이 한 사람인데, 왜 가야만 6명?

낙동강 중하류 지역에 세워진 가야는 이웃 나라 백제나 신라와 다른 특징이 있습니다. 이 나라는 백제나 신라처럼 국토 전체를 한 임금이 다스리는 통일 국가가 아니었습니다. 나라를 형성하고 있는 여섯 지역의 힘이 비등비등해 6명의 왕이 각자 자기 나라를 다스리며 서로 협의해 연맹체 왕국 가야를 이끌어 갔습니다. 가야 연맹체를 구성한 대표적 소국은 김해의 금관가야, 고령의 대가야, 함안의 아라가야입니다.

가야 연맹의 성립과 발전

가야 변천 과정은?

초기 가야 연맹체를 이끌어 간 나라는 김해의 금관가야였습니다. 가야 연맹체는 백제나 신라에 견주어 힘은 약했지만, 철을 생산하고 한반도 중북부 지대에 있던 낙랑군, 대방군과 활발히 교류하며 중국의 선진 문물을 받아들였습니다. 또 이들 문물을 철과 함께 바다 건너 일본에 전하며 중간이득을 취해 경제 발전을 이루었습니다. 그런데 4세기 전반에 낙랑군과 대방군이 고구려의 공격을 받아 멸망하면서 가야의 중계 무역은 쇠퇴하고 경제적으로 타격을 입게 됩니다. 이후 가야는 400년에 왜와 연합해 신라를 공격했는데, 오히려 신라를 구원하러 온 고구려 광개토대왕에게 반격을 당합니다.

부산 복천동 38호분 출토 철제 갑옷 일괄. 투구, 목가리개, 갑옷으로 구성되어 있다.

　　이후 금관가야는 급속히 쇠퇴했고, 가야 연맹체의 주도권은 5세기로 접어들며 고령의 대가야로 넘어갔습니다. 대가야가 연맹을 주도할 시기에 가야 연맹체는 중국 남조 나라들과 교역하며 경제적 부를 축적했고, 고구려에 공격받는 신라를 도와주는 등 나름 중앙 집권 국가인 고구려, 백제, 신라 삼국과 경쟁하며 나라를 유지하다가 6세기 후반에 멸망하고 말았습니다.

경제 대국 가야가 사라진 까닭은?

품질 좋은 철, 낙랑·대방과 일본 사이의 중계 무역을 통해 엄청난 부를 누린 해상 왕국 가야는 어쩌다가 역사의 무대에서 완전히 퇴장했을까요?

　　첫 번째는 지리적 취약성 때문입니다. 가야는 중앙 집권 국가인 백제와 신라 사이에 끼어 있었습니다. 이들 두 나라가 영토 경쟁에 나서면서 가야는 양 대국의 땅따먹기 전쟁에 휘말려 이쪽저쪽에서 얻어맞다가 결국에는 신라에 멸망했습니다.

두 번째는 가야 내부의 결속력 부족입니다. 가야는 연맹체 국가로 백제나 신라처럼 하나로 통합된 강력한 정치 체제가 없었습니다. 평화 시에는 이런 느슨한 연맹체로도 국가 발전을 도모할 수 있습니다. 하지만 가야가 멸망할 당시 만주와 한반도 지역은 고구려, 백제, 신라가 서로 치열하게 다투며 군사력을 강화하고 있었습니다. 이러한 때에 가야의 소국들은 통합을 통한 세력 강화를 모색하지 않고 현실에 안주했습니다. 이런 나라를 영토 쟁탈에 혈안이 되어 있던 주변 국가들이 가만 놔둘 리 없었습니다. 결국 가야는 삼국과 경쟁에서 패하여 멸망하게 된 것입니다.

가야의 멸망은 선진국으로 발돋움하고 있는 지금의 우리에게 큰 교훈을 줍니다. 우리나라 주변을 살펴보면 영토로도 인구로도 경제력으로도 우리보다 덩치가 큰 중국과 일본이 호시탐탐 우리를 노려보고 있습니다. 이러한 때 민족 통일에 힘쓰지 않고 경제적으로 우리가 더 잘산다며 분단국가의 현실에 안주하면 언제 주변 강대국의 표적이 될지 모릅니다. 가야의 멸망에서 얻은 큰 교훈을 떠올린다면, 우리에게 남북통일은 선택이 아닌 '필수'입니다.

016

칠지도는
왜 만들어졌나요?

어라! 이게 칼이라고요? 무슨 칼에 가지가 삐죽삐죽 달려 있어요?
날카롭지도 않고요. 이런 칼로 전쟁에 나가 싸울 수 있었을까요? 이
괴상한 모양의 칼을 도대체 왜 만들었나요?

신성이 깃든 칼, 칠지도

일본 나라현 덴리시 이소노카미 신궁에는 일본 국보로 지정된 '칠지도'가 보관되
어 있습니다. 전체 길이 74.9센티미터인 칼 양쪽에는 각각 3개의 가지가 달려 있
습니다. 처음 발견했을 당시는 '여섯 가닥으로 갈라진 칼'이라는 뜻에서 '육차도
(六叉刀)'라고 했습니다. 그런데 표면의 녹을 제거하는 과정에서 금으로 상감된 글씨
가 모습을 드러내며 이 칼의 정식 이름이 '7개 가지를 가진 칼'이라는 뜻의 '칠지도

(七支刀)'라는 것이 밝혀졌습니다. 가운데 중심을 이루는 본
체도 하나의 가지로 봐서 붙인 이름입니다.

칠지도는 용도 면에서만 따지면 칼이라고 하기 애매합니
다. 무릇 칼이라 하면 적어도 무 정도는 썰 수 있어야 합니
다. 그런데 칠지도는 무는커녕 두부도 반듯하게 자를 수 없
습니다. 어떻게 이런 이상한 도구를 칼이라 할 수 있을까요?

사실 이 칼은 전투할 때 사용하는 무기도, 사냥할 때 사용
하는 도구도 아닙니다. 부적처럼 몸에 지니고 다니며 자기
몸을 보호하는 신령스러운 칼입니다. 이런 용도의 칼에 왜
굳이 7개의 가지를 만들었는지는 확실하게 알 수 없습니다.
다만 고대 동아시아에서 '7'은 양기가 가득찬 상태를 뜻하는
숫자입니다. 따라서 칠지도는 가득한 양기로 악한 기운을 물
리친다는 뜻을 담고 있다고 할 수 있습니다.

칠지도

칼에 새긴 글자의 의미는?

칠지도는 백제가 왜에 전해 준 칼이었습니다. 이 칼의 중심 가지 양면에는 60여 글자
가 새겨져 있는데, 이를 통해서 우리는 4~5세기 백제와 일본의 교류 관계를 추정할
수 있습니다.

그런데 칠지도가 워낙 오래전에 만들어진 유물이고, 칼에 새겨진 글자 몇 개는 해
석하기가 힘들뿐더러, 또 한자는 어떻게 해석하느냐에 따라 의미가 달라지기에 칼 몸
에 새겨진 문장을 놓고 해석들이 매우 다양합니다.

〔앞면〕泰□四年□□月十六日丙午正陽造百鍊銕七支刀帶辟百兵宜供供
侯王□□□□作
태□ 4년 □□월 16일 병오년에 백번 두드린 철로 칠지도를 만들었다. 몸에 지

니면 모든 적을 물리칠 수 있으니 왜왕에게 도움이 될 것이다. □□□□ 제작.

〔뒷면〕 先世以來未有此刀百濟王世□奇生聖音故爲倭王旨造傳示後世

이전 시대 이래로 이런 칼은 없었다. 백제 왕세자 기생성음이 왜왕을 위해 만들 었으니, 다음 세대에 전하라.

일반적으로 칠지도에 새겨진 한문은 위에 쓰인 것처럼 풀이합니다. 하지만 학자마 다 해석이 다르고 백제가 일본에 칼을 보낸 의미도 다르게 해석합니다. 백제왕이 왜 왕에게 하사했다고 주장하는 학자, 백제왕이 왜왕에게 바쳤다고 추정하는 학자, 백제 왕이 동등한 관계 속에서 왜왕에게 선물로 주었다고 판단하는 학자, 심지어는 중국의 동진왕이 백제를 통해 왜왕에게 하사했다고 추정하는 학자도 있습니다.

어떤 주장이 칠지도의 실제 제작 의도인지는 판단하기 어렵습니다. 하지만 어떤 주 장이 사실이든 칠지도가 백제와 일본 사이 문화 교류의 증거라는 것은 틀림이 없습니 다. 고대 동아시아의 여러 나라, 즉 고구려, 백제, 신라, 가야, 중국, 왜는 육로와 바닷 길을 통해 서로 문화를 교류하는 외교 관계를 맺어 나갔습니다. 특히 백제는 중국에 서 들여온 유교와 불교를 일본에 전달하는 중국 문물 전파의 다리 역할을 했습니다. 그 대표적인 사례로 백제는 4세기 후반 일본에 왕인 박사를 보내《논어》와《천자문》 을 전해 주었으며, 6세기 성왕 시절에는 승려 노리사치계를 파견해 최초로 불교문화 를 전파했습니다. 따라서 칠지도도 이런 문화 교류의 일환으로 백제에서 일본으로 건 너간 물건으로 볼 수 있습니다.

임나일본부설, 제대로 알자!

임나일본부를 들어 봤나요? '임나'는 일본 역사서에 등장하는 지명으로 낙동강 유역 의 가야를 가리키는 말로 추정합니다. '일본부'는 일본 관청이라는 의미이니, 결국 임 나일본부는 가야 땅에 일본이 세운 관청이 있었다는 이야기지요.

이러한 임나일본부설의 핵심 내용은 '4세기 후반 일본 군대가 바다 건너 가야 지역에 임나일본부를 세워 신라에 의해 대가야가 멸망할 때까지 다스렸으며, 주변국인 백제와 신라도 간접 지배했다.'는 것입니다.

이 주장의 근거는 일본 고대사를 기록한 《일본서기》에서 찾을 수 있습니다. 하지만 《일본서기》는 8세기 전반에 편찬된 책으로, 자국 왕실의 권위를 나라 안팎에 과시하며 왕권 강화를 도모하기 위해 실제 역사적 사실과는 다르게 부풀리거나 왜곡한 부분이 많습니다. 정말 그렇냐고요? 예, 그렇습니다. 과장이나 왜곡이 많다는 건 일본의 역사학자들도 인정하는 사실입니다.

임나일본부설도 대부분의 한국과 일본의 역사학자들은 왜곡된 기록이라고 말합니다. 그러나 일제 강점기 당시 일본의 관점에서만 역사를 보려 했던 일부 학자들과 추종자들은 '이미 고대부터 한반도 남부 지방은 우리 땅이었다.'고 하면서, '지금 (일제 강점기) 우리가 한반도를 지배하는 것은 예전의 우리 땅을 다시 다스리는 것에 불과하다.'며 일본의 한반도 식민화를 정당화했습니다.

임나일본부설을 주장하던 사람들은 칠지도도 자기들 입맛에 맞게 해석해 '백제왕이 일본에 조공품으로 바쳤다.'고 주장하면서 '임나일본부설은 거짓이 아닌 역사적 사실이다.'라고 단정했습니다. 하지만 대부분의 일본 역사학자들은 고대 한반도와 일본 열도의 외교 관계를 살폈을 때, 이는 사실이 아닐 가능성이 크다고 생각하고 있습니다. 그러고 보면 앞으로 한일 관계의 바른 정립을 위해서라도, 한일 고대사의 미스터리인 칠지도의 제작 의도는 꼭 알아내야 할 사안입니다.

삼국 시대
각 나라의 무덤 양식은 어떤가요?

세계 각 지역은 무덤을 쓰는 양식도 다 다르더라고요. 대부분은 우
리처럼 땅을 파고 시신을 묻지만, 화장해서 뼛가루를 바람에 날리
는 곳도 있고, 영혼의 부활을 꿈꾸며 시신을 새의 먹이로 주는 '조장'
을 하는 곳도 있대요. 이렇게 지역이나 민족에 따라 무덤 양식이 다
른데요, 삼국 시대 각 나라들은 어떤 무덤을 썼나요?

고구려의 돌무지무덤과 굴식 돌방무덤

옛날 사람들은 '사람은 죽은 뒤에도 영혼이 살아서 삶이 계속된다.'고 믿었습니다. 그
래서 고대 사회 지배자들은 생전에 누렸던 부귀영화를 죽은 이후에도 누리기 위해 대
형 무덤을 만들고, 평소 자신이 사용했거나 사용할 필요가 있는 옷이나 장신구 같은
생활필수품들을 무덤 안에 가득 넣었습니다.

삼국 시대 각 나라 지배자들도 대체적으로 무덤을 크게 만들고 그 안에 여러 생활

중국 지린성 지안시에 있는 고구려의 장군총. 돌을 긴 사각형으로 다듬어 계단식 피라미드 형태로 쌓아올린 계단식 돌무지무덤이다.

용품들을 넣었는데, 나라마다 무덤을 만드는 방식이 달랐습니다. 고구려는 건국 이후 한동안 돌을 쌓아 올려 무덤을 조성하는 돌무지무덤을 주로 만들었습니다. 초기에는 다듬지 않은 막돌을 높이 쌓아 올린 무덤을 만들다가 차츰 긴 사각형으로 돌을 다듬어 계단식 피라미드 형태로 쌓아 올렸습니다. 계단식 돌무지무덤의 완성작이 중국 지린성 지안시에 있는 장군총입니다.

고구려 지배층의 무덤은 후기로 가면 굴식 돌방무덤으로 바뀝니다. 이 무덤 양식은 외부에서 보면 우리가 일반적으로 보는 흙무덤입니다. 봉분이 클 뿐이지요. 하지만 내부가 매우 독특하게 꾸며져 있습니다. 시신이 들어 있는 돌방이 있고 외부에서 방까지 들어가는 통로를 터널처럼 만들어 놓았습니다. 또한 돌방 내부의 벽과 천장에는 그림을 그려 놓았습니다. 벽화는 무덤에 따라 다르지만, 초기에는 보통 무덤 주인의 초상화와 함께 어떻게 살았는지를 짐작하게 하는 생활 풍속도가 그려져 있습니다. 그러다 후기로 가면 도교의 영향을 받아 사신도, 즉 청룡(동벽) · 백호(서벽) · 현무(북벽) · 주작(남벽) 그림이 벽면을 장식했습니다. 이러한 벽화가 있는 대표적인 고구려의 굴식 돌방무덤으로는 안악3호분(무덤 주인의 초상화와 생활 풍속도), 무용총(접객도 · 무용도 · 수렵도), 각저총(씨름도), 강서대묘(사신도)가 있습니다.

백제의 굴식 돌방무덤과 벽돌무덤

백제는 고구려에서 내려온 사람들이 세운 나라라 개국 초기인 한성(지금의 서울 송파구 일대) 시기에는 고구려와 비슷한 계단식 돌무지무덤을 만들었습니다. 하지만 수도를 웅진(지금의 공주)으로 옮긴 후에는 굴식 돌방무덤 위주로 지배층의 무덤을 조성하면서 간혹 벽돌무덤도 만들었습니다. 돌이 아닌 벽돌로 무덤방을 만드는 양식은 중국 남조의 방식인데, 백제는 남조와 교류가 잦았던 영향으로 이 무덤 양식을 수입해 지배층의 무덤으로 사용했습니다.

벽돌로 만든 무덤은 공주의 송산리 고분군 안에 두 기가 있는데, 이 중 하나가 '무령왕릉'입니다. 특이한 것은 벽돌무덤은 웅진 시대에만 만들어졌고, 사비(지금의 부여) 시대에는 지배층들의 무덤을 굴식 돌방무덤 양식으로만 조성했습니다. 부여의 능산리 고분군이 대표적인 사비 시대 굴식 돌방무덤군입니다.

석촌동 고분군 2호분. 고구려의 계단식 돌무지무덤이 백제화된 것이다.

무령왕릉. 중국 남조의 영향을 받은 벽돌무덤이다.

능산리 고분군 1호분. 사비 시대의 굴식 돌방무덤이다.

신라의 돌무지덧널무덤

신라는 고구려, 백제와는 다른 방식으로 지배층의 무덤을 만들었습니다. 지배자가 죽으면 무덤 쓸 자리의 지상 또는 지하에 시신을 넣은 널과 다양한 부장품이 든 껴묻거리 상자를 놓은 다음 통나무로 상자 모양의 덧널을 만들고, 그 위로 돌무지를 조성한 후 최종적으로 흙을 높이 쌓아 올렸습니다. 이 무덤 양식을 '돌무지덧널무덤'이라 합니다.

이 무덤도 겉모습만 보면 잔디 덮인 커다란 흙무덤입니다. 하지만 봉분을 파고 들어가면 돌무더기가 잔뜩 쌓여 있는 층이 있고 그 안에 나무덧널이 있으며 덧널 안에 널과 껴묻거리 상자가 놓여 있습니다. 경주 시내에 있는 산처럼 생긴 무덤들 대부분이 이러한 형식으로 만들어진 신라 지배층의 무덤으로, 대표적인 무덤으로는 천마도가 나온 천마총, 금관과 로마 제국의 유리 제품이 나온 황남대총이 있습니다.

삼국의 무덤 중 도굴꾼들이 가장 싫어했을 무덤 양식은?

여기서 퀴즈를 하나 내겠습니다. 고구려의 굴식 돌방무덤, 백제의 굴식 돌방무덤과 벽돌무덤, 신라의 돌무지덧널무덤 중 도굴꾼이 제일 싫어하는 무덤은 무엇일까요? 정답은 '신라 돌무지덧널무덤'입니다. 왜냐고요? 굴식 돌방무덤이나 벽돌무덤은 내부에 돌 또는 벽돌로 만든 방이 있고, 외부에서 사람이 쉽게 이 방에 들어갈 수 있도록 터널을 조성해 놓았습니다. 따라서 터널 입구만 찾으면 자유자재로 무덤 안을 드나들 수 있지요. 도굴하기가 쉽습니다.

하지만 신라의 돌무지덧널무덤은 흙으로 쌓은 층과 돌무지 지대를 파헤친 후 나무덧널을 제거해야 시신과 부장품이 놓여진 곳에 도달합니다. 이 작업이 오래 걸리기 때문에 도굴이 쉽지 않습니다. 현재 무덤 안에서 출토된 삼국 시대 유물 중 고구려나 백제보다 신라 유물이 많이 전해지는 이유가 신라 무덤은 도굴이 힘들었기 때문입니다. 물론 고구려, 백제가 신라보다 빨리 망했다는 점과 고구려, 백제가 일찍부터 불교의 영향을 받아 무덤 안에 부장품 자체를 적게 넣었다는 것도 고구려나 백제 유물이 신라 유물보다 적게 전해지는 까닭이기도 합니다.

한편 백제의 대표적 벽돌무덤인 무령왕릉은 도굴이 쉬운 터널이 있는 무덤인데도 무려 1,000여 년 이상 도굴되지 않은 채 1971년 정식 발굴 조사를 통해 내부가 공개되었습니다. 그 결과 무려 4,600여 점에 달하는 유물을 발굴할 수 있었습니다. 도굴이 쉬운 벽돌무덤이었다는 점을 고려하면 무령왕릉의 보존은 천우신조였다고 할 수 있지요.

018

고분 벽화로 알 수 있는 고구려인의 삶은 어땠나요?

고구려 무덤에 그려진 벽화의 사진을 봤어요. 무덤 주인의 초상화부터 집안 살림살이, 공연을 구경하는 모습 등 매우 다양한 삶의 현장이 담겨 있어서 마치 내가 타임머신을 타고 고구려를 다녀온 기분이었어요. 고구려인들은 어떻게 살았나요?

와!
물방울무늬 옷이네.
고구려 사람들
패션 감각 있었구나!

무용총 벽화를 통해서 본 고구려의 신분 계층

고구려 무덤 중에서 벽화가 그려져 있는 무덤은 100여 기가 훨씬 넘습니다. 무덤 속의 벽화는 초기에서 중기까지는 무덤 주인의 초상화나 주인의 생활상을 알 수 있는 집이나 풍속도가 주로 그려졌고, 후기로 가면서 사신도가 그려졌습니다. 따라서 고구려 무덤 속 벽화들을 자세히 살펴보면 당시 사람들의 옷차림이나 주거 형태, 거리 풍경 등 다양한 삶의 현장을 추적할 수 있습니다.

무용총 〈접객도〉. 주인이 스님을 접대하는 장면으로 신분에 따라 사람의 크기를 다르게 그렸다.

위 벽화는 중국 지린성 지안시에 있는 무용총 벽화입니다. 북쪽 벽에서 무덤 주인은 손님으로 온 두 스님을 접대하고 있습니다. 사각모를 쓴 주인이 근엄한 표정으로 손님을 맞이합니다. 주인 뒤로는 시중을 드는 사람들이 보이며 주인과 스님 사이에는 한 사람이 무릎을 꿇고 식사 준비를 하고 있습니다. 그런데 화가는 이 사람만 유독 작게 그려 놓았습니다. 화가의 시점에서는 주인이나 승려와 같은 거리에 있는데도 말입니다. 왜 그랬을까요? 신분이 달랐기 때문입니다. 고구려 벽화에는 신분에 따라 사람의 크기가 다르게 그려져 있습니다. 신분이 높으면 크게 그리고 신분이 낮으면 작게 그렸습니다. 따라서 작게 그려진 사람은 주인을 모시는 하인이 분명합니다.

한편 무용총의 동쪽 벽에는 무덤 주인이 산천을 누비며 사냥하는 장면을 담은 〈수렵도〉가 그려져 있고, 서쪽 벽면에는 이 무덤의 이름을 〈무용총〉이라고 짓게 만든 〈무용도〉가 그려져 있습니다. 〈수렵도〉를 통해서 우리는 고구려 사람의 기상이 높고 컸음을 알 수 있으며, 〈무용도〉에서는 무용단원들의 옷이 모두 물방울무늬인 데서 당시 사람들의 복식 경향을 짐작할 수 있습니다.

무용총 〈수렵도〉. 무덤 주인이 산천을 누비며 사냥하는 장면으로 고구려 사람의 기상을 보여 준다.

무용총 바로 옆에는 쌍둥이처럼 각저총이 나란히 있는데, 이 무덤에 '각저총'이라는 이름이 붙은 건 무덤방 안에 씨름하는 그림이 그려져 있기 때문입니다. 순우리말인 '씨름'의 한자어가 '각저(角抵)'입니다.

안악고분 속 고구려 귀족의 초호화 생활

황해남도 안악군에는 고구려 굴식 돌방무덤 3기가 있습니다. 이 무덤들은 발굴 순서에 따라 안악 1, 2, 3호분이라는 이름이 붙여졌는데, 세 무덤에 모두 벽화가 그려져 있습니다. 이중 1호분에는 2층짜리 대형 기와집이 그려져 있습니다. 요즘 지어도 호화주택으로 불릴 만큼 대저택입니다. 고구려 귀족의 삶이 얼마나 윤택했는지를 잘 보여 주고 있습니다.

안악 3호분은 1, 2호분보다 벽화가 더 화려하고 웅장해서 왕의 무덤이거나 최소한 왕에 버금갈 정도의 권력을 가진 귀족의 무덤으로 추정합니다. 이 무덤 속의 벽화는 매우 다양한 이야기를 담고 있는데, 무덤 주인과 부인의 대형 초상화가 방안에 그려져 있으며, 식사 준비를 하는 부엌, 갓 잡은 고기를 쇠갈고리에 걸어 놓은 푸줏간, 요즘의 주차장에 해당하는 수레 보관소와 마구간 등이 그려져 있습니다. 또한 이 무덤에는 수레를 타고 가는 무덤 주인을 호위하는 행렬도도 그려져 있는데, 호위 무사가 무려 500여 명에 달하는 대형 행렬도입니다. 개마무사라고 불리는 중장기병, 그보다 가볍게 무장한 경기병, 창과 방패로 무장한 보병, 활을 든 궁병 등 다양한 병기를 사용했던 고구려 무사들이 그려져 있어서 무덤의 벽화를 통해 고구려 군사 체제를 확인할 수 있습니다.

019

백제 왕자와 신라 공주가 결혼했다고요?

한국판 로미오와 줄리엣이 삼국 시대에도 있었대요. 유럽의 청춘 남녀 사랑 이야기인 로미오와 줄리엣은 비극으로 끝나지만, 한국판은 행복한 결말이었다고 해요. 그 당시에 그런 극적인 사랑을 했다는 것이 너무 놀라워요. 과연 누가 이런 극적인 사랑을 했을까요?

《삼국유사》에 실린 국경을 넘은 로맨스

백제의 제30대 왕인 무왕의 어릴 적 이름은 서동이었습니다. 산을 돌아다니며 캔 마를 팔아서 먹고살았기 때문에 '마를 캐는 아이'란 뜻에서 '마 서(薯)', '아이 동(童)'을 써서 '서동'이라고 불렀습니다.

서동이 살던 시절 백제 땅에는 '신라 진평왕의 셋째 딸 선화공주가 천하의 미인'이라는 소문이 자자했습니다. 마를 팔던 시장에서 이 소문을 들은 서동은 선화공주를 아내로 삼아야겠다고 결심했습니다. 집에 돌아온 서동은 곧바로 짐을 싸 신라 수도 경주로 가서 선화공주를 만나기 위한 계획을 짰습니다. 거리에서 마를 팔며 아이들에게 본인이 지은 노래 '서동요'를 부르게 했습니다.

선화공주님은 남몰래 사귀는 맛둥(서동) 도련님을 밤에 몰래 안고 간다.

신라 선화공주가 밤마다 몰래 마를 파는 사람을 만난다는 요상한 노래였습니다. 노래는 경주 시내 아이들의 입에서 입으로 사방팔방 퍼지더니, 임금의 귀까지 전해졌습니다. 딸이 듣도 보도 못한 놈과 사귄다는 소문을 듣고 화가 머리끝까지 난 신라 진평왕은 딸의 말은 듣지도 않고 궁궐 밖으로 쫓아내 먼 곳으로 귀양을 보내 버렸습니다. 선화공주가 궐 밖으로 나와 귀양길에 오르자, 그제야 서동이 짠, 하고 등장했습니다. 공주에게 그간의 사정을 이야기하고 함께 고향인 백제 땅으로 가자고 청했습니다. 공주는 서동의 듬직함에 반해 그를 따라 백제 땅으로 갔습니다.

궁에서 쫓겨나는 딸이 가여워 어머니인 왕후는 순금 한 말을 선화공주에게 주었습니다. 백제에 도착한 선화공주는 서동에게 금을 내주며 이것을 팔아 양식을 구하자고 했습니다. 서동이 공주에게 물었습니다.

- 이것이 무엇입니까?
- 황금이옵니다. 이것만 있으면 한평생 먹고사는 데 지장이 없습니다.

서동은 눈이 휘둥그레지며 말했습니다.

- 내가 어려서부터 마를 캐던 땅에 이런 것이 지천으로 있습니다.
- 이것은 천하의 지극한 보물입니다. 서방님께서 지금 금이 있는 곳을 아신다면,
  이 보배를 부모님이 계신 궁에 보내는 것이 좋겠습니다.

두 사람이 사방에 널려 있는 금을 모두 모으니 큰 무덤처럼 쌓였습니다. 그런데 문제가 있었습니다. 쌓아 놓은 금을 신라 궁궐까지 보낼 방법이 마땅하지 않았습니다. 서동은 이름난 승려였던 용화산 사자사의 지명법사에게 가서 신라 땅까지 금을 보낼 방법을 물었습니다. 법사는 신통한 힘을 발휘해 하루 만에 금을 모두 신라 궁궐의 진평왕에게 보냈습니다. 이로 인해 서동은 진평왕의 마음을 얻어 정식 사위가 되었고, 백제 땅에서도 사람들의 지지를 얻어 백제의 제30대 왕(무왕)으로 등극했습니다.

무왕의 고향, 익산

서동의 고향이라고 전해지는 전라북도 익산에 가면 왕릉급 무덤이 있습니다. 큼직한 무덤 2기가 50미터 정도 거리를 두고 나란히 자리하고 있어서 이 두 무덤에는 '쌍릉'이라는 이름이 지어졌습니다. 아주 오래전부터 익산 지방에서는 이 무덤을 무왕과 선화공주의 무덤으로 추정하고 있습니다.

전북 익산시에 있는 쌍릉. 위쪽에 있는 큰 무덤은 '대왕릉', 아래쪽에 있는 좀 더 작은 능은 '소왕릉'으로 불린다.

익산에는 무왕 부부가 지었다고 하는 절도 있었습니다. 지금은 절터에 탑만 홀로 서 있는, 우리나라에서 가장 오래된 탑인 미륵사지 석탑이 서 있는 '미륵사지'입니다. 《삼국유사》〈무왕조〉에는 이런 이야기가 쓰여 있습니다. 미륵사 창건 설화입니다.

무왕이 아내인 선화공주와 함께 사자사로 가던 길에 용화산 아래 큰 못가에 이르렀을 때 물속에서 미륵삼존이 나타났다고 한다. 두 사람은 길을 멈추고 예를 올렸고, 이곳에 절을 세우자는 선화공주의 간청에 따라 무왕은 사자사 스님 지명법사의 신통력을 빌어 하룻밤 만에 산을 헐어 못을 메우고 그 위에 절을 지었다. 이때 미륵삼존을 본받아 금당과 탑과 회랑을 각각 세 곳에 세우고 미륵사라 불렀으며, 선화공주의 아버지인 신라 진평왕은 기술자를 보내 그 공사를 도왔다고 한다.

복원한 익산 미륵사지 석탑

미륵사지 석탑 해체 과정에서 밝혀진 충격적인 사실

그런데 2009년 1월 미륵사지 석탑을 해체 보수하는 과정에서 《삼국유사》에 쓰인 이야기와 다른 해석을 할 수 있는 금판이 탑 밑에서 발굴되었습니다. 금판에는 석탑을 만들게 된 내력이 새겨져 있었는데, 7세기 전반에 백제 좌평 사택적덕의 딸인 백제 무왕의 왕비가 재물을 바쳐

미륵사지 석탑을 만들게 된 내력이 쓰여 있는 금판

미륵사를 세우고 탑 안에 사리를 봉안해 왕실의 평안을 기원했다는 내용이었습니다.

금판의 이러한 해석에 백제사를 연구하던 학자들은 어안이 벙벙해졌습니다. 지금까지 《삼국유사》의 미륵사 조성 설화를 근거로 '미륵사는 선화공주의 염원으로 지어진 절'이라 굳게 믿어 왔는데 사택 씨 가문의 딸이 재물을 대어 조성했다니, 얼마나 황당했겠습니까? 그래서 지금까지도 미륵사와 미륵사지 석탑을 있게 만든 주인공이 누구인지는 미스터리입니다. 《삼국유사》 이야기가 진실일까요? 아니면 석탑 밑에서 발굴된 금판의 기록이 진실일까요? 과연 미륵사를 만든 사람은 누구일까요? 진실은 학자들이 더 연구해 최종 결론을 낼 때까지 기다려 봐야 알 것 같습니다.

중국을 통일한 수나라는
왜 고구려를 이기지 못했을까요?

중국을 통일한 수나라는 당시 동아시아 최강국이었다고 해요. 그런
데 고구려는 수나라를 섬기지 않고 무시했다고 하네요. 다른 나라
는 모두 수나라를 섬겼는데 말이죠. 고구려는 왜 대국 수나라와 대
립했나요? 이런 고구려를 수나라는 대군을 동원해 몇 번이나 침략
했는데도 이기지 못했다면서요?

수의 중국 통일과 동북아시아 국제 정세 변화

중국 수나라를 세운 왕 '문제'는 중국 역사상 가장 많은 왕조가 교체되었던 350여 년
동안의 위진남북조 시대(221~589)의 혼란을 잠재우고 드넓은 중국 대륙을 589년에
통일했습니다. 수 문제는 중국 중심의 강력한 세계 질서를 세우고자 했습니다. 그래
서 주변 나라들에 복종을 요구했습니다. 그런데 북동쪽에 국경을 형성하고 있던, 인
구수나 국력에서 큰 차이가 나는 고구려가 자꾸 독자적으로 나라를 운영하려 해서 대

국 수나라의 신경을 건드렸습니다. 수나라는 여러 차례 고구려에 복종할 것을 강요했지만, 고구려는 이에 따르지 않았습니다. 수나라가 아무리 압박해도 고구려는 '우리는 우리의 길을 간다.'였습니다.

큰 싸움만 네 차례 치른 고구려와 수의 대결

598년 수나라가 침략해 올 것을 예상한 고구려 영양왕은 1만 명의 군사를 동원해 랴오허강(요하) 서쪽 지방을 공격, 전쟁 발발 시 유리한 위치를 먼저 장악하려 했습니다. 수 문제는 어이가 없었습니다. 전쟁을 시작하면 단숨에 점령할 수 있는 작은 나라가 먼저 대드는 것에 화가 많이 났습니다. 그는 30만 명의 군사를 이끌고 육지와 바다를 통해 고구려로 돌진했습니다. 그러나 전쟁은 수 문제의 생각과 다르게 전개되었습니다. 장마로 인해 길이 막히고 식량 운반로가 끊기면서 수나라 육군은 굶주림과 전염병에 시달렸으며, 폭풍을 만나 여러 척의 배만 잃고 말았습니다. 수나라의 첫 번째 고구려 침략은 실패로 끝났습니다.

612년 수 문제의 뒤를 이어 왕이 된 '양제'는 아버지가 못다 이룬 꿈을 이루기 위해 다시 대규모 고구려 정벌을 시작했습니다. 역사서《삼국사기》와《수서》에 따르면, 이 침공 때 113만여 명의 대군이 동원되었다고 합니다. 이게 많은 수냐고요? 울산광역시 인구(2021년 1월 기준)가 113만 명 정도 되니, 확실히 많은 수가 참전했다고 볼 수 있습니다. 고대에 중국은 큰 전쟁일 때 20~30만 명 정도가 참가했고, 우리는 보통 4~5만 명 정도가 동원되었습니다. 따라서 113만여 명은 중국 역사에서도 매우 이례적일 정도로 대규모 군사가 동원된 사례입니다. 게다가 이 인원은 전투에 참가한 전투병 숫자만 헤아린 것입니다. 전쟁이 일어나면 식량을 보급하고 무기를 운반하는 노동자들도 다수 참가하니, 이 인원까지 포함하면 400만 명 정도가 참가한 전쟁이 612년 수 양제의 고구려 침략 전쟁입니다.

이렇게 대군이 참가했으니 수나라는 고구려를 묵사발 내 버렸을까요? 아닙니다. 수나라 군대는 랴오허강 주변의 고구려 성에 공격을 시도했으나, 별 소득이 없었습

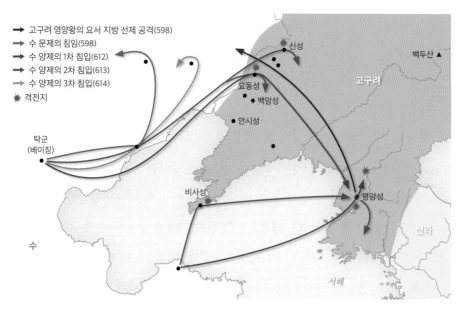

고구려 영양왕의 요서 지방 선제 공격(598)
→ 수 문제의 침임(598)
→ 수 양제의 1차 침입(612)
→ 수 양제의 2차 침입(613)
→ 수 양제의 3차 침입(614)
✹ 격전지

신성
백두산 ▲
고구려
요동성
백암성
안시성
탁군
(베이징)
비사성
평양성
신라
수
서해

고구려와 수나라의 전쟁

니다. 초조해진 수 양제는 용맹한 군사 30만 명을 선발, 장수 우중문에게 직접 평양성을 공격하도록 했습니다. 하지만 우중문은 고구려 장수 을지문덕의 유인 작전에 속아 살수(청천강)에서 처참하게 패배했습니다. 30만 군사 중 강을 건너 살아 돌아간 자가 3,000명 정도에 불과했다고 하니 수나라의 손실은 막대했습니다. 이 전투가 을지문덕 장군의 '살수 대첩'입니다.

613년, 고구려의 견고한 성을 격파할 수 있는 신무기들로 무장하고 다시 수나라가 쳐들어왔습니다. 긴 사다리를 부착해 성벽을 오를 수 있게 하는 '운제', 거대한 쇠망치를 앞뒤로 흔들어 성벽을 파괴하는 '당차' 등을 이용해 고구려 국경 지방 최고 요새인 요동성을 집요하게 공격했습니다. 하지만 전투 도중 수나라 내부에서 반란이 발생해 수 양제는 고구려 정벌을 포기하고 퇴각해야 했습니다. 614년에도 다시 수나라가 고구려를 침공했지만, 이때는 두 나라가 외교적으로 적절히 타협해 큰 전투 없이 수나라 군대가 물러났습니다. 결국 수나라는 여러 번의 침공에도 불구하고 고구려와 전쟁에서 번번이 패하고 만 것입니다.

고구려의 승리 비결은?

막강한 군사력을 지닌 수나라 대군을 이길 수 있었던 고구려의 힘은 어디에서 나왔을까요? 그것은 바로 뛰어난 전략 전술과 전쟁에서 이기고자 하는 고구려인의 한마음 한뜻이었습니다. 전쟁이 시작되자 고구려는 성을 철저히 지키며 장기전에 돌입했습니다. 성안의 군사와 백성들은 일심동체가 되어 적이 지쳐 나가떨어질 때까지 성을 지켜 냈습니다. 게다가 고구려 성은 대군이 공격해도 거뜬히 버텨 낼 수 있을 정도로 견고했습니다. 험한 산 지형을 이용해 외성, 중성, 내성 등 여러 겹의 방어벽을 갖추어 놓았고, 성에는 양쪽에서 공격이 가능한 '치'를 설치해 놓았으며, 성문을 보호할 수 있는 '옹성'도 설치해 두었습니다. 여기에 요동 지방의 풍부한 철을 이용해 만든 철제 무기와 갑옷도 고구려의 방어력을 더욱 든든하게 했습니다.

이러한 여러 이유들이 복합적으로 작용해 고구려는 대국 수나라의 여러 차례 침공도 능히 물리칠 수 있었습니다. 한편 수나라는 무리한 원정으로 인한 후유증으로 내부 갈등을 겪다가 건국한 지 40년 만에 멸망하고 말았습니다.

물론 고구려도 피해를 입었습니다. 오랜 기간 전쟁을 하다 보니 알게 모르게 국력이 약해졌습니다. 고구려는 수나라와 전쟁 이후 쇠퇴의 길을 걷게 됩니다. 아무리 강성한 나라라도 전쟁을 여러 번 치르게 되면 피해는 국민에게 돌아갑니다. 현재 남북으로 분단된 우리 민족이 고구려와 수나라의 전쟁에서 얻을 수 있는 교훈입니다.

신라의 삼국 통일,
최선이었을까요?

《삼국사기》〈김유신 열전〉의 일부입니다. 삼국 통일을 앞두고 신라의 김유신 장군은 문무왕에게 이렇게 말했다고 해요. "삼한이 한 집을 이루었으니 백성들은 두 마음을 가지지 않게 되었습니다. 천하가 아주 태평하다고는 볼 수 없지만 편안하게 되었다고는 할 수 있겠습니다." 그런데 이 말이 정말 맞는 걸까요?

삼국을 통일한 신라

마침내 신라는 중국 당나라에 맞서 한반도 운명을 건 나당 전쟁에서 승리해 676년 완전한 의미의 삼국 통일을 이루어 냈습니다. 물론 대동강 이남 지역 확보에 그쳐 고구려 땅 대부분을 잃어버렸지만, 백제와 고구려, 가야의 백성들까지 신라 백성이 되게 했으니 분명 한반도 역사상 최초의 통일 국가라는 상징성은 지니게 되었습니다.

신라의 삼국 통일을 보는 다양한 시선

신라의 삼국 통일을 대부분의 신라 사람은 긍정적으로 보았습니다. 한반도에 통일 정부가 세워져 하나로 뭉칠 수 있는 계기가 되었고, 서로의 문화를 공유해 단일 문화를 이루어 낼 수 있었습니다. 또한 당나라와 싸우는 과정에서 고구려, 백제, 신라 사람은 서로 힘을 합쳐 싸우며 끈끈한 동족 의식을 확인할 수 있었습니다.

하지만 신라의 삼국 통일에 대한 평가는 시대에 따라 달랐습니다. 고려 시대 학자 김부식은 신라의 삼국 통일을 높게 평가했습니다. 김부식은 자신이 저술한 《삼국사기》에 삼국 중에서도 신라에 대한 기록을 가장 상세하게 썼으며, 삼국 통일에 큰 공을 세운 김유신의 공적을 매우 자세하게 서술했습니다. 그만큼 신라의 삼국 통일 의의를 높게 평가한 것입니다. 반면에 일제 강점기 독립운동가이자 학자인 신채호는 자신의 책 《독사신론》에서 "신라가 다른 민족인 당과 연합해 동족인 백제와 고구려를 친 것은 도적을 불러들여 형제를 죽인 것과 다를 바 없다."며 비판했습니다. 신라의 삼국 통일을 매우 부정적으로 평가한 것이지요.

이처럼 역사에 대한 평가는 자신이 마주하고 있는 상황이나 처지, 시대정신에 따라 달라질 수 있습니다. 역사는 기록의 학문이지만 해석의 학문이기도 하기 때문입니다. 여러분은 신라의 삼국 통일을 어떻게 생각하나요?

3

통일 신라와
발해의 발전

022 남북국 시대는 어떤 시대였나요?

023 신문왕은 왜 일의 대가로 주는 녹읍을 없애려고 했나요?

024 원효가 '나무아미타불'을 강조했던 이유는 뭔가요?

025 발해는 어떻게 해동성국이 되었나요?

026 최치원은 왜 당나라로 갔나요?

027 궁예는 왜 미륵불을 자처했나요?

남북국 시대는
어떤 시대였나요?

오늘 1990년대 아이돌 그룹 서태지와 아이들의 '발해를 꿈꾸며'라
는 노래를 들었어요. 30년 전에 이런 노래가 나왔다니 정말 놀라웠
어요. 이 노래는 발해를 떠올리며 우리의 소원인 평화 통일을 염원
한 노래래요. 노래를 듣고 나니 발해가 더 궁금해졌어요. 발해가 있
던 시대는 어떤 시대였나요?

남북국 시대란?

7세기 후반 백제와 고구려를 멸망시킨 신라는 대동강 이남 지역을 통합하는 데 성공
합니다. 이 시기부터 '통일 신라 시대'라고 말합니다. 하지만 신라의 삼국 통일은 엄
밀히 따지면 기존의 고구려 영토 대부분을 잃어버린 통일이었습니다. 다행스럽게도
이 당시 통일 신라 북쪽 지역에 고구려를 계승한 나라 발해가 새로 세워져 공존했었
기 망정이지, 만일 발해가 세워지지 않았다면 이때 이미 우리는 만주를 우리 민족사

에서 제외해야 했을 겁니다. 우리 역사에서는 북쪽에 발해, 남쪽에 통일 신라가 있던 7세기 후반에서 10세기 전반까지 250여 년을 '남북국 시대'라고 합니다. 이 개념을 처음 정립한 사람은 18세기 조선 후기 실학자 유득공입니다. 그는 발해의 역사를 서술한 《발해고》를 쓰면서 머리말에 이렇게 적었습니다.

> 부여씨가 망하고 고씨가 망하자, 김씨는 남쪽을 차지했고 대씨는 그 북쪽에 발해를 세웠습니다. 이 두 나라를 남북국이라 하고 당연히 남북국의 역사를 기록해야 하나, 고려가 이를 따르지 않은 것은 잘못한 일입니다.

유득공은 삼국 시대 이후 통일 신라만 있는 것이 아니고 북쪽 지역에 수립된 발해도 분명 우리 민족사이니, 이 시대를 '남북국 시대'라 해야 한다고 강력히 주장했습니다. 그리고 이 주장은 후세로 이어져 우리는 지금도 발해사를 우리 역사에 포함해 '한민족의 역사'로 공부하고 있습니다.

그런데 문제는 현재입니다. 발해가 있던 땅은 오늘날 중국 동북 지방, 러시아 연해주, 북한 일부 지역입니다. 현실이 이러하다 보니, 2000년대로 접어들며 각 나라는 자국 중심의 역사관을 강화하며 발해사를 자신들의 역사에 집어넣으려 하고 있습니다. 중국은 발해를 '당나라 왕조에 예속된 말갈 민족의 지방 정권'이라 주장하면서 말갈족은 현재 중국 민족에 포함되어 있으니 '발해사도 중국사의 일부'라고 주장합니다. 한편 러시아는 '발해는 아무르강(흑룡강) 하류의 말갈족이 세운 독립 국가'로 중국 역사도, 한민족의 역사도 아니라고 주장합니다. 결국 이러한 주장이 우리 주변 국가에서 나오는 까닭은 발해가 있던 땅이 지금은 3개국에 속해 있기 때문입니다. 하지만 발해가 있던 만주와 연해주 지역에서 발굴되는 여러 유물을 보면, 발해는 고구려를 계승한 나라로 우리 역사에 편입시키는 것이 가장 타당합니다.

평화 통일을 꿈꾸는 노래 '발해를 꿈꾸며'

가수 서태지와 아이들이 부른 〈발해를 꿈꾸며〉라는 노래를 들어 본 적이 있나요? 노래 제목만 보면 '발해'라는 옛 나라를 다시 찾자는 내용 같습니다. 하지만 이 노래는 우리 민족의 평화 통일을 노래하고 있습니다. 일본 제국의 식민 통치에서 벗어나자마자 찾아온 남북 분단의 비극이 지금까지도 이어지고 있습니다. 반세기가 훌쩍 넘어 버린 남북 간의 대립 상황이 지금으로부터 약 1,000년 전 북방의 발해와 남방의 신라로 대비되는 '남북국 시대'와 묘하게 겹쳐 보이지는 않나요? 그래서 서태지와 아이들은 발해를 떠올리며 남북한의 평화 통일을 기원하는 노래를 불렀습니다.

서태지는 2004년 5월 한러 수교 120주년을 맞아 연해주의 중심 도시 블라디보스토크에서 'Cross the limit, Deliver the great sound(경계선을 넘어, 큰 울림을 알리러)'를 주제로 공연했습니다. 그 후 그는 구한말 시기에 우리 민족에 의해 개척되었던 땅인 두만강 하류에서 가까운 핫산 크라스키노의 지신허 마을 터를 방문하고 충청남도 보령산 검은 돌로 '한인 이주 140주년 기념비'를 세웠습니다. 이 마을은 1863년 함경도 농민 13세대가 두만강을 건너가 정착한 연해주 최초의 한인 정착지입니다. 지금은 터만 남아 있지만 1937년까지 1,700여 명의 우리 민족이 모여 살던 큰 마을이었습니다. '지신허 마을 옛터'라는 제목의 기념비 몸체에는 "한인 이주 140주년을 기념하고 한국과 러시아의 친선 우호를 돈독히 하며 우리 민족의 무궁한 발

지신허 마을 옛터 기념비. 가수 서태지가 2004년 한러 수교 120주년을 기념해 세웠다.

전을 기원하는 바이다. 대한민국 음악인 서태지 헌정"이라는 글이 새겨져 있습니다.

　지난 2018년 4월 27일 판문점 평화의 집에서는 문재인 대통령과 북한의 김정은 국무위원장이 정상회담을 가졌습니다. 이때 양국 정상 부부가 만찬을 마치고 함께 걸어나올 때 행사 주최측은 〈발해를 꿈꾸며〉를 배경 음악으로 틀어 주어 평화 통일에 대한 염원을 고조시켰습니다.

023

신문왕은 왜 일의 대가로 주는
녹읍을 없애려고 했나요?

신라 정부는 관리들에게 나랏일을 열심히 한 대가로 '녹읍'을 지급
했어요. 그러니까 녹읍은 요즘 공무원이 받는 월급 같은 거네요. 그
런데 이 녹읍을 신문왕이 없애 버렸어요? 도대체 왜 그랬을까요? 월
급을 못 받으면 어떻게 살라고요?

녹읍이 뭔가요?

신라는 관리들에게 나랏일을 한 대가로 임금을 지급했습니다. 다만 지금처럼 돈으로
지급한 것이 아니라 토지를 주고 그 토지에서 나오는 생산량의 일부를 가져가도록 했
습니다. 이러한 급료 지급 방식을 '녹읍'이라고 합니다.

녹읍 이외에 '관료전'이라는 지급 방식도 있었습니다. 관직 생활의 대가로 관리에게
토지를 지급한 것은 관료전이나 녹읍이나 비슷했습니다. 다만 차이가 있다면, 녹읍은

지급받은 토지에서 산출되는 곡물과 함께 노동력이나 특산물까지 제공받을 수 있었고, 관료전은 토지에서 생산되는 곡물의 일정량만 관직 생활의 대가로 가져갈 수 있었습니다. 따라서 귀족 세력인 관료들한테 관료전은 녹읍보다 농민 지배력이 떨어졌습니다.

신문왕의 왕권 강화책과 녹읍 폐지

관리에게 일한 대가로 지급한 녹읍은 신문왕 9년(689)에 폐지되었습니다. 왕권 강화 정책의 일환이었습니다.

신문왕은 676년에 당나라 세력을 몰아내고 삼국 통일을 이룬 문무왕의 아들입니다. 그는 삼국 통일 전쟁 과정에서 왕에게 집중되기 시작한 국가 권력을 더욱 강화하고자 했습니다. 그래서 녹읍을 폐지했습니다. 굳이 폐지해야 할 필요가 있었냐고요? 그동안 왕권과 맞먹을 정도로 강력했던 진골 귀족의 힘이 어디서 나왔는지를 추적해 보면 신문왕이 왜 그랬는지 알 수 있습니다. 녹읍은 관료인 귀족들이 농민으로부터 직접 수확의 일정량을 세금처럼 걷었기에 재산을 불리기 쉬웠습니다. 게다가 농민들의 노동력을 마음대로 부릴 수 있었기에 귀족 세력의 막강한 힘은 녹읍제에서 나왔다고 해도 과언이 아닙니다.

조금 더 쉽게 설명하면, 고대 사회 토지 개념은 일반적으로 '국토 전체는 왕의 땅이다.'에서 출발합니다. 하지만 이는 이상적인 토지제 개념일 뿐, 녹읍제가 시행되고 있는 한 실질적으로 토지를 경작하는 농민들은 귀족들의 손에 좌지우지됩니다. 왜냐고요? 농민들은 자기들에게 '감 놔라 대추 놔라.'하며 농사일을 일일이 참견하는 귀족에게 충성을 다할 수밖에 없는 처지였습니다. 녹읍제는 이처럼 관료들인 귀족의 힘을 경제적으로 강화하는 측면이 있었기에, 신문왕은 통일 전쟁 과정에서 왕에게 집중된 국가 권력을 밑받침 삼아 녹읍을 폐지하고 관료전을 시행해 확실하게 왕권을 다져 나갔습니다.

녹읍 부활하다!

하지만 관료전이 신라 멸망 때까지 지속적으로 실시된 것은 아닙니다. 8세기 중반인 757년에 다시 녹읍이 부활했습니다. 8세기 성덕왕 시기부터 자연재해와 전염병 발생으로 신라 사람들의 삶은 점점 피폐해졌습니다. 당연한 듯이 나라 운영을 책임지는 왕에 대한 불만이 나타났으며, 이 틈을 타 왕권에 도전하는 진골 귀족의 반란이 곳곳에서 일어났습니다.

녹읍의 부활은 진골 귀족의 힘을 확장시키고 동시에 왕권을 약화시켰습니다. 이후 신라의 국가 권력은 왕에게서 진골 귀족에게로 넘어갔습니다. 진골 세력은 서로 권력을 차지하기 위해 투쟁을 벌였으며, 나라가 멸망할 때까지 150여 년간 20명의 왕이 교체되는 혼란한 시기가 이어졌습니다.

024

원효가 '나무아미타불'을
강조했던 이유는 뭔가요?

원효 스님은 의상 스님과 함께 당으로 불교 유학을 떠나던 길에 해
골에 담긴 물을 마시고는 유학을 가지 않고 신라에 남았대요. 해골
물이 뭐길래, 큰맘 먹고 떠나려던 유학까지 포기하게 한 걸까요? 원
효 스님은 신라에서 어떤 활동을 했나요?

우리 역사상 최고의 학승 원효

인도에서 발생해 중국을 거쳐 삼국 시대에 들어온 불교는 지배층을 위한 종교였습니
다. 고구려, 백제, 신라의 왕실이 적극적으로 불교를 받아들인 까닭은 '왕이 곧 부처'
임을 내세우면 왕권 강화에 도움이 되었기 때문입니다.

불교가 국가의 전폭적인 지지를 받으며 폭발적으로 힘을 확장하던 6세기 후반부
터 중국으로 유학 가는 승려들이 늘어났습니다. 617년에 태어난 6두품 출신 원효도

선진 불교 공부를 위해 당나라로 유학을 떠났습니다. 친구처럼 지내던 의상과 함께였습니다. 하지만 원효는 당에 가지 않고 발길을 돌려 국내에 머무릅니다. 무슨 일이 있었던 걸까요?

의상과 함께 당으로 떠나던 길에 원효는 비바람이 몹시 불던 날 피신처를 찾아 잠자리에 들었습니다. 다음 날 일어나서 보니 동굴인 줄 알고 찾아들었던 곳은 해골이 흩어져 있는 무덤 안이었습니다. 원효는 비몽사몽 중에 물을 마신 것을 떠올렸고, 그 물이 꿀보다 달았던 것도 기억해 냈습니다. 무슨 물이었는지 궁금해 주변을 살피니 그것은 해골바가지에 담긴 썩은 빗물이었습니다. 순식간에 토악질을 하고 말았습니다. 이때 원효는 깨달음을 얻었습니다. 바로 '일체유심조(一切唯心造)', 모든 것은 오직 마음이 지어 낸다는 뜻입니다. "그 다디달던 물이 해골 물이었다는 것을 알게 된 순간 구토가 나오다니, 행복도 고통도 사람이 마음먹기에 달려 있구나!" 원효는 당나라로 가려던 생각을 접고 신라에 남아 방방곡곡을 돌며 불교를 전파했습니다.

원효는 신라에 수입된 불교 경전들을 가리지 않고 공부해 불교 철학을 체계화했으며 일생 동안 150여 권의 책을 지었습니다. 그중 《대승기신론소》와 《금강삼매경론》, 《십문화쟁론》은 중국과 일본에도 영향을 미칠 정도로 훌륭한 책이었습니다.

원효, 파격적인 삶 속에서 불교를 전하다

한편 원효는 일반 백성에게 불교를 전파하는 데도 앞장섰습니다. 그는 부처님의 가르침을 대중에게 알리기 위해 광대 복장을 하고 신라 땅 곳곳을 돌아다니며 사람들이 불교를 쉽게 믿을 수 있도록 했습니다.

포교 도중 가끔은 미친 사람처럼 행동하며 사람들과 어울려 술집이나 기생집을 드나들기도 했습니다. 칼과 망치를 들고 다니며 돌에 글을 새기기도 했고, 악기를 들고 사당에 들어가 음악에 심취하기도 했습니다. 그가 이런 행동을 한 것은 인간이라면 세상이 정해 놓은 틀에 얽매이지 않고 자유로운 생활을 하며 신분에 관계 없이 누구나 느끼는 고통과 헛된 집착에서 벗어나고자 하는 모습을 보여 주려 했기 때문입니다.

모든 것이 이루어지는 주문, '나무아미타불'

그는 사람들에게 불교를 전파하면서 복잡하고 어려운 경전 위주로 설교하지 않았습니다. 오직 '나무아미타불'만 열심히 외우면 누구나 극락에 갈 수 있다고 말했습니다. '나무아미타불'이 뭐냐고요? 극락 세상을 다스리고 있는 부처인 '아미타불에게 의지한다.'는 뜻의 주문입니다.

원효의 이 설교 방법은 효과가 아주 좋았습니다. 당시 불교는 한자로 쓰여진 경전 위주여서 한문 해석을 할 수 없으면 불교 자체를 접하기가 힘들었습니다. 상류층인 귀족들은 한문을 읽을 줄 알았기에 심오한 뜻을 지닌 불교 철학에 빠져들며 불교에 심취했지만, 일반인들에게 불교는 '그림의 떡'에 불과했습니다. 그런데 당대 최고의 학자 승려로 소문난 원효가 이곳저곳을 떠돌며 '나무아미타불'만 외우면 극락에 갈 수 있다고 하니, 농사를 짓는 농사꾼도 일을 하면서 쉽게 부처님께 기도 드릴 수 있었습니다. 이로써 불교는 두메산골까지 전파되며 대중화가 이루어졌습니다.

025

발해는 어떻게
해동성국이 되었나요?

중국 헤이룽장성 닝안시에는 상경성 유적지가 있습니다. 상경은 발
해의 수도로 격자 모양으로 직선 길을 내어 바둑판 모양으로 성 내
부를 설계했던 계획도시였습니다. 7세기에 이런 도시를 만들다니
발해인들이 정말 놀라워요!

발해는 어떻게 세워졌을까?

대조영이 세운 나라 '발해'를 알고 있나요? 발해는 698년에 개국해 926년까지 존속했
던 나라입니다. 고구려가 멸망하자 당나라는 고구려 지배 집단을 여러 지역으로 강제
이주시켰습니다. 요서 지방의 중심지인 영주에도 고구려 유민 일부가 이주했는데, 그
속에는 고구려 장군이었던 속말말갈 출신의 걸걸중상과 그의 아들 대조영이 있었습
니다.

이들 부자는 당의 지배에 반발해 영주를 탈출, 새 나라를 세우려 했습니다. 부하들과 함께 영주를 떠나 이동하다가 당나라 군대의 습격을 받아 아버지 걸걸중상이 사망했습니다. 아들 대조영이 무리를 이끌고 대장정 끝에 현재 지린성 둔화시(돈화시)에 있는 동모산 자락에 아버지와 자신이 꿈꾸었던 나라를 세웠습니다. 처음에는 나라 이름을 '진(震)'이라고 했다가 713년에 '발해'로 바꾸었습니다. 동아시아 역사에서 '발해'가 등장하는 순간이었습니다.

발해 건국자 대조영의 국적은? 발해사는 중국 역사?

우리는 발해를 우리 민족의 역사로 믿어 의심치 않습니다. 그러나 중국은 발해를 '당나라의 지방 정권'이라고 하면서 자기들 역사 속에 편입시키려고 여러 주장을 내놓고 있습니다. 중국이 이런 주장을 하는 까닭은 발해가 차지했던 지역이 현재 자신들의 영토인 만주이기 때문입니다. 또 중국 역사에 대조영의 아버지 걸걸중상이 속말말갈 출신으로 기록되어 있고, 발해 국민 구성이 소수의 고구려인과 다수의 말갈족으로 이루어져 있기 때문입니다. 말갈족은 만주 지역을 기반으로 살아온 민족으로 조선 시대 때는 여진족이라 불렀으며, 지금은 중국의 한족에 포함되어 만주족으로 불리고 있습니다. 따라서 중국의 주장만 따르면 발해사를 중국 역사에 편입해도 그다지 이상하지 않습니다.

하지만 과거의 역사적 사실을 면밀히 분석해 보면, 발해는 우리 민족이 세운 한민족의 나라입니다. 9세기 전반 당나라 역사를 기록한 중국 역사책인《구당서》는 대조영을 "본래 고구려의 또 다른 종족이다."라고 기록하고 있으며, 10세기 중반에 나온 역사책《오대회요》는 대조영을 "고구려의 종자다."라고 기록하고 있습니다. 우리 민족이 쓴 역사 기록이 아닌, 중국 역사가가 쓴 기록이 이러하니 대조영을 고구려의 후예로 믿지 않는 게 더 이상한 일이지요.

또한 발해 민족 구성을 보면 지배층은 대부분 고구려 출신이었고 피지배 계층인 백성들은 대체로 말갈족이었습니다. 왕과 귀족 세력이 나라를 이끌었던 왕조 국가에

발해 5경. 발해의 5경은 중앙과 지방 행정의 중심 도시이자 주요 교통로의 기점이었다.

서 나라는 지배층 위주로 운영되었습니다. 따라서 발해를 이끌었던 지배층 대다수가 고구려 출신이었다는 것은 발해가 고구려의 맥을 이어받은 한민족의 나라라는 것을 증명합니다. 만주에 말갈족이 많이 살고 있었기에 이들을 기반으로 나라가 운영된 것은 당연한 것이기도 하고요.

여기에 남송 시대 역사가가 12세기 중반에 쓴 《송막기문》에는 발해 유력 귀족의 성씨로 '고', '양', '장', '이'를 적어 놓았습니다. 지금 우리나라 사람 다수가 쓰고 있는 성씨입니다. 발해가 일본에 파견한 사신의 이름을 분석해 보니, 26명이 고구려식 이름이었고, 6명만 말갈족 이름이었습니다. 발해왕은 일본 왕에게 보낸 국서에서 '본인이 고구려 국왕'이라고 직접 밝히기도 했습니다.

이러한 사실들을 근거할 때, 발해사를 중국사에 편입하려는 중국의 시도는 억지라고밖에 할 수 없습니다.

발해를 해동성국이라고 부른 까닭은?

발해가 가장 빛났던 시기는 제10대 선왕이 통치하던 9세기 전반입니다. 이때 중국에서는 발해를 바다 동쪽의 빛나는 나라라는 뜻으로 '해동성국(海東盛國)'이라고 불렀습니다.

발해의 유물들. 연꽃 무늬 수막새와 머리 뒤꽂이

선왕은 대조영의 동생인 대야발의 후손으로, 제3대 문왕이 죽은 뒤부터 계속된 왕위 다툼을 끝내고 내부를 안정시킨 후 활발한 대외 활동을 펼쳤습니다. 북쪽으로는 아직 발해에 속하지 않았던 말갈 부족들을 통합하고, 남으로는 신라를 압박해 대동강까지 진출했습니다. 서로는 요동 지방 대부분을 차지했습니다. 일본과도 12년 동안 다섯 차례에 걸쳐 사신을 파견하며 활발하게 문물 교류를 했습니다.

한편 발해는 고구려 문화를 바탕으로 당, 중앙아시아, 시베리아 등지의 문화를 흡수해 국제적이고 복합적인 문화를 꽃피웠습니다. 고구려 후기의 굴식 돌방무덤인 정혜 공주 무덤, 당의 제도를 모방한 3성6부제, 당의 장안성을 본뜬 상경성의 구조, 고구려식 기와와 함께 출토되는 말갈식 토기나 단지, 발해의 영토였던 연해주에서 출토된 중앙아시아에서 사용되던 소그드 화폐 등이 발해 문화의 국제성과 다양성을 잘 보여 줍니다.

026

최치원은
왜 당나라로 갔나요?

초등학교 때 제 짝은 캐나다로 유학 갔어요. 공항에 배웅하러 갔다
가 저보다 더 어린 동생들도 유학 가는 걸 보고 깜짝 놀랐어요. 그런
데 고대 사회에도 조기 유학이 있었다면서요? 통일 신라의 학자 최
치원도 조기 유학생이었대요. 그때는 요즘처럼 교통수단도 변변치
않았을 텐데, 어떻게 어린 최치원은 유학을 떠났을까요?

신분의 벽을 넘어

최치원은 통일 신라 말기의 문인이자 관료 겸 학자입니다. 당시 신라는 진골 귀족 세
력들의 권한이 크게 강화된 때여서 고위 관직은 진골 귀족이 독차지하고 있었습니다.
최치원은 진골보다 신분이 낮은 6두품이었습니다. 아무리 똑똑하고 용맹스러워도 그
는 신분의 한계 때문에 고위 관료가 될 수 없었습니다.

　그래서 그랬는지 최치원의 아버지는 어린 아들을 중국 당나라로 조기 유학을 보

1831년 정읍 무성서원에서 제작한 최치원 초상화. 6두품으로 태어난 최치원은 열두 살에 당으로 유학 가 열여덟 살에 당의 빈공과에 장원급제했다.

냈습니다. 당시 최치원의 나이가 열두 살이었으니, 지금의 초등학교 5, 6학년 정도였습니다. 배를 타고 당으로 떠나는 최치원에게 아버지는 "10년 안에 과거에 합격하지 못하면 내 아들이 아니다."라는 엄포까지 놓으며 열심히 공부할 것을 신신당부했습니다. 아버지의 바람이 통했는지 그는 열여덟 살에 당의 빈공과에 장원급제했습니다.

'빈공과'가 뭐냐고요? 당나라는 여러 나라와 교류하면서 외국인 유학생을 대거 받아들였으며 유학생을 대상으로 한 과거 제도를 별도로 운영했습니다. 이 시험을 빈공과라고 합니다. 합격하기 어려웠냐고요? 예, 아주 어려웠습니다. 왜냐고요? 당시 당나라는 세계에서 가장 번성한 나라였고, 수도인 장안에는 세계 각처에서 공부하러 온 외국인들로 문전성시를 이룰 정도로 유학생들이 많았습니다. 빈공과는 이들이 최종 목표로 삼았던 시험이었습니다.

한편 빈공과는 합격 자체도 힘들었을 뿐만 아니라, 나라 간의 경쟁도 상당히 치열했습니다. 특히 남과 북으로 갈라져 국경을 맞대고 있던 통일 신라와 발해의 경쟁심은 유별났습니다. 발해 출신 유학생이 빈공과에 수석을 차지하면 신라에서 엄중 항의를 해서 당나라 조정을 난처하게 했으며, 신라 유학생이 발해 학생보다 상위권에 합격하면 발해가 다시 순위 조정을 해 달라고 로비를 벌일 정도였습니다.

이처럼 합격하기 힘든 시험인 빈공과를 최치원은 젊은 나이에 합격해서 당나라에서 관료 생활을 했습니다. 당나라 관료로서 그의 활약을 알게 하는 글이 지금도 전해집니다. 당나라 말기에 일어난 대규모 반란인 '황소의 난' 때 황소에게 항복을 권유하는 글인 '토황소격문'입니다. 이 글이 얼마나 엄중하고 단호하게 쓰였던지, 황소가 이 격문을 읽고는 벌벌 떨며 자기도 모르게 주저앉았다는 일화가 전해질 정도로 명문장이었습니다.

다시, 신라로

최치원은 17년간의 당나라 생활을 마치고 신라로 귀국했습니다. 당나라에서 문장력을 떨칠 정도의 인재였으니, 신라 왕이 환영하며 맞이했겠지요? 과연 그랬을까요? 현실은 그렇지 않았습니다. 신라의 신분제 벽은 여전히 높았습니다.

고향으로 돌아올 무렵 그의 나이는 스물아홉이었습니다. 당시 신라는 헌강왕이 나라를 다스리고 있었는데, 왕은 최치원을 '시독 겸 한림학사'로 임명했습니다. 외교 문서를 작성하는 일이 주 임무였기에 문장력이 좋은 최치원에게는 딱 알맞은 직책이었습니다. 그러나 이듬해 7월 최치원의 실력을 인정했던 왕이 죽고 새 왕이 즉위하자 최치원은 진골 귀족들의 질투를 받고 지방 관리로 좌천되었습니다.

최치원은 실망하지 않고 지방 관리로 이곳저곳을 떠돌아다니면서도 나라의 정치를 새롭게 하기 위한 시무책 10조를 만들어 진성여왕에게 올렸습니다. 왕은 그가 올린 시무책을 적극 지지했고, 최치원을 6두품 신분에서 오를 수 있는 최고 관직인 아찬직에 임명하며 힘을 실어 주었습니다. 그러나 당시 신라 조정은 왕조차 허수아비에 불과할 정도로 진골 귀족의 세력이 강했습니다. 중앙 정계를 주도하던 진골 귀족들은 최치원의 개혁에 전혀 관심이 없었습니다. 6두품 출신인 최치원의 신분적 한계가 그의 재능을 도저히 펼칠 수 없게 만들었습니다. 실망한 최치원은 이때부터 현실 정치를 멀리하고 은둔 생활을 하다가 세상을 떠났습니다.

최치원이 살았던 신라 말기는 뛰어난 재능과 불굴의 노력으로도 극복할 수 없었던 신분적 한계가 존재했습니다. 만약 최치원이 지금 시대를 산다면, 그는 자신이 가진 재능을 마음껏 펼칠 수 있을까요?

027

궁예는
왜 미륵불을 자처했나요?

인터넷에서 드라마에 나왔던 궁예 영상을 봤어요. 애꾸눈에 승려 복장까지, 우리가 아는 일반적인 왕의 모습과는 다르더라고요. 게다가 자신을 '미륵불'이라고 주장하며 신하들을 무자비하게 처벌하는 장면은 정말 섬뜩했어요. 실제 역사 속의 궁예가 그렇게 잔인했나요? 그런 사람이 어떻게 왕위에 오를 수 있었죠?

신라 말 호족의 등장

궁예가 왕위에 오를 수 있었던 것은 시대 상황과 관련 있습니다. 삼국 통일 후 전성기를 누리던 신라는 8세기 후반부터 흔들리기 시작했습니다. 왕위를 차지하기 위한 진골 귀족들의 다툼이 끊이지 않았고 그 다툼이 얼마나 치열했던지 왕들의 평균 재위 기간이 7년 정도에 불과했습니다. 이처럼 혼란스러웠던 통일 신라 후반기를 '신라 하대'라고 합니다.

이 시기 중앙의 진골 귀족들은 '너 죽고 나 살자.'는 식의 권력 다툼을 벌이며 자신의 세력을 키우기 위해 백성들의 땅을 빼앗아 농토를 늘려 갔습니다. 세금을 내는 백성의 땅이 줄어드니 국가 재정은 부족해졌고, 나라는 부족분만큼 세금을 더 걷었습니다. 늘어나는 세금 부담에 농민들은 결국 폭발했습니다. 농민들은 세금을 내지 않으려고 토지를 버리고 떠돌거나 무리를 모아 무력으로 조정에 저항했습니다. 이러한 현상이 전국적으로 벌어지고 있는데도 신라 정부는 혼란스러운 상황을 제대로 수습하지 못했습니다.

이런 상황에서 지방 유력자들은 고을 주변에 성을 쌓고 자체적으로 군대를 길러 독자 세력으로 성장했습니다. 이들을 '호족'이라 합니다. 호족들은 스스로 '성주', '장군'이라 부르며 자신의 지역에서 영향력을 행사했습니다.

후삼국의 성립

호족들 중에는 세력을 더욱 넓혀 새 나라를 건설하는 이들도 있었습니다. 그 대표적 인물이 견훤과 궁예입니다. 견훤은 옛 백제 지역의 주민들을 끌어들이기 위해 완산주(지금의 전주)에 도읍을 정하고 나라 이름을 '후백제'라 했습니다. 후백제는 점차 주변 지역을 점령하며 지금의 전라도와 충청도 지역에서 영향력을 떨쳤습니다.

궁예는 본래 승려였지만, 당시 강원도 지역에서 활동하던 호족 양길 밑에서 활약한 인물입니다. 그는 양길의 부하로 공을 세우며 자신의 세력을 키워 가더니 결국 양길을 물리치고 한반도 중부 지역을 차지했습니다. 이때 궁예의 부하로 활약했던 사람 중에는 왕건도 있습니다. 궁예는 자신의 근거지 대부분이 옛 고구려 영토였기 때문에 지역민의 지지를 얻기 위해 '후고구려'라는 국호를 사용했습니다. 후백제와 후고구려의 등장으로 한반도는 기존의 신라와 함께 다시 3개 국가로 나뉘게 됩니다. 우리 역사는 이 시기를 삼국 시대와 구별해 '후삼국 시대(900~936)'라고 합니다.

후삼국 시대 최종 승자는?

과연 어느 나라가 후삼국 시대 치열한 경쟁을 뚫고 최종 승자가 되었을까요? 정답은 뒤늦게 건국한 왕건의 '고려'입니다. 왕건은 궁예의 부하 장수였습니다. 그런데 궁예가 부하들의 신임을 얻지 못하고 왕위에서 쫓겨나자 그를 대신해 왕위에 올랐습니다. 이때 나라 이름도 '고려'로 변경했습니다. 고려는 고구려를 다르게 부르던 이름으로 옛 고구려 주민들의 지지를 염두에 두고 지은 이름이었습니다.

고려는 위축되어 있던 신라에 우호적인 정책을 펴며 후백제와 경쟁했습니다. 당시 후백제는 신라왕을 살해하며 약해질 대로 약해진 신라를 강하게 압박했는데, 이러한 강압책은 신라 백성의 마음을 돌리게 했습니다. 또 왕위 계승 문제로 내분이 심각해 후백제의 국력은 약화되어 있었습니다. 고려는 신라의 자진 항복(935)을 받아들이고 후백제를 공격해 멸망(936)시켰습니다.

궁예는 미치광이?

그런데 궁예는 왜 왕건에게 왕위를 빼앗겼을까요? 역사 기록에 따르면, 궁예는 이해할 수 없는 행동을 자주 했습니다. 그는 스스로 '미륵불'이라 칭하며 자신을 신격화했습니다. 미륵불은 불교에서 혼돈에 빠진 세상에 나타나 사람들을 구원한다는 미래의 부처님입니다. 궁예가 "내가 미륵불이다."라고 했다는 것은 결국 자신만이 후삼국의 혼란을 정리할 수 있다는 자신감의 표현임과 동시에 이를 통해 후삼국 사람들의 마음이 자기에게 향하도록 홍보 활동을 했다는 것입니다.

이러한 홍보 작전으로 지지 기반을 넓힌 궁예는 말년에 본인이 관심법으로 다른 사람의 마음을 꿰뚫어 본다고 하면서 걸핏하면 신하들을 의심해 내치거나 죽였습니다. 왕좌에서 쫓겨나기 직전에는 의심병이 심해져 부인과 아들까지 살해했습니다. 공포에 질린 신하들은 폭군이 된 궁예를 몰아내고 새로운 왕을 찾을 수밖에 없었습니다. 물론 이러한 사실을 자세히 남긴 역사 기록은 궁예를 몰아내고 건국한 고려의 기록이기 때문에 정말로 사실에 근거한 기록인지는 의심할 필요가 있습니다.

궁예를 단순히 미치광이로 보기에는 의심나는 점이 분명히 있습니다. 양길의 부하로 활동하던 때의 기록을 보면 궁예는 지극히 정상적인 인물이었습니다. 오히려 일반 병사들과 동고동락하며 공정한 상벌을 내려 부하들에게 신뢰받는 인기남이었습니다. 그랬기 때문에 지지 세력의 추대 속에 나라까지 세울 수 있었겠지요.

그랬던 궁예가 왜 권력을 잡은 후에 갑자기 달라졌을까요? 그의 예측 불가능한 행동에는 다른 사정이 있었을지도 모릅니다. 궁예는 나라를 건국하는 과정에서 호족들의 도움을 받아야 했고, 이로 인해 강력한 왕권을 행사할 수 없었습니다. 그래서 그는 호족들을 견제하고 왕권을 강화하기 위한 방법으로 미륵불을 자처했던 것은 아닐까요? 오랜 전쟁으로 지친 백성들에게 미륵불을 자처하는 궁예는 '희망' 그 자체였을지도 모릅니다. 또 자신이 미륵불이라는 것을 분명히 하며 호족들에게 감히 도전하지 말 것을 강하게 경고하려 했을지도 모릅니다.

하지만 호족들은 강력한 왕권을 행사하려는 궁예를 용납하지 않았습니다. 결국 궁예를 왕위에서 쫓아내고 왕건을 새 군주로 맞아들였습니다. 어쩌면 궁예는 우리가 알고 있는 것처럼 포악한 왕이 아니라 권력 다툼에 지는 바람에 역사에서 부정적으로 묘사될 수밖에 없었던 인물인지도 모르겠습니다.

4

고려의
성립과 변천

028 그 많던 호족은 다 어디로 갔나요?

029 공식적으로 복수를 허용하는 법이 있었다고요?

030 서희는 정말 말 몇 마디로 거란을 물리쳤나요?

031 9성을 개척한 윤관이 처벌을 받았다고요?

032 이자겸의 두 딸은 왜 한 남자와 결혼했을까요?

033 몽골은 왜 고려를 멸망시키지 않았나요?

034 고려 시대에도 사교육이 활발했나요?

035 고려의 부모들은 아들과 딸을 차별하지 않았나요?

036 한 사람의 공으로 고향 사람 전체가 혜택을 보았다고요?

037 고려에서는 외국인도 고위 공무원이 될 수 있었나요?

038 《팔만대장경》은 왜 세계기록유산이 되었나요?

039 나무 몽둥이가 공문서와 같은 효력을 가졌다고요?

그 많던 호족은
다 어디로 갔나요?

신라 하대에 수많은 호족이 있었다고 배웠어요. 왕건이 그 많던 호
족을 물리치고 후삼국을 통일한 건 쉬운 일은 아니었을 텐데요. 과
연 왕건은 어떤 정책을 펼쳤기에 호족들과 치열한 경쟁에서 승리
할 수 있었을까요? 또 경쟁에서 패배한 호족들은 어떻게 되었나요?

왕건의 호족 우대 정책

후삼국의 상황은 전략 시뮬레이션 게임에 견주어 생각하면 이해하기 쉽습니다. 게임
에서 비슷한 힘을 가진 경쟁자들이 여럿일 때 승리하려면 어떤 방법을 써야 할까요?
협상을 통해 아군의 숫자를 늘리고, 늘어난 아군과 함께 적을 제압하면 효과적으로
이길 수 있습니다. 이것이 왕건이 선택한 방법입니다.

　당시 호족들은 모두 독자적인 세력을 유지하고 있었습니다. 각자 놓인 상황에 따라

후백제나 후고구려 또는 고려에 소속되어 있었지만, 자신에게 유리하다고 판단되면 모시던 주군도 배신하고 바로 상대편에 넘어가 버렸습니다. 따라서 후삼국 시대는 누가 호족을 더 많이 포섭하느냐에 따라 승리가 결정될 가능성이 높았습니다.

왕건은 호족 포섭에 매우 능했습니다. 고려의 왕으로 즉위한 후에도 자신을 낮추며 호족들을 한껏 우대해 주었습니다. 그의 이러한 태도는 멸망하기 일보 직전이었던 신라의 수도에 쳐들어가 왕까지 죽이며 약탈한 후백제 견훤의 태도와 비교되었습니다. 심지어 왕건은 자신을 죽이려 했던 견훤이 내분으로 아들에게 왕위를 빼앗기고 고려에 투항했을 때에도 그를 아버지라 부르며 극진히 모셨습니다. 호족들은 왕건의 이러한 모습에 반해 스스로 부하를 이끌고 왕건 진영에 가담했습니다.

왕건의 호족 포섭 전략 중에는 '결혼 정책'도 있습니다. 왕건에게는 29명의 부인이 있었습니다. 이들은 대부분 지방에서 큰 세력을 갖고 있는 호족의 딸이었습니다. 왕건에게 딸을 시집 보낸 호족들은 왕의 장인이 되어 권력을 보장받으니 좋았고, 왕건으로서는 호족들을 자신의 협조자로 만들 수 있어서 좋았습니다. 서로에게 이득이 되는 관계를 맺은 것이지요.

그러나 결혼 정책만으로 지방의 모든 호족과 연결 고리를 만들 수는 없었습니다. 그래서 사용한 방법이 '사성 정책'입니다. 이건 또 뭐냐고요? 왕건이 자신의 성인 '왕' 씨를 지방 호족들에게 하사해 자신과 같은 성을 사용하도록 한 정책입니다. 성을 받은 호족은 감동하며 열심히 왕건을 도왔습니다. 이러한 정책을 펼친 덕분에 왕건은 호족들의 지지를 받을 수 있었으며, 이를 기반으로 후삼국 통일을 달성할 수 있었습니다.

지배권을 인정받은 호족

936년 왕건은 후백제를 멸망시키고 후삼국을 통일했습니다. 통일 이후 왕건은 호족들을 어떻게 대우했을까요? 더는 쓸모가 없으니 모두 제거했을까요? 아닙니다. 후삼국을 통일했어도 정세는 왕에게 그리 유리하지 않았습니다. 호족들은 여전히 자신의 근거지에서 독자적인 병력을 유지하며 세력을 키우고 있었고, 백성들은 오랜 전쟁으로 인해 고향을 떠나 이리저리 떠돌고 있었습니다. 이런 상황에서 호족들을 완전히 제압하겠다고 무력을 사용했다가는 자신의 지지 기반조차 위태롭게 하는 자충수가 될 우려가 있었습니다.

상황 판단이 빨랐던 왕건은 호족들을 탄압하기보다는 공존 공영하며 백성들을 안정시키는 방법을 선택했습니다. 호족이 다스리는 지역의 지배권을 그대로 인정해 주고 떠돌아다니는 백성들을 호족 관할 지역에 정착시켜 스스로 자립하게 했습니다. 이를 '본관제'라고 합니다. '본관'은 '호적에 등록된 고을'을 뜻합니다. 다시 말해 고려는 모든 백성을 본관 등록하도록 해 함부로 지역을 떠나지 못하게 했고, 본관에 대한 호족의 지배권을 인정해 주었습니다. 이 제도는 지방을 안정시키는 '신의 한 수'였습니다. 호족들은 자신의 지배권을 빼앗기지 않으니 만족했고, 국가는 각 지역에 정착한 백성들로부터 안정적으로 세금을 거둘 수 있게 되니, 국가 재정 확보와 왕권 안정에 큰 도움이 되었습니다.

향리가 된 호족들

그렇다고 지방 호족들이 중앙 권력을 완전히 무시하고 마음대로 권력을 행사했던 것은 아닙니다. 왕건은 호족들의 세력이 비대해지는 것을 막기 위한 견제 정책으로 호족의 자제를 '기인'이라는 이름으로 수도에 와서 일정 기간 동안 살도록 했습니다. 이 제도는 지방 호족의 자손이 수도에 거주하며 중앙 관료로 성장하는 기반을 제공함과 동시에 인질의 성격을 띠고 있어서 호족들의 지방 반란을 막는 데도 유효한 정책이었습니다.

또한 왕건은 호족들을 출신 지역을 관할하는 관리로 임명하는 '사심관 제도'를 시행했습니다. 사심관으로 임명받은 호족은 출신지를 대표하는 벼슬을 얻게 되어 가문의 영광으로 여기기도 했지만, 출신지에서 반란이 일어나면 연대 책임을 져야 했습니다. 사심관 제도는 지방 세력을 견제하는 동시에 국왕 주도의 중앙 집권 체제를 강화하는 데 효과적이었습니다.

한편 통일 이후 고려 정부는 지방 호족의 자제들에게 과거를 통해 중앙 관리가 될 수 있는 기회를 제공했습니다. 그 결과 호족 중 일부는 중앙에 진출해 중앙 관리가 되면서 지배층에 편입되었습니다. 여기에 중앙에서 지방 관리를 파견해 호족들의 지역민에 대한 영향력을 축소시켜 나가기도 했습니다. 이로써 지방에 남아 있던 호족들은 점차 중앙에서 파견된 지방관의 통제를 받으며 지역의 행정 업무를 보는 향리로 세력이 축소되었습니다. 지역에서 향리들의 힘은 여전히 셌지만 예전에 호족들이 누리던 만큼의 영향력을 이제는 행사할 수 없었습니다.

029

공식적으로
복수를 허용하는 법이 있었다고요?

학교에서는 범죄 피해를 입은 사람이 개인적으로 가해자에게 복수를 해서는 안 된다고 배웠어요. 그런데 고려 시대에는 공식적으로 개인적인 복수를 허용했던 시기가 있었다고 해요. 왜 이런 법이 생겼을까요?

왕위를 노리는 고려의 왕자들

우리 역사에는 공식적으로 개인 간의 복수를 허용했던 시기가 있었습니다. 고려 경종 시대로, '복수법'이 있었기 때문에 가능한 일이었습니다. 경종이 왜 복수법을 허용했는지 알기 위해서는 그 이전의 역사를 간단하게라도 살펴야 합니다.

후삼국을 통일한 왕건은 호족들을 포섭하기 위한 정략결혼으로 맺어진 부인이 29명이었고, 그 사이에 아들만 25명이 있었습니다. 왕건이 살아 있을 때는 부인이 여

럿이고 아들과 딸이 몇십 명이 되었어도 문제가 되지 않았습니다. 하지만 왕건이 죽자 상황이 달라졌습니다. 왕자들은 왕위를 놓고 서로 경쟁했습니다. 강력한 호족을 외할아버지로 둔 왕자들은 외가의 힘을 믿고 서로 왕이 되려고 싸웠습니다. 대호족들도 본인의 외손자를 왕위에 올리려고 갖은 수단을 다 썼습니다.

왕건이 살아 생전에 이러한 상황을 예상하지 못했던 것은 아닙니다. 그래서 일찍감치 맏아들(훗날 혜종)을 태자로 삼고 자신이 가장 믿었던 신하에게 잘 보필해 줄 것을 신신당부해 두었습니다. 그러나 왕건이 죽자 이 당부는 휴지 조각이 되고 말았습니다. 충주의 대호족을 외가로 둔 정종과 광종 형제는 서경(지금의 평양)의 군사까지 포섭해 세력을 넓히며 호시탐탐 왕위를 차지할 기회를 노리고 있었고, 왕자 광주원군의 외할아버지 왕규도 위협적인 인물이었습니다.

잠재적 경쟁자가 한둘이 아니었기 때문에 혜종은 왕위에 올랐어도 한시도 편할 날이 없었습니다. 경비가 삼엄한 궁궐의 침실까지 자객이 들어와 소란을 피울 정도로 생명의 위협마저 느꼈습니다. 혜종은 최고 권력자이면서도 항상 불안감에 시달리다가 결국 병을 얻어 일찍 사망하고 말았습니다.

광종의 왕권 강화 정책

혜종이 즉위한 지 2년 만에 사망하자 왕위를 노리던 세력들은 후임 왕 자리를 놓고 노골적인 경쟁을 벌였습니다. 그 결과 정종이 서경의 군대를 기반으로 왕규 세력을 제거하고 고려 제3대 임금이 되었습니다. 하지만 정종 시대도 왕권이 불안정하기는 마찬가지였습니다. 왕위 도전 세력은 아직도 많았습니다. 누구나 부러워하는 옥좌도 바늘방석에 불과했던 정종은 하늘에서 벼락이 치자 놀라 쓰러져 병석에 눕더니 몇 개월 만에 죽고 말았습니다.

동생 광종이 왕위에 올랐습니다. 고려 제4대 임금이 된 광종은 강력한 왕권이 확립되지 않는 한 피비린내 나는 싸움은 계속될 것이라 생각했습니다. 그래서 재위 기간 내내 왕권을 강화하는 정책들을 내놓았습니다.

먼저 강력한 힘을 가진 호족들을 견제하기 위해 '노비안검법'을 실시했습니다. 당시 호족들은 후삼국 통일 과정에서 사로잡은 포로들을 노비로 거느리고 있었습니다. 이들 중에는 본래 일반 백성이었지만 전쟁 중에 억울하게 노비가 된 사람들이 많았습니다. 노비안검법은 이처럼 억울하게 노비가 된 사람들을 조사해 양인으로 복귀시켜 준 법입니다. 노비안검법으로 호족들은 졸지에 재산이자 군사력이었던 노비들을 잃게 되었습니다.

광종 때 처음 실시된 '과거제'도 왕권 강화 정책의 일환이었습니다. 왕이 직접 주관하는 시험을 통해 선발된 인재들은 신진 관료로 성장하며 왕에게 충성을 다했습니다. 이 밖에도 광종은 '황제' 칭호를 사용하고 공적인 자리에서 입는 공식적인 복장(공복)을 제정하는 등 왕을 중심으로 하는 관료 체제를 확실하게 정비했습니다.

광종의 이러한 왕권 강화 정책에 호족들의 반응은 어땠을까요? 당연히 불만이 높았겠지요. 하지만 광종은 불만 세력을 가차 없이 처단하며 개혁에 박차를 가했습니다. 그 결과 고려 건국 과정에 참여했던 수많은 신하 중에 살아남은 사람이 겨우 수십 명뿐이었고, 감옥에 갇힌 사람이 너무 많아 임시 감옥까지 새로 만들어야 할 정도였습니다. 그리고 이 중에는 경쟁자의 고발로 억울하게 죽거나 옥에 갇힌 사람도 많았습니다.

광종은 잠재적 경쟁자인 왕족도 차례로 제거했습니다. 광종을 이어 왕위를 계승한 아들 경종마저 태자 시절에 아버지의 의심을 받아 가까이하지 못했다고 하니, 더 무슨 말이 필요하겠어요? 이처럼 강력한 왕권 강화 정책 덕에 광종 통치 이후 고려의 왕권은 차츰 안정되어 갔습니다. 누구도 함부로 왕권에 도전하려고 하지 않았습니다.

경종의 복수법

광종이 죽고 아들 경종이 왕위에 올랐습니다. 그는 본인도 태자 시절 아버지 광종의 의심을 받으며 공포에 떨었기에 아버지의 무자비한 통치 정책에 부정적이었습니다. 그래서 그랬는지 즉위하자마자 광종 때 유배당했던 사람들을 모두 사면하고, 감옥을 열어 죄수들도 석방했습니다. 또 건국을 도왔던 옛 신하들도 다시 불러 모았습니다.

광종 때 화를 당했던 사람들은 새로운 왕이 즉위하자 억울함을 풀어 달라거나 죽은 가족들의 복수를 허용해 달라고 왕에게 정식으로 요청했습니다. 경종은 이들의 요구를 받아들여 사적 복수를 공식적으로 허용한 '복수법'을 공포했습니다.

복수법으로 억울한 사람들의 원한이 풀어지며 정의가 실현되었을까요? 절대 그럴리 없었습니다. 사적 복수를 허용하자 사람들은 자신 또는 가족의 기준에 맞춰 상대를 멋대로 죽이는 일이 벌어졌고 사회는 대혼란이 발생했습니다. 억울함을 풀어 주기 위해 실시한 법인데 오히려 억울한 사람들이 더 많이 발생하는 모순이 발생한 거죠. 왕족조차 이 법 때문에 억울하게 죽었다고 합니다. 결국 경종은 복수법을 폐지하고 개인 간의 복수를 금지시켰습니다.

많은 사람이 개인 간의 복수를 허용하면 사회에 해가 되는 큰 악을 제거할 수 있다고 생각합니다. 하지만 고려 경종 시대 복수법의 경험에서 알 수 있듯이 사적 복수는 사회를 혼란스럽게 할 뿐만 아니라 또 다른 억울함을 발생시킵니다. 고대 로마에 '엄격한 법, 그래도 법(Dura lex, sed lex)'이라는 격언이 있습니다. 법은 사회적 합의에 의해 정해진 것이니, 법의 테두리 안에서 법을 지키며 살아야 사회가 안정적으로 유지될 수 있습니다.

030

서희는 정말 말 몇 마디로
거란을 물리쳤나요?

저의 장래희망은 외교관입니다. 역사책을 보니 고려 시대 문신으로 거란군을 물리친 서희라는 사람이 있었어요. 서희는 말 몇 마디로 거란의 대군을 물리쳤다고 해요. 말 몇 마디로 전쟁을 끝내다니 정말 놀라워요. 그런데 그렇게 싱겁게 끝낼 거면 거란은 왜 굳이 전쟁을 시작했을까요?

낙타를 굶겨 죽인 왕건

거란과 고려의 관계를 알기 위해서는 고려 초 태조 왕건이 집권하던 시절의 외교 정책을 살펴볼 필요가 있습니다. 왕건은 후삼국을 통일하기 위해 이웃나라와 치열한 전쟁을 벌이고 있었습니다. 당시 고려의 북쪽에는 발해가 있었습니다. 고려와 발해의 관계는 어땠을까요? 기록이 얼마 남아 있지 않아 자세히는 알 수 없지만 친밀했던 것으로 보입니다. 발해가 거란에 의해 926년에 멸망하자 왕건은 중국에 있던 나라

후진에 사신을 보내 발해왕을 함께 구하자고 제안했습니다. 어쩌면 고구려를 계승했다고 표방한 고려는 고구려의 후예인 발해를 같은 동족이라 생각했을지도 모릅니다.

한편 나라를 잃은 발해 유민들은 거란군을 피해 대거 고려로 피난을 왔습니다. 왕건은 발해 유민들을 따뜻하게 대접하며 환영했습니다. 발해의 왕자였던 대광현에게는 본인의 성인 '왕' 씨까지 하사했습니다. 이렇게 왕건으로부터 환영을 받은 발해 유민은 고려의 국력 향상에 큰 힘이 되어 주었습니다. 고려는 이들을 흡수해 단기간에 군사력을 강화시켰고 이를 바탕으로 후삼국을 통일(936)할 수 있었습니다.

이런 사례도 있습니다. 태조 왕건이 통일된 고려를 다스릴 때인 942년이었습니다. 발해를 멸망시킨 거란이 친선 관계를 맺고 싶다며 고려에 낙타 50마리를 보내 왔습니다. 왕건은 이 낙타를 다리 밑에서 모두 굶겨 죽여 버렸습니다. 발해를 멸망시킨 거란에 대한 적개심의 표현이자, 거란과 긴장 관계를 유지해 왕을 중심으로 호족들을 똘똘 뭉치게 하려는 의도였습니다.

서희의 협상

거란은 중국의 분열을 틈타 점차 세력을 확대하며 나라 이름을 '요'로 바꿨습니다. 이 시기에 중국에는 큰 나라가 없었습니다. 907년 당나라가 멸망한 후 중국은 70여 년 동안 중원 지역(고대 중국의 수도권 지역으로 황하 중류 지대)에서는 5개 나라가 연이어 나타나며 정권을 교체했고, 그 밖의 지역에서는 10개의 나라가 우후죽순처럼 나타나 난립하며 서로 싸우고 있었습니다. 이 시기를 '5대 10국 시대'라고 합니다. 이렇게 여러 나라가 나타나 서로 경쟁하며 혼란스러웠던 중국을 10세기 후반인 979년에 송나라가 통일했습니다.

중국 전체를 장악한 송나라와 만주에서 성장해 대국으로 자리 잡은 요나라는 국경을 맞대고 있으면서 서로 대립했습니다. 반면에 고려와 송나라는 매우 사이가 좋았습니다. 고려는 중국의 선진 문물을 받아들이기 위해 송이 필요했으며, 송으로서는 요나라를 막는 데 고려의 힘이 절실했습니다. 요나라는 송과 고려가 친밀한 것이 매우 못마땅했습니다. 요는 송이 고려와 연합해 자기들을 치러 올 것을 염려해 993년 고려에 쳐들어왔습니다.

당시 요의 지휘관은 소손녕이었습니다. 그는 고려 군대와 첫 전투에서 승리한 후 "80만 대군이 왔으니 항복하지 않으면 깡그리 없애 버리겠다."며 겁을 주었습니다. 고려 조정에서는 매우 놀라 영토 일부를 떼어 주고 화친을 맺자는 의견까지 나왔습니다. 하지만 이상한 점이 있었습니다. 요의 군대가 국경선에서만 몇 차례 소규모 전투를 할 뿐, 남쪽으로 진군하지는 않았습니다.

고려는 요의 침략이 고려와 송의 친선 관계를 끊는 데 목적이 있다는 것을 눈치챘습니다. 사실 송과 적대 관계인 요나라로서는 고려와 전면전을 벌여 국력을 낭비하는 것이 바람직하지 않았습니다. 더구나 요의 군대는 안융진에서 고려군에 패해 사기마저 꺾인 상황이었습니다. 이에 고려는 서희를 보내 회담을 진행했습니다. 회담장에서 소손녕이 "왜 우리나라에 사신을 파견하지 않느냐?"라고 묻자 서희는 "여진이 중간에서 방해해 가지 못하는 것"이라고 둘러대며 요를 달랬습니다. 또 요가 원하는 대로 송과 관계를 끊고 조공을 바치겠다는 솔깃한 제안을 했습니다.

요의 고려 침입 목적은 고려가 송과 관계를 끊고 자기 편이 되어 주는 것이었기에 요는 더는 전쟁을 고집하지 않고 물러갔습니다. 요의 1차 침입은 고려에 엄청난 이익을 안겨 주었습니다. 요나라는 서희의 말을 철석같이 믿고 고려 사절단이 여진족에 방해받지 않고 거란의 수도까지 편하게 오고 갈 수 있도록 압록강 하류 일대의 넓은 땅을 고려에게 넘겨주었습니다. 고려는 이 땅에 '강동 6주'를 설치해 영토를 늘렸습니다.

이러한 과정을 보면, 거란의 1차 침입은 서희의 외교술이 요의 군대가 물러가도록 하는 데 결정적 역할을 한 것이 분명합니다. 하지만 회담의 성공 요인이 서희의 담판만은 아니었습니다. 송과 요가 경쟁하던 당시 동북아시아 정세가 요로 하여금 무력을 사용하지 않고 회담을 하게 만들었습니다. 또 안융진에서 요의 군대를 물리친 고려 군인들의 활약이 있었기 때문에 가능하기도 했습니다.

거란의 계속된 침입

고려를 굴복시킨 요나라는 마음 놓고 송을 공격했습니다. 힘에서 밀린 송은 결국 해마다 요나라에 막대한 재물을 제공하기로 약속하며 굴욕적인 협상을 맺었습니다. 이 당시 고려는 요의 1차 침입 때 송과 단절하겠다고 약속하고 땅까지 받았지만, 약속을 지키지 않고 암암리에 송과 관계를 이어 가고 있었습니다. 송과 교류는 경제적으로나 문화적으로 얻는 게 컸기 때문에 사실 처음부터 외교 관계를 단절할 생각이 전혀 없었습니다. 이를 눈치챈 요나라가 항의하며 강동 6주의 반환을 요구해 왔습니다. 고려는 이미 고려 땅이 된 강동 6주를 반환할 의사가 전혀 없었습니다. 요나라에는 다시 송과 단교를 약속하며 어영부영 위기를 넘기려 했습니다.

요나라로서는 이러지도 저러지도 못하는 처지가 되고 말았습니다. 협상의 대가로 넓은 땅을 고려에 주었는데, 고려가 약속을 어겼다고 이제 와서 그 땅을 강제로 되돌려 받는 것은 대국으로서 체면이 서지 않는 일이었습니다. 또 송과 관계를 끊겠다고 고려가 다시 약속하는데도 침략하는 것은 명분이 서지 않는 일이기도 했습니다.

요나라가 쓰린 속만 어루만지고 있던 차에 때마침 고려 침략의 명분이 될 만한 사건이 발생했습니다. 고려의 신하인 강조가 쿠데타를 일으켜 목종을 죽이고 현종을 왕위에 올리는 난을 일으킨 것입니다(강조의 난). 고려 침략의 명분을 찾고 있던 요나

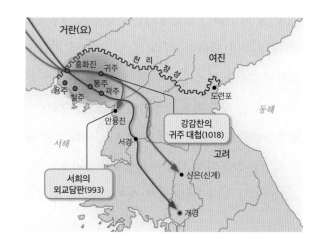

● 강동 6주
→ 거란의 1차 침략(993)
→ 거란의 2차 침략(1010~1011)
→ 거란의 3차 침략(1018~1019)

3차에 걸친 요의 침략과 고려의 대응

라 성종은 "강조의 죄를 묻겠다."며 1010년에 본인이 직접 40만 군사를 이끌고 국경을 넘어 고려를 점령하러 왔습니다. 이때는 고려도 피해가 커서 수도인 개경이 함락되고 왕이 전라도 나주까지 피난 가는 지경에 이르렀습니다. 하지만 양규 장군이 이끄는 고려군이 국경 지대에서 거듭 승리를 거두며 요나라가 스스로 물러가게 했습니다. 1018년에도 요는 세 번째 침입을 해왔지만 이때도 고려가 단단히 준비를 하고 있었기에 귀주에서 강감찬 장군이 최종적으로 대승을 거두며 요와 전쟁을 승리로 이끌었습니다. 이 전투를 역사에서는 '귀주 대첩(1019)'이라 합니다.

세 번에 걸친 요의 침략을 물리친 결과는?

고려는 송나라까지 굴복시킨 강대국 요를 물리침으로써 동아시아에서 무시할 수 없는 존재감을 과시하게 됩니다. 그런데 고려는 요나라에 스스로 조공을 바치고 신하국이 되기를 자처했습니다. 요나라와 적대 관계가 국익에 도움이 되지 않는다고 판단했기 때문입니다. 요는 전쟁에서 이기고도 스스로 낮추는 고려를 함부로 대할 수 없었습니다. 그래서 고려가 여전히 송과 교류하며 경제적·문화적 이익을 얻는 것을 알았지만 모른 체할 수밖에 없었습니다.

세 차례에 걸친 전쟁의 결과, 오랜 기간 서로 침략하며 긴장 관계를 형성했던 고려와 송, 요 세 나라는 힘의 균형을 이루었고, 향후 100여 년간 동북아시아는 전쟁 없는 평화의 시대를 맞이했습니다.

한편 고려는 다시 있을지 모르는 북방 민족의 침략에 대비하기 위해 강감찬의 건의로 수도인 개경 전체를 둘러싸는 나성을 쌓았습니다. 또 국경 지대인 압록강 하구에서 동해안 도련포까지 천리장성도 구축해 국경 수비를 한층 강화했습니다. 싸워야 할 때는 최선을 다해 적을 무찔렀지만 불필요한 전쟁은 하지 않으려 했던 고려의 외교술은 지금 우리에게도 여러 측면에서 교훈이 되고 있습니다.

031

9성을 개척한 윤관이
처벌을 받았다고요?

윤관이 이끄는 별무반의 활약은 정말 대단했던 것 같아요. 사나운
여진족을 상대로 연전연승하며 넓은 영토를 개척했으니까요. 그런
데 고려는 왜 힘들게 개척한 9성 지역을 1년도 지나지 않아 여진에
되돌려 주었을까요? 다시 돌려줄 거면 전쟁은 왜 했죠?

숙종의 왕권 강화 정책

여진과 전쟁을 벌인 숙종은 고려 제11대 왕 문종의 셋째 아들이었습니다. 그는 형이
2명이나 있었기에 왕위에 오를 가능성이 없었습니다. 그런데 형들이 왕위에 오른 지
얼마 지나지 않아 연이어 사망했습니다. 그러자 왕위는 열한 살에 불과한 둘째 형의
아들에게 돌아갔습니다. 어린 조카가 왕위에 오르자 숙종은 야심을 드러냈고 그는 군
사를 일으켜 왕위를 차지했습니다.

새롭게 왕이 된 숙종은 왕권을 강화해 그 누구도 자신의 자리를 넘보지 못하게 하려고 했습니다. 그래서 추진한 정책이 '신법'입니다. 숙종은 먼저 지금의 서울인 남경으로 수도를 옮기려 했습니다. 기존 세력의 근거지가 개경이었기 때문에 이를 약화시키려는 의도가 있었습니다. 또 대각국사 의천의 건의를 받아들여 화폐를 주조했습니다. 고려는 화폐를 사용하지 않고 곡물 등 현물 거래 위주의 경제 활동을 했는데 권세가들은 물건의 양이나 질을 속이는 방식으로 백성들을 수탈하곤 했습니다. 숙종은 권세가들의 수탈을 방지하고 경제를 활성화시켜 재정을 확보하겠다는 의도로 화폐 사용을 적극 추진했습니다.

그런데 신법은 당시 지배 세력인 문벌들의 저항을 받았습니다. 그들은 태조 왕건 때부터 내려오던 법을 후대 왕이 함부로 바꿔서는 안 된다며 반발했습니다. 숙종도 이들의 반발을 무시하고 신법을 추진하기에는 부담이 컸습니다. 고민에 빠진 숙종은 반발을 무마할 계책을 찾아내야 했습니다. 오랜 고심 끝에 드디어 좋은 생각이 떠올랐습니다. 바로 외부의 적을 만드는 일이었습니다. '외부의 적과 싸워야 하니 우리끼리는 뭉쳐야 한다.', '지금은 이기는 것이 중요하니 불평불만은 나중에 하라.'는 논리는 어느 시대나 권력자들이 즐겨 사용하던 효과적인 자기방어 논리였습니다.

당시 북쪽 지대에서는 오랫동안 고려에 복속되어 있던 여진이 성장하고 있었습니다. 여진의 무리 중 하나였던 완옌부는 세력을 넓혀 고려의 국경을 침범하곤 했습니다. 숙종은 이들에 대한 대대적인 전쟁을 선포했습니다. 전시 상황은 자연스럽게 자신에 비판적이었던 사람들의 목소리를 가라앉게 했습니다.

윤관의 9성 개척

윤관은 남경으로 수도를 옮길 때 건설 책임자로 임명될 만큼 숙종이 총애하는 관리였습니다. 누구보다 숙종의 뜻을 잘 알고 있던 그는 여진 정벌군의 총대장으로 선임되자 여진 공략에 적극 나섰습니다. 하지만 결과는 대패였습니다. 보병 중심의 고려군이 드넓은 벌판에서 훈련한 기병 중심의 여진과 전쟁을 하니 패할 수밖에 없었습니다.

이에 윤관은 실패를 거울삼아 별무반이라는 새로운 부대 창설을 조정에 건의했습니다. 그가 새롭게 편성한 별무반은 기병 위주의 부대였습니다. 관리부터 상인과 농민까지 함께 편성하고 고위 관료의 자제들까지 편입시켜 왕권에 반발하는 세력들을 위축시켰습니다. 이렇게 편성된 별무반의 수가 약 17만 명이었습니다.

이제 여진과 다시 전쟁할 일만 남았습니다. 그런데 이때 숙종이 사망하고 아들 예종이 왕위에 오릅니다. 신법에 반대했던 관리들은 새 왕이

〈척경입비도〉. 윤관이 여진족을 정벌한 후 국경비를 세우는 장면을 그렸다(조선 후기 제작).

즉위하자 다시 신법 폐지를 들고나왔습니다. 하지만 예종은 그럴 생각이 전혀 없었습니다. 그는 아버지의 정책을 이어서 추진하며 윤관에게 여진 정벌을 명했습니다.

윤관이 이끈 별무반의 활약은 대단했습니다. 100여 개의 여진 촌락을 제압하며 고려에 저항하던 여진족을 무찔렀습니다. 이후 윤관은 여진을 몰아낸 지역에 9개의 성을 쌓아 고려 영토로 편입시켰습니다. 결과만 보면 전쟁은 고려의 완벽한 승리였습니다.

하지만 고려의 전적인 승리로 보기에는 문제가 있습니다. 새로 쌓은 9성은 성과 성의 거리가 너무 멀어 여진이 공격하면 각 성들이 고립될 가능성이 컸습니다. 또한 국경을 방어하는 데 군사력이 너무 많이 소모되었습니다. 숙종과 예종의 신법 추진에 불만을 품었던 세력들은 이 기회를 놓치지 않고 다시 목소리를 높였습니다. 결국 고려 조정은 여진과 협상에 나서 "다시는 고려 국경을 침범하지 않고 고려를 대국으로 섬기겠다."는 약속을 받고 9성을 여진족에 반환했습니다.

9성을 반환하고 나자 고려 조정 안에서는 '윤관이 명분 없는 전쟁을 주도해 놓고

얻은 것은 하나도 없으니 패전'이라는 여론이 들끓었습니다. 이 여론에는 여진과 전쟁을 추진한 숙종과 예종을 비난하는 뜻도 담겨 있었습니다. 윤관 반대 세력은 패전의 책임을 물어 윤관을 처벌해야 한다고 주장했습니다. 예종이 망설이자 그들은 장기간 조정에 출근하지 않으며 항의 농성을 했습니다. 결국 예종은 윤관을 자리에서 물러나게 하고 그에게 준 공신 칭호도 박탈했습니다. 얼마 후 왕은 다시 윤관을 등용하며 재신임했지만, 신법을 추진할 힘은 상실하고 말았습니다.

이자겸의 두 딸은
왜 한 남자와 결혼했을까요?

고려 왕실의 가계도를 보니 이상한 점이 많았어요. 삼촌과 조카가 결혼하고 이복 남매가 결혼한 사례도 있더라고요. 지금 우리나라 법은 8촌 이내의 가족과는 결혼을 금지하는 것으로 알고 있는데, 고려에서는 사촌 간에도, 심지어 이모와 조카 간에도 결혼이 이루어졌다니 충격이에요. 고려에는 왜 이런 결혼 풍속이 있었을까요?

근친혼을 권장한 왕건

근친혼이란 혈연적으로 가까운 사람과 결혼하는 것을 말합니다. 요즘 사회는 법적으로도 근친혼을 금지하고 생물학적으로도 근친혼은 유전병을 유발하기 쉽다고 합니다. 하지만 역사에서 살펴보면 동서양 모두 근친혼 풍습을 따르던 시기가 있었고, 이 풍습은 지배층과 권력층에서 두드러졌습니다. 신성 로마 제국의 왕위를 계속 승계했던 합스부르크 가문은 근친혼의 영향으로 대대로 아래턱이 길게 튀어나오는 유전병을 잃았습니다. 우리의 역사에서도 지배층의 근친혼은 쉽게 찾을 수 있습니다. 골품제 사회였던 신라에서 왕실과 귀족층은 혈통의 우월성을 유지하기 위해 혈연적으로 가까운 사람과 결혼을 많이 했습니다.

고려 시대도 마찬가지였습니다. 나라를 건국한 태조 왕건은 근친혼을 적극적으로 권장했습니다. 고려는 여러 호족의 힘을 빌려 세운 나라인 만큼 지방에서 성장한 호족 세력의 힘이 왕권에 버금갈 정도로 막강했습니다. 그래서 왕건은 왕실의 힘을 강화하기 위한 방편으로 근친혼을 적절히 활용했습니다. 정략결혼 정책을 통해 호족들을 포섭하고, 공주들은 왕족이나 왕실의 일원이 된 호족 집안에만 시집을 보내 왕실 권력이 분산되지 않도록 했습니다. 왕건의 아들이자 고려 제4대 왕인 광종은 이복 남매인 황보씨와 결혼했습니다. 또 고려의 통치 체제를 확립한 제6대 임금 성종은 왕건의 아들 왕욱과 왕건의 딸인 선의왕후 사이에서 태어났습니다.

이러한 근친혼은 고려 중기 이후 유교가 유포되면서 점차 줄어들게 됩니다. 국가 차원에서도 가까운 혈족과 결혼을 금지하는 법령을 여러 차례 발표했습니다. 하지만 근친혼은 고려 말기까지도 성행했습니다. 근친혼 풍습이 사라진 것은 유교를 국가의 통치 이념으로 표방한 조선 시대였습니다. 조선은 유교 윤리와 도덕에 어긋나는 근친혼을 국가적으로 금했습니다.

왕실과 결혼 관계로 성장한 경원 이씨

고려 왕실의 모든 여성이 가까운 혈족과 결혼하는 것은 현실적으로 불가능했기에 왕실 외부의 귀족 가문과 결혼을 하기도 했습니다. 하지만 그 대상은 한정적이었습니다. 왕실의 일원이 되어 힘을 보태 줄 권세 있는 가문을 선택해 정략적으로 결혼을 했습니다. 고려 왕실은 사돈 맺는 가문의 수를 늘리기보다는 소수의 유력한 가문에서 계속적으로 왕비를 맞이하는 방식을 택했습니다. 그래서 한번 왕비를 배출한 가문은 뒤이어 여러 차례 왕비를 배출했고, 왕비 배출을 통해 권력을 키워 갔습니다.

왕실과 결혼을 통해 권력을 키운 대표적 가문이 '경원 이씨' 가문입니다. 강력한 문벌이었던 이자연은 세 딸을 연달아 문종에게 시집보내면서 당시 최고 권력자로 떠올랐습니다. 문종 이후 고려의 왕위에 오른 순종, 선종, 숙종이 모두 이자연의 외손자였습니다. 순종과 선종은 다시 이자연의 아들이나 친척의 딸과 결혼했고 이 과정에서 경원 이씨 세력은 왕권을 능가할 정도로 거대해졌습니다.

고려 왕실과 경원 이씨의 결혼 관계도

```
11 문종        12 순종
인예태후       장경궁주
(이자연의 딸)   (이영의 딸)

인경현비       13 선종
(이자연의 딸)
              14 현종
인절현비       사숙태후
(이자연의 딸)   (이석의 딸)

              정신현비
              (이예의 딸)

              원신궁주
              (이정의 딸)

15 숙종        16 예종
                          17 인종
문경태후       폐비
(이자겸의 딸)   (이자겸의 딸)

              폐비
              (이자겸의 딸)
```

근친혼의 부작용 속에 발생한 이자겸의 난

경원 이씨 집안의 하늘 높은 줄 모르고 치솟던 콧대는 이자연의 손자인 이자겸 시대에 절정에 도달합니다. 이자겸이 예종에게 둘째 딸을 시집보내면서 경원 이씨는 다시 왕비를 배출했습니다. 이후 이자겸은 외손자인 인종이 열세 살의 어린 나이로 왕위에 오르자 왕의 보호자를 자처하며 자신의 두 딸을 인종과 결혼시켰습니다. 다른 집안이 왕실과 결혼 관계를 맺지 못하게 하려는 고육지책이자 자기 가문의 권력을 지속적으로 유지하기 위한 꼼수였습니다. 이로써 이자겸은 인종의 외할아버지이자 장인이 되었고, 인종으로서는 2명의 이모를 부인으로 맞는 이상한 결혼을 하게 됩니다.

현실이 이러했으니 이자겸의 권세는 하늘을 찌를 듯했습니다. 자신의 생일을 '인수절'이라고 부르며 국가 기념일로 지정했을 뿐만 아니라 어린 임금은 뒷전에 둔 채 공공연하게 국가의 일을 자기 뜻대로 사사로이 처리했습니다. 당시 이자겸이 얼마나 부귀영화를 누렸던지, 수만 근의 고기가 썩어서 집 밖에 버려질 정도였다는 이야기까지 떠돌았습니다.

나이가 어린 인종은 외할아버지이자 장인인 이자겸의 독주에 별 불만이 없었습니다. 하지만 스스로 정치를 할 나이가 되었음에도 이자겸이 정치를 독점하며 권력을 돌려주려고 하지 않자 그의 권력을 제한하려 했습니다. 왕의 이러한 시도는 이자겸이 먼저 눈치를 채면서 실패로 끝났습니다. 이자겸이 부하들과 함께 궁궐로 쳐들어와 전각들을 불태우고 인종을 잡아다 집안에 가두어 버린 것입니다. 이를 우리 역사에서는 '이자겸의 난'이라 합니다. 이후에도 이자겸은 공공연하게 자신이 왕이 되고자 하는 야심을 드러내며 인종의 독살까지 계획했습니다. 하지만 인종이 이자겸의 심복이었던 척준경을 간신히 설득해 그의 도움으로 이자겸 세력을 제거하고 왕위를 유지할 수 있었습니다.

이후 경원 이씨는 어떻게 되었을까요? 이자겸은 전남 법성포로 귀양 가며 중앙 정계에서 멀어졌지만, 경원 이씨 세력은 고려 말까지 유력 가문으로 명성을 유지했습니다. 경원 이씨와 결혼 관계를 맺은 유력 가문의 수가 워낙 많아 이들을 빼고는 국정을 운영할 수 없었기 때문입니다. 당시 권력층이 얼마나 밀접하게 혈연으로 관계를 맺고 기득권을 유지했는지 알 수 있는 사례입니다. 고려 사회의 소수 특권층의 끼리끼리 문화는 여러 가지 사회 모순을 낳았고, 문신 우대 풍조는 무신들의 반발을 키워 무신정변을 초래했습니다.

033

몽골은
왜 고려를 멸망시키지 않았나요?

TV에서 몽골 제국을 다룬 다큐멘터리를 본 적이 있어요. 몽골의 군
대는 항복하지 않고 맞선 지역의 주민들을 무자비하게 학살하고 약
탈했더군요. 너무 무서웠어요. 몽골군에 맞섰던 고려에도 엄청난
보복이 있었겠지요? 고려는 어떻게 되었나요?

몽골과의 전쟁

13세기 몽골이 성장하기 전까지 동아시아에는 다양한 국가들이 공존하고 있었습니다.
요나라에 이어 만주 지역을 거점으로 성장한 여진족의 금나라부터 중국의 송, 고려,
서역의 서하 등 여러 나라가 각 지역에서 영향력을 행사하고 있었습니다. 하지만 이
러한 다원적 국제 질서는 몽골의 등장으로 달라지기 시작했습니다. 만리장성 북쪽의
고원 지대에서 성장한 몽골은 대제국을 형성하며 서쪽으로 진격해 지금의 이란, 투르

몽골이 등장할 무렵의 아시아

크메니스탄, 우즈베키스탄을 거쳐 동유럽 일부까지 진출했습니다. 또 만주를 중심으로 대국을 형성했던 금나라마저 멸망시키고 송과 고려를 압박했습니다.

이 과정에서 고려 역시 몽골과 충돌을 피할 수 없었습니다. 몽골은 다른 나라에 그랬던 것처럼 고려에도 무릎 꿇을 것을 요구하며 많은 공물을 바치도록 했습니다. 그런데 고려에 왔던 몽골의 사신이 살해되는 사건이 1225년에 발생했습니다. 이 사건을 빌미로 절교를 선언한 몽골이 1231년 고려에 쳐들어왔습니다. 당시 고려 조정을 이끌고 있던 최씨 무신 정권은 수도를 강화도로 옮기고 몽골에 항전했습니다.

세계 곳곳을 벌벌 떨게 했던 몽골군은 자신만만하게 고려로 향했습니다. 몽골군의 침략은 30여 년에 걸쳐 여러 차례 이루어졌는데도 고려는 항복하지 않았습니다. 물론 오랜 전란으로 인해 많은 고려인들이 희생되었습니다. 지배층만 강화도로 천도했을 뿐, 백성들은 육지에서 몽골의 공격과 약탈에 고스란히 노출될 수밖에 없었으니까요. 기록에 따르면 몽골의 포로가 된 사람만 20만 명이 넘고 사망한 사람은 셀 수 없을 정도였다고 합니다.

하지만 고려의 백성들은 자신과 가족을 보호하고 나라를 지키기 위해 용감하게 몽

몽골의 침략과 삼별초의 이동

골군에 맞서 싸웠습니다. 김윤후가 이끄는 처인 부곡의 주민들은 몽골군을 무찌르고 몽골의 장수 살리타를 사살했습니다. 충주성의 관노들은 장수와 군인들이 도망간 상황에서도 똘똘 뭉쳐 몽골군을 물리쳤습니다.

몽골과 강화

전쟁이 길어지자 고려 지배층에서는 전쟁을 멈추고 화친을 맺자는 주장이 힘을 얻기 시작했습니다. 그 결과 끝까지 항전을 주장했던 최씨 무신 정권이 무너지고 협상이 추진되었습니다. 당시 태자였던 왕전(훗날 원종)이 협상 사절로 몽골에 파견되었는데 몽골에 도착한 왕전은 고민에 빠졌습니다. 당시 몽골에서는 황제 계승을 놓고 두 왕자, 즉 아릭부케와 쿠빌라이가 내전을 치르고 있었습니다. 내전에서 질 사람과 항복 논의를 했다가는 황제에 오른 사람한테 보복당할 수도 있었습니다. 왕전은 고민 끝에 쿠빌라이를 선택하고 항복 협상을 진행했습니다.

황제 자리를 놓고 치열한 경쟁을 벌이던 쿠빌라이에게 고려의 항복 의사 전달은 큰 힘이 되었습니다. 그는 당 태종도 고구려를 정복하지 못했는데 고구려의 후예인 고려가 자신에게 항복하러 왔다는 것을 대대적으로 알리며 자기 세력을 과시하는 데 활용했습니다.

쿠빌라이와 협상은 순조로웠습니다. 쿠빌라이는 "고려의 토착 풍속과 정치 체제를 유지시켜 주겠다."고 약속했습니다. 이후 내전에 승리한 쿠빌라이는 황제가 되어 나라 이름을 '원'으로 바꾸고 중국 전역을 다스렸습니다. 그리고 그가 고려에 한 약속은 원나라 간섭기 내내 고려를 원의 일부로 편입시키려는 시도를 막는 근거가 되었습니다.

부마국이 된 고려

몽골에 항복하기 전까지 고려 왕은 실질적으로 권력을 행사할 수 없었습니다. 무신들이 지배하는 시기였기에 왕은 허수아비였을 뿐 모든 권한은 무신에게 있었습니다. 하지만 몽골과 전쟁을 치르는 동안 무신 정권이 무너졌고 왕은 다시 권력을 되찾을 기회를 가졌습니다.

무신들이 쉽게 권력을 포기했냐고요? 물론 반발은 있었습니다. 무신들은 오랫동안 누려 온 권력을 쉽사리 포기하려 하지 않았습니다. 심지어 원종을 왕위에서 몰아내고 몽골에 맞서려 했습니다. 하지만 이미 무신 정권 시대는 끝나고 있었습니다. 고려 왕실과 문신들은 몽골군을 끌어들여 반발하는 무신 세력을 제거했습니다. 또 왕권을 지키기 위해 몽골에 집요하게 요구해 고려는 원나라의 사위 국가, 즉 '부마국'이 되었습니다. '부마'는 '왕의 사위'를 말합니다.

국내 정치에 외세를 끌어들인 고려 왕실의 선택이 적절했냐고요? 몽골군을 끌어들여 무신 세력을 제압한 것은 분명 외세 의존적인 측면이 있습니다. 하지만 왕실로서는 최선의 방법이었을 겁니다. 고려 왕실은 원나라의 힘을 빌려 무신들을 제압했을 뿐 아니라 부마국으로서 원 내부에서 발언권을 얻어 영향력을 키울 수 있었습니다. 때로는 부마국의 지위를 이용해 원의 내정 간섭을 물리치기도 했습니다.

하지만 고려 왕실과 원나라의 이러한 관계가 고려의 독립성 확보에 독이 된 측면도 있음은 부인할 수 없습니다. 원나라 내부 사정에 따라 고려 왕이 폐위되거나 복위되는 현상도 빈번했고, 심지어는 고려 왕이 원의 사신에게 폭행당하기도 했으며, 원으로 압송되는 일도 간혹 발생했습니다.

그러고 보면 고려가 몽골(원)과 화친을 맺은 게 적절한 일이었는지 의문이 듭니다. 협상 대신 전쟁을 계속했다면 어떻게 되었을까요? 여러분이었다면 어떤 선택을 했을까요?

034

고려 시대에도
사교육이 활발했나요?

중학생이 되니 학교 끝나면 수학 학원과 영어 학원에 가야 해서 집
에 오면 너무 피곤해요. 내 짝은 학원을 무려 다섯 군데나 다닌다고
하더라고요. 그런데 고려 시대에도 사교육 기관이 있었다면서요?
사교육의 역사가 도대체 얼마나 된 거죠?

음서와 과거

고려 시대에 가장 선망받는 직업은 공무원인 '관료'였습니다. 하지만 관료가 되기 위
해서는 현대의 입시 경쟁보다 훨씬 더 치열한 과거에 급제해야 했습니다. 고려가 멸망
할 때까지 과거는 평균 2년에 한 번꼴로 모두 250회 실시되었는데, 1회당 평균 25.3명
이 급제했습니다. 이 숫자는 1년에 평균 12.6명만이 과거 급제자가 될 수 있었다는 이
야기입니다. 이렇게 과거 합격이 어렵고, 과거를 준비하는 기간의 비용까지 고려하면

일반 백성들은 관직 진출을 꿈도 꿀 수 없었습니다.

물론 과거가 아니더라도 관직에 오를 방법은 있었습니다. 조상을 잘 두면 과거를 보지 않고도 관료가 될 수 있었습니다. 고려 시대에는 5품 이상 관리의 후손에게 과거 시험 없이도 관직을 주었습니다. 이 제도를 '음서'라 합니다.

그럼 음서 혜택을 받는 사람들은 과거를 전혀 안 봤을까요? 그렇지는 않습니다. 고려 시대에는 과거 합격자를 음서 출신보다 우대하는 분위기였고, 과거 합격자의 실력을 더 인정해 주었습니다. 승진이 유리한 주요 관직은 과거 출신자만 임명했고, 과거 합격자와 음서 출신자는 부르는 명칭도 달랐습니다. 그래서 음서 출신의 약 40퍼센트는 과거에 도전해 할아버지나 아버지의 공이 아닌 자신의 실력으로 관직에 진출하고자 했습니다.

과거에 합격해 관리가 되기까지

고려 시대 과거는 크게 문장력을 평가하는 '제술업', 경전을 시험하는 '명경업', 의학과 지리 등 기술관을 뽑는 '잡업'이 있었습니다. 이 중 고위 관직까지 진출하기 위해서는 제술업에 합격하는 것이 유리했습니다.

제술업은 크게 향공시, 국자감시, 예부시의 3단계로 이루어져 있습니다. 향공시는 과거 시험을 볼 수 있는 자격자들을 뽑는 시험으로, 이 시험에 통과해야 국자감시를 볼 수 있었습니다. 국자감시는 고려 최고의 학교인 국자감에서 개최하는 시험으로, 향공시에 합격한 사람과 서울에 있는 학교 학생 중 선발된 사람이 응시할 수 있습니다. 국자감시까지 통과한 사람들은 다시 최종 시험인 예부시를 거쳐 관리가 되었습니다. 국자감시에 합격한 사람이 예부시에 합격하기까지 걸리는 시간은 평균 5.7년이었습니다. 따라서 고려 시대에 과거를 통해 관리가 되는 길은 아주 어려운 길이었다고 할 수 있지요.

사교육의 활성화

고려의 대표적 교육 기관으로는 중앙에 국자감과 사학 12도, 지방에는 향교가 있었습니다. 국자감은 지금의 국립대학에 해당하는 고려 최고의 교육 기관이었습니다. 고려 초기만 하더라도 국자감에서 공부한 학생들이 다수 과거에 합격해 관리가 되었습니다. 하지만 과거 시험 경쟁이 치열해지자 점차 사교육 기관이었던 '사학 12도'에 학생들이 몰리기 시작했습니다.

사학 12도는 최충이 세운 문헌공도를 비롯한 12개의 사립학교를 말합니다. 사학의 설립자들은 대부분 학식과 명망이 높은 대학자들로 과거 시험관인 지공거를 역임한 인물들이었습니다. 이들은 과거에 관한 다양한 경험과 해박한 지식을 바탕으로 족집게 수업을 했기 때문에 사학 12도 학생들은 국자감 출신 학생보다 과거 합격률이 훨씬 높았습니다.

사학 12도의 학습 프로그램은 지금 보아도 대단히 체계적입니다. 문헌공도에서는 9개의 전문 강좌를 개설해 교육했고, 여름이 되면 더위를 피하며 공부할 수 있도록 경관이 좋은 절을 빌려 여름 특강을 진행하기도 했습니다. 그리고 이때 과거 합격자 선배들이 방문해 자신의 과거 합격 사례와 비법을 전수하며 공부를 독려했습니다.

이처럼 사학들이 과거 시험을 전문적으로 준비시키며 합격률을 높이자 고려 중기에는 사학의 인기가 높아지며 국자감이 위축되었습니다. 공교육이 침체되자 고려 정부는 국자감을 활성화하기 위해 여러 가지 대책을 마련했습니다. 예종은 국자감에도 전문 강좌 프로그램을 개설하고 여기에서 우수한 성적을 거둔 학생들은 예부시의 시험 일부를 면제해 주었습니다. 또 과거 시험에 응시하기 위해서는 의무적으로 3년 동안 국자감에서 공부해야 한다는 규정을 만들기도 했습니다. 학업 장려를 위해 장학재단인 양현고도 설치했고 쾌적한 공부 환경을 만들어 주기 위해 국자감 건물도 새로 지어 주었습니다. 이러한 조치 덕분에 고위층 자제들이 다시 국자감으로 공부하러 가는 등 공교육이 살아났습니다.

고려의 공교육 활성화 대책은 고려 사회를 공정 경쟁 사회로 만들었을까요? 꼭 그렇지는 않습니다. 일반 백성들은 사실상 과거에 응시할 수 없었습니다. 그중에서도 제술업 응시는 불가능에 가까웠습니다. 또 국자감 입학은 각종 규정이 있어서 고위층 자제한테만 유리했습니다. 과거 시험 준비에 들어가는 비용도 일반 백성은 감당하기 어려웠습니다. 따라서 공교육 기관인 국자감 입학은 고위 관료 자제들의 꽃길이었으며, 과거도 그들만을 위한 시험이었다고 할 수 있습니다.

035

고려의 부모들은
아들과 딸을 차별하지 않았나요?

엄마가 보는 드라마를 보면 대기업 회장이 재산과 직위를 모두 큰 아들한테 물려주려고 해서 싸움이 벌어지곤 하더라고요. 자식은 다 같은 자식인데 왜 큰아들을 더 귀하게 여기는지 모르겠어요. 큰아들 중심, 남자 중심 문화는 우리나라에서 오래된 관습인가요?

'나'를 중심으로 한 평등한 가족 관계

우리나라에서 남성 중심의 상속이나 가족 행사 등이 이루어지기 시작한 때는 조선 후기입니다. 그 이전 시기에는 있더라도 일반적이지 않았습니다. 더구나 고려 시대에는 남성 중심 상속이 거의 없었습니다.

　고려 시대에 친족의 범위는 철저히 '나'를 중심으로 구성되었습니다. 나와 얼마나 가까운 가족인가를 기준으로 가족의 의무와 권리가 결정되었을 뿐, 어머니 집안인지 아버지 집안인지는 중요하지 않았습니다. 또 친가와 가까이 지낼지, 외가와 가깝게 지낼지는 순전히 개인의 선택이었습니다. 자식에 대한 사랑도 마찬가지였습니다. 아들과 딸은 모두 '나'를 기준으로 같은 촌수이므로 차별이 없었습니다. 그래서 고려의 부모들은 자식에게 유산을 물려줄 때도 딸 아들 차별 없이 공평하게 나누어 주었습니다. 노비나 땅 같은 재산을 나눌 때도 성별은 중요한 기준이 아니었습니다.

고려 시대 호칭과 성씨 결정

고려 시대의 '나'를 기준으로 한 친족에 대한 인식은 가족의 호칭이나 성씨를 정하는 데에도 영향을 미쳤습니다. 현재 우리는 아버지 가족은 할아버지, 삼촌, 고모 등으로, 어머니 가족은 외할아버지, 외삼촌, 이모 등으로 구분해 부릅니다. 그래서 어머니 가족에 왜 '바깥'이나 '남'을 뜻하는 '외(外)' 자를 붙여 부르냐는 비판이 나오기도 합니다. 이 풍습도 조선 후기 때 보편화된 것입니다. 고려 시대에는 '나'를 기준으로 호칭을 정했기에 친가 외가 구분 없이 친할아버지와 외할아버지는 모두 '한아비'라고 불렀으며 삼촌과 외삼촌은 모두 '아자비'라고 불렀습니다.

1990년대까지만 해도 우리나라에는 같은 성씨와 본관을 가진 사람들 간의 결혼을 금지하는 제도가 있었습니다. 예를 들어 '안동 권씨' 성을 가진 사람은 '안동 권씨' 성을 가진 사람과 결혼할 수 없었습니다. 하지만 고려 시대에는 '나'를 기준으로 촌수가 먼 사람은 동성동본이더라도 친족으로 인식하지 않았습니다. 반면 '나'를 기준으로 가까운 촌수는 성씨가 달라도 친족으로 여겼습니다. 고려 사람들은 아버지 성씨 사용을 고집하지 않았으며 어머니 성씨를 따르기도 했습니다. 대표적인 예로 이성계의 장인 최한기의 아버지는 조씨였습니다. 하지만 그는 어머니 성을 따라 '최한기'라 했습니다.

가정에서 여성의 지위

고려 사회에서 남성과 여성은 모두 각자가 속한 친족 울타리 내에서 일정한 권리를 가진 존재들이었습니다. 그래서 남녀 간의 결혼도 여자가 일방적으로 남자 집안에 소속되는 것이 아니라 동등한 관계 속에서 양쪽 집안이 결합되는 것으로 인식했습니다. 남자 집안과 여자 집안을 구별하지 않았으며, 오히려 고려 시대 남자들은 결혼 후에 처가 식구들과 사는 것이 일반적이었습니다. 대부분의 고려 남자는 어렸을 때는 외할아버지, 외할머니의 보살핌을 받으며 성장했고, 결혼 후에는 장인, 장모를 모시고 처가살이를 했으며, 늙어서는 외손주들을 돌보며 여생을 보냈습니다.

한편 고려 시대에는 일부일처제, 즉 한 남성이 1명의 부인과 사는 것이 일반적이었습니다. 처가살이가 보편화된 사회였기에 아무리 배짱 두둑한 남자라 해도 결혼한 부인 외에 다른 부인을 두기는 어려웠습니다. 왕이나 막강한 권력자가 아니고서야 감히 그 누구도 함부로 여러 부인을 둘 수 없었습니다. 고려 후기 충렬왕 때 박유라는 관리가 조정에서 "부인 이외에 첩을 둘 수 있게 하자."는 건의를 했다가 연등회에서 부녀자들에게 항의를 받는 등 톡톡히 망신을 당한 일도 있습니다. 또 당시 재상들은 부인들의 성화가 무서워 박유의 주장에 동조하지 않았다고 합니다. 고려 시대 가정에서 여성의 영향력을 실감하게 하는 사례입니다.

그럼 고려 시대는 남녀 평등 사회였을까요? 꼭 그렇다고 볼 수는 없습니다. 과거에 응시해 관직에 임용되는 것, 학교에 입학해 공부하는 것, 국가에서 지급하는 토지를 받는 것 등은 남성만 가능했습니다. 다만 여성도 자신이 속한 친족의 일원으로 동등한 권리를 가지고 있었다는 점에서 남녀 차별이 심했던 조선 후기보다는 훨씬 남녀 평등이 이루어진 사회였다고 말할 수 있습니다.

036

한 사람의 공으로
고향 사람 전체가 혜택을 보았다고요?

요즘도 종종 지역 출신 인물이 훌륭한 업적을 세우거나 높은 지위에 오르면 지역에서 현수막을 걸고 축하를 합니다. 그 사람이 고향에 줄 혜택을 은근히 기대하기 때문이 아닐까요? 고려 시대에도 비슷한 일이 있었다고 해요. 과연 고려에서는 크게 성공한 사람이 고향 사람들에게 어떤 도움을 주었을까요?

사는 곳에 따라 결정되는 사회적 지위

자신이 사는 지역 사람이 나라에 큰 공을 세웠다면 고려 사람들은 아마 요즘 사람들보다 더 기뻐하며 동네 잔치를 벌였을 것입니다. 왜냐고요? 고려 사람들은 자신이 사는 지역 사람들과 운명 공동체였기 때문입니다. 고려에서는 사는 지역에 따라 주민들이 받는 혜택도 달랐습니다. 국가에서 파견한 지방관이 다스리는 주현인지, 지방관이 없는 속현이지, 아니면 특수 행정 구역인 향·소·부곡인지에 따라 그 지역 사람들이 받는 대우가 달랐습니다.

고려에서 가장 차별을 많이 받은 행정 구역은 특수 행정 구역인 향·소·부곡이었습니다. 향과 부곡의 주민은 주로 농업에 종사했고 소의 주민은 국가에 필요한 수공예품을 생산했습니다. 이곳 주민은 일반 군현의 주민보다 훨씬 많은 세금을 부담하면서도 누릴 수 있는 혜택은 적었고, 주민들의 생활도 열악했습니다. 자식들의 학교 입학이나 과거 시험 응시 등에도 제한을 받았으며 같은 범죄를 저질러도 주현이나 속현의 주민보다 더 무거운 처벌을 받았습니다. 고려 중기 문신 이인로는 지방의 관리로 근무할 때 글씨 쓸 때 필요한 먹을 만드는 소였던 공암촌 주민들이 고생하는 모습을 보고 이후 먹을 매우 귀하게 여겼다고 합니다.

그런데 이들은 한번 그 지역에 소속되면 마음대로 거주지를 떠날 수도 없었습니다. 고려 시대에는 거주 이전의 자유가 없었기에 사람들은 태어날 때 속한 지역 공동체에 순응하며 한평생을 살아야 했고, 후손에게도 그 삶을 물려줘야 했습니다.

두터운 차별의 장벽을 깨뜨린 사람들

그럼 한번 특수 행정 구역이 된 마을은 영원한 특수 행정 구역이었을까요? 그건 아니었습니다. 아주 가끔이지만 지역의 인물이 큰 공을 세우면 일반 행정 구역으로 승격되기도 했습니다. 몽골과 전쟁 당시 몇몇 특수 행정 구역 주민들은 적을 피해 도망간 장수와 군인들을 대신해 성을 지키며 적을 물리쳤습니다. 이러한 공로를 인정받아 용인의 처인 부곡과 철을 만들어 바치던 다인철소는 현으로 승격할 수 있었습니다. 이 밖에도 반란을 진압하거나 왕을 보필하는 공을 세워 고향의 행정 단위를 승격시킨 일도 있었습니다.

행정 구역 승격은 원의 간섭을 받던 시기에 자주 있었습니다. 원 간섭기에는 역관, 환관, 천민 등 기존 사회 질서에서 주류가 아니었던 사람들이 원나라의 힘을 등에 업고 출세를 했습니다. 이들은 본인의 출세 이외에도 자신이 태어난 고향의 행정 단위를 승격시키기 위해 노력했습니다. 몽골어에 능통했던 유청신은 자신의 고향 고이부곡을 고흥현(지금의 전남 고흥군)으로, 환관이었던 강금강은 고향 퇴관부곡을 내성현(지금의 경북 봉화군 봉화읍 일대)으로 승격시켰습니다. 이들의 노력은 자기 과시 욕구이기도 했지만, 과중한 부담에 시달리던 고향 사람들의 고통을 덜어 주고자 하는 뜻도 있었습니다.

특수 행정 구역이 일반 현으로 승격하면 그곳 사람들은 좋아했을까요? 무척 기뻐했을 겁니다. 현으로 승격하면 세금이 대폭 줄어들고 자식들의 교육, 취업, 사회적 대우까지, 달라지는 것이 많았으니 덩실덩실 춤이라도 췄을 겁니다.

연대 책임의 사회

고향 사람의 활약으로 득을 본 경우도 있지만 반대의 경우도 있었습니다. 지역에서 반란이 일어나거나 중범죄가 발생하면 행정 단위가 강등되고 그에 따라 지역민 전체가 고통을 겪어야 했습니다. 수원은 원의 사신에게 해를 끼쳤다는 이유로, 경북 의성은 봉기를 일으킨 농민군에게 점령당했다는 이유로 부곡으로 강등되어 지역민 전체가 피해를 입었습니다.

지방 행정 단위는 본래 인구 수나 경제 규모 등을 고려하여 정해집니다. 그런데 고려에서는 지역 출신 인물의 공이나 과는 지역민들이 함께 책임져야 한다는 인식이 있어서 지역 출신자 한 사람 때문에 행정 단위의 승격과 강등이 이루어지기도 했습니다. 그리고 이 현상은 조선 후기까지도 계속 이어졌습니다.

우리가 사는 현대 사회는 특정 인물의 행적 때문에 지역의 행정 단위가 바뀌지는 않습니다. 하지만 특정 범죄를 일으킨 사람의 거주지를 문제 삼아 그 지역 전체를 부정적으로 인식하는 경향은 여전히 남아 있습니다. 지금도 인터넷에는 특정 지역의 일부 사례를 가지고 마치 그 지역이 범죄자들의 천국인 것처럼 낙인찍는 댓글을 심심치 않게 발견할 수 있습니다. 지역을 비하하는 용어도 광범위하게 사용되고 있고요. 과연 인권 보호 측면에서 지금 우리가 사는 시대는 고려 시대와 얼마나 달라졌을까요?

고려에서는 외국인도
고위 공무원이 될 수 있었나요?

수업 시간에 선생님께서 우리나라는 이미 다문화 사회로 진입했다고 말씀하셨어요. 당장 제 주변만 봐도 다문화 가정 친구들이 많고요. 하지만 '우리 민족은 단일 민족'이라는 말을 많이 들어서 그런지, 다문화 가정 친구들을 어색하고 이상하게 여기는 경우도 있어요. 우리나라는 정말 단일 민족 국가인가요?

다양한 문화와 만남

우리는 우리 민족을 '단군 할아버지의 피를 이어받은 단일 민족'이라 생각하는 경우가 많지요. 정말 그럴까요? 고려의 사례만 봐도 꼭 그런 건 아닙니다. 고려 건국 당시에 발해, 여진, 거란 등 국경을 넘어 고려로 귀화한 이주민이 17만 명 정도였습니다. 요즘 식으로 표현하면 고려 초기 사회는 다문화 사회였습니다.

원 간섭기에도 수많은 외국인이 고려에 들어와 살았습니다. 고려는 원나라의 부마국이기 때문에 고려의 왕이 되려면 일단 원나라 황제의 선택을 받은 왕자가 몽골 공주와 결혼부터 해야 했습니다. 따라서 원 간섭기에 태어난 고려 왕실의 왕자나 공주는 모두 다문화 가정에서 태어났다고 할 수 있습니다. 또 몽골 공주가 고려로 시집올 때 시중을 들어 줄 원나라 사람을 상당수 데리고 왔는데 그들은 중국의 한족이거나 몽골인, 간혹 서역인도 있었습니다. 이들 중에는 고려인과 결혼해 고려 땅에 정착한 사람들도 있어서 고려 왕실 주변에도 다문화 가정이 많았습니다. 고려에 주둔했던 많은 몽골 군인도 고려의 여인과 결혼해 가정을 꾸렸습니다.

한편 고려의 상인들은 원나라가 통일한 세계 교역망을 통해 외국 상인과 자주 접촉했습니다. 고려의 수도 개경과 가까운 해안 포구 벽란도에는 외국에서 물건을 팔러 온 상인들이 북적거렸고 고려 시대 문학 작품 〈쌍화점〉에는 고려의 만두 가게에 들른 이슬람 상인 이야기가 실려 있습니다.

고려 시대 정착한 외국인에 의해 만들어진 성씨도 있습니다. '화산 이씨'는 베트남 리 왕조의 왕자 리롱뜨엉이 나라가 멸망할 위기에 처하자 고려로 귀화하면서 생겨난 성씨입니다. 원의 공주를 따라온 위구르계 장순룡은 '덕수 장씨'를 만들었고, 홍건적의 난을 피해 고려로 온 위구르계 사람들에 의해 '경주 설씨'와 '임천 이씨'가 만들어졌습니다. 이 밖에도 중국 송나라에서 사신으로 왔다 귀화한 신수가 만든 '거창 신씨' 등 많은 성씨가 고려 시대 때 외국에서 귀화한 인물을 시조로 두고 있습니다.

어때요? 우리가 과연 단일 민족일까요? 이미 고려 시대에 외국과 활발하게 교류하며 우리는 다민족 국가가 되어 있었습니다. 지금까지 우리 민족에게 신화처럼 전해져 온 단군의 피를 이어받은 단일 민족, 한민족이라는 개념은 순수 혈통을 강조하기 위한 순혈주의에서 나온 환상일 뿐입니다. 우리는 오랜 옛날부터 수많은 외국인과 교류하고 그들과 섞여 살면서 다민족 국가를 이루어 왔습니다.

고위 관리가 된 외국인

고려는 외국인이라도 나라에 도움이 된다고 판단되면 국적을 따지지 않고 적극적으로 등용했습니다. 그 예로 전쟁 중에 붙잡은 외국인 포로라 하더라도 기술이 뛰어난 사람이라면 그를 우대해 수도에 머물게 하며 기술을 가르치게 했습니다. 또 고려를 방문하는 중국인들의 재능을 몰래 시험해 보고 능력이 있는 사람은 적극적으로 귀화를 장려했습니다. 이와 같은 개방적인 인재 등용 정책 속에서 고려에 온 외국인들은 음악인, 승려, 통역관, 의사 등으로 활약하며 자신의 능력을 발휘했습니다.

고려 시대 외국인들은 정책을 결정하는 고위 관직에도 올랐습니다. 광종에게 과거제를 건의한 쌍기는 중국인이었으며 고려인도 오르기 힘들었던 재상, 즉 장관이 된 외국인도 10명이 넘었습니다.

물론 고려 사회가 현대 사회의 기준으로 볼 때 여러 국가의 문화를 동등하게 존중했던 것은 아닙니다. 송나라의 문화는 선진적인 것으로 보았고, 여진과 거란의 문화는 후진적인 것으로 보았습니다. 하지만 국적에 상관없이 능력에 따라 적극적으로 인재를 등용하려 했던 자세는 현대를 사는 우리도 높이 살 만한 부분입니다.

우리는 모두 단군의 후예?

그런데 우리는 언제부터 우리가 단군의 후예라며 단일 민족이라는 걸 강조했을까요? 이러한 역사 인식은 고려 후기 원 간섭기에 널리 퍼졌습니다. 이 시기에 이승휴의 《제왕운기》, 일연의 《삼국유사》 등이 편찬되면서 단군을 우리 민족의 시조로 보았습니다.

원 간섭기 때 굳이 단군을 강조했던 역사책이 나온 까닭은 대군을 동원해 쳐들어온 원과 맞서 싸우려면 내부 결속을 다질 필요가 있었기 때문입니다. "우리는 단군의 자손으로 원과 같은 오랑캐 족속에게 국토를 빼앗길 수는 없다. 죽더라도 나가서 싸우자!"는 주장은 백성들을 하나로 뭉치게 하는 효과가 있었습니다.

일제 강점기에도 '단군 이야기'는 우리 민족의 결속을 다지는 데 활용되며 단일 혈통으로서 한민족의 힘을 고취하고자 했습니다. 이 역시 일제로부터 독립 쟁취가 최우선 과제였던 당시 상황에서 필요한 일이었습니다.

하지만 고려 시대 역사만 살펴보더라도 우리는 결코 한 핏줄로 이어 온 단일 민족이 아닙니다. 오히려 다양한 인종과 문화가 만나 지금의 한국 사회를 형성했다고 할 수 있습니다. 이미 대한민국의 다문화 인구는 100만 명을 넘어섰습니다. 이러한 현실에서 우리는 단일 민족을 강조하기보다는, 다양한 문화를 가진 사람들과 어울려 사는 다양한 방법들을 고민해야 합니다.

038

《팔만대장경》은
왜 세계기록유산이 되었나요?

우리나라의 위대한 문화유산 《팔만대장경》은 전쟁 중에 만들었다
고 들었어요. 생사가 한순간에 결정되는 전쟁통에 인력도 많이 필
요하고 돈도 많이 들어가는 대장경을 만들다니, 선뜻 이해가 되질
않습니다. 고려 사람들은 왜 《팔만대장경》을 만들었나요?

고려인의 염원을 담은 대장경

대장경은 부처님의 말씀을 적어 놓은 경전을 여러 나라에서 수집해 체계적으로 편찬
한 불교 종합 서적입니다. 고려는 《팔만대장경》 이전에도 대장경을 만든 적이 있습
니다. 거란이 침략해 오던 현종 때 시작해 70여 년에 걸쳐 만든 《초조대장경》입니다.
거란과 전쟁할 당시 고려는 왕이 전라도 나주까지 피난을 갔을 정도로 위태로운 상
황이었습니다. 그런 때에도 고려인들은 대장경을 만들었습니다. 왜 그랬을까요? 부

처님의 힘으로 외적의 침입을 물리치겠다는 간절함 때문이었습니다. 그럼 진짜 부처님이 힘을 써서 거란군을 물리쳐 주었을까요? 꼭 그랬다고 할 수는 없습니다. 하지만 대장경 조판 사업이 고려인들에게 전쟁에서 이길 수 있다는 희망을 불어넣어 준 것은 분명한 사실입니다.

불교는 고려인의 삶에 막대한 영향을 끼쳤습니다. 불교의 세계관으로 세상을 보았으며 장례나 제사 같은 중요한 행사도 거의 불교식으로 치렀습니다. 당시 고려인에게 미쳤던 불교의 영향력을 고려하면, 대장경 조판 사업을 통해 부처의 힘을 빌릴 수 있다고 믿었던 사람들의 생각을 이해할 수 있습니다.

거란과 전쟁을 치른 지 200여 년이 지난 후 고려에는 다시 외적이 쳐들어왔습니다. 이번에는 더 무서운 적이었습니다. 전 세계를 휩쓸고 다닌 몽골군이었습니다. 몽골의 군대는 한반도 곳곳을 침략하던 중 대구에 보관되어 있던 《초조대장경》 목판을 불태워 버렸습니다. 불심이 깊었던 고려인들에게는 엄청난 충격이었습니다.

이에 당시 나라를 이끌고 있던 최씨 무신 정권의 집권자는 다시 대장경을 제작하기로 결심했습니다. 온 국토가 불바다가 되며 나라의 운명이 바람 앞의 촛불인데 대장경 제작이라니, 한가한 생각이라고 여길 수도 있습니다. 몽골과 전쟁 당시 백성들은 살기가 무척 힘들었습니다. 당연히 정권에 대한 불만도 높았습니다. 이러한 상황을 바꿔 보려고 무신 정권은 대규모 대장경 제작 사업을 추진한 것입니다. 대장경을 제작함으로써 부처님의 힘으로 몽골군을 물리치고, 백성들을 한마음 한뜻으로 모으고자 한 것입니다. 또 이 사업은 대장경 제작을 주도하는 주체로서 무신 정권의 위상도 강화할 수 있었습니다.

세계기록유산 《팔만대장경》

《팔만대장경》의 정식 이름은 《고려대장경판》입니다. 그런데 왜 우리는 정식 이름인 《고려대장경판》보다 《팔만대장경》으로 더 많이 알고 있을까요? 그것은 각계각층의 고려인이 참여해 16년 간 작업한 끝에 완성한 대장경 목판의 숫자가 8만 개가 조금

해인사에 있는 《고려대장경판》. 각계각층의 고려인이 참여해 16년간 작업한 끝에 완성한
것으로 목판의 숫자가 8만 개가 넘기 때문에 《팔만대장경》이라고도 한다.

넘기 때문입니다.

현재 세계기록유산으로 지정된 《팔만대장경》은 경상남도 합천 해인사 장경판전에
보관된 나무판, 즉 불경이 새겨진 '경판(經板)'입니다. 8만 개가 조금 넘는 이 판에 일
일이 먹물을 묻혀 종이에 찍어낸 다음 순서대로 엮으면 고려가 여러 나라로부터 수집
해 가지고 있던 여러 불교 경전을 책으로 만날 수 있게 됩니다.

경판을 만들기 위해서는 고도의 기술이 필요했습니다. 나무판이기 때문에 시간이
지날수록 오그라들거나 비틀어지고 갈라지는 훼손을 막아야 했습니다. 또 사람이 글
자를 새기는 것이니 틀린 글자가 나오지 않도록 집중해야 했습니다. 종이를 만드는
기술도 좋아야 했습니다. 목판 인쇄를 하려면 나무판에 좌우가 뒤집히도록 글자를 새
겨야 종이에 찍었을 때 글씨가 바르게 나옵니다. 좌우가 뒤집힌 글자를 바로 나무에
새기기는 어려웠기 때문에 먼저 얇은 종이에 글자를 쓴 후 목판에 붙여 새기는 방법
을 사용했습니다. 그러기 위해서는 얇으면서도 쉽게 찢어지지 않는 종이를 만드는 기
술이 있어야 했습니다. 이처럼 고려인들은 당시 가지고 있던 모든 기술과 역량을 쏟
아부어 완성도 높은 결과물을 만들어 냈습니다.

완성된 목판을 보존하는 기술도 수준이 높았습니다.《팔만대장경》을 보관하고 있는 해인사의 장경판전은 습기와 해충으로 목판이 훼손되지 않도록 설계되어 1,000년이 지난 지금까지도 안전하게 보존하고 있습니다. 이 전각은 뛰어난 설계 구조를 인정받아 1995년 유네스코 세계유산 목록에 등재되었습니다.

대장경을 만들기 위해서는 문화 수준도 높아야 했습니다. 여러 나라에서 만들어진 불경들을 확보하고 있어야 했고, 경전의 내용을 완전히 이해하고 있어야 했습니다. 고려는 당시 동아시아의 정신세계를 이끌었던 불교 사상에 대한 이해 수준이 높았기에 이를 바탕으로《팔만대장경》을 완성해 낼 수 있었습니다.

이런 여러 조건들을 충족하며 전쟁 중에 만들어 낸 대장경을 유엔 교육과학문화기구인 유네스코는 2007년 그 우수성을 인정해 세계기록유산으로 등재했습니다. 다음 글은 유네스코 홈페이지에 게시된 팔만대장경 소개글 중 일부입니다.

《고려대장경판》은 한문으로 번역된 대표적인 표준 대장경으로, 당시 동아시아 지역의 높은 문화적 수준을 증명한다. (…)《고려대장경판》은 그 우수성이 동아시아 전역에 이미 널리 알려졌으므로 당시 동아시아의 문화 수준에 지대한 영향력을 발휘했으며, 다른 여러 나라에서도 대장경의 간행에 표준이 되는 기본이자 따라야 할 본보기가 되었다. 아울러 목판 판각의 기법과 기술뿐 아니라 종이와 먹 등의 제조 기술도《고려대장경판》의 내용과 함께 이웃 나라로 전해졌다.

어깨가 으쓱해지지 않나요?《팔만대장경》은 당시의 수준 높은 지식 체계와 뛰어난 기술이 만나 만들어진 고려 문화의 자부심이라 할 수 있습니다.

039

나무 몽둥이가
공문서와 같은 효력을 가졌다고요?

고려 시대에는 거란의 침입, 여진과 전쟁, 몽골의 침입 등 여러 차
례 위기가 있었지만 모두 잘 이겨 냈어요. 그런 고려가 외부 침입
도 없이 멸망해 버리고 조선이 건국되다니, 고려 말에 무슨 일이 있
었던 걸까요?

권문세족의 횡포

고려 시대 원의 영향력이 커지자 고려인 중에서도 원나라에 빌붙어 권력을 누리려는
사람들이 생겨났습니다. 이들을 '원에 아부하는 놈'이라는 뜻에서 '부원배'라고 불렀
습니다. 이들은 원의 힘을 바탕으로 고려 후기 정치 세력인 권문세족 대열에 합류했
습니다. 대표적인 예로 조인규와 유청신은 몽골어에 능통해 얻은 신임으로 재상에 올
랐고, 윤수는 원나라에 바칠 매와 사냥개를 잘 다루어 고속으로 출세했습니다. 가족

의 덕을 본 경우도 있었습니다. 원나라에 공녀로 보내졌다가 황제의 눈에 들어 황후 자리까지 올랐던 기황후의 친척들은 고려에서 출세 가도를 달렸습니다.

부원배들은 원의 힘을 믿고 권력을 휘두르며 사리사욕을 채우는 데만 관심을 쏟았습니다. 심지어 자신들의 입맛에 맞는 왕을 세우기 위해 왕을 원나라 조정에 고소하거나 반란을 일으키기도 했습니다. 일부 부원배들은 아예 고려를 없애고 원의 한 지방으로 편입하자는 주장까지 했습니다.

이런 여러 못된 일들 중에서도 부원 세력을 포함한 권문세족이 고려에 끼친 가장 큰 해악은 국가의 기반인 농민을 몰락시켰다는 것입니다. 권문세족은 농민들의 땅을 빼앗아 자신들의 농장을 늘려 갔습니다. 그들의 농장이 얼마나 넓었던지 "각 지역에 있는 산과 하천으로 땅의 경계를 삼았다."는 기록이 남아 있을 정도입니다. 또 넓어진 땅을 경작하기 위해 농민들을 강제로 또는 편법을 써서 노비로 만들었습니다. 권문세족의 농장과 노비 확대는 농민층의 몰락을 초래했고 국가 운영에 큰 타격을 주었습니다. 삶의 터전을 빼앗기고 유랑하는 농민들이 증가했고, 억울함을 해결하기 위해 국가에 제기하는 소송도 증가하는 등 많은 사회 문제를 가져오며 국력을 낭비하게 했습니다.

공민왕의 반원 개혁

고려의 왕들은 사회 혼란을 방지하기 위해서라도 권문세족의 폐단을 바로잡아야 했습니다. 그래서 원 간섭기 동안 고려에서는 여러 차례 개혁이 실시되었습니다. 개혁은 성공했을까요? 번번이 실패하고 말았습니다. 왜냐고요? 개혁을 통해 제거해야 할 인물의 대다수가 원나라와 연결된 친원 세력이었기 때문입니다.

고려의 개혁을 위해서는 원의 간섭을 없애야 했는데, 고려에는 친원 세력을 없앨 힘이 없었습니다. 원나라 간섭기인 충목왕 시절에 개혁 세력이 부패한 기황후의 친척을 처벌했다가 원에 끌려가 처벌을 받았으니 더 무슨 말이 필요하겠어요?

고려의 본격적인 개혁은 공민왕이 임금이 된 이후에 시작되었습니다. 공민왕 즉위 무렵 원나라는 세력이 약해지며 내부적으로도 혼란스러웠습니다. 원의 간섭에서 벗어나 독자적으로 나라를 다스리고 싶었던 공민왕은 이 틈을 놓치지 않고 '반원 정책'을 추진했습니다. 오랜 세월 고려에 유행하던 몽골식 복장과 변발을 금지하고 고려의 복식을 갖추도록 명령했습니다. 고려 정부에 설치되어 있던 원나라의 기구들을 폐지하고 원나라가 설치한 쌍성총관부 지역을 공격해 고려 영토로 편입시켰습니다. 왕을 무시하며 횡포를 부렸던 기황후의 오빠 기철과 그의 무리들을 모두 잡아다가 벌을 주기도 했습니다. 공민왕은 권문세족의 부정부패도 바로잡고자 했습니다. 개혁파 승려 신돈을 등용해 전민변정도감을 설치해 억울하게 땅을 빼앗긴 농민과 본래 평민이었으나 노비가 된 사람들을 조사해 원래 신분으로 되돌려 주었습니다.

공민왕의 개혁 정책은 효과가 있었습니다. 그러나 일시적이었습니다. 원나라가 쇠퇴하고 있었어도 아직은 힘이 남아 있었기에 공민왕의 개혁에 불만을 품은 세력은 원을 등에 업고 공민왕에 반기를 들었습니다. 또 공민왕 시기에 홍건적과 왜구가 침입하며 내부 개혁에 나선 왕권을 흔들었습니다. 본인이 의도한 만큼 개혁을 할 수 없었던 공민왕은 실의에 빠져 지내다 측근에게 살해되고 말았습니다.

신진 사대부의 등장

공민왕이 사망하자 권문세족은 다시 기세등등해져 이전처럼 백성들의 땅을 빼앗고 불법으로 노비를 늘렸습니다. 이 시절에 유행했던 말로 '수정목 공문'이라는 말이 있었습니다. 수정목은 물푸레나무를 말하며 야구 방망이를 만드는 데 사용할 정도로 단단한 나무입니다. '수정목 공문'은 염흥방, 임견미 같은 권문세족이 부하들을 동원해 수정목을 휘두르며 농민들의 땅을 빼앗은 것에서 유래한 말입니다. 관청에서 발행한 토지 문서가 엄연히 있는데도 수정목이 더 효력이 있었다고 하니, 고려 말기 사회는 그야말로 법보다 몽둥이가 힘이 셌던 무법천지였다고 할 수 있겠지요.

이처럼 사회가 혼란했던 시기에 새롭게 중앙 정계에 진출해 새 시대를 만들고자 했던 신흥 세력이 있었습니다. 그들을 '신진 사대부'라고 합니다. 신진 사대부는 공민왕 때 성장한 정치 세력으로 성리학을 바탕으로 지식인의 실천 의지를 강조했습니다.

이들은 권문세족이 일으킨 각종 사회 문제에 대해 비판적이었습니다.

　신진 사대부는 공민왕 때 홍건적과 왜구를 막으며 성장한 무인 이성계가 위화도 회군으로 권력을 잡자 이성계와 손잡고 사회 개혁에 나섰습니다. 개혁 추진 과정에서 급진파와 온건파로 나뉘어 주도권 다툼을 벌이기도 했으나, 급진파 사대부의 주도로 이성계를 왕으로 내세운 조선이 건국되었습니다.

5

조선의
성립과 발전

040 임금 이름에 붙은 '조'와 '종'은 어떻게 다른가요?

041 조선 시대에도 수능 시험이 있었나요?

042 조선은 어떻게 부정부패를 막았을까요?

043 조선 시대 노비는 평생 노비로만 살아야 했나요?

044 조선 시대에는 결혼하면 꼭 시가에서 살아야 했나요?

045 조선 왕은 왜 중국 황제에게 이것저것 갖다 바쳤나요?

046 조선 시대에는 세금을 어떻게 냈나요?

047 사림들은 왜 죽임을 당했나요?

048 편을 갈라 논쟁하는 것이 나쁜가요?

049 일본 무사 사야가는 왜 조선인 김충선이 되었나요?

050 인조는 왜 청 황제 앞에서 큰절을 했나요?

051 장례식 때 입는 옷이 논쟁거리가 된 적이 있다면서요?

052 진경산수화는 어떤 그림인가요?

053 숙종은 정말 여자밖에 모르는 사랑꾼이었나요?

054 실학은 어떤 학문인가요?

055 조선 시대에도 택배 배달원이 있었다면서요?

056 조선 후기에는 책을 대신 읽어 주는 사람이 있었다면서요?

057 한밤중에 정조가 화성에서 군사 훈련을 한 이유는 뭔가요?

058 우리나라에 천주교 성인이 103명이나 있다고요?

059 갈밭 마을 남자는 왜 거시기를 스스로 잘랐나요?

임금 이름에 붙은 '조'와 '종'은 어떻게 다른가요?

초등학생 때 역사 공부를 하면서 '태정태세문단세…'로 이어지는 조선 왕의 이름을 외웠던 적이 있어요. 그런데 앞 글자를 외워도 뒤에 붙이는 조와 종은 번번이 헷갈렸어요. 조와 종의 차이를 알았다면 좀 더 쉽게 외웠을 것 같아요. 조와 종은 어떤 차이가 있나요?

조선 시대 임금의 이름은 어떻게 정했나요?

'이산'이라는 이름을 들어 봤나요? 조선의 개혁 군주 정조 임금의 본명입니다. 그런데 우리가 아는 '정조'라는 이름을 정작 본인은 살아생전 듣지 못했어요. 왜냐고요? 임금에게 부여된 '태조', '세종', '세조' 같은 이름은 사후에 붙여진 '묘호(廟號)'이기 때문입니다. '묘(廟)'는 조상의 영혼을 모시는 집인 사당을 뜻하는 한자입니다. 묘호는 왕실의 사당인 종묘에서 제사를 지낼 때 선왕에 대한 존경을 표하기 위해 만든 이름으로, 왕이 죽으면 그가 생전에 펼쳤던 업적이나 인품을 고려해 신하들이 정했습니다.

그럼 묘호는 어떤 과정을 거쳐 지을까요? 조선 제7대 임금 세조의 사례를 살펴볼까요? 세조의 아들 예종은 아버지가 죽자 묘호를 정하도록 조정 대신들에게 명을 내렸습니다. 이때 신하들이 논의를 거쳐 올린 묘호 후보는 '신종', '예종', '성종'이었습니다. 이에 예종은 죽은 선왕의 업적은 나라를 다시 이룩한 것이나 다름없으니 '세조'로 하자고 주장했습니다. 하지만 신하들은 세조라는 묘호는 선대 임금인 세종과 비슷하기 때문에 감히 의논할 수 없다고 말했습니다. 그러자 예종은 중국 한나라에도 세조와 세종이 존재하는 것을 예로 들며 자신의 의사를 관철시켰습니다.

어떤 임금은 '조', 어떤 임금은 '종'

조선 시대 임금들의 묘호를 살펴보면 궁금한 점이 있습니다. 바로 태조, 세조, 선조, 인조, 영조처럼 '조' 자가 붙은 임금이 있고, 정종, 태종, 세종, 문종, 단종처럼 '종' 자가 붙은 임금이 있다는 것입니다. 이 차이는 무엇일까요? 사실 '조(祖)'와 '종(宗)'을 구별하는 명확한 원칙이 있었던 것은 아닙니다. 대개 '조'는 나라를 처음 세운 왕이나 정상적인 왕위 계승이 아닌 정치적 격변 속에 새 나라를 만들 정도의 중흥을 이룬 왕에게 붙여 주었습니다. 한편 '종'은 순탄하게 정상적인 절차에 따라 승계된 왕에게 붙여 주었습니다. 따라서 조선을 비롯한 대부분의 왕조 국가 왕들의 묘호는 '조'보다 '종'이 훨씬 많습니다. 27명의 왕을 배출한 조선만 하더라도 묘호에 '조'가 붙은 임금이 7명, '종'이 붙은 임금이 18명입니다.

어라? 이상하네요. 조와 종을 쓴 임금을 전부 합하면 25명입니다. 조선의 임금은 모두 27명인데 말입니다. 왜 2명이 빠졌을까요? '연산군'과 '광해군'은 임금이었는데도 사후에 묘호를 받지 못했습니다. '군(君)'은 왕의 자식인 왕자에게 부여된 칭호입니다. 연산과 광해는 폭정으로 인해 신하들에게 쫓겨났습니다. 그래서 죽은 이후에 묘호를 받지 못하고 왕자 시절 이름을 그대로 사용하게 되었습니다.

조선 시대에도
수능 시험이 있었나요?

오늘은 수능 시험을 보는 날이라 학교에 안 갔어요. 아침부터 뉴스에서는 수능 관련 소식을 전하네요. 대학 입시는 정말 중요한가 봐요. 초등학교 6년, 중학교 3년, 고등학교 3년, 모두 12년을 대학 입시를 보기 위해 공부하는 것 같아요. 조선 시대 학생들도 이렇게 오랫동안 시험을 준비하며 살았나요?

조선의 학교, 유교 국가 이념과 맞물려 운영되다

조선은 유교를 정치 이념으로 건국한 나라입니다. 유교에서는 자식은 부모에게 효도하고, 임금과 신하는 서로 의리가 있어야 하며, 아랫사람은 윗사람을 공경하고, 친구는 믿음으로 사귀어야 한다고 가르칩니다. 조선의 지배층은 모든 사람들이 자신의 본분에 맞게 행동하면 나라가 잘 다스려지고 사회가 평화롭고 안정적으로 유지된다고 보았습니다. 그래서 건국 초기부터 교육을 통해 유교 이념을 사회 전반에 퍼뜨리려

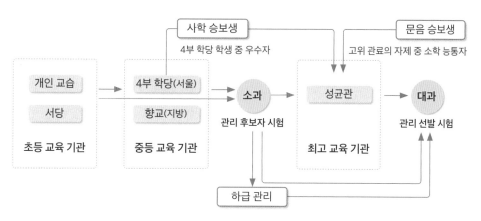

조선의 교육 제도와 과거 제도

했고, 이를 위해 국가 차원에서 향교, 4부 학당, 성균관과 같은 유교 교육 기관을 설립해 운영했습니다. 그리고 유교적 소양을 쌓은 관리를 뽑아 국가 운영에 활용하기 위해 교육 제도와 과거 제도를 긴밀히 연계해 운영했습니다.

향교와 4부 학당은 오늘날의 중·고등학교에 해당하는 중등 교육 기관입니다. 양인이라면 누구나 입학할 수 있었으며, 과거를 보는 데 필요한 유교 경전 과목을 가르쳤습니다. 4부 학당은 수도인 한성부에, 향교는 지방의 군·현에 설치되었습니다. 향교의 교사는 중앙에서 파견되었으며, 향교 교육 활성화가 수령의 주요 업무 중 하나였을 정도로 조선은 교육을 중요하게 여겼습니다.

성균관은 고등 교육 기관으로 오늘날의 국립대학교라고 할 수 있습니다. 그리고 국가 최고 교육 기관으로써 문신 관료 임용을 위한 과거 시험 준비 기구이기도 했습니다. 오늘날로 치면 수능을 거쳐 대학에 입학한 학생들을 모두 공무원 시험에 매진하게 한 시스템이 조선의 교육과 과거 제도였다고 할 수 있습니다.

오늘날 대학교에 입학할 학생들이 수능이나 학생부 종합 전형 같은 입학 전형을 치르듯이 성균관에 들어가려면 수능 시험에 해당하는 입학 전형인 '소과'에 합격해야 했습니다. 이 시험은 두 분야로 치러졌는데, 유교 경전에 대한 이해를 묻는 시험인 '생원시'와 문장력을 측정하는 글짓기 시험인 '진사시'입니다. 이 시험에서 합격한 사람을 '생원', '진사'라 했고, 이들이 성균관에 입학할 수 있었습니다. 다른 입학 방법은 없었냐고요? 있었습니다. 오늘날의 학생부 종합 전형에 해당하는 방법입니다. 4부 학당의 학생 중 《소학》 및 사서(《논어》, 《맹자》, 《중용》, 《대학》을 통틀어 이르는 말) 등에 능통한 사람, 고위 관리의 자제 중 《소학》에 능통한 사람, 현재 관료 생활을 하고 있는 하급 관리 중 성균관에 입학하기를 희망하는 사람 등은 소과에 합격하지 않고도 간단한 시험을 거쳐 성균관에 입학할 수 있었습니다. 지금으로 치면 특별 전형 제도를 통해 입학한 학생들이라 할 수 있습니다.

조선 시대 대학 생활은 어떠했나요?

성균관에 입학한 학생들은 어떻게 공부했을까요? 유교 교육 기관답게 성균관에서는 《대학》, 《논어》 같은 유교 경전을 주로 공부했습니다. 그 외에 문장을 짓는 방법, 중국 유명 서예가의 글씨를 익히기도 했습니다. 매일 한 번 그날 배운 내용을 점검하는 시험이 치러졌으며, 열흘에 한 번, 달마다 한 번 보는 정기 시험도 있었습니다. 따라서 중간고사, 기말고사만 있는 요즘 학생들보다 훨씬 더 자주 시험을 치른 셈입니다. 시험 성적은 연말에 종합해 3년마다 정기적으로 치르는 과거 시험이나 추천에 활용되었기에 성균관 학생들은 성적표에 상당히 민감했습니다.

한편 성균관 학생들은 전원 기숙사 생활을 했습니다. 성균관에는 '동재'와 '서재' 두 동의 기숙사가 있었는데, 여기에 거주하던 학생들은 '재회'라는 학생자치회를 조직해 학생회장인 '장의'를 중심으로 활발하게 자치 활동을 했습니다. 재회를 통해 기숙사 내부 일을 자치적으로 해결했으며, 조정이 나랏일을 부당하게 처리하면 항의 농성을 통해 개선을 요구하기도 했습니다. 성균관에서 공부하는 학생들은 나라의 미래를 책임진 인재들이었기에 왕도 이들이 항의 농성에 들어가면 그들의 요구 사항이 무엇인지 세심하게 파악하려 했고, 아주 부당한 것이 아닌 이상 받아 주었습니다.

기숙사 생활은 무단 외출 없이 모범적으로 해야 했습니다. 학생들은 아침저녁으로 식당에 밥을 먹으러 가서 자필로 출석부에 서명했습니다. 하루에 두 번 서명하면 출석 점수 1점이 쌓였고 300점 이상을 획득해야 문과 응시가 가능했습니다.

그럼 성균관은 언제 졸업할 수 있었을까요? 성균관은 유교 교육 기관이지만 과거 시험 준비 기관이기도 해서 입학은 어려워도 재학 기간이나 졸업일은 따로 정해져 있지 않았습니다. 과거 시험에 합격하는 날이 졸업하는 날이었지요.

관리는 어떻게 뽑았나요?

관리를 선발하는 과거 제도는 문관을 뽑는 '문과', 무관을 뽑는 '무과', 기술 관리를 뽑는 '잡과'로 나뉘어 있었습니다. 이 중 조선이 가장 크게 비중을 둔 것은 문신 관료를 선발하는 문과였습니다.

조선의 과거 제도

문과에 합격하기 위해서는 2단계의 시험을 치러야 했습니다. '소과'와 '대과'입니다. 먼저 소과에서 생원과 100명, 진사과 100명을 선발했습니다. 여기서 선발된 사람 대부분은 성균관에 입학해 공부하며 대과를 준비했지만, 일부는 성균관에 입학하지 않고 자체적으로 시험을 준비해 응시하기도 했고, 바로 관직으로 진출하기도 했습니다. 하지만 소과만 합격한 채 관직에 나서면 고위직까지 승진할 수 없었기에 관직 생활을 하다가도 성균관에 입학해 공부한 후에 대과에 응시하는 경우도 있었습니다.

소과 합격생들로만 경쟁하는 시험인 대과는 초시, 복시, 전시라는 3단계로 운영되었습니다. 시험 과목은 유교 경전에 대한 이해도와 문예 창작 능력을 평가하고, 정치나 사회 현안에 대한 대비책을 묻는 논술 시험으로 구성되었습니다. 대과 첫 시험인 초시에서는 240명을 선발했으며, 이들을 대상으로 두 번째 시험인 복시를 치러 33명을 최종 선발했습니다. 선발된 33명은 중앙 관리로 진출했습니다. 그럼 전시는 뭘까요? 관리로 임용될 예정인 복시 합격자 33명을 대상으로 국왕이 직접 감독하며 시험을 보아 1등부터 33등까지 석차를 매기는 순위 결정 시험이었습니다. 이 시험에서 1등한 사람을 '장원'이라고 했으며 관리로 임용할 때 가장 우대해 주었습니다.

무과는 군인 장교를 선발하는 시험으로 최종 합격자는 28명이었습니다. 병법서와 유교 경전을 익히고 말타기, 활, 창, 칼 등을 능숙하게 다루어야 합격할 수 있었습니다. 잡과는 4개 영역으로 나뉘어 있었는데 일본어, 중국어 등을 통역할 역관을 뽑는 역과, 병을 치료하는 의관을 뽑는 의과, 천문지리학 시험인 음양과, 법률 시험인 율과가 있었습니다. 오늘날 전문직으로 인기 있는 의료인과 법조인이 조선 시대에는 잡과를 통해 뽑혔고, 이 시험은 지배층인 양반이 아닌 중인층이 주로 응시했습니다. 문과를 통해 중앙 관료가 된 문신보다 대접도 훨씬 박했습니다.

조선은 어떻게
부정부패를 막았을까요?

얼마전에 TV에서 고위 공직자 청문회를 보았는데, 국회의원들이 후
보자를 아주 무섭게 추궁하더라고요. 나랏일을 맡을 사람이니 청렴
한 사람을 뽑아야 해서 그렇대요. 조선 시대에도 청렴이 관리의 덕
목이었나요? 조선 시대의 부정부패 방지 대책은 무엇이 있었나요?

조선이 500년 역사를 유지할 수 있었던 비결은?

세계적으로 조선처럼 한 왕조가 500년이라는 오랜 역사를 유지한 경우는 드뭅니
다. 중국의 한(漢)나라도 전한과 후한을 합쳐야 400년이고, 마지막 왕조인 청나라는
300년을 넘기지 못했습니다. 동아시아 전역까지 영토를 넓히며 대제국을 형성했던
원나라는 160여 년밖에 유지하지 못했습니다. 물론 역사가 길다고 짧은 역사를 지닌
나라보다 우월하다는 건 아닙니다. 하지만 조선이 세계 역사에 유래 없는 긴 왕조 국

가를 유지한 데에는 뭔가 특별한 이유가 있었겠지요.

현대의 선진국이라고 하는 나라들에서 공통적으로 발견할 수 있는 국가 발전 핵심 요소이자 필수 조건 중 하나가 국가 청렴도입니다. 깨끗한 정치가 이루어져야 정부에 대한 국민의 신뢰가 오르고 국가가 위기 상황에 빠지지 않습니다. 오늘날의 민주주의 국가와 운영 체제는 달랐지만, 조선이 500년을 유지한 비법 중 하나도 부정부패를 막기 위한 제도들을 잘 운영했기 때문이라고 할 수 있습니다.

전하, 아니 되옵니다!

조선 시대를 배경으로 한 드라마를 보면 왕은 마치 모든 권력을 가지고 있는 무소불위의 존재처럼 보입니다. 하지만 왕조 국가라 해도 모든 힘이 왕에게 있었던 것은 아닙니다. 조선도 마찬가지였습니다. 왕의 독재를 막고 나라 운영을 효율적으로 하기 위해 왕과 신하가 힘의 균형을 유지하고, 관리들의 부정부패를 막기 위한 제도적 장치가 곳곳에 마련되어 있었습니다.

대표적인 기구로 사헌부와 사간원이 있습니다. 사헌부는 관리들의 비리를 감찰하고 양반 지배층의 여론을 대변하는 언론을 담당하는 기구로, 소속 관리들을 '대관'이라 불렀습니다. 사간원은 왕의 잘잘못을 따지며 독주를 제어하는 간쟁 업무를 했던 기구로, 이 일을 하는 관리를 '간관'이라 했습니다. 대관과 간관을 합쳐 '대간'이라 했는데, 이들은 지금의 언론인이라고 할 수 있습니다.

사극을 보면 관료들이 임금을 향해 간절한 목소리로 "전하, 아니 되옵니다!"라고 외치는 대목이 종종 등장합니다. 사실 이런 말을 왕 앞에서 함부로 했다가는 목이 달아날 수도 있었습니다. 하지만 대간들은 왕의 독재나 고위 관료의 부정을 보고도 이를 제어하는 일을 하지 못하면 오히려 비난받았습니다. 이러한 관리들이 있었기에 왕은 마음대로 권력을 휘두를 수 없었으며, 왕과 신하들 사이의 권력 균형이 유지된 상태에서 나랏일이 합리적으로 투명하게 운영될 수 있었습니다.

그럼 이처럼 막중한 업무를 맡는 대간에는 어떤 사람들이 임명되었을까요? 대간에 임명되는 관리는 문과 급제자로 출신 가문이 청렴하고 신망이 두터워야 했습니다. 대부분 20~30대의 젊고 강직한 성격을 가진 사람이 임명되었는데, 직급은 낮았어도 업무의 중요도가 높았습니다. 젊어서 이 자리에 임명되면 대부분 고위 관리까지 진출하기도 쉬웠습니다.

대간이 하는 주요 업무는 첫째, 새로운 법률을 만들거나 신임 관리를 임명할 때 심의하는 일입니다. 아무리 왕의 마음에 들어도 대간이 안 된다고 하면 그 관리는 임명할 수 없었습니다. 둘째, 관료들의 부정 행위 감시와 과거 시험장 감독 등 각종 불법 행위를 감찰하는 일입니다. 이는 주로 사헌부 관리인 대관이 담당했습니다. 예를 들어 뇌물을 받고 일을 봐주었다고 소문난 관리가 있으면 진상을 조사해 사실을 밝히고 대간이 해당 관리에게 죄를 묻도록 왕에게 청했습니다. 한편 조선은 뇌물과 청탁을 막기 위해 하급 관리가 고위 관리의 집에 방문하는 것을 법으로 금지했습니다. 이것을 '분경금지법'이라고 했는데 '조선판 김영란법'인 셈입니다.

2년마다 부임지를 옮겨야 했던 극한 직업, 수령

국가 운영에는 중앙 정치 못지않게 지방을 다스리는 일도 중요합니다. 지방에 파견되는 지방관은 오늘날의 군수나 시장 같은 지방자치단체장에 해당하며 사또, 원님, 수령, 목민관 등으로 불렸습니다. 특히 고을민을 상대로 직접 행정을 담당해야 하는 군수나 현령은 일곱 가지 일을 잘해야 했습니다. '수령 7사'라고도 불린 이 일들은 '농사와 누에치기 장려, 인구 증대, 교육 진흥, 군대 운영, 부역 관리, 재판, 풍속 교화'였습니다. 이 일들을 잘하느냐 못하느냐를 따져 근무 성적을 평가해 승진과 발령을 냈기 때문에 지방관들은 자기가 담당한 고을 행정에 최선을 다하려 했습니다.

한 고을을 다스리는 수령의 임기는 2년이었습니다. 임기를 2년으로 정한 것은 지역의 권력자들과 친해져 뇌물이나 청탁을 받고 행정을 사사로이 펼치지 않도록 하기 위해서입니다. 또한 본인 출신지의 수령으로는 갈 수 없었으며, 친인척이 관리로 있는 지역에서 함께 근무하는 것도 불가능했습니다. 왜냐고요? 마찬가지로 행정을 사사로이 펼치지 않도록 사전에 차단한 제도입니다. 이런 엄한 규정들 때문에 지방 수령들은 자주 이사를 해야 했고 자기 집에서의 출퇴근은 꿈도 꿀 수 없었습니다. 서울에 가족을 두고 지방 곳곳을 전전해야 하는 경우도 자주 발생했으니 어떻게 보면 조선 시대 지방관은 극한 직업이었다고 할 수 있습니다.

암행어사를 들어 봤나요?

판소리 〈춘향전〉의 암행어사 출두 장면을 아시죠? 거지꼴을 하고 있던 이몽룡이 "암행어사 출두요!"라는 말과 함께 어사로 변신해 변사또를 문책하고, 춘향과 다시 만나 행복한 결말을 맞이합니다. 이 장면에서 이몽룡이 남루한 차림새를 하고 아무도 모르게 남원 고을에 내려온 까닭은 그가 암행어사의 임무를 띠고 있었기 때문입니다.

암행어사는 비밀리에 지방 곳곳을 돌아다니며 관리들이 백성을 잘 다스리는지 살펴보는 비밀 행정 감찰관입니다. 암행의 사전적 의미는 '어떤 목적을 위해 자기 정체를 숨기고 돌아다닌다.'는 뜻이지요. 오늘날에도 각종 감사 제도가 있어서 시기마다 공무원과 기관의 비리를 감시합니다. 조선 시대에도 이러한 감찰 제도가 꼼꼼하게 운영되었는데, 암행어사 파견도 그중 하나였습니다.

043

조선 시대 노비는
평생 노비로만 살아야 했나요?

사람들한테 자기 성씨의 시조가 누구냐고 물어 보면 대부분 신라 시대 왕이나 고려나 조선의 유명한 사람 이름을 댑니다. 그런데 조선 전기의 양반 인구는 전체 인구의 10퍼센트도 되지 않았어요. 그러면 나머지 사람들은 양반이 아니었을 텐데, 그 많던 평민과 노비의 후손은 어디에서 살고 있을까요?

노비에서 평민이 된 김수봉

김수봉이라는 노비가 있었습니다. 그는 1678년 단성현(지금의 경남 산청군 단성면)의 관청 기록에 노비로 적혀 있습니다. 그런데 1717년 기록에는 본인은 물론 노비였던 아내와 자식들까지 모두 평민으로 신분이 바뀌어 있습니다. 노비와 노비가 결혼해 자식을 낳으면 그 자식들은 노비의 신분을 물려받게 되는데 이게 어찌 된 일일까요?

조선 시대 노비는 국가에 소속된 공노비와 개인에게 소속된 사노비가 있었습니다.

김수봉은 사노비였지만 주인과 같이 살지 않고 주인집 근처에서 따로 살았습니다. 모든 노비가 주인과 함께 살았던 것은 아니고 김수봉처럼 주인과 따로 살며 주인에게 봉사하는 노비도 많이 있었습니다.

노비였던 김수봉이 합법적으로 평민이 되었다는 것은 주인에게 일정액의 재산을 바치고 신분의 자유를 얻었다는 뜻입니다. 아마도 그는 많은 재물을 주인에게 상납할 정도의 경제력을 지닌 노비였기 때문에 신분 해방이 가능했을 것입니다.

합법적 방법이 아닌 방법으로 노비 신분을 벗어나는 사람들도 있었습니다. 주인의 눈을 피해 도망치는 것입니다. 실제로 혈기 왕성한 젊은 노비들이 한밤중에 봇짐을 싸서 도망치는 사례가 간혹 있었습니다.

관청에 소속된 관노비들은 국가를 상대로 노비 신분에서 벗어나기도 했습니다. 임진왜란 이후 국가에서는 흉년이나 전쟁 같은 위기 상황에서 필요한 재정을 마련하기 위해 곡물을 받고 신분을 상승시켜 주는 납속 제도를 운영했습니다. 이 제도를 통해 평민으로 승격하는 노비들도 많았습니다.

조선의 신분제는 어떻게 구성되어 있나요?

조선 시대의 신분은 법적으로 양인과 천민으로 나뉘어 있었습니다. 이 두 계층은 어떤 차이가 있을까요? 무엇보다 양인은 관리가 될 수 있었습니다. 지금으로 따지면 공무원이 될 수 있다는 말입니다.

그런데 자유민이라 할 수 있는 양인은 실제 생활에서 양반, 중인, 평민(상민)으로 나뉘어 있습니다. 양반은 사회적 지위가 높으며 관직에도 쉽게 나갈 수 있었습니다. 모든 양반이 관리가 되는 것은 아니지만 과거 시험을 통해 관직에 오를 기회가 평민보다 훨씬 많았습니다. 관리들은 대부분 양반 출신이었습니다. 또한 양반은 부모한테 물려받은 땅과 노비 같은 재산이 있었으며, 관리가 되면 국가로부터 녹봉도 받아 경제적으로 풍족했습니다.

중인은 주로 기술직에 종사하는 사람들이었습니다. 의관(의사), 화원(화가), 역관(통역관) 등은 모두 중인의 직업이었고 당시에는 양반보다 대접을 못 받았습니다.

천민의 대부분은 노비였습니다. 이들은 국가에 세금을 내거나 군대에 갈 의무가 없었습니다. 대신 과거에 응시할 수 없었고, 양반이나 평민들에 견주어 사회적으로 차별 대우를 받았습니다. 게다가 평생 주인의 소유물로써 매매, 양도, 상속의 대상이었습니다.

양반이 갑이 아닌 을이 되는 경우도 있었던 조선 후기 사회

조선 후기에는 중앙 권력을 장악한 소수 양반 가문의 특권이 더욱 커졌습니다. 중앙 정치에서 밀려난 양반들은 권력과 부를 잃기도 했습니다. 현실이 이러니 농사를 지어 생계를 유지하는 몰락한 양반도 생겨났습니다. 박지원의 《허생전》에 나오는 주인공 허생만 봐도 양반들이 모두 부유하게 산 것은 아니라는 것을 알 수 있습니다. 양반도 부유한 집안과 결혼하거나, 과거에 합격해 높은 관리가 되거나, 물려받은 재산이 많아야 양반다운 생활을 누릴 수 있었습니다. 한편 조선 후기에는 노비나 평민 중에서도 부를 쌓아 신분 상승을 도모하는 경우가 있었습니다.

우리나라에서 신분제가 법률적으로 철폐된 것은 1894년 갑오개혁 때입니다. 이때 이후 공식적으로 신분제가 사라지고 모든 사람은 법 앞에 평등한 신분이 되었습니다. 그런데 현대에도 금수저, 은수저, 흙수저라는 말로 계층을 분류하는 소위 '수저론'이 화제가 되기도 합니다. 평등 사회라고 하는 요즘도 보이지 않는 신분이 존재하는 걸까요?

044

조선 시대에는 결혼하면
꼭 시가에서 살아야 했나요?

저는 엄마가 회사에 다니셨기 때문에 유치원에 들어가기 전까지 외
갓집에서 살았어요. 율곡 이이도 어렸을 때 외갓집이 있는 강릉에
서 어머니 신사임당과 함께 살았다고 해요. 신사임당은 친정에 살
면서 아들도 키우고 남편의 뒷바라지도 했대요. 신사임당은 특별
한 경우였을까요?

조선 전기까지는 '장가간다', 조선 후기부터는 '시집간다'

결혼할 때 남자의 경우 보통 '장가간다'고 표현합니다. 장가를 어디로 간다는 것일까
요? 바로 여자 집인 처가로 가는 것이지요. 조선 시대에는 여자 집에서 혼례식을 올
리는 것이 일반적이었습니다. 혼례식을 올린 후에는 바로 남자 집인 시가에 가지 않
고 여자 집에서 처가살이를 하는 경우가 많았습니다. 이러한 결혼 풍습을 '남귀여
가혼(男歸女家婚)'이라고 합니다. 삼국 시대부터 내려오던 전통적인 결혼 풍속으로

19세기에 활동한 화가 김준근의 〈장가가고〉. 혼례식을 치르기 위해 신부 집으로 가는 신랑 앞뒤로 수행인이 따라붙었다.

'남자가 여자 집에 의지한다.'는 뜻에서 붙여진 이름입니다. 물론 양쪽 집안의 형편에 따라 아이가 크면 시가에 가서 사는 경우도 있었고, 처음부터 시가에서 사는 경우도 있었습니다. 하지만 대개는 장가가면 처가에서 짧게는 1년, 길게는 3~5년 동안 아이들을 낳아 기르며 사는 경우가 훨씬 많았습니다. 이러한 남귀여가혼으로 유지되는 가족 제도에서는 딸과 사위, 아들과 며느리, 외손과 친손을 모두 동등한 위치로 대했습니다. 고려 시대에 아들, 딸 차별을 두지 않고 균등 상속을 했던 것은 남귀여가혼이 일반적이었던 사회이기 때문입니다.

그러나 조선 후기로 가면서 남성 중심의 가부장적 유교 질서가 강화되며 결혼 후에 바로 남자 집으로 가서 사는 경우가 많아졌습니다. 이러한 풍속을 '친영(親迎)'이라고 합니다. 신랑이 신부 집에 가서 예식을 올리고 신부를 맞아 오는 예를 말하는데, 대표적인 유교식 혼례 제도입니다. 조선 후기에 친영제가 일반화되었지만 결혼식을 치른 후에 남자가 처가에 머무는 풍습은 쉽게 사라지지 않았습니다. 며칠이라도 처가에 머물다가 시가로 가는 경우가 많았습니다.

딸과 아들이 돌아가면서 제사를 지냈다고요?

고려 시대부터 조선 전기까지는 딸과 아들의 대우가 같았습니다. 그것을 증명해 주는 근거가 '제사'와 '재산 상속'입니다. 조선 전기 시대인 16세기를 살았던 이황은 죽을 때 땅과 노비를 딸과 아들에게 골고루 나누어 주었습니다. 또 재산을 균등하게 물려받은 자식들은 돌아가면서 부모의 제사를 지냈습니다. 딸이라고 제사에서 예외가 되지 않았습니다. 부모가 유독 예뻐한 자식 1명에게만 전 재산을 물려주려 해서 나머지 자식들이 재산 분배 소송을 거는 사례도 있었습니다.

이황은 조선의 대표적인 유학자입니다. 흔히 아들 위주로 재산 분배가 이루어지는 것이 유교적 관습이라고 여기는 경우가 많은데 이황의 사례에서도 알 수 있듯이 조선 전기까지는 유학자 집안도 재산 상속에서 자녀 균등 분배의 원칙이 지켜졌습니다.

그럼 이 제도는 언제부터 달라졌을까요? 조선 중기부터 달라졌습니다. 큰아들인 장자, 그것도 정실부인이 낳은 큰아들인 적장자 위주로 상속이 이루어지면서 아들과 딸에게 차등을 두어 재산을 나누어 주기 시작했습니다. 장자에게 대부분의 재산을 물려준 까닭은 조상을 모시는 제사가 점차 장자의 의무가 되었기 때문입니다. 조선 후기로 갈수록 딸은 제사에서 소외되었고 '출가외인'으로 여겨져 친정 일에서 멀어졌습니다. 그럼 아들이 없는 집은 어떻게 했을까요? 일가친척 중에서 양자를 들이고, 그 아들이 딸 대신 제사를 지내고 집안을 이끌어 갔습니다. 딸은 10명이 있어도 출가외인이라 부모님 제사를 지낼 수도 재산을 상속할 수도 없었습니다.

남자 위주로 달라진 이러한 사회 현상은 족보에서도 찾아볼 수 있습니다. 조선 전기에 만들어진 족보에는 아들, 딸 구별 없이 태어난 순서대로 등재되어 있는데, 조선 후기 족보에는 아들과 딸을 구별해서 가장 먼저 태어난 장녀가 있더라도 장남, 차남, 삼남 순으로 기재하고 그 뒤에 장녀(사위), 차녀(사위)를 기록해 놨습니다. 이러한 변천을 통해 우리는 조선 전기에는 부계와 모계가 모두 한 친족으로 넓게 인정되었지만, 후기로 갈수록 부계 위주 사회가 되었다는 것을 알 수 있습니다.

"어디 최씨입니까?"

어른들 중에는 처음 만난 사람에게 관심을 표현하며 '어디 성씨'냐고 묻는 분들이 있습니다. 만약 같은 성씨에 시조가 같은 동성동본이라는 것을 알게 되면 갑자기 가까운 친척이라도 된 양 호들갑을 떨며 촌수를 따지고 금세 형님 아우로 호칭을 바꿉니다. 이러한 행동은 친족 관념을 중시한 조선 후기의 유교적 관행이 아직도 남아 있기 때문입니다.

'문중'도 마찬가지입니다. 요즘은 듣기 힘든 말이지만 90년대까지만 하더라도 "문중 어르신이다. 인사드려라." 하는 말을 간혹 들을 수 있었습니다. '문중'이라는 개념 역시 조선 후기에 일반화된 친족 개념입니다. 조선 전기에는 마을 안에 아들과 딸을 같이 데리고 사는 집들이 많았습니다. 그래서 마을 안에 성씨는 다르지만 서로 친인척인 사람들이 가옥과 전답, 산림과 하천을 공유하며 오순도순 살았습니다. 하지만 조선 후기로 가면 같은 성씨들끼리만 모여 사는 동족 마을이 다수 생겨났습니다.

동족 마을에 사는 사람들은 모두 부계 친척들로 종갓집을 중심으로 결속력을 다졌습니다. 또한 공동의 조상을 모시는 부계 혈연 집단인 '문중'의 범위 안에서 조상신을 제사하는 공간인 '사우'를 만들어 이곳에서 시조를 비롯한 조상에게 제사를 올렸습니다.

시대가 변하면서 지금은 동족 마을도 차츰 사라지고 있습니다. 현대 사회는 연고가 서로 다른 사람들이 도시 안에서 복잡하게 섞여 살아갑니다. 유교적 전통이 살아 있는 소수의 동족 마을만 유지되고 있는데, 대표적인 곳이 경상북도 안동의 하회마을입니다.

045

조선 왕은 왜 중국 황제에게 이것저것 갖다 바쳤나요?

요즘 연예인의 팬들은 무척 다양한 활동을 하는 것 같아요. 연예인의 생일이 되면 팬들이 돈을 모아서 생일 선물을 하고, 촬영 현장에 배우와 스텝이 함께 먹으라고 간식을 보내기도 하고요. 버스나 지하철에 생일 축하 광고를 부착하기도 합니다. 이런 걸 '조공'이라고 하던데, 조공이 사실은 '역사 용어'라면서요?

천하관 – 국제 질서를 보는 눈

고구려와 고려를 공부하면서 '독자적인 천하관', '다원적인 천하관'이라는 말을 들어본 적이 있을 겁니다. '독자적이다', '다원적이다'라는 말은 이해가 가는데 '천하관'이 뭔지는 고개가 갸웃거려집니다.

사전에서 '천하'를 찾아보면 '하늘 아래 온 세상'이라고 나옵니다. 그리고 '관'은 '관점이나 견해'를 뜻하니 '천하관'은 하늘 아래 온 세상, 즉 '국제 질서를 보는 관점이나 견해'라고 표현할 수 있습니다. 갑자기 왜 천하관을 말하느냐고요? 조선의 국제 관계를 살피려면 천하관 개념을 알아야 이해가 쉽기 때문입니다.

사대(事大) - 작은 나라가 큰 나라를 섬기다

중국에서는 예부터 통치자인 황제를 '하늘의 아들'로 여겨 '천자(天子)'라 했고, 천상 천하 지존무상인 천자는 하늘의 명을 받아 천하를 다스린다고 생각했습니다. 이러한 천하관을 바탕으로 중국 사람들은 자기들이 사는 땅을 천하의 중심이라 여겼으며, 중국이 세상에서 가장 우수한 문화를 가진 문명 대국이라고 생각했습니다. 이러한 사고를 '중화사상'이라 합니다.

중국에서 만들어져 체계화된 유교는 중화사상을 뒷받침했고, 중국과 교류하면서 유교 이념을 받아들인 동아시아 각국은 대개 '중국이 천하의 중심'임을 인정하고 자기 나라는 중국의 영향 아래 살아가는 주변국이라 여겼습니다. 이러한 관계를 잘 나타낸 것이 작은 나라가 큰 나라를 섬긴다는 '사대(事大)' 또는 '사대주의'입니다. 우리 역사 속에 등장하는 나라들도 중국과 사대 관계 속에서 교류해 왔는데, 가장 지극정성으로 사대를 했던 나라가 조선이었습니다.

세종 때부터 지극히 섬기다

고려 말, 이성계가 요동 정벌에 반대하며 위화도에서 회군할 때 내세운 네 가지 중 하나는 '작은 나라가 큰 나라를 거스를 수 없다.'였습니다. 이성계가 생각할 때 작은 나라는 고려였고, 큰 나라는 몽골족이 세운 원을 만리장성 밖으로 몰아내고 새롭게 중국 대륙을 장악한 한족의 나라 '명'이었습니다. 자주성을 강조하는 지금 생각으로는 '이런 게 과연 쿠데타의 명분이 될 수 있을까?'라는 의문이 들지만, 위화도 회군이 단행되던 시기에는 신진 사대부 세력으로부터 적극 지지를 받았던 회군 성공의 주요 요인이었습니다.

이런 명분 속에 개창된 나라이다 보니, 조선은 개국 초부터 명나라를 아버지 나라로 섬기며 예의와 정성을 다했습니다. 조선의 첫 임금이 된 이성계는 즉위 직후 명에 사신을 보내 자신이 왕위에 올랐음을 보고하며 나라 이름을 지어 달라고 요청했습니다. 그런데 조선이 이렇게 몸을 낮추며 환심을 사려고 하는데도 국초에 명과 관계는 그리 좋지 않았습니다. 위화도 회군으로 없었던 일이 되었지만, 우리 민족의 요동 정벌에 대한 의구심을 떨치지 못했던 명은 조선에 경계의 눈초리를 거두지 않았습니다. 마지못해 조선 건국을 인정해 주기는 했지만, 즉위를 인정하는 임명장과 왕권을 상징하는 옥새는 내려 주지 않았습니다. 심지어 조선에서 보내온 외교 문서가 잘못되었다며 조선을 정벌하겠다는 협박까지 했습니다. 이에 조선에서는 내적으로 군사력을 강화하는 등 양국 관계는 비록 한때이기는 했으나 꽤나 위태로웠습니다.

명과 긴장 관계가 풀리기 시작한 것은 세종이 즉위한 후부터입니다. 세종은 신하가 임금에게 충성하듯 명을 지극히 섬길 것을 강조했습니다. '어라? 세종이?' 분명 이런 생각이 들겠지요. 우리가 알고 있는 세종의 업적은 훈민정음 창제, 4군 6진의 개척, 《칠정산》편찬 같은 것들인데, 이러한 정책들은 하나같이 자주성과 주체성을 고취하는 의도로 추진되었기 때문입니다. 이런 정책을 추진했던 임금이 명나라에 사대할 것을 강조했다니 확실히 의외이기는 합니다. 그러나 확실한 것은 세종도 유학을 공부한 유학자였다는 것입니다. 따라서 유교적 천하관에 입각해 대국인 명나라를 섬기는 것은 당연한 것이었습니다.

세종이 사대주의에 입각해 명을 지극히 섬겨 명나라와 조선의 관계는 국초와 달리 매우 순탄해졌습니다. 명의 군사적 위협도 사라졌을 뿐만 아니라 명은 외교 관계를 맺고 있는 여러 나라 중에서도 조선을 으뜸으로 대우해 주었습니다.

조공 무역을 통해 이익을 얻다

조선과 명이 사대 관계로 정립된 후, 조선은 명나라에 축하할 만한 일이 있으면 대규모 사절단을 파견했습니다. 새해맞이 사절단, 황제와 태후의 생일 축하 사절단, 동지맞이 사절단 등 해마다 400~500명 규모의 사절단을 서너 차례 파견했습니다.

사절단 파견에는 반드시 정치적, 외교적 목적만 있었던 것만은 아니었습니다. 경제적 교류도 함께 이루어졌습니다. 축하 명목으로 조선의 특산물을 잔뜩 가지고 갔고, 그 답례로 조선에 필요한 물품들을 들여왔습니다.

사대 관계 속에서 이루어진 이러한 무역을 '조공 무역'이라 합니다. '조공'이란 제후가 천자에게 선물을 바치는 것을 뜻합니다. 따라서 조공 무역은 중국의 주변국이 천자에게 인사를 가며 특산물을 선물로 가지고 가면, 중국 황제가 고맙다는 뜻에서 답례품을 내려 주는 형태의 무역을 말합니다. 조선에서는 주로 말, 인삼, 모피, 화문석 같은 특산물을 조공품으로 보냈고, 중국 황제는 최고급 비단, 약재, 서적, 도자기 등을 조선왕에게 하사했습니다. 한편 사신이나 역관들에 의한 비공식적인 거래도 이루어졌는데, 이를 통해 중국의 진귀품과 서적들이 조선에 다수 유입되었습니다.

그런데 조공 무역은 어느 쪽에 더 이익이 되었을까요? 작은 나라가 큰 나라를 섬기는 사대 관계 속에서 이루어진 무역이었으니, 명나라에 더 큰 이익이 되었을 것 같죠? 사실은 그렇지 않았습니다. 조선의 이득이 훨씬 컸습니다. 조선이 보내는 특산물은 인삼을 제외하고는 명나라 황실에서 크게 쓸모가 없었지만, 명에서 가져온 책이나 비단, 약재는 조선 왕실과 지배층에게 반드시 필요하다고 할 수 있을 정도의 귀중품이자 사치품이었습니다. 그래서 조선은 틈만 나면 명분을 만들어 명나라에 사절단을 보내려고 애썼습니다. 반면에 명은 주변국과 조공 무역을 하며 재정 손실이 컸기 때문에 황제가 직접 나서서 "먼 길 오기 힘드니 1년에 한 차례 정도만 오라."고 조선 사절단에 권하기까지 했습니다. 조선은 '어찌 그럴 수 있느냐.'는 명분을 대며 해마다 서너 차례는 반드시 공식 사절단과 함께 조공 무역을 실시했습니다. 이렇게 보면 사대 관계를 꼭 상하 관계로 맺어진 차별적 외교 관계로만 볼 수는 없습니다. 정치적으로 복종한다는 명분은 내주었지만 경제적으로 실질적인 이익은 조선이 차지했으니까요.

시대별로 다른 사대의 모습, 사대를 어떻게 봐야 할까?

조선과 명의 관계는 오늘날의 관점에서 보면 작은 나라가 큰 나라에 엎드리는 비굴하고 불평등한 관계로 보입니다. 하지만 앞에서 언급했듯이 작은 나라 조선이 결코 비굴했던 것만은 아니었습니다. 15세기 조선의 지식인들이 명을 존중하고 사대를 당연시하는 등 중국 중심의 천하관을 지닌 것은 분명하지만 임금인 세종부터 조선의 자주성과 독자성에 대한 자부심을 분명히 지키고 있었습니다. 신흥국 조선은 사대를 통해 강대국 명과 직접적인 대결을 피하면서 개국 초기의 생존과 안정을 도모했고, 조공 무역을 통해 선진 문물을 들여오며 경제적·문화적 번영을 누렸습니다.

명나라 멸망(1644) 이후 조선 후기의 사대부들은 명의 멸망을 진심으로 슬퍼하며 명 황제의 사당을 만들어 제사를 지내는 등 온몸으로 사대의 예를 다했습니다. 명나라 멸망 전보다 멸망 이후에 더 강한 사대의 예를 표현했다는 것이 실소를 머금게 하지만, 여기에는 조금 복잡한 사정이 있습니다. 첫 번째는 명이 임진왜란 때 군사를 보내 도와준 것은 조선을 다시 세운 것이나 다름없을 정도로 큰 은혜라 여겼기 때문에 명에 대한 의리를 지키는 차원에서 사대의 예를 다한 것입니다. 두 번째는 인조반정을 통해 정권을 차지한 사람들이 반정의 명분을 명에 대한 의리에서 찾았기에 최대한 예를 표시했습니다. 세 번째는 조선에서 성리학의 이해도가 높아진 상황도 한몫했습니다. 당시 성리학적 명분론에 따르면 중화 국가인 명나라는 아주 이상적인 나라였습니다. 그런데 이러한 명을 오랑캐 여진족이 세운 청나라가 멸망시켰으니, 이 어찌 슬프지 않았겠습니까? 조선 후기 사대부들은 스스로 엎드려 통곡하며 이제 중화를 이어갈 나라는 조선밖에 없다고 여기며 스스로를 '소중화'라고 생각했습니다. 물론 이러한 관념 속에서 청나라를 배척했다가 '호란'이라는 대규모 전쟁을 치르고 전국토가 황폐해지는 처참한 지경에 이르기도 했습니다. 하지만 당시 지배층에게 청나라는 오랑캐, 명은 은인의 나라였기에 목숨이 달아나더라도 예를 갖춰 명을 섬기는 것은 당연한 일이었습니다.

046

조선 시대에는
세금을 어떻게 냈나요?

마트에서 2,000원을 주고 과자를 샀는데, 영수증 아래에 부가세 200
원이라고 작게 적혀 있었어요. 과자 하나에도 세금이 매겨져 있다니
놀라웠어요. 이것 말고도 제가 모르는 다양한 세금이 여기저기 매겨
져 있을 것 같은데, 조선 시대에는 세금을 어떻게 매겼나요?.

나라 땅 전체가 왕의 것이라고?

국가를 운영하는 데는 많은 돈이 필요하고, 국가는 이를 국민들이 낸 '세금'으로 충당
합니다. 지금은 사람들이 세금 내는 것을 당연하게 여깁니다. 하지만 어떤 사람들은
세금 내는 것에 불만이 있습니다. 국가가 나에게 해 준 것도 없는데 왜 이렇게 세금을
많이 걷어 가는지 모르겠다고 하면서요.

　근대 국가 수립 이후 세계의 많은 나라가 국민의 중요한 의무 중 하나로 '납세 의

무'를 포함하고 있습니다. 그런데 세금은 법이 체계적으로 작동되지 않았던 먼 옛날에도 있었습니다. 당시 지배층들은 어떤 명목으로 세금을 거두었을까요? 다음은 유교 경전 중 하나인 《시경》에 나오는 문장입니다.

> 넓은 하늘 아래 왕의 땅이 아닌 곳이 없고,
> 이 땅 끝에서 저 끝까지 왕의 신하가 아닌 사람이 없다.

이 말은 '나라 안 모든 토지는 왕의 것이고, 백성들은 모두 왕의 신하다.'라는 뜻입니다. 그리고 이 말에는 백성들이 세금을 내야 하는 논리가 들어 있습니다. 나라의 토지를 이용하면 백성들은 그에 상응하는 '대가'를 내야 하겠지요. 또 그 나라 백성으로 있는 한, 왕의 신하로서 충성을 다해야 한다는 것입니다. 이렇듯 옛날에는 유교 경전의 권위에 기대어 세금을 내야 하는 논리를 만들었습니다. 하지만 이러한 논리만으로 백성들이 자발적으로 국가에 세금 내는 것을 기대하기는 어려웠습니다. 요즘 사람들도 세금 내기 싫어하는데, 지금보다 더 먹고살기 힘들었던 옛사람들은 어땠겠습니까? 그래서 국가는 정치적 · 행정적 힘을 동원해 가구마다 또는 사람 수대로 세금을 거둬들였습니다.

세금을 내는 사람들은 어떻게 파악했나?

오늘날 세금을 매기기 위한 인구와 재산 파악은 주민등록이나 부동산 등기부 등의 문서를 통해 이루어집니다. 이것은 조선 시대에도 마찬가지였습니다. 조선은 기본적으로 농업 국가였고, 대부분의 백성은 농민이었습니다. 그래서 세금은 주로 농민들 개개인을 대상으로 하거나 그들이 가진 재산인 토지에 매겨졌습니다.

조선 정부는 세금을 안 내는 사람 없이 정확하게 매겨질 수 있도록 근거 자료를 작성하는 데 힘을 쏟았습니다. 개국 초기부터 전국의 농경지를 파악해 토지대장인 '양안'을 작성했으며, 이 문서를 바탕으로 토지세인 '전세'와 노동력으로 치르는 '요역'을 부과했습니다. 또한 세금 부과의 대상이 되는 가구와 사람 수를 파악하기 위해 '호적대장'을 작성했으며, 이를 기준으로 군대에 가는 '군역'과 지역 토산물로 내는 '공물'을 부과했습니다.

전세 - 토지에서 나온 수확물인 쌀로 내는 세금

전세는 토지에서 나온 수확물에 매기는 세금입니다. 조선 초기까지는 곡물 수확량의 10분의 1을 매겼지만(정률세), 세종 때는 토지 면적 1결당 일정한 분량의 쌀을 내게 하는, 즉 액수를 정해서 내게 하는 정액세(공법)로 바뀌었습니다. '결(結)'은 고대부터 사용한 농지 면적 측량 단위인데, 나라나 시대에 따라 측정 기준이 달랐습니다. 더욱이 조선 시대에는 토지의 질에 따라 등급을 매겨 비옥한 땅은 1결의 면적이 작았고, 농업 생산력이 떨어지는 척박한 토지는 1결의 면적이 컸습니다.

따라서 해마다 일정한 양의 세금을 걷으려면 사전에 고려해야 할 점이 두 가지가 있었습니다. 동일한 농토여도 풍년이냐 흉년이냐에 따라 수확량이 다르다는 점, 지역에 따라 땅의 질이 다르다는 점입니다. 세종 때부터 실시된 새 제도인 '공법'은 이 두 가지 점을 고려해 세금을 달리 매겼습니다.

먼저, 해마다 농사가 잘된 정도에 따라 '연분9등법'이라는 제도를 마련했습니다. 가장 풍년인 해를 상상년으로, 최악의 흉년이 든 해를 하하년으로 규정하고 모두 9단계로 풍흉의 정도를 나누었습니다. 이를 기준으로 농사가 아주 잘되었다고 판단되는 상상년에는 1결당 20두, 최악의 흉년인 하하년에는 1결당 4두를 전세(토지세)로 내게 했습니다.

연분	상등			중등			하등		
	상상	상중	상하	중상	중중	중하	하상	하중	하하
쌀 납부액	20두	18두	16두	14두	12두	10두	8두	6두	4두

연분9등법

한편 땅의 질과 관련해서는 '전분6등법'
을 실시했습니다. 가장 비옥한 땅을 1등전
으로, 그 다음 땅은 2등전, 3등전으로 1단
계씩 내리며 가장 척박한 땅을 6등전으로
정하고 각 등급별로 면적을 재는 자의 길
이를 달리했습니다. 이 규정에 따르면 가장
비옥한 1등전의 1결은 가장 척박한 6등전
의 1결과 대략 4배 정도 차이가 났습니다.

등급	1결 면적
1등전	9,874m²
2등전	1만 1,615m²
3등전	1만 4,128m²
4등전	1만 7,927m²
5등전	2만 4,685m²
6등전	3만 9,496m²

전분6등법

지금은 면적을 잴 때 프랑스에서 만들어져 국제 사회가 공인한 미터법을 기준으로
제곱미터(m²), 제곱킬로미터(km²) 같은 단위를 사용하지만 조선 시대에는 토지의 비옥
도에 따라 등급을 나누어 측량한 면적 단위인 '결부법'을 썼습니다. 따라서 같은 1결
이라도 토질이 좋아 단위당 수확량이 많으면 절대 면적이 좁았고, 토질이 척박해 등
급이 낮으면 절대 면적이 넓었습니다.

조선 정부가 결부법을 정한 까닭은 땅의 비옥도를 고려하지 않으면, 동일한 면적
에서 동일한 세금을 거두게 되어 척박한 땅을 소유한 사람들이 부당하게 세금을 많
이 내야 했기 때문입니다. 그리고 보면 세종 때 만든 공법은 상당히 공평한 제도라고
할 수 있습니다.

그런데 이 제도가 현실에서는 생각만큼 잘 작동되지 않았습니다. 세종 당시에도 기
준 수확량이 높게 설정되어 있었고, 연분 9등을 판정하는 과정이 모호해 토지 소유자
들은 전세액이 많다며 반발했습니다. 풍작인지 흉작인지 구분하는 것도 명확하지 않
은데, 토질을 9등급으로 세밀하게 나누어 놓았으니, 국가로부터 상상년 판정을 받은
고을 사람들은 전세를 많이 내게 되어 억울하다고 생각했을 것입니다. 현실이 이러하
니 해마다 불만을 가진 사람들이 늘어났습니다. 그래서 세종 당시에도 연분9등법으
로 인한 문제가 자주 불거졌고 이를 무시할 수 없었던 정부는 연분을 해마다 농사의
풍흉에 따라 9등급으로 나누지 않고 거의 매년 최소 등급인 하중년이나 하하년으로

고정해 전세를 1결당 6~4두만 거두어들였습니다.

한편 전세 제도는 임진왜란으로 농촌 경제가 피폐된 상황에서 토지 1결당 4두씩 납부하는 걸로 고정되었습니다. 제도를 변경한 까닭은 힘들게 사는 농민들에게 조금이라도 부담을 덜게 하려는 것이었지만, 이미 연분9등법하에서 최소 액수인 6~4두 정도로 고정해 받고 있던 전세를 현실화했다고도 할 수 있습니다. 17세기 전반 인조 임금 때 시행된 이 세제는 해마다 다르게 적용하지 않고 '영원히 고정'했다고 해서 '영정법'이라 합니다.

공납 – 농민들에게 지역 특산물을 거둔 제도

공납은 각 지역의 특산물을 집(戶)을 단위로 내게 한 세금입니다. 지역 특산물이라고 하니, 해당 지역에서만 재배되거나 생산되는 특별한 물품이라고 생각할 수 있습니다. 하지만 쌀을 제외한, 국가가 필요로 하는 모든 물품이었기에 특산물보다는 '지역의 토산물을 현물로 내게 하는 세금 제도'라고 하는 것이 더 정확한 표현입니다.

이 세금은 크게 세 분야로 나뉘어 있었습니다. 해마다 정기적으로 내는 '공물', 국가가 필요할 때마다 수시로 거두어들이는 '별공', 지방관 또는 정부가 판단해 국가 제사나 왕실에 필요한 물품을 선물로 올리는 '진상'입니다.

조선 시대 백성들에게는 전세보다 공납이 훨씬 부담스러운 세금이었습니다. 왜냐고요? 지역에서 나는 토산물만 공물로 지정되지는 않았기 때문입니다.

예를 들어 전라도 가군에 굴비 100마리, 김 10상자, 감자 200상자가 공물로 지정되었다고 합시다. 가군은 해안가 마을이라 굴비나 김은 어떻게든 마련할 수 있었습니다. 그런데 감자는 지역에서 생산한 것을 전부 긁어모아도 100상자 밖에 안 되었습니다.

이럴 경우 어떻게 해야 할까요? 군수는 중앙 정부에 자기 군의 사정을 말하고 감자는 100상자만 내게 해 달라고 건의하는 것이 가장 적절한 해결책이었을 겁니다. 그러나 조선 시대에는 이런 건의가 통하지 않았을 뿐더러 자칫하면 능력이 부족한 군수로 인식되어 다음 관직을 옮기는 데 지장을 줄 수도 있었습니다. 군수는 자기 자리를 보존하기 위해 편법을 사용해서라도 감자 100상자를 추가로 마련해 국가가 지정한 수량만큼 중앙으로 올려 보냈습니다.

편법이란, 주변 군현에 사람을 보내 감자를 부족분만큼 구해 오도록 하거나, 그도 안 되면 감자 생산이 많은 강원도까지 사람을 보내 구해 오는 것입니다. 어떤가요? 비효율적이지요? 그런데 더 큰 문제는 지방에서 마련한 공물을 서울까지 운반하는 데 시간과 비용이 든다는 것입니다. 현물이다 보니 운반 중에 부패하고 훼손되는 것도 부지기수였습니다.

상황이 이렇다 보니 일찍부터 '대납'이라는 편법이 등장했습니다. 자본력이 있는 상인이 특정 물품을 대량으로 마련해 대신 내주고 농민들로부터 그 대가를 받아 내는 것입니다. 원칙적으로는 금지된 일이었지만, 실제로는 많이 활용된 방법이었습니다. 그런데 문제는 대납이 이루어지는 과정에서 조금이라도 이득을 더 챙기기 위해 농민과 관청 사이를 중계하는 상인들이 농간을 부린 것입니다. 농민이 충분히 낼 수 있는 물품도 대납인이 관청과 짜고 사전에 전량 납품하고 농민들에게 원래 물품보다 더 많은 대가를 받아 냈습니다. 이러한 관행을 '방납'이라 합니다. 안 해도 될 것을 굳이 왜 했냐고요? 공납을 담당하는 관리나 수령 입장에서는 농민들에게 일일이 걷지 않고 일괄해서 납품받을 수 있기에 일손을 덜어서 좋았고, 물품을 납품하는 대납인들은 돈을 벌 수 있어서 좋았습니다. 농민들은 불만이 없었냐고요? 당연히 불만이 많았습니다. 그러나 지정된 공납품을 농민이 직접 관청에 가지고 가더라도 관리가 품질을 핑계 삼아 수납을 거부하는 경우가 많았기에 농민들은 억울해도 울며 겨자 먹기로 방납을 이용할 수밖에 없었습니다. 방납은 조선 후기로 갈수록 더욱 심해지며 농민들을 힘들게 했습니다. 그래서 정부는 잘못된 방향으로 가는 공납제의 폐단인 방납제를 개선하기 위해 여러 방법을 강구했습니다.

방납제의 폐단을 해결하기 위한 조선 후기 방안은 크게 두 가지였습니다. 하나는 군현 단위로 잘못 지정된 공물의 배정을 수정하는 것이었고, 다른 하나는 지방 특산물로 내는 공납 대신 쌀로 일괄해서 세금을 거두는 방안이었습니다. 두 번째 방안은

17세기에 경기 지역에서 '대동법'이라는 이름으로 처음 시작되어 100여 년에 걸쳐 전국으로 확대 실시되었습니다.

군역 – 남자라면 예순 살까지 군대 생활을 한 제도

군역은 양인 남자에게 부과된 의무로 지금의 병역 의무와 비슷합니다. 현대의 군대와 다른 점은 복무 기간이 아주 길었다는 것입니다. 현재 일반 병사의 복무 기간은 1년 6개월인데, 조선 시대에는 열여섯 살에 시작해 예순 살까지 군역 의무를 져야 했습니다. "이렇게 긴 시간 동안 복무하는 것은 사실상 직업 군인이 아닌가요? 집에 남겨 둔 가족과 농사는 어떻게 하나요?"라고 질문할 수 있습니다. 이 질문에 답을 하자면, 지금처럼 복무 기간 내내 병영에서 단체 생활을 했다면 예순 살까지 군역 의무를 다하는 것이 어려웠겠지만, 조선 시대 군인들은 농번기에는 농사일을 하고 농한기에 지방 각 군·현의 수령 책임하에 일정 기간 군사 훈련을 받았습니다. 이처럼 평상시에는 농업과 군사 훈련을 겸하며 일정 기간씩 번갈아 가며 서울이나 국경 지대로 가서 군역 의무를 졌습니다. 이렇게 군대 생활을 하는 사람을 '정병'이라 했습니다. 농민이 정병이 되어 떠나면, 그 가족의 농사를 돕기 위한 사람들이 있었는데 이들을 '봉족'이라 했습니다. 대체로 정병 1인당 봉족 2인으로 책정되어 정병이 군 생활을 하는 동안 그 집안의 생계와 가족을 지원했습니다.

정병의 생활은 상당히 고단했습니다. 고향을 떠나 낯선 곳에서 생활해야 했고, 때때로 토목 공사나 관청이 소유한 토지의 농사에도 동원되었습니다. 농민들은 점점 정병 생활을 꺼리기 시작했습니다. 그래서 서울 근교에서는 대신 군역 의무를 지고 대가로 면포를 받는 사람들이 생겨났습니다. 이 방법을 대신 군 생활을 해 준다는 뜻에서 '대립제'라 했습니다. 한편으로는 군대 지휘관이 면포를 받고 정병 근무를 면제해 주기도 했습니다. 이를 군 생활을 면제해 준 대가로 면포를 수취하는 방법이라고 '방군수포제'라 합니다. 이러한 불법적인 방법들이 전국적으로 횡행하자 조선 후기에는 국가가 이를 정식으로 제도화했습니다. 군역 의무가 있는 양인에게 면포를 내게 했는데, 이 면포를 '군포'라 했습니다. 따라서 조선의 군역제는 초창기에는 양인이 열여섯 살부터 예순 살까지 직접 국가가 지정한 곳에서 군대 생활을 하는 제도였는데, 후기에는 군포를 내는 방식으로 달라졌습니다.

요역 – 국가에서 필요한 일에 노동력을 제공하는 세금

요역은 국가가 농민을 동원해 관청이 필요로 하는 일을 시키는 것입니다. 당시 농민은 토목 공사, 공물의 운송, 왕의 행차 지원, 사신의 왕래에 따른 동원 등 국가가 필요로 하는 다양한 일에 동원되었습니다. 군역처럼 일정한 나이가 되면 모두가 동원되었을 것 같지만, 놀랍게도 요역은 토지를 기준으로 집마다 노동력을 징발했습니다. 조선의 기본 법전인《경국대전》에 다음과 같은 규정이 있습니다.

> 토지 8결을 기준으로 인부 한 사람을 내고, 일을 시키는 횟수는 1년에 6일을 넘기지 않는다.

하지만 이 규정은 잘 지켜지지 않았습니다. 한편 경기 지역의 백성들은 국왕의 행차나 사신의 왕래가 잦아서 다른 지역보다 요역 동원이 빈번했습니다. 그래서 노동력을 제공하는 요역도 군역처럼 점차 대가를 주고 다른 사람을 시켜서 해결하는 대립제가 성행했고, 나라에서도 일의 효율성과 편리를 위해 노동력을 제공하는 사람에게 비용을 주고 일을 시키는 임금 지불제 방식을 사용하게 되었습니다. 조선 후기 정조 때 축성된 수원 화성은 2년 6개월 만에 완성했습니다. 이렇게 빨리 완공할 수 있었던 배경에는 일한 만큼 임금을 지급해 노동력을 효율적으로 활용했기 때문입니다.

047

사림들은
왜 죽임을 당했나요?

향촌에서 고고하게 성리학에 정진했던 학자들이 조선 성종 때부터
중앙 정계에 진출했어요. 이들은 기존의 정치 세태를 비판하면서
백성들이 잘 사는 나라를 만들기 위해 최선을 다했습니다. 그런데
얼마 지나지 않아 기존 훈구 세력의 반격을 받아 죽거나 귀양 가는
일이 발생했습니다. 왜 그랬을까요?

훈구와 사림은 어떤 사람들인가?

조선 건국에 참여했던 혁명파 사대부와 그들의 이념을 계승한 후예들은 성리학의 이
론적 탐구보다는 나라를 안정시키기 위한 제도와 문물을 갖추는 데 주력했습니다. 이
들은 주로 성균관 같은 교육 시설에서 학문을 닦았기 때문에 '관학파'라고 불렀습니다.

그런데 단종에서 세조로 왕권이 바뀌는 과정에서 관학파 내부에 견해 차이가 생
겼습니다. 세조의 왕위 계승을 받아들일 수 없다는 사육신 같은 비판 세력이 있었는

가 하면, 세조 반정에 참여해 권력을 잡고 정국을 주도적으로 이끌어 간 세력도 있었습니다. 이 시기에 정국을 주도했던 세력과 그들의 맥을 이어 간 후예들을 나중에 등장하는 사림 세력과 비교해 대대로 나라에 공을 세운 관료 세력이라는 뜻에서 '공 훈(勳)'에 '옛 구(舊)'를 써서 '훈구파'라 했습니다.

한편, 고려 말기 정권 교체기 때, 새 왕조 개창에 참여하지 않고 끝까지 고려에 의리를 다한 길재 같은 학자들은 고향으로 내려가 성리학 연구에 몰두했습니다. 이들은 조선 개창 이후 향촌에서 살며 사적 인맥을 통해 자손들에게 학문을 전수했기에 '사학파'라 불렸습니다. 사학파의 주요 인맥은 길재로부터 김숙자, 김종직, 김굉필, 정여창, 조광조로 이어지며 전승되었습니다.

사학파의 후예들은 관학파 주도의 조선 정치에 비판적이어서 현실 정치에는 발을 담그지 않고 향촌에서 학문에만 몰두했습니다. 그런데 세월이 흘러 국가 기틀이 안정되는 성종 시기에 왕은 성리학에 정통하다고 소문이 자자했던 김종직을 중앙 정계로 발탁했습니다. 이후 김종직을 따르는 제자들이 중앙 정계로 진출하면서 사학파의 후예들이 대거 중앙 정계에 등장했으며, 이들을 향촌에서 은둔하던 학자들이라는 뜻에서 '선비 사(士)', '수풀 림(林)'을 써서 '사림파'라 했습니다. 이들은 중앙 정계에서 주도권을 쥐고 있던 훈구 세력의 비리와 부정을 비판하며 점차 정치 세력을 넓혀 나갔습니다.

사림들은 왜 화를 입었나?

조선 건국에 앞장섰고 성종 때까지 정치를 안정시키는 데 기여했다고 자부하던 훈구 세력은 이제 막 정계에 진출한 사림들이 성종 임금의 비호를 받으며 자기들에게 나라를 어지럽히는 부정부패의 주역들이라고 손가락질하니 참기 힘들었습니다. 한편, 사림이 보기에 훈구 세력은 의리라고는 눈곱만치도 없는 세력이었습니다.

그런데 여기서 한 가지 의문이 생깁니다. 성종은 왜 성리학적 명분에 어긋난다며 조선 건국에 동참하지 않고 향촌에 숨어들어 은거하며 조선에 비판적이었던 사림 세력을 적극적으로 중앙 정계에 끌어들여 자기 세력으로 만들려고 했을까요?

성종은 세자였던 아버지가 일찍 죽은 데다 둘째였기에 정상적인 승계 과정이었다면 임금 자리에 오를 수 없었습니다. 세조 다음 왕위는 성종의 작은 아버지가 올랐고 이 임금이 '예종'입니다. 그런데 예종이 임금 자리에 오른 지 1년여 만에 사망했습니다. 예종의 아들 중에서 후임 왕을 다시 세워야 했는데, 예종의 큰아들은 잔병치레가 너무 잦아 언제 죽을지 몰랐고, 작은아들은 네 살로 나이가 너무 어렸습니다. 그래서 당시 왕실의 최고 어른이었던 대왕대비 정희왕후(세조의 부인)는 대신들과 상의해 열세 살 된 성종을 예종의 후임 왕으로 추대했습니다.

물론 성종이 왕이 되는 데에는 세조 반정의 주역이자 세조의 핵심 브레인이었던 성종의 장인 한명회의 역할도 컸습니다. 이렇게 여러 가지 사정 속에서 왕이 되니, 성종 초기에는 왕보다는 한명회나 신숙주 같은 세조 반정의 주역들이 정국을 이끌어 갔고 이들이 바로 훈구파의 주축이었습니다. 왕은 나이가 들어 성인으로 성장했습니다. 직접 정치를 하고 싶은데도 훈구 세력이 계속 중앙 정계에서 자리 잡고 있으니 그들의 눈치를 보지 않을 수 없었습니다. 왕으로서는 이들 세력을 위축시키고 견제할 필요가 있었습니다. 그런데 지방으로 눈을 돌리니 훈구 세력에 비판적이면서 의리로 충만한 신진 학자가 눈에 들어왔고, 그 사람이 바로 사림 세력의 정계 진출을 이끈 김종직이었습니다.

김종직이 성종의 발탁으로 중앙 정계에 진출하자 그를 따르는 신진 학자들이 다수 중앙 관료가 되면서 훈구와 사림 간의 치열한 다툼이 벌어졌습니다. 이 과정에서 훈구파에 의해 사림파가 크게 피해를 입는 사건이 벌어지는데 이를 사림들이 당한 불행이라 해서 '선비 사(士)'에 '재앙 화(禍)'를 써서 '사화'라고 합니다. 조선 중기에 발생한 사화는 연산군 시절에 발생한 '무오사화'와 '갑자사화', 중종 때 '기묘사화', 명종 때 '을사사화'가 있습니다.

첫 번째 사화인 무오사화(1498)는 연산군 초기에 《성종실록》을 편찬하는 과정에서 일어났습니다. 조선은 왕이 죽으면 후임 왕 즉위 후에 실록청이라는 임시 관청을 만들어 선왕 시절의 역사 기록들을 체계적으로 정리한 역사책인 '실록'을 편찬했습니다. 조선 태조부터 제25대 임금 철종까지 단 한 임금도 빠짐 없이 실록을 만들었는데, 이 실록들을 전부 합해서 《조선왕조실록》이라 합니다. 그런데 《성종실록》을 편찬하기 위해 사관이 평소에 왕의 행적을 기록해 놓은 사초를 모으는 과정에서 실록 편찬 담당자인 사관 김일손은 스승 김종직이 쓴 〈조의제문〉을 실록 안에 넣으려 했습니다. 이 글은 중국 초나라 왕 의제를 추모하는 내용으로 은연중에 세조의 왕위 찬탈을 비난하는 내용이었습니다. 호시탐탐 사림의 활동을 주시하고 있던 훈구 세력이 일제히 들고 일어나 〈조의제문〉의 내용을 문제 삼았습니다. 사건의 핵심 인물인 김일손을 비롯해 사림 세력 다수가 큰 피해를 입었습니다.

두 번째 사화인 갑자사화(1504)는 연산군이 친어머니의 원수를 갚고자 한 데서 발생했습니다. 연산군의 어머니 윤씨는 성종의 왕비였다가 쫓겨나 죽임을 당했습니다. 연산군은 세자 시절에 자기 어머니가 병으로 죽었다고 알고 있었습니다. 그런데 왕이 되고 난 후에, 그것도 재위 10년이 지난 후에 어머니 죽음의 진상을 알게 되었습니다. 격분한 연산군은 사건을 조사해 어머니의 죽음에 관여된 인물들을 죽이거나 귀양 보냈습니다. 이 과정에서 훈구 세력도 피해를 입었지만, 사림파도 피해를 입었습니다.

세 번째 사화는 기묘사화(1519)입니다. 갑자사화 이후 신하들은 폭군이 되어 버린 연산군을 쫓아내고 연산군의 이복동생 진성대군을 새 왕으로 추대했습니다(중종반정). 새로 옹립된 중종은 자기를 왕위에 올려 준 신하들의 눈치를 볼 수밖에 없었습니다. 반정 공신들이 정치를 이끌어 나갔고 사림파도 다시 정국에 참여했습니다.

성리학적 이상 정치를 구현하고 싶었던 중종은 조광조를 비롯한 젊은 사림들을 대거 발탁했고 이들은 주로 언관으로 진출해 연산군 시기에 훼손되었던 유교 정치의 이상을 되살리려 했습니다. 연산군이 중단시켰던 경연을 부활시켜 활성화했고, 도교 행사를 주관하는 소격서 폐지, 향약 실시, 유교의 기본 교리를 담고 있는 《소학》 보급 등을 추진했습니다. 또한 이상적인 군주 정치를 실현하기 위해 학문과 덕행이 뛰어난 인재를 추천해 논술(대책)만으로 관리를 선발하는 현량과도 실시했습니다. 한편 신진 사림들은 중종반정 당시 공신으로 책봉된 이들 중 다수가 실제 공에 비해 국가로부터 너무 많은 특혜를 받았다며 재조사해서 공신에서 삭제하는 '위훈 삭제(僞勳削除) 사건'을 일으켰습니다.

이러한 급진적인 개혁 정책은 중종과 공신들의 반발을 동시에 샀습니다. 공신들이야 자기들의 위신과 재산에 큰 손해를 입으니 그랬겠지만 왕은 왜 반발했을까요? 중종반정의 공신들은 중종이 보위에 오르는 데 목숨 걸고 앞장선 덕에 공신이 되었으며, 임명장도 중종이 직접 주었습니다. 따라서 신진 사림들의 위훈 삭제 주장은 중종으로서는 들어줄 수 없는 사안이었습니다. 조광조를 비롯한 신진 사림들은 농성까지 하며 왕을 압박해 끝내 자기들 주장대로 위훈 삭제를 단행했습니다. 하지만 생각해 보세요. 왕의 체면이 뭐가 되었겠습니까? 결국 중종은 비밀리에 명령을 내려 급진적으로 개혁을 추진하려고 하는 조광조 일파를 '붕당을 결성하고 후학을 이끌어 격렬한 발언을 했다.'는 명분으로 죽이거나 내쫓았습니다. 이 사건으로 사림들은 다시 피해를 입으며 위축되었고, 그들이 추진하던 개혁 정책도 중단되었습니다.

을사사화(1545)는 중종 말기에 왕세자(훗날 인종)의 외삼촌 윤임을 우두머리로 한 대윤 세력과 중종의 둘째 아들인 경원대군(훗날 명종)의 외삼촌 윤원형을 필두로 하는 소윤 세력 사이에서 발생한 왕위 계승 문제에서 비롯되었습니다. 중종이 세상을 뜨고 인종이 왕위를 계승하면서 대윤 세력의 세상이 된 것처럼 보였으나, 인종이 8개월 만에 죽고 명종이 즉위하자 상황은 완전히 달라졌습니다. 윤원형 일파는 윤임 일파가 인종의 후계자로 명종이 아닌 다른 사람을 삼으려 했다며 윤임 일파를 탄핵해 제거했습니다. 이 사건은 왕실 외척인 파평 윤씨 내부 싸움이었지만, 사림들이 대윤파와 소윤파에 모두 가담되어 있었기에 사림들의 피해도 만만치 않았습니다.

그래서 사화는 어떤 사건인가?

사화의 성격은 어떻게 규정지을 수 있을까요? 네 차례 사화는 시기적으로 40여 년이라는 오랜 시간에 걸쳐 일어났지만, 사건마다 성격이 다릅니다. 사건을 일으킨 주체도 훈구 세력만 있었던 것은 아닙니다. 다만 네 번의 사화 모두 사림파의 피해가 컸고,

사림 세력의 일시적 약화를 가져온 것은 사실입니다.

하지만 사화를 거치면서 조선 정치의 중요한 원칙이 자리 잡았습니다. 첫째, '공론 (公論)'이 중요해졌습니다. 중앙의 삼사 등 언관에 진출한 사림들은 자신들의 의견을 '공론', 다시 말해 많은 사람이 지지하는 여론이라는 것을 내세워 개혁 추진에 활용했습니다. 둘째, 정치 권력 면에서 임금과 신하가 함께 나랏일을 의논하고 펼치는 '군신 공치'가 자리 잡게 되었습니다. 이런 점을 보면 사화가 조선 정치 발전에 꼭 나쁘게만 작용한 것은 아니었습니다.

048

편을 갈라 논쟁하는 것이
나쁜가요?

우리나라에서는 고위 관리를 임명하거나 선출할 때 다양한 방법을
통해 후보자의 도덕성과 자질을 검증해요. 언론은 드러나지 않았
던 사실이나 국민의 여론을 전하며 뉴스거리를 만들기도 해요. 그
런데 근거 없이 후보자를 비방하거나 지나치게 편 가르기를 조장하
는 일도 있는 것 같아요. 조선 시대에도 비슷한 일이 있었다고 하
던 데 사실일까요?

붕당이란 무엇인가?

붕당을 한자로 쓰면 '벗 붕(朋)', '무리 당(黨)'입니다. 한자어 그대로 풀이하면 '친구
들의 모임'이라 할 수 있습니다. 그러나 조선 시대 붕당은 사이좋은 친구들끼리 뭉친
친목 모임이라기보다는 학문적·정치적으로 이해관계가 비슷한 사람들이 뭉쳐 상대
편과 정책 대결을 하며 정치 활성화에 기여했던 일종의 정당이라고 할 수 있습니다.

하필이면 왜 조선 시대에 붕당이 등장하게 되었나요?

조선 시대 이전 우리 역사에는 '붕당'이라고 칭할 만한 정치 집단이 없었습니다. 귀족 세력이나 호족, 무인 세력이 있었을 뿐입니다. 그런데 조선 시대, 그것도 정치가 안정되어 가던 조선 중기에 붕당 정치가 등장합니다. 왜 그랬을까요?

조선 중기에 붕당이 나타난 가장 큰 배경은 중앙 정치에 참여하는 사람이 늘어났다는 점입니다. 향촌에서 살며 성리학 연구에 치중했던 재야 학자들이 성종 즉위 이후 본격적으로 중앙 정계에 진출했습니다. '사림'이라 불리던 이들은 자신이 공부한 성리학적 이상을 현실 정치에서 실현하고자 했습니다. 이들은 중앙 관료로 근무하면서도 성리학 공부를 계속했으며 학자적 시각으로 국가 정책이나 관직, 학문을 논하고 왕과 논리 대결을 펼치고는 했습니다. 그리고 이러한 정책 대결은 정치적 이해관계나 학문적 관점에 따라 자연스럽게 붕당의 결성으로 이어졌습니다.

개국 초기에 비해 왕권이 약화되었고 국왕이 정치의 주도권을 잡지 못하게 된 것도 붕당이 나타나게 된 배경 중 하나입니다. 태종이나 세조처럼 강력한 왕권을 갖고 있던 시기나 세종처럼 관료들과 세력 균형을 이루며 안정적으로 왕권을 행사했던 시기에는 붕당이 형성되기 어려웠습니다. 하지만 성종 이후부터는 국왕의 힘이 눈에 띄게 약해졌습니다. 강력한 왕권을 행사하려 했던 연산군은 신하들에 의해 쫓겨났으며, 중종은 자기를 추대한 신하들 눈치를 보며 나라를 이끌어 갔습니다. 인종과 명종도 강력한 왕권을 행사할 만한 형편이 아니었습니다. 이러한 상황에서 국정 주도의 중심축은 국왕으로부터 관료에게로 이동했고 관료들에 의한 붕당 정치가 본격적으로 나타나게 되었습니다.

붕당은 언제쯤 형성되었나?

붕당 정치의 시작은 중종이 즉위했을 무렵입니다. 중종의 절대적 신임하에 개혁 정책을 추진했던 조광조를 중심으로 한 사림들을 '조광조 일파' 또는 '기묘명현'이라 부릅니다. 이는 조광조를 축으로 하는 사림 세력이 붕당 같은 특정 정치 세력으로 인식되었음을 의미합니다. 이렇게 대두된 붕당이 본격적으로 형성된 것은 선조 대입니다. 16세기 후반 선조가 즉위한 후 사화로 쫓겨났던 사림들이 속속 중앙 정계로 복귀하며 정치 주도권은 완전히 사림으로 넘어갔습니다. 이 시기부터 사림들은 외척 정치를 어떻게 청산할 것인지를 두고 견해 차이를 나타냈습니다. 나이가 든 기성 사림들은 외척의 역할을 어느 정도 인정했던 반면, 새로이 등장한 신진 사림들은 외척을 철저히 배척하고자 했습니다. 이러한 견해 차이는 붕당이 출현하는 결과를 가져왔고, 직접적인 계기는 이조 전랑이라는 관직의 임명에서 비롯되었습니다.

이조 전랑은 문관의 인사권을 행사하는 이조의 정5품 정랑과 정6품 좌랑을 합쳐 부른 관직 이름으로 고위 관직은 아니지만, 중하위 문신 관료의 자리 이동을 주관하는 중요한 자리였습니다. 따라서 다른 직책과 달리 이조 전랑만큼은 임금도 임명에 관여하지 않고 당시 사람들의 여론인 '공론'을 반영해 전임자가 후임자를 추천했습니다. 1572년 새 이조 전랑을 선임할 당시 공론은 신진 사림 김효원이 적절하다는 것이었습니다. 그런데 기성 사림 심의겸이 이조 참의로 있으면서 김효원이 외척 윤원형과 친했다며 이조 전랑에 추천되지 못하게 방해했습니다. 김효원은 더욱 모범적으로 일했고 2년 뒤에는 이조 전랑 자리에 올라 전랑직을 수행했습니다. 그다음이 문제였습니다. 김효원이 전랑직을 마치자 후임 전랑의 선임 문제가 공론에 올랐습니다. 당시 공론은 심의겸의 동생 심충겸이 적절하다는 것이었습니다. 하지만 김효원은 심충겸 대신 다른 사람을 후임 전랑으로 선임했습니다. 심의겸과 김효원의 감정 싸움이 깊어졌고 여기에 여러 사림이 끼어들며 파가 갈리게 되었습니다. 당시 심의겸의 집이 정궁인 경복궁을 기준으로 서쪽에 있었기에 심의겸을 지지하는 세력을 '서인', 김효원의 집은 동쪽에 있었기에 김효원 지지 세력을 '동인'이라 불렀습니다.

이후 붕당은 여러 사건과 의견 대립을 거치며 분열을 거듭해 크게 남인, 북인, 노론, 소론으로 나뉘게 됩니다. 남인과 북인은 동인에서, 노론과 소론은 서인에서 갈라진 붕당입니다.

당시 사람들은 붕당을 어떻게 인식했나?

사실 초기의 유교 정치 이념에서는 붕당을 만드는 것이 왕에게 불충하는 행위라고 해서 용납되지 않았습니다. 또한 실제로 조선 정치가 안정기로 접어드는 16세기만 하더라도 붕당은 아주 부정적으로 인식되었습니다. 단적으로 조광조가 탄핵당했을 때, 주요 죄목이 '붕당을 만들어 국정을 어지럽힌 것'이었습니다.

하지만 이러한 인식은 조선 중기 이후 차츰 달라졌습니다. 여기에는 중국 송나라의 유명한 학자이자 관료였던 구양수와 주자(주희)의 영향이 컸습니다. 구양수는 붕당에는 군자당과 소인당이 있으니 붕당을 무조건 나쁘게 볼 것이 아니라 군자당을 인정하고 등용해야 한다고 주장했습니다. 성리학의 시조라 할 수 있는 주자는 한걸음 더 나아가 '임금이 군자의 당에 들어가 군자들과 함께 정치를 하면 정치가 바르게 될 것'이라고 주장했습니다. 조선의 선비들은 중국의 대학자인 이들의 주장을 근거로 붕당 정치를 펼쳤습니다.

붕당 정치가 꼭 나쁜 건가?

대한제국을 멸망시키고 우리 땅을 식민지로 삼은 일본은 식민지 체제를 굳건히 하기 위해 우리 역사를 많이 왜곡했

붕당 정치의 전개

습니다. 대표적인 예로 조선이 일본의 식민지가 된 것은 필연이며, 일본의 한반도 식민 통치는 조선의 발전에 도움이 되었다는 주장입니다. 이러한 주장을 역사학에서는 '식민 사학'이라 합니다.

식민 사학 논리 중에 '당파성론'이 있습니다. 조선 사람들은 둘만 모여도 시기하고 싸우는 민족성 때문에 당파 싸움이 나타났고 이로 인해 사회 발전이 더뎌져 일본의 침략을 받게 되었다는 논리입니다. 일제 강점기에 일본인은 물론이고 우리 민족 중에서도 일본의 이러한 논리에 동의하는 사람이 생겨 춘원 이광수 같은 사람은 '민족성을 개조해야 한다.'는 주장을 펼치기도 했습니다.

조선의 정치 운영에서 붕당 정치의 폐해가 있었던 것은 사실입니다. 하지만 이런 생각을 해 볼 필요도 있습니다.

"다양한 의견과 논쟁, 갈등이 없는 사회가 과연 건강한 사회일까?"

어느 사회든 사람 사이에 갈등이 생기는 것은 자연스러운 현상입니다. 서로의 차이를 인정하면서 상대방을 배제하거나 차별하지 않고, 토론을 통해 해결 방법을 모색해 나가는 과정에서 사회 발전과 재통합이 이루어질 수 있습니다. 이런 측면에서 볼 때 학파 간, 정파 간 다양한 논쟁이 오갔던 조선은 오히려 학문적으로나 정치적으로 성숙한 사회가 아니었을까요?

049

일본 무사 사야가는
왜 조선인 김충선이 되었나요?

임진왜란 하면 이순신 장군이 떠올라요. 우리나라에 이순신 장군이
없었다면 어땠을까요? 생각만 해도 아찔해요. 그런데 임진왜란 때
우리나라에 귀순한 일본 무사가 있었다면서요? 하긴 7년 동안 치러
진 전쟁이니 우리가 모르는 역사 속 중요한 인물도 많겠죠?

조선 사람이 된 일본 무사 사야가

16세기 후반 일본의 도요토미 히데요시는 100여 년에 걸친 무사들의 치열한 패권 전
쟁과 혼란을 끝내고 일본을 통일했습니다. 하지만 여전히 정치적으로 불안정한 상태
였습니다. 무사들은 싸움이 직업인 사람들로 그들의 힘이 각 지방에 있는 한 도요토
미 정권의 통일은 모래성 쌓기에 불과했습니다. 이러한 문제점을 알고 있었던 도요토
미는 무사들의 관심을 밖으로 돌리기 위해 조선 침략을 계획했습니다.

다른 무사들도 도요토미의 계획에 찬성했냐고요? 그건 아니었습니다. 그들 중에 사야가라는 무사가 있었습니다. 그는 본래 힘 있는 가문의 후계자였지만 도요토미에 의해 가문이 몰락했고 가족이 인질로 붙잡혀 있는 상태에서 어쩔 수 없이 조선으로 출정하게 되었습니다. 그는 유교를 국교로 삼고 있는 조선을 동경했고, 무고한 사람들을 죽일 수 없어 조선에 당도하자마자 첫 전투에서 조선군에 투항했습니다. 사야가가 항복하며 했던 말이 기록으로 전해지고 있습니다.

이 나라의 예의 문물과 의관 풍속을 아름답게 여겨 예의의 나라에서 성인(聖人)의 백성이 되고자 할 따름입니다.

사야가는 부하들을 데리고 조선에 항복했습니다. 그는 조선 군인에게 조총 쏘는 법을 가르쳤고, 조총 부대를 만들어 일본군을 상대로 크게 활약했습니다. 동래, 양산, 기산 등 경상도 각지에서 왜군을 상대로 싸우면서 18개 성을 탈환하고 포로로 붙잡힌 조선 사람을 해방시켰습니다.

김충선의 후손들이 사는 우록리 마을 입구에 있는 달성한일우호관

사야가의 공을 높게 평가한 선조는 그를 조선인으로 귀화시켜 '김해 김씨' 성을 내려주고, '충의와 선의를 다한 사람'이라는 뜻에서 이름을 '충선'이라 지어 주었습니다. 또 공적에 걸맞게 정2품 벼슬을 주고 지금의 대구 지역에 가족 전체가 먹고살 수 있을 만한 넓은 땅을 하사했습니다. 대구광역시 달성군 가창면 우록리 일대가 김충선이 임금으로부터 하사받은 땅으로 지금도 그의 후손들이 모여 살고 있습니다.

임진왜란 당시 일본의 관점에서 보면 김충선은 역적입니다. 실제로 일본에서는 그를 천하의 매국노로 평가했습니다. 그러나 세월이 흘러 한국에 뿌리내린 그의 후손들은 한국과 일본 두 나라의 평화와 문화 교류에 기여하며 살아가고 있습니다.

일본으로 끌려간 조선인들을 귀국시킨 사명대사 유정

임진왜란은 도요토미 히데요시의 죽음과 함께 끝났습니다. 이후 정권을 잡은 도쿠가와 이에야스는 다시 조선과 교류하기를 원했습니다. 조선 정부는 사명대사 유정을 보내 일본 내부 사정을 파악하고 평화 협정을 체결할 수 있는지 진단하도록 했습니다.

관리가 아닌 승려 신분의 유정을 보낸 까닭은 그가 왜란 당시 의병 활동의 중심에서 활약했을 뿐만 아니라 휴전 기간 중에는 부산에 있던 일본군 진영에 들어가 일본 장수와 담판을 벌이기도 했기 때문입니다. 1594년 7월 중순에 부산에 주둔하고 있는 가토 기요마사와 담판 지을 때 이야기입니다. 담판 중 주요한 협의 부분이 결렬되자 가토가 사명대사를 놀리려고 물었습니다.

– 귀국에도 보물이 있소?
– 우리나라에서는 귀하의 머리를 금 천 근과 읍(邑) 만 호(戶)를 주고 산다고 하오. 이러한 막중한 것이 어찌 보배가 되지 않겠소.

사명대사의 호방한 응대에 가토는 아무 말도 못 하고 입을 닫아 버렸습니다. 사명대사는 조선의 사절단을 이끌고 1604년 8월에 일본 땅에 들어가 8개월여를 머무르며 협상을 진행했고, 억류되어 있던 조선인 3,000여 명을 데리고 귀국했습니다. 이러한 공로로 사명대사는 죽은 후에 종2품 가선대부 동지중추부사에 임명되었습니다.

일본 도자기의 신이 된 조선 도공 이삼평

일본에서는 임진왜란을 '도자기 전쟁'이라고도 부릅니다. 전쟁 기간 내내 일본은 우리 땅에서 도자기를 가져갔으며, 도자기 굽는 도공들도 많이 데려갔기 때문입니다. 이때 끌려간 도공들 중 일부는 포로 송환 때 귀국했지만, 일본에 정착한 사람들도 있었습니다.

일본 규슈 지방의 아리타(有田)라는 곳은 세계적으로 유명한 도자기 생산지입니다. 이곳에서 도자기를 굽기 시작한 사람들은 임진왜란 당시 조선에서 끌려간 이삼평과 그가 이끄는 조선인들이었습니다. 지금도 아리타에서는 이삼평의 사당을 만들고 비를 세워 아리타 도자기의 시조로 모시고 있습니다.

일본 사람들이 조선 도공 이삼평을 특별히 기리는 이유가 있습니다. 왜란 전까지

아리타 마을(일본 사가현). 아리타는 임진왜란 당시 조선에서 끌려간 이삼평과 그가 이끄는 조선인들이 도자기를 굽기 시작하며 일본 최고의 도자기 생산지가 되었다.

아리타 마을에 있는 이삼평 비

일본은 기술력이 부족해 도자기를 생산하지 못했습니다. 특히 백자는 중국이나 조선에서 소량만 고가로 구매해 지배층이 희귀한 보물로 여기며 사용했습니다. 그런 시기에 도자기 장인 이삼평이 아리타에 정착하여 갖은 노력 끝에 백자를 구울 수 있는 흙을 발견한 것입니다. 그는 수백 번의 시행착오 끝에 일본 최초의 백자를 구웠습니다. 이후 여러 조선 사람들이 아리타에 정착해 도자기를 생산했으며 아리타를 일본 최고의 도자기 생산지로 이름나게 만들었습니다.

17세기 중반 이후 아리타 도자기는 네덜란드 동인도회사에서 대량으로 가져가 유럽 각지에서 판매되며 유럽에 일본 문화 열풍을 불게 했습니다. 프랑스 베르사유 궁전을 비롯한 유럽 궁전의 유물 전시관에서도 아리타 도자기를 어렵지 않게 찾아볼 수 있습니다. 이 도자기들 대부분은 17세기 이후 동서 교역의 흐름 속에 수출된 도자기로 왜란 당시 일본에 끌려간 조선 도공들의 혼이 담겨 있습니다.

인조는 왜 청 황제 앞에서
큰절을 했나요?

1637년 1월 추운 어느 겨울날, 지금의 서울 잠실동에 있던 삼전도에서 인조는 차디찬 강바람을 맞으며 청의 황제 홍타이지에게 세 번 무릎을 꿇고 절을 하며 아홉 번이나 머리를 조아렸습니다. 도대체 무슨 일이 일어났기에 한 나라의 왕이 이토록 굴욕적인 일을 겪었을까요?

←인조

조선에서 두 번의 호란이 일어난 이유는?

병자년인 1636년 조선과 청나라 사이에 전쟁이 일어났습니다. 이를 '병자호란'이라 합니다. 전쟁에서 진 조선은 왕의 두 아들을 비롯한 많은 사람을 청나라에 인질로 보내야 했습니다. 조선 역사에서 최대 수모라고 할 수 있는 사건이었습니다. 이 전쟁의 원인은 임진왜란으로 거슬러 올라갑니다.

조선은 임진왜란 초기에 대처를 잘못해 전 국토가 유린당할 지경에 빠졌습니다.

전쟁 개시 20여 일 만에 한양까지 공략당하자 임금인 선조는 국경 지역인 의주로 도피하며 다급히 명나라에 군사를 요청했습니다. 당시 조선에 대규모 군사를 보내 도움을 주었던 명은 왜란 후 재정 압박과 정치 혼란 속에 국력이 약화되고 있었습니다. 이런 시기에 만주 지역에 흩어져 살고 있던 여진족 무리가 강성해지며 여러 부족을 통합해 '후금'을 세웠습니다.

후금이 세력을 확장하면서 명을 공격하자 이번에는 명이 조선에 구원군을 요청해 왔습니다. 당시 왕이었던 광해군은 왜란으로 피폐해진 나라를 회복하기 위해 노력하고 있었습니다. 광해군은 명의 요청을 거절하는 것이 명분과 의리에 어긋난다는 것을 알았지만 겨우 전쟁의 피해를 추스르고 있던 조선으로서는 신흥 강국으로 떠오르는 후금과 대립하는 것도 나라의 이익에 도움이 되지 않는다고 판단했습니다. 그래서 강홍립 장군을 대장으로 임명하고 군사를 보내 명의 요구에 응했지만, 후금과 명 사이에서 최대한 중립을 지키도록 일렀습니다.

이러한 광해군의 외교술은 오늘날의 시각으로 평가하면 강대국 사이에서 약소국이 살아남기 위한 유연한 정책이라고 할 수 있습니다. 하지만 유교적 명분과 절의를 중시하던 당시 지배층은 광해군의 중립 외교를 조선을 도와준 명에 대한 의리를 저버리고 오랑캐인 후금에게 아부하는 파렴치한 정책이라고 생각했습니다. 광해군이 왕위에서 쫓겨난 주된 원인은 폭정이었지만, 그의 중립 외교 정책도 반정의 배경이 되었습니다. 결국 광해군은 폐위되고 명과 의리를 주장한 서인 세력의 추대로 인조가 왕이 되었습니다.

인조와 서인 정권은 평소 소신대로 후금과 관계를 멀리하는 정책을 폈습니다. 후금은 명과 조선이 힘을 합쳐 자신들을 공격할 것을 우려해 인조 5년(1627)에 조선을 침략하는 '정묘호란'을 일으켰습니다. 이때 패배한 조선은 후금의 요구대로 양국이 형제국임을 인정하며 후금과 명 사이에서 중립을 지킬 것을 약속했습니다. 그러나 후금은 세력을 더욱 확장하며 조선과 관계를 상하가 분명한 군신국으로 바꾸려 했습니다. 정묘호란 때 맺은 형제의 맹약을 깨고, 황제의 나라로 대접해 줄 것을 요구한 것입니다.

후금의 일방적인 요구에 조선 조정은 난리가 났습니다. 명과의 의리를 지켜야 한다는 주전파와 국가를 안정시키고 전쟁을 막기 위해서는 후금의 요구를 들어주어야 한다는 주화파로 나뉘어 논쟁이 벌어졌습니다. 주전파의 주장이 더 강했던 조선 조정은 후금의 요구를 완곡하게 거절했습니다. 후금은 청으로 국호를 변경하고 1636년 12월에 군사를 이끌고 조선을 공격했습니다(병자호란).

청군이 국경을 넘어 빠르게 진격해 오고 있다는 소식을 들은 인조는 왕실 사람들과 함께 강화도로 대피하려 했습니다. 그러나 가는 길이 끊겼다는 보고가 들어와 경기도 광주 쪽으로 방향을 틀어 남한산성에서 40일 동안 항전했습니다. 결과는 어땠을까요? 남한산성이 아무리 철벽 요새였어도 장기간 농성전을 펴는 것이 쉬운 일이 아니었습니다. 성내에서도 주전파와 주화파는 갑론을박을 벌였지만, 인조의 결단 아래 주화파 최명길의 주도로 강화 협정이 이루어졌습니다. 당시 상황은 2017년에 개봉한 영화 〈남한산성〉에 잘 묘사되어 있습니다.

조선은 청의 요구 조건을 모두 수용해 삼전도에서 인조가 청 황제 홍타이지에게 '3배 9고두례'를 하며 굴욕적인 항복을 했습니다. '3배 9고두례'가 뭐냐고요? 상대방에게 세 번 큰절을 하며 절을 할 때마다 땅에 머리를 세 번씩 조아려 모두 아홉 번 머리를 숙이는 절입니다. 최대한 존중하고 복종하겠다는 뜻입니다. 인조는 한 나라의 임금으로서 매우 수치스러운 상황에 처하게 된 것이지요.

인조가 며느리에게 사약을 내린 이유는?

청과 강화조약을 맺은 후인 1637년 2월 인조의 아들 소현세자와 세자빈 강씨는 인질이 되어 만주로 끌려갔습니다. 세자 일행은 60여 일 만에 당시 청나라 수도였던 심양에 도착해 억류되었습니다. 당시 심양에는 수많은 조선인 포로들이 있었고, 세자 교육을 담당했던 세자시강원에서 정리한 《심양일기》에는 "포로의 매매를 허락해 청인들이 남녀들을 성문 밖에 집합시키니 그 짝이 수만이라, 혹 모자가 상봉하고 혹 형제가 서로 만나 얼싸안고 울부짖으니 그 울음소리가 천지에 진동했다."라고 기록되어 있습니다.

세자 일행의 심양살이는 참혹했습니다. 양식이 부족해 직접 농사를 지어야 했으며, 세자빈 강씨는 생계를 위해 조선에서 보내온 특산물들을 청국 상인들을 상대로 직접 교역하며 손수 살림을 챙겨야 했습니다.

명이 멸망하고 청은 수도를 베이징(북경)으로 옮겼습니다. 소현세자는 베이징에서 독일 선교사 아담 샬과 교류하며 새로운 세상에 눈을 뜨게 됩니다. 아담 샬은 소현세자에게 천주교 교리를 알려 주고 망원경, 자명종, 서양 서적 등을 소개했습니다. 세자는 아담 샬과의 만남을 하늘이 준 기회라고 여기며 적극적으로 서양 문물을 탐구했습니다. 나아가 조선에 돌아가서는 적극적으로 서양 학문을 보급할 생각이었습니다.

청에 인질로 잡혀간 지 8년 만에 소현세자가 조선으로 돌아왔습니다. 하지만 아버지 인조의 눈빛은 이별할 때와 달리 싸늘하기만 했습니다. 병자호란 이후 조선에서는 청에 대한 불신과 반감이 높아져 있었고 특히 삼전도에서 치욕을 겪은 인조에게 청은 잘근잘근 씹어 삼켜도 분이 풀리지 않을 정도의 원수 나라였습니다. 그런데 귀국한 세자가 청과 서양의 문물에 지대한 관심을 보이니 못마땅할 수밖에 없었습니다. 한편으로는 청나라의 의중을 알 수 없는 상태에서 청과 좋은 관계를 유지하고 있는 세자 때문에 자기 자리가 위태로워지지 않을지 염려스러웠습니다. 소현세자와 인조의 관계는 조금씩 멀어졌습니다. 귀국한 지 얼마 지나지 않아 세자가 병으로 죽자 인조는 소현세자의 아들들을 제주도로 유배 보내고 며느리 세자빈 강씨에게는 사약을 내려 자결하도록 했습니다.

청나라에 대한 복수를 계획한 효종의 진짜 의도는?

소현세자가 죽자 동생 봉림대군이 인조의 왕위를 이어받았습니다. 봉림대군도 왕자 시절에 형 소현세자와 함께 청에서 억류 생활을 했습니다. 그런데 청과 서양 문물에 호의적이었던 형과 달리 그는 여전히 청을 원수의 나라로만 여겼습니다.

왕위에 오른 효종은 청을 치자는 북벌론을 강하게 주장하며 군사력을 강화했습니다. 부서진 성곽을 수리하고, 무기 개발에 적극 나섰으며, 군사 훈련에도 힘을 기울였습니다. 이러한 군사력 증강은 청을 침략하기 위한 준비였지만, 사실 효종 자신의 왕권을 강화하는 수단이기도 했습니다. 정상적이었다면 왕위를 승계했어야 하는 소현세자의 아들들이 살아 있는 상황에서 왕이 된 효종에게 왕권 강화는 반드시 필요한 일이었습니다.

효종의 북벌 운동은 어떻게 되었을까요? 청의 국력은 날로 강해져 북벌은 꿈도 꿀 수 없었습니다. 그런데도 조선의 지배층은 명나라가 왜란 때 조선을 구해 주었다며 이미 사라진 명에 의리를 지키고 청에 복수해야 한다며 북벌을 고수했습니다. 그리고 이제 세상에서 중국 문명을 이어받을 나라는 조선밖에 없다며 내심으로 청을 매우 멸시했습니다. 이를 '조선중화론' 또는 '소중화론'이라 합니다.

그러나 세상은 이미 바뀌고 있었습니다. 청의 문물은 나날이 눈부시게 발전해 주변 나라들에 지대한 영향을 끼쳤습니다. 청을 정벌하자는 북벌론은 점차 수그러들었고 청의 문물을 수용하자는 북학론이 대세가 되었습니다. 이러한 변화 속에 조선 조정도 청의 발전된 문물을 수용하기 위한 사절단인 연행사를 파견했습니다. 청을 다녀온 사람 중에는 비록 청나라나 서양 것이라 할지라도 뛰어난 문물이 있다면 받아들이고 배워야 한다고 주장하는 이들도 있었습니다. '북학론'으로 불린 이들의 주장은 후에 실학의 태동으로 이어졌습니다.

051

장례식 때 입는 옷이
논쟁거리가 된 적이 있다면서요?

서인과 남인의 경쟁이 치열했던 17세기 중반, 장례 절차를 둘러싸
고 나라가 들썩일 정도로 큰 논쟁이 있었대요. '예송'이라 불린 이
논쟁은 장례식 때 입는 옷을 얼마 동안 입을 것인가에 관한 것이었
는데, 각 붕당의 권력 다툼으로 이어져 싸움이 아주 치열했대요. 어
떻게 된 일이죠?

1차 예송 – 3년 vs 1년

'예송(禮訟)'이란 임금의 장례를 치르면서 발생한 시비로 조정 내 관료들이 두 편으로
갈라져 논쟁을 벌였던 사건을 말합니다. 요즘 생각으로는 '장례식장에서 하라는 절차
에 따라 모시면 되지, 이게 무슨 큰일이라고 편을 갈라 싸움을 하나?' 하고 의아하게
생각할 수도 있습니다. 그러나 유교 사회에서는 관혼상제를 매우 중요시했고, 상례(喪
禮)인 장례식 때 가족과 친척들이 입어야 하는 옷의 재질과 규격, 그 옷을 입어야 하

는 기간까지 꼼꼼하게 정해져 있었습니다. 즉 부모가 죽으면 자식들은 부모를 기리며 3년간 상복을 입어야 했고, 반대로 자식이 죽어도 부모가 자식을 위해 상복을 입어야 했습니다. 대체로 큰아들이 죽었을 때는 3년, 둘째 아들 이하 아들이 죽으면 1년간 상복을 입었습니다. 어디에 이런 규정이 있었냐고요? 유교에서 이상적인 국가로 생각하는 중국의 고대 국가 주(周)나라 법을 비롯해 유교 경전에 기록되어 있습니다. 조선의 헌법에 해당하는 기본 법전인《경국대전》에도 상복 조항이 있었습니다. 그런데 문제는 책에 쓰인 상례 적용 규정이 시대나 학자에 따라 조금씩 달랐다는 것입니다. 그래서 적용 과정에서 논란이 될 수밖에 없었습니다.

북벌을 주도했던 효종이 사망했을 때 어머니 자의대비(장렬왕후)는 살아 있었습니다. 조정에서는 자의대비가 얼마 동안 상복을 입어야 하는지를 두고 설왕설래했습니다. 당시 최고의 성리학자로 인정받았던 서인 송시열은 조정에서 자의대비의 상복 기간을 문의하자 '1년'이라고 자문해 주었습니다. 그는 자의대비가 이미 인조의 장자인 소현세자가 죽었을 때 3년간 상복을 입었고, 효종은 둘째 아들이기 때문에 1년간 입어야 한다고 생각했습니다. 이 주장은《경국대전》의 규정을 그대로 적용한 것이기도 했지만, 성리학에서 강조하는 '천명(天命) 의식' 즉 하늘의 뜻에 순종해야 한다는 유교 윤리 의식을 그대로 지킨 것이기도 했습니다. 이게 무슨 소리냐고요? 효종은 둘째 아들이며, 이는 하늘이 둘째 아들로 태어나게 했으니 아무리 임금이라 해도 둘째 아들에 맞는 예를 적용해야 한다는 것입니다. 그런데 이 해석에 남인들이 반발했습니다. 남인들은 효종은 둘째 아들이지만 왕위를 물려받았기에 큰아들 대접을 해야 하며, 따라서 어머니인 자의대비는 3년 동안 상복을 입어야 한다고 주장했습니다. 남인의 이 주장은 임금은 천상천하 지존무상이기 때문에 사대부 가문의 예법과는 다르게 적용해야 한다는 것에 근거했습니다.

서인의 '1년'과 남인의 '3년'이 팽팽하게 맞섰습니다. 새로 임금이 된 현종은 조선의 기본 법전인《경국대전》에 "부모는 큰아들 둘째 아들 구분 없이 똑같이 1년 동안 상복을 입으라"고 되어 있다며 서인의 주장인 '1년'에 손을 들어 주었습니다. 이후 서인들은 왕이 자신들 편을 들어 주었다며 기세등등해지며 국정 운영의 주도권을 쥐었습니다.

2차 예송 - 1년 vs 9개월

1차 예송이 끝난 지 15년 후에 다시 상례로 인한 갑론을박이 벌어졌습니다. 이번에는 효종의 비이자 현종의 어머니인 인선왕후가 사망했습니다. 그때도 시어머니인 자의대비는 살아 있었습니다. '며느리 장례에 시어머니가 얼마 동안 상복을 입어야 하는가?'를 두고 다시 논쟁이 벌어졌습니다.《경국대전》에는 첫째 며느리 상에는 1년, 둘째 며느리 이하 상에는 9개월 동안 입어야 한다고 되어 있었습니다.

송시열과 서인 세력은 효종 장례식 때 사례를 그대로 적용해 자의대비 상복 입는 기간을 9개월로 해야 한다고 주장했습니다. 이에 남인들이 이의 제기를 했습니다. 서인의 주장은 효종을 인조의 둘째 아들로 보기 때문이며, 이는 임금에 대한 예가 아니라고 반박했습니다. 둘째 아들인 효종을 둘째 아들로 보는 것이 뭐가 문제일까요?

서인의 주장이 딱히 잘못된 것은 아닙니다. 그런데 문제는 당시 정치 현실이었습니다. 인조가 죽었을 때 정상대로 후계를 정했다면 효종이 아닌 다른 왕실 자손이 왕위에 올랐어야 했습니다. 왕위는 적장자 상속이 원칙이기 때문입니다. 소현세자는 아버지 인조보다 먼저 죽었지만, 그에게는 왕위를 이어받을 아들이 있었습니다. 따라서 적장자 계승 원칙에 근거하면, 소현세자의 동생인 봉림대군(효종)이 아닌 소현세자의 아들이 왕위를 이어야 합니다. 그런데 인조는 소현세자의 아들이 어리다는 핑계를 대며 자신과 북벌 의지를 같이한 둘째아들 봉림대군에게 왕위를 물려주었습니다.

이런 사연 속에 효종이 왕위에 올랐는데, 효종의 아들 현종으로서는 아버지가 신하들의 입방아에 오르내리는 것이 그리 유쾌한 일은 아니었을 겁니다. 또 서인의 주장은 듣기에 따라 소현세자의 아들이 지금이라도 왕위를 물려받아야 한다는 말처럼 들리기도 했을 겁니다. 2차 논쟁에서 현종은 남인의 편을 들어 자의대비의 상복 입는 기간을 1년으로 정했습니다. 이후 조선 조정의 정국 주도권은 서인에서 남인으로 넘어갔습니다.

자의대비는 건강 관리를 잘했나?

예송 논쟁을 탐구하다 보니 이런 의문이 듭니다. 자의대비는 도대체 얼마나 건강했기에 아들 내외보다 더 오래 살았을까요? 이 문제를 살피기 위해서는 인조에서 현종까지 가계도를 따져 봐야 합니다. 인조는 인렬왕후와 사이에서 소현세자와 효종, 인평대군, 용성대군을 낳았습니다. 그런데 인렬왕후가 남편인 인

인조~현종 가계도

조보다 먼저 죽었고 3년 뒤에 왕은 열다섯 살밖에 안 되는 장렬왕후를 두 번째 왕비로 맞이했습니다. 이때 장렬왕후는 인조의 둘째 아들인 효종보다 다섯 살이나 어렸습니다. 그러다 보니 장렬왕후는 남편인 인조는 물론 아들 며느리보다 더 오래 살며 '자의대비'로 추대되었습니다.

논쟁이 일어난 근본적인 이유는 무엇인가?

성리학 연구가 심화되면서 '예(禮)'에 대한 본격적인 탐구가 이루어지고 있던 당시 조선의 현실은 예송의 중요한 배경으로 작용했습니다. 왜란과 호란을 잇달아 겪으며 사회와 신분 질서가 붕괴될 위험에 처하자 지배층은 유교 경전에서 중시하는 '예'에 주목했습니다. 당시 사림들은 예와 관련해서 성리학을 집대성한 주자(주희)가 편찬한 《주자가례》를 실천하고자 했습니다. 이 책에는 '어른이 된 것을 축하하는 관례', '배우자를 만나 부부의 인연을 맺는 혼례', '세상을 떠난 사람을 저세상으로 보내는 상례', '죽은 사람에게 제사를 올리는 제례' 이 네 가지 예를 강조하며 행사 절차를 상세히 적어 놓았습니다. 하지만 예는 현실 생활과 밀접한 연관을 가지고 이루어지기에 시대와 지역에 따라 달라질 수밖에 없었고, 《주자가례》에 쓰인 내용이라도 적용 과정에서 다양하게 해석되었습니다. 그래서 학파와 붕당 간에 해석의 차이를 가져왔고, 결국 '예송'이라는 정치적 논쟁으로 드러난 것입니다.

두 차례 이어진 예송은 겉으로는 자의대비의 상복을 입는 기간에 관한 논쟁이었지만, 사실 핵심은 둘째 아들인 효종이 왕위를 계승했다는 문제의식에서 출발한 논쟁이었습니다. 자녀가 모두 균등하게 상속을 받았던 고려 시대나 조선 전기와 달리 조선 중기 이후는 확실하게 친가 중심, 장자 중심의 가족 제도로 변화했습니다. 이는 성리학적 이해가 심화되면서 '종법(宗法)'이 확산된 결과였습니다. 유교에서는 아버지에서 아들로 이어지는 계통의 흐름을 종법이라 하고, 큰아들로 대를 이어가게 했습니다. 이 종법을 '천명' 의식에 입각해 왕실에서도 그대로 따라야 하는지, 아니면 왕실은 예외를 두어 특별한 적용을 해야 하는지가 예송 논쟁의 핵심이었습니다. 즉 서인은 종법은 하늘의 도리이므로 왕실도 사대부 집안과 같은 예를 적용해야 한다는 것이었고, 남인은 국왕은 천상천하 지존무상이므로 사대부 집안과는 다른 특별한 예를 적용해야 한다는 것이었습니다.

052

진경산수화는
어떤 그림인가요?

얼마 전 국립중앙박물관에서 열린 진경산수화 특별전에 가서 신선한 충격을 받았어요. 조선 시대 김홍도나 신윤복의 풍속화는 종종 봤지만 진경산수화는 처음 봤거든요. 게다가 우리나라 산천을 표현한 진경산수화가 이렇게 많은지는 처음 알았어요. 진경산수화는 어떤 그림인가요?

조선의 핫플레이스 금강산을 그리워한 사람들

정선은 우리 산천을 있는 그대로 표현한 실경(實景) 산수인 '진경산수화'를 화단에 유행시킨 화가입니다. 우리에게 익숙한 〈씨름도〉와 〈서당도〉를 그린 화가 김홍도도 스승인 심사정에게 〈금강전도〉 같은 진경산수 그리는 방법을 배웠다고 하니, 정선이 화단에서 차지한 위치가 어느 정도인지 짐작할 수 있습니다.

조선 시대에 금강산으로 여행 가는 일은 쉬운 일이 아니었습니다. 말을 타고 한양에서 출발해 유람하고 돌아오는 데 보통 20~30일이 걸렸습니다. 하지만 금강산은 고려 말부터 경치가 아름답기로 소문났고 불교 성지로도 알려져 있어 많은 사람들이 가 보고 싶어 했습니다. 특히 정선이 금강산 그림을 즐겨 그렸던 조선 후기에는 금강산 여행이 더욱 유행해 금강산에 가 보지 않은 사람은 사람 축에 들지 못한다는 말이 떠돌 정도였습니다.

한 예로 정조는 장사로 큰돈을 벌어 흉년에 많은 사람을 구제한 제주도 사람 김만덕을 조정으로 불러 소원을 물었습니다. 김만덕은 "금강산 구경을 하는 것입니다."라고 말했을 정도로 금강산은 임금과 관리는 물론이고 외국 사신, 서민들도 가고 싶어 하는 인기 절정의 관광지였습니다. 하지만 가고 싶어도 갈 수 없는 사람이 많았기에 화가들은 그런 사람들을 위해 금강산을 소재로 한 그림을 자주 그렸습니다.

우리 산천을 그린 그림, 진경산수화

지금도 봄이 되면 산수유꽃, 유채꽃, 철쭉꽃 등을 보기 위한 꽃 축제를 찾아다니는 행렬로 도로가 가득 찹니다. 조선 시대 사람들도 날씨가 좋으면 이름난 산과 물을 찾아 유람을 떠났습니다. 하지만 누구나 쉽게 여행을 떠나지는 못했습니다. 그래서 집 안의 뜰에 화초를 심어 놓고 감상하며 아쉬움을 달래기도 했으며, 이마저도 여의치 않으면 선비들은 '와유(臥遊)'를 즐겼습니다. 와유란 사랑채 벽에 산수화 한 폭을 걸어 두고 누워서 눈으로나마 경치를 즐기는 것을 말합니다.

조선 전기에 선비들의 방을 장식했던 산수화는 대부분 우리나라 산천이 아닌 중국의 명승지를 그린 그림이었습니다. 우리나라 화가들은 중국에서 수입된 화첩(그림책)을 보며 중국 화가들이 그린 풍경을 따라 그렸습니다.

조선 전기 화가들은 왜 우리나라 풍경을 그리지 않고 중국 화첩을 모방한 산수화를 그렸을까요? 그것은 그림의 수요 계층인 선비들이 중국 산수화에 성리학에서 생각하는 이상 세계가 담겨 있다고 생각했기 때문입니다.

이러한 화풍은 조선 후기에 들어오면서 달라지기 시작했습니다. 정선이 그린 〈금

김홍도의 〈사인암도〉. 조선 후기에 들어오면서 우리나라의 산수를 사실 그대로 그린 진경산수화가 유행했다.

강전도〉, 〈인왕제색도〉처럼 우리의 산수를 사실 그대로 그린 실경산수화가 등장했고, 후대의 미술사가들은 이 그림들을 '진경산수화'라 불렀습니다.

진경산수화가 그려지기 시작한 데는 정치적인 배경도 있습니다. 아버지 나라로 섬 겼던 명나라가 멸망한 후에도 조선의 지배층은 북방 오랑캐라 여기던 만주족이 세 운 청나라를 인정하지 않았습니다. 그러다 두 차례의 호란을 겪고 임금이 청나라 왕 에게 머리를 조아리는 굴욕을 당했습니다. 무력 앞에서 어쩔 수 없이 항복은 했지만, 속으로는 청나라를 미개한 나라로 여기며 문화 선진국 명나라의 문물을 계승하는 나 라는 조선뿐이라고 생각했습니다. 그러면서 더는 중국 화첩 속 그림에 연연하지 않 고 명나라의 사상과 문화를 이어받은 '소중화 국가'로서 조선의 산수를 당당하게 그 리기 시작한 것입니다.

053

숙종은 정말
여자밖에 모르는 사랑꾼이었나요?

숙종과 장희빈에 관해서는 몇 번씩이나 사극이나 영화로 만들었을
정도로 재미난 이야깃거리가 많아요. 숙종 주위에는 정말 여자가
많은 것 같아요. 장희빈, 인현왕후, 영조를 낳은 숙빈 최씨까지. 숙
종은 여자밖에 모르는 사랑꾼이었나요?

조선 역사상 정통성에서 가장 완벽했던 왕

성리학적 질서에서는 아버지와 아들의 혈통 관계인 '종법'을 중요하게 여겼습니다.
왕위도 종법에 따라 왕비 소생의 첫째 아들(적장자)에게 이어지는 것이 원칙이었습니
다. 그런데 이 원칙은 여러 가지 사정이 생기면서 잘 지켜지지 않았습니다. 조선에서
적장자 계승 원칙에 따라 왕위에 오른 왕은 27명 중 7명뿐입니다.

　조선 제19대 임금인 숙종 이전에 적장자로 왕위에 오른 임금은 문종, 연산군, 인종,

현종 4명밖에 없습니다. 그런데 숙종은 '종법'에 한 치도 어긋나지 않은 완벽한 혈통을 가진 임금이었습니다. 아버지 현종은 조선 왕조 역사상 유일하게 후궁을 1명도 두지 않고 1명의 부인만 두었던 예외적인 왕이었고, 숙종은 현종과 중전 사이에서 태어난 유일한 아들이었습니다.

숙종은 어떤 상황에서 왕위에 올랐나?

숙종이 왕위에 오르기 전, 조선 왕실은 많은 문제가 있었습니다. 대외적으로는 아버지처럼 섬겼던 명나라가 멸망했고, 오랑캐라고 무시하던 청나라 황제에게 임금이 무릎을 꿇는 굴욕까지 당했습니다. 제17대 임금 효종은 명나라를 마음속으로 섬기며 청을 정벌하기 위해 북벌 정책을 추진했지만 이루지는 못했습니다.

왕실 내부도 혼란스럽기만 했습니다. 제14대 임금 선조는 선왕인 명종에게 대를 이을 아들이 없어 양자 신분으로 왕위에 올랐습니다. 선조의 뒤를 이은 제15대 임금 광해군은 후궁 소생에다 친형 임해군도 있었는데 왕이 되었습니다. 더욱이 아버지가 뒤늦게 새장가를 들어 자기보다 어린 어머니를 모셔야 했고, 나이 어린 어머니 인목대비는 영창대군을 낳았습니다. 임진왜란 당시 혼란을 수습하기 위해 동분서주했던 공적을 감안하더라도 영창대군이 있는 한 광해군은 평생 정통성 시비에서 자유로울 수 없었습니다.

반정으로 왕위에 오른 제16대 임금 인조도 정통성과는 거리가 먼 후궁 소생이었습니다. 뒤를 이은 효종도 마찬가지였습니다. 장자인 소현세자가 죽은 후 소현세자의 아들이 살아 있는데도 인조는 종법에 어긋나게 둘째아들 봉림대군을 세자로 책봉해 왕위를 잇게 했습니다.

이처럼 숙종 이전의 왕들은 하나같이 정통성 면에서 결함이 있었습니다. 그러나 숙종은 정통성을 지닌 혈통이었습니다. 그렇다면 숙종 시절의 정치는 안정되었을까요? 아쉽게도 그렇지 않습니다. 숙종은 열네 살 때 왕위에 올랐습니다. 왕의 권위가 이미 추락한 상황에서 어린 나이에 권좌에 오르니, 숙종은 나날이 거세어지는 신하들의 도전으로부터 왕권을 지켜야 했습니다. 숙종에게 주어진 최대 과제는 정통성을 가진 왕으로서 '어떻게 왕권을 강화할 것인가?'였습니다.

왕이 주도적으로 신하들을 물갈이하다 — 환국 정치

예송 논쟁 때 신하들이 공론이라는 이름으로 왕의 권위까지 침범하는 것에 반감을 가졌던 숙종은 초반에 본인이 직접 나서서 신하들을 물갈이하는 '환국'을 통해 정치적 주도권을 강화해 나갔습니다. 정치 국면의 급격한 전환을 의미하는 환국은 특정 정당이 일정 기간 권력을 독점하고 정권을 잃은 상대 붕당에는 가차 없이 보복하는 양상을 띠었습니다. 겉보기에는 붕당을 만들어 서로 대립하는 신하들 간의 싸움으로 보였지만, 실제로는 숙종의 보이지 않는 손이 뒤에서 국면을 조종하고 있었습니다.

시작은 현종 막바지부터 숙종 초반까지 이어졌던 갑인예송입니다. 당시 서인의 우두머리였던 송시열과 영의정 김수홍은 예론을 잘못 펼쳤다는 책임을 지고 유배를 가야 했고, 정치판은 남인 위주로 운영되었습니다.

그런데 얼마 지나지 않아 정국이 급변했습니다. 남인의 우두머리 허적이 할아버지가 시호 받은 것을 기념하는 잔치를 집 마당에서 크게 베풀었습니다. 허적은 왕의 허락도 받지 않고 왕실 전용 천막을 빌려갔습니다. 잔치 당일이었습니다. 비가 오자 숙종은 친히 허적 집에 왕실 천막을 가져다주도록 했습니다. 그런데 천막은 이미 허적 집에 있었습니다.

재기의 기회를 엿보던 서인들은 이 틈을 파고들었습니다. 허적을 비롯한 남인들의 과도한 권력 행사에 심기가 상해 있던 숙종에게 허적의 서자 허견이 반역을 꾀한다고 일러바쳤습니다. 숙종은 허적을 비롯한 남인들을 쫓아내고 서인 위주로 조정을 구성했습니다. 이를 경신환국(1680)이라고 합니다.

경신환국 이후 서인이 정치를 주도하게 되었습니다. 유배에서 풀려난 송시열은 더욱 예학에 전념하며 왕실의 권위를 높이는 데 힘썼습니다. 그는 갑인예송 때 왕실을 능멸했다는 이유로 화를 당했던 터라, 숙종에게 자신이 왕실의 권위를 깎아내리고자 한 것이 아님을 보여 주려고 노력했습니다. 하지만 숙종은 여전히 의심스러운 눈으로 신하들을 지켜봤습니다.

그런데 다시 왕과 신하가 대립하는 상황이 발생했습니다. 숙종은 장희빈 소생의 아들을 원자(아직 왕세자에 책봉되지 않은 임금의 맏아들)로 삼으려 했습니다. 예학에 정통했던 송시열은 왕비인 인현왕후가 아직 젊어서 충분히 왕자를 낳을 수 있는데도 굳이 후궁인 빈(嬪)에게서 태어난 아들을 원자로 삼는 것은 예에 어긋난다고 생각했습니다. 송시열을 선두로 서인들이 반대하자 숙종은 이를 자신에 대한 도전으로 간주했습니다. 서인의 리더 격인 송시열과 김수항 등에게 사약을 내리고 다수의 서인을 조정에서 쫓아낸 후 다시 남인을 등용했습니다. 이를 기사환국(1689)이라 합니다.

반란을 일으킨 것도 아니고 원자 세우는 것을 반대했다는 이유로 순식간에 거물급 정치인들을 한꺼번에 날려 버린 이 결정은 굉장히 충동적이고 감정적으로 보입니다. 하지만 이 결정은 왕권에 대한 도전을 용납하지 않겠다는 숙종의 강력한 의지를 표현한 것이라고 볼 수 있습니다. 그러면 정권을 다시 찾은 남인이 장기 집권했을까요? 만약 남인이 숙종의 마음에 쏙 들었다면 계속 집권했겠지만, 남인도 숙종의 왕권 강화 의중을 확실하게 간파하지는 못했습니다.

기사환국이 일어난 지 5년 뒤의 일입니다. 일부 서인들이 폐비가 되었던 인현왕후의 복위를 청원했습니다. 남인은 이를 기회로 서인을 정계에서 완전히 제거해 버릴 생각이었습니다. 그런데 숙종의 생각은 달랐습니다. 왕비를 내쫓고 불러들이는 것은 왕의 의지에 달린 일인데 감히 신하들이 나서서 개입한다고 생각했습니다. 숙종은 도리어 남인을 정계에서 내쫓고 서인을 등용했습니다. 이를 갑술환국(1694)이라 합니다.

이처럼 숙종 즉위 후 20여 년간 세 차례의 환국이 있었습니다. 정치 국면이 변동될 때마다 숙종은 신하들에게 사약을 내렸으며, 유배 보낸 신하도 부지기수였습니다.

그런데 환국은 공교롭게도 장희빈과 인현왕후라는 두 여인과도 연관이 있습니다. 남인이 정권을 잡았던 시기는 장희빈이 숙종의 총애를 받던 시기였고, 서인이 등용되었던 시기는 인현왕후가 복위되는 시기였습니다. 그러다 보니 숙종은 장희빈으로 대표되는 남인 세력과 인현왕후로 상징되는 서인 세력의 조종에 놀아난 줏대 없고 여자만 좋아하는 임금으로 비쳤습니다. 하지만 환국을 자세히 들여다보면 정통성을 지닌 적장자 출신 왕으로서 자신과 왕실에 대한 어떠한 도전도 용납하지 않았던 강력한 카리스마를 가진 군주의 모습이 보입니다.

숙종은 강력한 왕권을 바탕으로 왜란과 호란 이후 오랫동안 어지러웠던 사회 질서를 바로잡으며 제도를 하나둘 정착시켰습니다. 때때로 몰래 궁 밖에 나가 백성의 삶을 엿보았고 지방에는 수시로 암행어사를 파견해 백성을 괴롭히는 나쁜 관리를 벌주었습니다. 광해군 때 시작되어 전국으로 확대하기까지 오랜 시간이 걸렸던 대동법을 전국화시킨 것도, 사회 경제의 변화에 발맞추어 상평통보를 주조해 화폐 경제를 안착시킨 것도 숙종 시절이었습니다. 이러한 왕의 노력이 주춧돌이 되어 그의 뒤를 이은 영조와 정조 시기에 조선은 세종 시절에 버금갈 정도의 중흥기를 맞을 수 있었습니다.

054

실학은
어떤 학문인가요?

《열하일기》는 정조 시대 실학자 박지원이 쓴 중국 기행문이에요.
박지원은 청나라 사절단으로 갔다가 여행 중에 보고 느낀 것을 꼼
꼼하게 기록했어요. 그는 "태어나서 처음 보는 진귀한 광경을 글에
다 담을 수 없어서 안타깝다."고 했다는데, 당시 청을 방문했던 학
자들은 이후 어떤 생각을 하게 되었나요?

조선 후기 사회 문제의 해결 방안은?

성리학은 본래 우주의 이치와 인간의 본질 등 관념적인 면을 중시하는 학문입니다.
그러다 보니 왜란과 호란을 겪은 이후 현실에서 발생하는 다양한 사회 문제를 해결하
는 데는 한계가 있었습니다. 이런 시기에 재야 학자들 사이에서는 중국에서 유행하는
고증학의 실용적 학풍과 서양 과학 기술의 영향 속에서 더욱 현실적인 사회 문제 해
결에 초점을 맞춘 '실학'이 대두되었습니다.

지금도 TV 뉴스에 연일 부동산 문제가 빠지지 않고 등장합니다. 갈수록 집값이 치솟아 평범한 신혼부부가 서울에서 집 한 채 장만하는 것은 '하늘의 별 따기' 같은 일이 되고 말았습니다. 빈부 격차 문제도 갈수록 커지고 있습니다. 그런데 이런 현상은 최근에 생긴 걸까요? 그건 아닙니다. 조선 후기에도 이와 비슷한 사회 문제가 있었습니다. 땅을 가진 지주와 그 땅을 빌려 소작하는 전호의 소득 격차는 날이 갈수록 커졌습니다. 전호들의 평생 소원은 자영농이 되는 것이었지만 현실의 벽은 높았습니다. 빈익빈 부익부 현상이 심해지면서 지주들은 더 넓은 땅을 차지하며 부를 축적했고, 소규모 자영농이나 전호들의 삶은 궁핍해지기만 했습니다. 이를 해결하고자 실학자들은 자영농 육성 방안을 모색했습니다.

반계 유형원은 중국 주나라의 토지 제도인 '정전법'을 이상적인 토지 제도로 삼아, 관리·선비·농민 등에게 토지를 차등 분배해 자영농을 육성하자는 '균전제'를 제시했습니다. 성호 이익은 한전론을 주장하며 국가가 가족의 생계를 유지하는 데 필요한 만큼의 토지를 집마다 일괄 분배하고 이 토지만큼은 매매를 금지시키자고 주장했습니다. 대신 나머지 토지를 사고파는 것은 허용해 점진적으로 토지 소유의 평등을 이루어 나가자고 했습니다. 이익의 '한전론'은 일종의 '최저 생계 보장책'입니다. 하지만 이 방안은 땅 주인이 엄연히 존재하는 현실에서 국가가 그들의 토지를 회수해 일괄 분배하는 것은 불가능한 일이었기에 이상적인 토지 분배 방법일 뿐이었습니다.

다산 정약용은 공산주의 국가의 토지 분배 형태와 비슷한 공동 토지 소유제를 주장했습니다. 마을(여) 단위로 토지를 나누어 마을 사람이 공동으로 농사를 짓고 생산물을 나눠 가지며 함께 세금도 내는 방안입니다. '여전제'라고 불리는 이 제도는 조선 후기 사회의 토지 소유 불평등을 해소할 수 있는 좋은 방안이었지만 국가가 현실에서 적용하는 데는 한계가 있었습니다.

한편 조선은 농업을 국가 경제의 근간으로 하는 유교 국가입니다. 그러다 보니 상대적으로 상공업 분야가 침체되어 있었습니다. 상공업 융성을 위해서는 화폐 사용이 필수인데, 유통업이 발달하지 않은 농업 국가에서 화폐 사용은 미미했습니다. 상공업이 융성하고 교역이 활발한 청나라를 보고 온 실학자들은 경제 활성화가 국가 발전의 우선 과제가 되어야 한다면서 상공업 발전에 필요한 여러 대책을 내놓았습니다.

박제가는 청나라 여행 후 충격을 받고 《북학의》라는 책을 썼으며, "조선은 400년간 해외 무역을 하지 않았고 무역을 할 수 있는 배 한 척도 갖고 있지 않다."는 등의 내용을 담은 정책 기획안을 정조에게 상소로 올렸습니다. 그는 조선의 가장 큰 문제는 가난이며, 이를 해결하기 위해서는 국제 무역을 확대하고 소비를 활성화시켜 상업을 발전시키고 외국의 선진 기술을 받아들여야 한다고 주장했습니다. 또 양반들이 앉아서 글공부만 할 것이 아니라 상업을 도모해 국가 발전에 보탬이 되도록 해야 한다고 주장했습니다.

신분제의 한계를 뛰어넘기 위해 노력한 실학자들

실학자들 중에는 당시 정치적으로 열세였던 남인 세력과 출세하는 데 신분적 한계가 있는 서얼 출신이 있었습니다. 서얼은 '서자'와 '얼자'를 합한 말입니다. 차이점이 뭐냐고요? 양반인 아버지가 양인 신분에 속하는 여성을 첩으로 얻어 낳은 아들을 '서자', 천민 여성 사이에서 낳은 아들을 '얼자'라 했습니다. 본처인 정실부인이 낳은 아들은 '적자'라고 했고요.

적자와 서얼을 확실히 구분했던 조선 후기에 반쪽 양반인 서얼 출신들은 관직 진출에서 차별을 받았습니다. 따라서 이들은 신분 차별을 극복하고자 영조 때부터 차별 철폐를 주장하는 상소를 단체로 올리는 등 다양한 노력을 벌였습니다.

서얼에 대한 차별이 허물어진 것은 정조 시대입니다. 정조는 능력 있는 인재라면 서얼이라도 적극적으로 등용해 나랏일에 참여시켰습니다. 박제가와 유득공은 정조의 후원 속에 현실 정치에 참여한 대표적 서얼로, 이들은 정조의 핵심 브레인으로서 개혁 정치를 뒷받침했습니다.

한편 실학자들은 신분제가 국가 발전의 걸림돌이라고 주장했습니다. 유수원은 조선의 기본 신분이라 할 수 있는 선비, 농민, 수공업자, 상인을 전문직으로 인정하고 대우해야 국가 재정 확보도 용이하고 나라도 부유해진다고 주장했습니다. 이들의 주장은 당시 관료들에게 허황된 주장으로 비치며 비난을 받았습니다. 유수원이 정치 활동을 했던 시기는 18세기 영조 시대입니다. 영조의 어머니는 궁중에서 허드렛일을 하던 무수리 출신으로 엄밀하게 따지면 영조는 '얼자' 출신입니다. 그래서 영조 시대에는 유독 '서얼 출신의 신분 차별을 없애라'는 상소가 잦았는데, 그럼에도 당시 상황은 서얼 출신에게 그리 우호적이지 않았습니다.

우리 역사와 지리 연구에 앞장선 실학자들

실학자들은 정치·경제 분야의 개혁 말고도 우리 역사와 지리 연구에도 관심을 두었습니다. 이러한 학문을 우리 것을 연구하는 학문이라는 뜻에서 '국학'이라고 합니다.

조선은 계속된 전쟁을 겪으면서 국방 문제에 관심이 컸습니다. 그래서 각 지역의 지형과 지세를 자세히 살핀 지도와 지리서 편찬에 힘썼고 북방의 영토와 대외 관계들을 총정리하고자 노력했습니다. 그 결과 안정복은 《동사강목》을 지어 고조선부터 고려에 이르는 역사를 체계적으로 정리했습니다. 유득공은 발해 역사를 정리한 《발해고》를 지어 발해를 우리 역사에 포함했습니다. 김정호는 산맥과 하천, 도로망 등을 섬세하게 표시한 전국 지도인 '대동여지도'를 제작해 국방 강화 및 유통 경제 활성화에 기여했습니다.

055

조선 시대에도
택배 배달원이 있었다면서요?

요즘은 교통수단도 빠르고 유통업이 잘 발달되어 있어서 필요한
물건을 쉽고 빠르게 구할 수 있어요. 외국에서 오는 물건도, 제철
이 아닌 과일도 손쉽게 구할 수 있지요. 그런데 조선 시대에는 필요
한 물건을 어떻게 구했을까요? 요즘처럼 자동차나 비행기, 택배 기
사도 없었잖아요?

시전과 난전

조선의 수도 한양에는 '시전'이라는 상설 시장이 있었는데 시전의 주인을 '시전 상인'
이라 불렀습니다. 시전에서는 주로 왕실이나 관청, 지배층의 사치품을 공급했습니다.
중국산 비단, 은, 면포 같은 수입품과 국내산 면포, 종이, 모시, 삼베, 생선 같은 것들이
있었습니다. 시전 상인들은 국가의 수요품을 조달하는 대신 국가로부터 특정 물품을
독점 판매할 수 있는 권리를 얻었습니다.

한편 왜란과 호란을 거치면서 폐허가 된 농촌을 떠나 많은 사람이 서울에 올라왔습니다. 이들 중에는 농사 짓는 사람도 있었지만, 대부분은 상업 활동에 종사했습니다. 상인들은 국가의 허락을 받지 않고 점포를 열었는데 이렇게 사사로이 만든 시장을 '난전'이라 합니다.

난전과 경쟁하게 된 시전은 17세기 즈음, 국가로부터 '금난전권'이라는 특권을 얻어 냈습니다. 시전을 어지럽히는 난전을 금지하는 권한이었습니다. 그런데 금난전권은 18세기 들어 자연스럽게 화폐 경제가 발달하면서 문제점이 드러났습니다. 시전 상인의 독점이 물가 상승을 유발해 백성들에게 피해를 주게 된 것입니다. 그러자 조정에서는 오랜 논의를 거친 끝에 18세기 말경에 일부 물품을 제외한 시전 상인들의 금난전권을 폐지했습니다. 상인들은 이제 국가에 세금만 내면 자유롭게 시장에서 물건을 팔 수 있게 되었습니다.

농촌 지역의 장시

농촌 시장인 '장시'는 15세기 후반 전라도 무안 지역에서 '장문'이라는 이름으로 출현했습니다. 이 장시가 15세기 말에는 전라도 전역으로 퍼졌고, 16세기에는 충청도와 경상도까지 확대되었습니다. 이처럼 장시가 급격히 활성화될 수 있었던 건 농업 생산력이 향상되면서 남는 농산물을 처분할 수 있는 교환 시장이 필요해졌기 때문입니다.

전라도, 충청도, 경상도를 중심으로 열렸던 장시는 임진왜란을 계기로 경기도 지역까지 확대되었으며, 17세기 이후에는 한반도 북쪽 지역인 황해도와 평안도까지 확대되었습니다. 그리고 18세기 중엽에는 전국에서 무려 1,000여 개의 장시가 열렸습니다. 이 당시 장시는 숫자만 늘어난 것이 아니라 질적으로도 발전했습니다. 하루 안에 오갈 수 있는 거리 내에 세워진 장시들이 큰 장시를 중심으로 서로 관계를 맺으며 하나의 큰 유통망을 형성하기 시작했습니다.

유통망의 중심 역할을 하는 큰 장시를 '대장'이라고 했는데, 19세기 초에 편찬된 《만기요람》에는 경기도 광주의 사평장, 송파장, 전라도 전주의 읍내장, 충청도 은진의 강경장, 경상도 창원의 마산포장, 함경도 덕원의 원산장을 대장으로 언급하고 있습니다. 대장에서는 중소 규모의 장시에서 나온 상품들을 집결시켜 주변 지역으로 배급하는 일을 담당했습니다. 지금으로 치면 택배회사의 물류센터 같은 구실이었다고 할 수 있습니다.

대장이 물류센터 구실을 했기 때문에 중소 규모의 장시들은 대장이 열리는 날과 달리해 열렸고 이것은 전국에서 5일장이 보편화된 기반이 되었습니다. 예를 들어 대장인 전주 읍내장은 2일과 7일에 열렸고, 전주 부근의 삼례장은 3일과 8일에, 봉상장은 5일과 10일에, 석불장은 1일과 6일에 각각 열렸습니다. 상인이나 지역 주민들이 주변의 여러 장시를 돌면서 물건을 사고팔 수 있도록 날짜를 조정한 것이었지요. 이를 달리 말하면, 개별 장시는 5일마다 열리지만 군이나 현 전체에서 보면 매일 장시가 열리는 셈이어서 지방에서 장시는 사실상 상설시장의 기능을 수행했다고 볼 수 있습니다.

원조 택배 배달원인 보부상

상품을 머리에 이거나 등에 지고 여러 장시를 다니며 물건을 팔았던 상인들을 '행상' 또는 '보부상'이라고 했습니다. 보부상은 '보상'과 '부상'을 합쳐 부르는 말입니다. 보상은 보따리장수를, 부상은 등짐장수를 말합니다.

보부상은 행색만 보면 떠돌이처럼 보이지만 이들은 서울의 시전 상인처럼 국가의 허가를 받고 장시를 돌아다니며 물건을 팔아 경제 활동 촉진에 기여한 상인입

김홍도의 〈행상〉. 여러 장시를 다니며 물건을 팔았던 상인을 '행상' 또는 '보부상'이라 불렀다. 행상들의 활약으로 장시에 나오는 물건이 다양해졌다.

니다. 관청에서는 보부상에게 세금을 받고 장시에서 물건을 팔 수 있는 영업 허가증을 발급해 주었습니다.

보부상은 자본은 영세했지만 장시에서 없어서는 안 될 중요한 사람이었습니다. 보부상들의 활약으로 장시에 나오는 물건이 다양해졌으며 지역의 주민들도 먼 곳에서 생산된 물건을 가까운 곳에서 쉽게 구매할 수 있었습니다. 따라서 보부상은 오늘날 집 앞까지 물건을 배달해 주는 택배 배달원 같은 사람이었다고 할 수 있습니다.

056

조선 후기에는
책을 대신 읽어 주는 사람이 있었다면서요?

조선 후기에는 일반 백성들도 문화생활을 할 수 있게 되었다고 해요. 그런데 문화는 먹고살 만해야 누릴 수 있는 거 아닌가요? 일반 백성들은 과도한 세금으로 매우 힘들었을 것 같은데, 어떻게 문화생활을 했나요?

서민 문화란?

조선 후기에는 모내기법의 전국 확산과 상품 작물 재배로 농민들의 소득이 늘어났습니다. 수공업자와 상인도 정부의 규제에서 벗어나 자유로이 물건을 만들어 사고팔 수 있었습니다. 때마침 전국적으로 장시가 확대되며 화폐 유통도 늘었습니다.

이러한 상품 화폐 경제의 발달에 힘입어 경제적으로 여유가 생긴 일반 백성이 다수 등장했습니다. 이들은 경제적 여유를 바탕으로 문학과 예술에 관심을 갖게 되었고 양반들만 누리던 문화를 생산하고 소비하는 주체가 되었습니다. 문화의 폭이 서민에 게까지 넓어졌습니다.

서민 문화의 주인공은 일반 백성이었고, 그들의 삶이 문학이나 예술 작품에 반영 되었습니다. 신분제로 인한 차별, 양반의 횡포, 탐관오리의 수탈에 따른 고달픈 현실, 남녀 간의 사랑이 조선 후기 서민 문화의 단골 주제였습니다.

판소리와 탈춤의 유행

조선 후기에 상업이 발달하면서 유통 거점이던 장시나 포구에 많은 사람이 모여들 었습니다. 사람들이 모여든 장시나 포구에서는 판소리와 탈춤 등 다양한 공연이 펼 쳐졌습니다.

판소리는 1명의 소리꾼이 북 치는 사람(고수)의 북 장단에 맞추어 노래(창)와 사설 (아니리)로 이야기를 풀어내는 공연입니다. 19세기에 신재효는 여러 종류의 판소리 를 여섯 마당으로 정리했는데 지금은 〈춘향가〉, 〈심청가〉, 〈흥보가〉, 〈수궁가〉, 〈적벽 가〉 다섯 마당만 전해집니다. 판소리 사설을 잘 들어 보면 당시 사람들의 사회 비판 의식이 고스란히 드러납니다. 〈춘향가〉는 기생의 딸인 하층 여성이 양반 남성과 연애 하며 우여곡절 속에 행복한 결말을 맞습니다. 〈흥보가〉는 형제간에 일어난 일을 그리 고 있지만, 사설을 잘 살펴보면 조선 후기 농민층의 분화, 신분제의 동요 현상을 파 악할 수 있습니다.

탈춤은 탈을 쓴 광대들이 하는 공연으로, 대표적인 탈춤으로는 황해도의 봉산탈춤 과 강령탈춤, 안동의 하회탈춤, 북청 사자놀음이 있습니다. 주로 양반과 승려의 타락 을 풍자하거나 남성 중심의 가족 제도에서 드러나는 여성들의 애환, 피지배층인 평민 과 노비가 지배층 양반을 농락하는 내용 등을 주요 소재로 삼고 있습니다.

사설시조와 한글 소설의 유행

사설시조는 형식에 구애받지 않고 길게 쓴 시조입니다. 양반들이 지어 부르던 시조는 초장, 중장, 종장 3장으로 구성되어 형식이 정해져 있었고 주로 도덕적인 내용 위주였습니다. 그런데 조선 후기에 등장한 사설시조는 길이나 내용의 형식에 구애받지 않고 지었으며 작자 마음속에 담고 있는 생각을 솔직하게 표현했습니다. 시조를 짓는 사람도 다양해져 양반은 물론이고 중인, 부녀자, 기생, 서민도 시조를 지었고, 다루는 내용도 남녀 간의 사랑, 고달픈 현실에 대한 탄식, 양반 풍자 등 서민들의 일상생활이 다양하게 담겼습니다.

한편 조선 후기에는 서당 교육이 확대되어 글을 읽고 쓸 줄 아는 서민이 늘었습니다. 하지만 여전히 한문을 모르는 사람들이 많았는데 장시의 확대와 함께 한문을 읽지 못하는 서민도 쉽게 읽을 수 있는 한글 소설이 유통되며 인기를 끌었습니다. 《홍길동전》,《춘향전》,《콩쥐팥쥐전》,《흥부전》,《심청전》,《장화홍련전》 등이 당시에 만들어진 한글 소설입니다. 이 소설들은 당시 사회의 현실을 적나라하게 묘사하면서 탐관오리들의 부정부패와 가부장제의 모순, 서얼 차별 등과 같은 사회 문제들을 생생하게 밝히고 비판했습니다.

마지막 전기수 정규헌이 《장화홍련전》을 읽고 있다. 한글 소설이 유통되며 인기를 끌었을 때 서민들은 소설을 실감나게 읽어 주는 이야기꾼 전기수를 통해 작품을 만날 수 있었다.

그런데 지금처럼 출판 시장이 활발하지 않았던 조선 시대에 서민들은 한글 소설을 어디에서 구해서 읽었을까요? 필사한 책을 돈을 받고 빌려주는 책방이나 책을 등에 지고 팔러 다니는 상인들을 통해 구입했습니다. 다만 서민들이 책을 사서 읽는 경우는 매우 드물었고, 대다수는 소설을 실감 나게 읽어 주는 이야기꾼인 '전기수'를 통해 작품을 만났습니다. 전기수는 소설의 내용을 거침없는 입담으로 능청스럽게 풀어내 듣는 이를 즐겁게 했습니다.

057

한밤중에 정조가
화성에서 군사 훈련을 한 이유는 뭔가요?

드라마와 영화에 자주 등장하는 정조는 당시 정치 주도 세력인 노
론과 치열한 정치적 라이벌 관계로 그려집니다. 때론 정조가 암살
의 위기에 처해지는 극적인 장면이 나오기까지 합니다. 그는 왕인
데도 불구하고 왜 극적인 인생을 살아야 했을까요?

나는 사도세자의 아들이다

왕위에 오른 정조는 자신이 사도세자의 아들임을 만천하에 알렸습니다. 신하 중에 정
조가 사도세자의 아들이라는 걸 모르는 사람은 없었습니다. 그런데도 정조는 마치 전
혀 모르는 사람들한테 고백하듯 신하들 앞에서 큰 소리로 자신의 아버지를 밝혔습니
다. 이 말을 들은 신하들은 어떤 느낌이었을까요? 사도세자의 죽음과 관련이 있는 신
하들은 등골이 서늘했겠지요.

정조 직전 왕인 영조는 정조의 할아버지였습니다. 영조는 52년이나 임금 자리에 있으면서 균역법을 비롯한 조세 제도를 개혁하고 탕평책을 통해 붕당 간의 갈등을 풀어내며 왕권을 강화한 임금입니다. 하지만 그는 완벽주의적인 성격과 암암리에 벌어진 붕당 간의 정치적 갈등 속에서 아들 사도세자를 뒤주에 가두고 죽게 만들었습니다. 어쩌다 이런 끔찍한 일이 벌어졌을까요?

사도세자는 영조의 나이 마흔둘에 얻은 귀한 아들이었습니다. 영조는 왕위를 이을 아들에 대한 기대와 애정이 남달랐습니다. 그러나 세자는 아버지의 기대와 달리 글공부보다는 무예에 더 관심이 많았습니다. 완벽주의자 아버지의 질책과 지나친 기대는 반항기 가득한 청소년기의 세자를 문제아로 만들었습니다. 또 아버지한테 받는 계속된 질책과 꾸중은 조울증을 유발해 자신의 뜻대로 되지 않으면 제어할 수 없이 폭발하며 수발드는 시종을 함부로 해칠 정도로 극악무도해졌습니다. 결국 나경언이라는 사람이 세자의 비행을 고발했고, 역모설까지 세간에 퍼지자 영조는 아들을 사망에 이르게 합니다.

사도세자의 죽음 이후 세자의 아들인 정조는 역적의 아들이기에 왕위 계승은 꿈도 꿀 수 없었습니다. 세손이어도 정조의 운명은 위태롭기만 했습니다. 그러나 다행히도 세손은 영리했고 할아버지 영조의 눈에 들어 지속적인 관심을 받으며 후계자로 인정받아 왕위를 이었습니다.

정조가 수원 화성을 건축한 이유는?

정조가 화성을 축성한 가장 큰 까닭은 아버지 사도세자의 묘를 이장하기 위함이었습니다. 원래 사도세자의 무덤은 양주 배봉산(지금의 동대문구 휘경동) 자락에 있었습니다. 그런데 이 무덤은 풍수적으로 좋지 않아 이전해야 한다는 이야기가 자주 있었습니다. 차일피일 이전을 미루던 정조는 1789년(정조 13년) 지금의 자리인 화산 아래로 이장을 결심했습니다.

능이 들어설 곳은 예전부터 소문난 명당이었습니다. 그런데 문제가 하나 있었습니

수원 화성. 정조는 아버지 사도세자의 묘를 이전하기 위해 화성을 축성했다. 정약용이 설계를, 채제공이 공사의 총책임을 맡았는데 10년 완공을 목표로 한 공사는 2년 9개월 만에 끝났다.

다. 그곳에는 민가가 있어서 주민들을 이주시키지 않고서는 무덤을 쓸 수 없었습니다. 물론 왕조 시대에 전 국토는 왕의 소유였기에 정조가 "민가를 전부 이전시키고 그곳에 아버지 무덤을 만들라."고 지시하면 바로 해결될 문제였습니다. 그러나 정조는 백성의 삶을 먼저 생각하는 어진 군주였습니다. 정조는 현재 수원 화성이 있는 곳인 팔달산 동쪽 자락에 새 도시를 만들어 이사 비용까지 주면서 사람들을 이주하게 했습니다. 그런 다음에 아버지 사도세자의 무덤을 조성했습니다. 수원시가 '휴먼 시티', '효의 고장'으로 도시를 홍보하는 배경에는 이런 사연이 있습니다.

정조가 화성을 건설한 까닭이 한 가지 더 있습니다. 그는 수도 서울의 배후 도시로서 이상적인 신도시를 건설할 필요가 있다고 생각했습니다. 철옹성처럼 쌓은 성곽 도시를 만들어 유사시에 군사 진지처럼 활용할 생각이었습니다. 또 한양의 기득권 세력을 견제해 정치를 안정화하겠다는 의도도 있었습니다.

정조의 명을 받아 화성을 설계한 사람은 다산 정약용이었고, 공사의 총책임자는 채제공이었습니다. 정조는 즉위 초 거금을 들여 청나라에서 구입한 백과전서《고금도서

집성》를 비롯한 여러 중국 서적을 정약용에게 보여 주고 중국과 우리의 성곽 기술을 융합한 튼튼한 성곽을 만들도록 했습니다.

본격적으로 화성 공사가 시작된 것은 1794년 1월, 10년 완공을 목표로 성을 쌓기 시작했습니다. 그런데 1796년 9월에 완공해 당초 계획보다 훨씬 단축된 2년 9개월 만에 완성했습니다. 이처럼 획기적으로 공사 기간을 단축시킬 수 있었던 배경에는 중국 서적을 참고해 만든 거중기, 녹로와 각종 수레 등을 적절히 활용했고, 성을 쌓는 인부들에게 일한 만큼 임금을 주는 성과급제를 실시해 확실한 동기 부여를 했기 때문입니다.

정조는 조선 시대 어느 임금보다 궁궐 밖 나들이가 잦았습니다. 재위 24년간 66회에 걸쳐 외부 행차를 했고, 그중 아버지 사도세자의 묘소 참배를 위한 화성 행차가 열세 차례나 되었습니다. 특히 '을묘원행'이라 불리는 을묘년(1795년)의 특별한 행차는 어머니 혜경궁 홍씨의 회갑을 경축하기 위한 나들이면서 동시에 정조 자신이 재위 20여 년간 쌓아 올린 위업을 과시하고 신하들과 백성의 충성을 한데 모아 정치 개혁에 더욱 박차를 가하기 위한 야심 찬 기획이었습니다. 당시 8일간의 화성 행차는 〈정조대왕능행도〉에 아주 사실적으로 그려져 있어 그림을 참고해 당시의 행차 모습을 지금도 그대로 재현할 수 있을 정도입니다.

정조는 어머니와 여러 날을 화성에 머무르며 회갑연 말고도 인재 선발을 위한 특별 과거를 실시하고 노인들을 위한 위안 잔치도 베푸는 등 다양한 행사를 벌였습니다. 그런 행사 중 가장 특이했던 것은 화성 방어 군사 훈련입니다. 넷째 날 오후와 저녁, 두 차례 실시한 이 훈련은 투구와 갑옷을 갖춰 입은 정조가 팔달산 정상에 있는 지휘소 서장대에서 직접 훈련을 지휘했습니다. 왜냐고요? 화성을 지키는 군사들은 정조가 특별히 경호 부대로 만든 장용영 군사들이었습니다. 장용영은 부대원이 1만 명이었으며, 그중 절반인 5,000명은 '장용영 내영'으로 수도 한양에서 직접 정조를 호위했고, 나머지 5,000명은 '장용영 외영'으로 화성을 수비했습니다. 이날의 화려한 군사 훈련은 외영 군사들의 사기를 높이고 자신의 왕권이 누구도 넘볼 수 없을 정도로 확고하다는 것을 신하들과 백성들 앞에서 분명히 함과 동시에 화성의 위상을 널리 알리기 위한 이벤트였습니다.

새로운 탕평 시대를 꿈꾼 정조

탕평책은 붕당 간의 갈등이 심해지던 숙종 때 등장해 영조 대에는 왕의 주도 아래 적극적으로 시행되었습니다. 영조의 탕평책은 한 당파의 세력이 일방적으로 커지는 것을 견제할 목적으로 실시했기에 탕평에 협조적인 원만한 인물들 위주로 정치를 운영해 나갔습니다. 그런데 이러한 방식은 시간이 지나면서 영조의 신임을 받는 사람들 위주로 정치를 운영하게 되어 탕평의 의미를 무색하게 만들었으며 새로운 정치 세력의 중앙 정계 진출을 막았습니다.

이에 정조는 영조의 탕평책을 답습하지 않고 원칙과 의리를 지키는 새로운 관료를 등용시켜 신 탕평 시대를 열어 갔습니다. 정조는 붕당에 관계 없이 젊고 유능한 인재를 적극적으로 뽑기 위한 '초계문신 제도'를 운영했습니다. 이 제도는 서른일곱 살 이하의 하급 관리 중에서 나라의 기둥이 될 만한 인재를 선발해 마흔 살까지 공부에만 전념하도록 한 인재 양성 제도였습니다. 또 왕립 도서관인 규장각을 정비하고 많은 장서를 구비해 도서관인 동시에 학술 연구 기관으로서 개혁 정치의 기반이 되게 했습니다. 그런데 1800년에 정조가 갑자기 사망하면서 그가 주도했던 개혁 정치는 멈추고 말았습니다. 뒤를 이어 아들 순조가 임금이 되었지만 열한 살의 어린 나이에 왕위에 올랐고, 정치는 이때부터 외척의 손에 의해 좌우되었습니다.

058

우리나라에 천주교 성인이
103명이나 있다고요?

천주교에는 죽은 후에 '성인'으로 추앙받는 사람들이 있어요. 이들
은 예수를 본받은 삶을 실천해 후세 사람들에게 모범이 되었거나
천주교 박해에도 굴하지 않고 자기 믿음을 끝까지 지키다 순교한
사람들입니다. 우리나라에도 천주교 성인이 무려 103명이나 있다
고 해요. 그들은 어떤 삶을 살았기에 성인이 되었을까요?

'서학'이라는 학문으로 천주교를 받아들였다고요?

천주교가 우리나라에 처음 소개된 것은 17세기입니다. 그런데 이때 들어온 천주교는
종교가 아닌 서양의 학문으로 중국을 통해 소개되었습니다. 예수회 선교사로 이탈리
아에서 중국으로 선교를 온 마테오 리치가 쓴 천주교 교리서인 《천주실의》가 이수광
의 저서 《지봉유설》을 통해 알려졌습니다. 또 인조 때 청나라에 인질로 끌려가 살았
던 소현세자는 청의 수도 베이징에서 서양 선교사 아담 샬을 만나 교류하며 천주교

에 대한 지식을 받아들였습니다.

이처럼 조선 후기로 접어드는 17세기에 이미 서양 종교인 천주교는 망원경이나 자명종 같은 서양 문물과 함께 국내에 소개되며 서양에서 온 학문이라는 뜻의 '서학'이라는 큰 테두리 안에서 조선 지식인들의 호기심을 자극했습니다.

조선의 지식인들이 서학을 받아들이는 입장은 서로 달랐습니다. 서학이 조선 사회의 전통과 유교적 질서를 해칠 것이라 생각해 절대 거부하는 사람이 있는가 하면, 박제가나 홍대용 같은 실학자는 신학문으로 수용하며 사회 개혁에 도움을 줄 수 있다고 생각했습니다.

평민들이 천주교를 좋아한 이유는?

이러한 천주교가 종교로서 본격적으로 신봉된 것은 18세기 영조 시기부터입니다. 처음에는 양반들 중 정권에서 소외된 남인들이 주로 관심을 보였지만 점차 평민과 노비에게도 확산되었습니다. 조선은 신분제 국가였기에 태어나면서 부여받은 신분은 평생을 좌지우지했습니다. 그런데 천주교는 사람들에게 '신 앞에서 모두가 평등한 존재'라는 평등 의식을 일깨워 주었습니다. 또한 신앙심을 바탕으로 한 '구원'을 통해 더 나은 세상인 천국에 갈 수 있다는 내용도 전했습니다.

조선인 최초로 천주교 세례를 받은 사람은 이승훈입니다. 그는 1783년 사신으로 가는 아버지를 따라 청나라에 갔다가 서양인 신부에게 세례를 받고 성경과 십자가를 가지고 돌아왔습니다. 이후 그는 주변인들을 중심으로 포교를 하며 신앙 모임을 결성했습니다. 양반 중에서도 정약종, 권철, 이벽 등은 적극적으로 천주교를 믿기 시작했습니다.

천주교를 믿는 사람들이 죽음에 이른 이유는?

정조가 집권하고 있던 1791년, 전라도 진산(지금의 충남 금산군)의 선비 윤지충이 어머니 장례를 치른 후에 위패를 불태우고 제사를 없앴다는 소문이 났습니다. 유교적 사회 질서가 뿌리박힌 조선 사람의 상식으로는 도저히 받아들일 수 없는 엄청난 사건이었습니다.

제사 문제는 서양 선교사들이 들어와 적극적으로 포교 활동을 하던 청나라에서도 논쟁이 되곤 했습니다. 천주교에서는 제사를 우상 숭배로 보아 십계명의 제1계명인 '나 외의 다른 신을 섬기지 말라.'는 계율에 위배되는 것으로 여겼습니다. 하지만 '효'를 강조하는 유교 사회에서 제사는 돌아가신 조상들에게 예를 표시하는 아주 기본적이고 중요한 행위였습니다.

유교를 사회 질서 유지의 중심으로 삼았던 조선에서 어머니 위패를 불태우고 제사를 없앤 행위는 있을 수도, 있어서도 안 되는 일이었습니다. 정부에서는 사건을 조사한 뒤 윤지충을 전주로 데려와 처형했습니다.

정조가 죽고 순조가 즉위하면서 천주교인에 대한 탄압은 더욱 심해졌습니다. 당시 정권의 실세는 영조의 계비였던 정순왕후와 그녀의 집안인 풍양 조씨 일파였습니다. 이들은 노론 벽파 계열로 자신들과 반대 세력인 남인과 노론 시파에 천주교 신자들이 많은 것을 알고 정치적으로 탄압하기 위해 천주교 포교를 금지했습니다.

1801년 '신유박해'가 발생했습니다. 전국적으로 500여 명이 넘는 사람들이 천주교 신자로 조사되어 100여 명이 사형당했고, 이때 정약용과 그의 형 정약전도 천주교를 공부했다는 이유로 유배를 가게 되었습니다. 정부가 나서서 천주교를 박해하자, 정약용의 큰 형 정약현의 사위였던 황사영은 제천의 한 땅굴에 숨어들어 조선 정부의 천주교 박해 실상을 알리는 편지를 써서 북경에 있던 구베아 주교에게 보냈습니다. 그런데 이 편지가 발각되는 바람에 황사영도 사형당했습니다. '황사영의 백서 사건'이라 불리는 이 일이 있은 뒤, 조선 정부에서는 천주교 신자들을 국가의 존립을 위협하는 세력으로 판단해 매우 철저하게 탄압했습니다. 날이 갈수록 박해가 심해지자 신자들은 전국 곳곳의 오지로 숨어들어 신앙공동체를 이루며 목숨을 연명했습니다.

고종이 즉위한 뒤 흥선대원군이 실권을 잡고 있을 때도 박해는 계속되었습니다. 흥선대원군은 집권 초기에는 천주교에 관대했습니다. 그는 러시아가 남하 정책을 펴며 세력을 확장해 오자 이를 견제하기 위해 국내의 천주교 신자를 통해 청나라에 있는 프랑스 신부와 접촉해 프랑스군의 도움을 얻으려 했습니다. 그러나 이 시도가 실패로 끝나자 천주교 금지령을 내렸고 1866년부터 1871년까지 7년 동안 8,000명이 넘는 천주교 신자와 프랑스인 신부들을 처형했습니다.

이처럼 박해가 심했던 조선에서 천주교가 공식적으로 인정된 것은 1886년입니다. 이 해에 프랑스와 통상 조약이 체결되면서 프랑스의 요구로 조선 땅 안에서 천주교 포교를 정식으로 허용했습니다. 이로부터 100여 년이 흐른 1984년 서울에서 한국 천주교 전래 200주년 기념식이 성대히 열렸습니다. 이때 제264대 교황 요한 바오로 2세가 기념식을 축하해 주기 위해 한국에 왔습니다. 교황은 비행기에서 내리자마자 허리를 굽혀 땅에 입을 맞추며 "순교자의 땅"이라는 말을 했고, 기념식장에서 조선 말기에 순교한 103인을 성자로 추대했습니다. 이로써 우리나라는 천주교가 국교가 아닌데도 세계 천주교 성인의 10퍼센트를 배출한 나라가 되었습니다.

갈밭 마을 남자는
왜 거시기를 스스로 잘랐나요?

우리나라 헌법에는 "조세의 종류와 세율은 법으로 정한다."라는 조항이 있습니다. 국민들에게 엄정하고 공평하게 세금을 징수하기 위해서 만들어진 조항입니다. 조선 시대에도 세금이 많았다고 들었는데, 그때도 절차에 따라 공평하게 잘 걷었는지 궁금해요.

세도 정치기 세금 제도는?

조선 정부가 백성에게 부과했던 세금은 전세, 군역, 공납 이 세 가지가 기본이었습니다. 정부는 세금 제도를 합리적으로 운용하기 위해 노력했지만, 현물로 걷거나 노동력 징발이었기에 공평하게 매기기가 쉽지 않았습니다.

　세금 제도는 공평무사하게 운영되어야 백성의 삶이 편안합니다. 하지만 탐관오리들은 어느 시절, 어느 곳에나 있었고 흉년이나 전염병 같은 천재지변이라도 일어나면 세금은 백성에게 큰 짐이 되었습니다. 조선도 마찬가지였습니다. 왜란과 호란으로 농촌 사회가 붕괴되며 정부는 세금 문제로 애를 먹었습니다. 결국 여러 논의를 거친 끝에 전세는 영정법으로, 군역은 균역법으로, 공납은 대동법으로 정착시켰습니다. 세금 제도를 바꾼 가장 큰 까닭은 농민의 부담을 줄이기 위함이었습니다. 그런데 조선 말기 세도 정치기에는 세제를 바꾼 효과가 떨어지며 탐관오리들의 횡포 속에 백성의 삶은 더욱 힘들어졌습니다.

전정의 문란 – 토지에 매겨진 세금이 이렇게나 많이?

조선 후기에는 토지에 부과하던 세금이 굉장히 많았습니다. 우선 영정법에 따라 토지 1결당 쌀 4두, 대동법 실시에 따라 공물 대신 토지 1결당 쌀 12두를 걷었습니다. 여기에 훈련도감 군인의 급료를 위한 삼수미세, 균역법으로 줄어든 군포를 보충하기 위한 결작, 이외에도 여러 부가세가 있었습니다.

이처럼 토지에 각종 세금이 매겨진 까닭은 농민들에게 이득을 주기 위해서였습니다. 토지를 경작하는 사람에게 이렇게 많은 세금을 내게 했는데 농민에게 이익이냐고 의아해할 수도 있습니다. 그러나 바꿔 생각해 보면 토지세는 소유한 토지가 있어야 내는 세금입니다. 자기 소유 토지가 없어서 남의 땅을 빌려 경작하는 농민은 토지에 매겨진 세금을 낼 필요가 없습니다. 그런데 시간이 지날수록 땅을 가진 사람들이 자신이 내야 할 세금을 전부 땅도 없고 가난한 농민들에게 내게 했습니다. 그러다 보니 농민들의 삶은 더욱 피폐해져 갔습니다.

게다가 세금 징수를 둘러싼 관리들의 농간도 심해졌습니다. 세도 정치기에 정치 기강이 문란해지면서 뇌물을 주고 관직을 사고파는 현상이 공공연하게 일어났습니다. 돈을 주고 관직을 산 관리들은 이를 보상받기 위해 농민들을 가혹하게 수탈했습니다. 경작하지 않아 세금을 매길 수 없는 토지에도 세금을 매기고, 토지가 없는 데도 거짓으로 토지가 있다고 장부에 올려 강제로 징수하기도 했습니다. 흉년으로 농사를 망쳐서 수확이 없는데도 세금 부과 과정에서 고려되지 않았습니다. 게다가 세금을 걷어서 중앙에 납부하는 과정에 필요한 경비까지 세금으로 부과해 백성들을 힘들게 했습니다. 세금으로 걷은 쌀을 운송하는 과정에서 쥐가 파먹거나 습기 때문에 쌀이 썩으면 없어진 만큼 보충하기 위해 세금을 부과하기도 했고, 세금으로 걷은 곡물의 양을 재기 위해 되를 놀리는 관리의 보수를 주기 위해 세금을 걷기도 했습니다. 지금 생각하면 참 말도 안 되는 명목의 세금들이었습니다.

군정의 문란 – 자신의 성기를 끊어 버릴 만큼 고통스러웠다

조선 후기 부유한 평민들은 쌀이나 돈을 국가에 바치고 관직을 얻거나 족보를 위조하는 방법으로 양반이 되어 군역에서 벗어났습니다. 그래서 군포를 내야 하는 사람이 크게 줄어들자 정부에서는 일정한 양의 군포를 확보하기 위해 군현 단위로 군포를 납부하게 했습니다. 지방 군현의 수령은 자신이 부임한 지역에 부과된 군포의 총액을 책임지고 확보해야 했습니다. 수령은 근무 성적 평가에서 낮은 점수를 받지 않으려고 기를 쓰고 할당받은 군포를 모았습니다.

원칙적으로 군포를 내야 하는 사람은 열여섯 살에서 예순 살까지의 양인 남자들인데, 이미 죽은 사람이나, 군역 대상이 아닌 어린아이, 예순 살이 넘은 노인한테도 군포를 걸었습니다. 심지어 군역 대상자가 군포를 내지 못하면 친척이나 이웃한테 부과했기에 백성들은 본인이 내야 할 수량 이상의 군포를 관청에 납부해야 했습니다.

아래는 정약용이 지은 〈애절양〉이라는 시입니다. 세도 정치기 전라도 강진에서 유배 살고 있던 정약용이 근처 마을에서 일어난 비극을 전해 듣고 지은 시입니다.

갈밭 마을 젊은 여인 울음도 서러워라
동헌 문을 향해 울부짖다 하늘 보고 호소하네
군인 남편 못 돌아옴은 있을 법도 한 일이나
예부터 남자 양물(남성의 생식기) 자르는 것은 들어 보지 못했노라
시아버지 죽어서 이미 상복 벗었고

갓난아인 배냇물도 안 말랐는데

삼대의 이름이 군적에 실리다니

달려가서 억울함을 호소하려도

호랑이 같은 문지기 버티어 있고

마을 이장이 호통해 하나 남은 소마저 끌고 갔네

남편 문득 칼을 갈아 방 안으로 뛰어들자

붉은 피 자리에 낭자하구나

스스로 한탄하네 '아이 낳은 죄로구나!'

법대로 하면 갈밭마을 여인의 가족 중에서는 남편만 군포를 내면 되는데 돌아가신 시아버지에게도, 갓 태어난 아기에게도 군포가 부과되었던 것입니다. 억울함을 호소하려 하니 관아에서는 말을 들어주지 않고 이장은 군포를 내지 않는다며 일할 때 필요한 소마저 끌고 가 버렸습니다. 이에 남편은 자신이 아이 낳은 게 죄라며 스스로 본인의 성기를 절단해 버렸습니다. 당시 농민들에게 군정의 폐단이 어느 정도 심각했는지 짐작할 수 있습니다.

환곡의 문란 – 어려운 백성을 돕기 위한 제도가 백성을 더욱 힘들게 만들었다

환곡은 흉년이 들어 먹을 것이 없을 때 굶주린 백성을 구제하기 위한 제도입니다. 평상시에는 나라에서 곡식을 보관하고 있다가 백성들이 어려운 시기인 춘궁기에 곡식을 빌려주고 추수 후에 약간의 이자를 붙여 거두어들였습니다.

환곡은 국가로서 손해가 아니었습니다. 오히려 이익이었습니다. 어려운 백성을 구제할 수 있었고 관청 창고에 쌓인 묵은 곡식을 새 곡식으로 바꿀 수 있기 때문입니다. 게다가 이자 수익인 '모곡'은 관아의 좋은 수입원이었습니다. 모곡의 '모(耗)'는 '줄어들었다.'는 뜻을 지닌 한자로 모곡은 창고에 비축된 쌀의 자연 감소분, 손실분을 보충하기 위해 이자로 받는 곡식이었습니다.

그런데 모곡의 재정적인 이점 때문에 환곡은 운영 과정에서 본래의 좋은 취지를 상실하고 시일이 지날수록 백성들에게 또 다른 부담이 되었습니다. 모곡은 본래 빌려준 곡물의 10퍼센트 선에서 거두어들였는데 세도 정치기에는 필요 이상으로 많이 거두어 환곡의 고리대금화가 발생했습니다. 심지어 환곡이 필요 없는 사람에게도 갖은 명분을 들어 대여해 주고 모곡을 정해진 분량보다 더 많이 받아 내 수령이나 아전들의 배를 채웠으며, 빌려주지 않았는데도 장부에 빌려준 것으로 표기했다가 수확기에 강제로 환곡을 갚으라고 닦달하기도 했습니다. 세도 정치기에 환곡이 이렇게 운영되었으니, 많은 수의 농민이 고향 땅에서 살지 못하고 봄봇짐을 싸서 이곳저곳 유랑 생활을 해야 했습니다.

백성들은 자신의 힘든 상황을 어떻게 토로했나?

각종 세금에 시달렸던 세도 정치기에 농민들의 삶은 너무 고달프고 힘들었습니다. 이 시기에 농민들은 저마다의 방법으로 저항했습니다. 밤을 틈타 도망가기도 했고 관리에 대한 나쁜 소문을 퍼뜨리기도 했습니다. 동네 주변 높은 산에 올라가 큰 소리로 수령이나 아전들의 비리를 고발하기도 하고, 밤에 횃불을 들고 산에 올라가 시위도 했습니다. 관청에 개선을 요구하는 청원을 올리기도 했습니다.

그러나 가장 강력한 형태의 항의는 '봉기'였습니다. 가난한 농민은 물

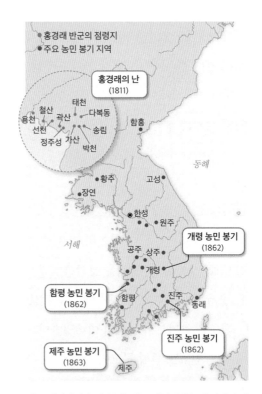

세도 정치기의 농민 봉기. 세도 정치기에는 홍경래의 난을 시작으로 전국 각지에서 민란이 일어났다. 특히 1862년(임술년)은 '민란의 해'라 말할 수 있을 정도로 전국 각지에서 농민 봉기가 일어났다.

론이고 상인이나 노동자까지 가세한 민란이 세도 정치기에 지방 각지에서 발생했습니다. 1811년에 평안도에서 일어난 홍경래의 난과 1861년에 경상도, 충청도, 전라도 각처에서 일어나 전국으로 확대된 임술 민란이 대표적입니다.

봉기에 참여했던 농민들은 공통적으로 세금 제도의 개선을 요구했습니다. 정부는 부랴부랴 삼정(전정·군정·환곡)의 문란을 개선하기 위해 '삼정이정청'이라는 관청을 설치했습니다. 동시에 전국의 관리, 유생, 백성들에게 개혁 방안을 올리라고 왕명을 내렸습니다. 하지만 성과 없이 흐지부지되었고, 농민들의 개혁 요구는 동학과 함께 불타올라 1894년 동학 농민 운동으로 최절정을 맞았습니다.

6

개항과
근대 국민 국가 수립 운동

060 근대화가 도대체 뭔가요?

061 프랑스는 외규장각 도서를 왜 임대 형식으로 반환했나요?

062 남연군의 묘는 왜 충청도에 있나요?

063 위정척사 운동가들이 서양 문물 수용을 반대한 이유는 뭔가요?

064 조선의 국모가 가짜 장례식을 치렀다고요?

065 갑신정변 실패 후 주역들은 어떻게 지냈나요?

066 외국 상인의 한반도 진출로 조선 상인들도 이득을 보았다는데요?

067 농민들의 세상이 왔다고요?

068 신분제가 철폐되었으니 바로 평등한 세상이 되었겠지요?

069 고종은 왜 하필 러시아 공사관으로 피신했나요?

070 서재필은 고종에게 받은 4,400원으로 무엇을 했나요?

071 한말 의병장 중에 여성도 있었다고요?

072 안중근은 의사일까요? 테러리스트일까요?

073 사진만 보고 1만 킬로미터를 찾아가 결혼한 사람들이 있다고요?

074 양복·양산·양말·양주의 '양'이 서양을 뜻한다고요?

근대화가
도대체 뭔가요?

개항 이후 우리 역사를 공부하다 보니 '근대'라는 말이 자주 나오더라고요. 근대식 제도, 근대식 건축, 근대식 조약…. 국어사전에서 근대라는 말을 찾아봤지만 정확하게 무엇인지 잘 모르겠더라고요. 우리 역사에서 말하는 근대, 근대화란 무엇인가요?

서양의 근대

역사에서 '근대'라는 단어에 따라붙는 말이 있습니다. 바로 '서구'라는 말입니다. 역사 시험에 단골로 출제되는 강화도 조약을 배울 때 '서구식 근대적 조약'이라는 말을 들었을 것입니다. 이렇게 '근대'와 '서구'는 쌍둥이처럼 붙어 다니는 경우가 많습니다. 왜 그럴까요? 그 이유는 '근대'라는 단어가 서양에서 등장했기 때문입니다.

　그렇다면 근대란 어떤 시대를 말할까요? 서양에서 근대는 일반적으로 16세기부터 20세기까지를 말합니다. 이 시기의 특징을 꼽으면 정치적으로는 일반 시민까지 정치에 참여할 수 있는 분위기가 만들어졌습니다. 경제적으로는 산업 혁명으로 생산력이 발전해 자본주의가 등장했습니다. 사회적으로는 신분제가 사라지고 평등 사회가 되었습니다. 이런 조건들이 갖춰진 사회를 서양에서는 '근대 사회'라고 했습니다.

근대가 동아시아로 들어오다

서양의 생산성 향상과 기술 발전은 동양에도 영향을 미쳤습니다. 산업 혁명이 일어난 영국에서는 자국민이 쓰고 남을 만큼의 공산품이 대량 생산되었습니다. 남는 상품들을 어떻게 해야 할까요? 팔 만한 곳을 찾아봐야겠지요? 그래서 영국 상인들은 당시 최대의 시장이던 청나라로 진출하게 되었고, 양국 간의 교역이 진행되는 동안 더 큰 이익을 얻기 위해 영국은 청나라를 상대로 '아편 전쟁(1840)'을 일으켰습니다.

이 전쟁에서 청나라는 한 수 아래로 봤던 영국에게 완패했습니다. 청나라가 영국에 졌다는 사실은 조선이나 일본에 큰 충격이었습니다. 그때까지 청나라는 아시아 최강, 아니 세계 제일의 대국으로 동아시아 여러 나라로부터 조공을 받는 나라였기 때문입니다. 이 사건은 청과 조선, 일본에 변화하지 않고서는 서양 오랑캐에게 곧 잡아먹힐 수 있다는 위기감을 고조시켰습니다. 세 나라 모두 서구식 근대화 개혁을 서둘러야 했습니다.

그런데 청나라와 일본은 개혁 방식이 달랐습니다. 청은 유교 문화에 대한 자부심이 강했고 영국과 싸움에서 패한 원인을 과학과 기술력의 차이로 보았습니다. 그래서 '중체서용'이라는 근대화 방안을 내세웠습니다. '중체(中體)'는 유교 문화를 중심으로 하되, '서용(西用)'은 서양의 과학과 기술을 적극 수용한다는 것입니다.

한편 일본은 1854년 미국에 의해 반강제적으로 개항한 후 청나라와 다른 방식으로 근대화를 모색했습니다. 이때 내세웠던 사상이 '문명개화론'으로 정치 체제, 문화, 기술 등 나라 운영의 거의 모든 부분을 서양식으로 바꾸자는 것이었습니다.

조선의 근대화

이웃 나라인 청나라와 일본이 서양 국가들에 문호를 개방하자, 조선도 위기의식이 커졌습니다. 조선은 흥선대원군이 통상 수교 거부 정책을 펴고 있어 미국, 프랑스의 배가 해안에 출몰해 개항을 요구해도 거부로 일관했습니다. 하지만 시대의 흐름을 거스를 수 없었고 일본의 꼼수까지 작용해 반강제로 강화도 조약을 체결(1876)하고 개항을 했습니다. 이후 서양 각국에 문을 열었습니다.

이러한 상황에서 조선도 서양 문물을 받아들이며 '근대화' 작업에 들어가게 되었습니다. 조선의 근대화 정책은 '동도서기'로 대표됩니다. '동도(東道)'는 조선의 유교와 도덕을 기본으로 하면서, '서기(西器)' 즉, 서양의 발달한 기술 문명을 받아들인다는 뜻입니다. 어디선가 들어 본 내용이죠? 청나라의 '중체서용'과 비슷하지 않나요? 그렇습니다. 조선의 근대화 모델은 청나라였습니다. 하지만 동도서기 정책으로는 근본적인 개혁이 불가능했기에 추진 과정에서 많은 문제점이 드러났고, 제대로 근대화를 이루려면 일본처럼 사회 모든 영역에서 서양의 사상과 법, 제도, 기술을 적극적으로 받아들여야 한다는 주장이 나오게 되었습니다. 주로 김옥균 같은 젊은 정치인들이 이러한 주장을 했으며 이들을 '급진개화파'라고 합니다.

프랑스는 외규장각 도서를
왜 임대 형식으로 반환했나요?

조선은 세계에서 가장 충실하게 기록을 남긴 정부라고 해요. 그래서
《조선왕조실록》은 세계기록유산으로 등록되었고요. 게다가 조선은
나라에 큰 행사가 있으면 기획부터 모든 과정을 그림까지 첨부해서
《의궤》를 편찬했대요. 그런데 이《의궤》가 프랑스 도서관에 있다가
2011년 우리나라에 반환되었다면서요? 어떻게 된 일이죠?

《의궤》가 무엇인가?

오늘날에도 나라에 중요한 행사가 있으면 사진과 기록을 남겨 국가기록원에 보관합
니다. 조선 시대에도 중요한 행사를 치르면 후세에 참고할 수 있도록 관련 사실을 그
림과 문자로 기록해 책으로 보관했습니다. 이 책을《의궤》라고 합니다.

　《의궤》를 편찬한 목적은 무엇일까요? 조선에서는 왕의 즉위식, 왕세자 책봉, 왕실
의 결혼 같은 중요한 국가 행사를 치를 때 이전 사례를 참고하는 것이 관례였습니다.

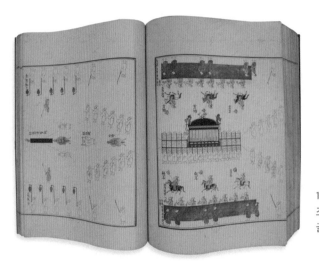

145년 만에 돌아온 외규장각 《의궤》.
조선 왕실의 중요한 행사와 건축 등을
글과 그림으로 상세하게 기록해 놓았다.

화원들은 훗날의 쓸모를 위해 마치 카메라로 사진을 찍은 듯 사실적으로 행사 장면 하나하나를 그림으로 묘사했습니다. 행사가 어떻게 치러졌는지 한눈에 알아볼 수 있게 하는 것, 그것이《의궤》제작의 목적이었습니다. 조선 시대의 행사 보고서라 할 수 있는《의궤》가 남아 있어 오늘날 각 분야의 학자들은 조선 시대 수백 년간의 생활상과 건축, 의식주, 복식, 미술 등을 다방면으로 연구할 수 있습니다.

《의궤》는 나라의 중요한 기록물이기 때문에 혹시라도 불에 타 없어지거나 분실될 것을 대비해 4~5부씩 제작해《조선왕조실록》과 함께 전국에 흩어져 있는 사고에 보관했습니다. 1781년 강화도에 왕실 도서관인 규장각의 분원으로 외규장각을 설치한 후에는 그곳에도 보관했습니다. 그런데 이 강화도 외규장각에 보관되어 있던《의궤》가 1978년 프랑스 국립도서관에서 발견되었습니다. 이게 어떻게 된 일일까요?

《의궤》는 왜 프랑스 도서관에서 발견되었을까?

1866년 고종의 아버지이자 정권 실세였던 흥선대원군은 천주교를 금지하고 국내에 들어와 있던 프랑스인 선교사와 천주교 신자 수천 명을 함께 처형했습니다. 이때 목숨을 건진 프랑스인 선교사가 본국에 이 사실을 알리자 프랑스에서는 7척의 함대에

1,000여 명의 군사를 싣고 강화도로 침공해 왔습니다. 그들의 목적은 프랑스인 신부를 죽인 책임자 처벌과 함께 통상 조약 체결이었습니다. 프랑스군이 침략 이유를 대며 통상을 강요했지만, 조선 정부는 눈 하나 깜짝하지 않고 쇄국 의지를 다지며 맞서 싸웠습니다(병인양요). 당시 프랑스군에 견주어 조선군은 군사적으로 열세였지만 강화도의 지형과 지세를 잘 활용해 프랑스군을 격퇴했습니다. 이때 퇴각하던 프랑스군이 외규장각에 보관되어 있던 340여 권의 《의궤》를 약탈해 갔습니다.

병인양요 이후 1970년대까지 우리나라에서는 외규장각 《의궤》의 행방을 알지 못했습니다. 역사에서 사라지고 있던 《의궤》가 다시 알려진 것은 1978년입니다. 1967년부터 프랑스 국립도서관에서 일하던 박병선 박사는 파손된 책들을 보관하는 보관소에서 《의궤》를 발견했습니다. 그녀는 《의궤》와 운명적으로 만난 장면을 "책을 펼치는 순간, 묵향과 함께 온몸에 소름이 돋았다."고 회상했습니다. 박병선 박사의 정보 제공으로 우리 정부는 프랑스에 외규장각 《의궤》가 보관되어 있다는 것을 알게 되었습니다.

우리 문화재인데도 《의궤》를 임대 형식으로 반환받은 사연은?

외규장각 《의궤》가 우리 땅으로 돌아온 것은 2011년 5월입니다. 145년 만이었습니다. 하지만 《의궤》는 영구히 우리나라에 반환된 것이 아닙니다. 5년 단위로 연장이 가능한 장기 임대 방식으로 반환되었습니다.

세상이 다 아는 우리 문화재인데 왜 영구 반환이 안 됐냐고요? 프랑스는 19~20세기 제국주의 시기에 약탈한 세계 여러 나라의 문화재를 다수 소유하고 있습니다. 이 문화재들 덕분에 파리에 있는 루브르 박물관은 세계적인 명성을 얻었습니다. 이집트 고대 문명을 제대로 감상하려면 본토인 이집트보다 프랑스 루브르 박물관이나 영국 런던에 있는 영국 박물관에 가야 한다는 말이 있을 정도지요. 만약 《의궤》가 영구 반환되면 다른 나라들도 우리나라처럼 유물에 대한 소유권을 주장하며 반환을 요구하겠지요. 그러면 프랑스 루브르 박물관은 텅 비게 될 것입니다. 그래서 프랑스의 문화재보호법은 자국에 있는 문화재는 어떤 이유로도 해외에 반출할 수 없도록 규정해 놓았습니다. 프랑스 정부와 우리 정부는 여러 번의 논의 끝에 5년마다 계약을 갱신하되 장기 임대 방식으로《의궤》를 돌려받는 것으로 협상하게 되었습니다.

그런데 프랑스는 왜 장기 임대라는 편법을 쓰면서까지《의궤》를 다시 돌려주었을까요? 1992년 우리나라에 고속철도 사업이 시작되면서 사업권을 놓고 프랑스의 테제베(TGV)와 일본의 일본국유철도, 독일의 이체에(ICE)가 경합을 벌였습니다. 이때 프랑스 미테랑 대통령은 세일즈 외교 차원에서 우리나라를 방문해 김영삼 대통령과 회담하면서 프랑스 철도회사에 사업권을 주면 외규장각《의궤》를 반환하겠다고 암묵적인 약속을 했습니다. 이에 우리 정부는 고속철도 사업권을 프랑스 테제베에 주었습니다. 이제《의궤》반환만 남았습니다. 하지만 미테랑 대통령의 약속과 달리《의궤》는 프랑스 국내법 때문에 바로 돌아오지 못했습니다. 두 나라 정부는 여러 해 동안 해법 찾기에 몰두했고《의궤》는 마침내 2011년 5월에 장기 임대 방식으로 우리 품에 돌아올 수 있었습니다.

남연군의 묘는
왜 충청도에 있나요?

고종의 아버지 흥선대원군은 10대에 부모님을 여의고 불우한 청년 시절을 보냈다고 해요. 고종이 즉위하자 세도 정치로 인해 위상이 약화된 왕권을 강화하기 위한 여러 정책을 내놓고 통상 수교 거부 정책을 실시했죠. 그런 대원군의 야심을 보여 주는 게 아버지 남연군의 무덤을 옮긴 일화래요. 대원군은 왜 아버지 무덤을 옮겼을까요?

절을 부수고 아버지 묘를 옮긴 아들

흥선군 이하응이 대원군이 되기 전의 일화입니다. 그는 풍수지리를 잘 보기로 유명한 지관 정만인에게 아버지 남연군의 무덤 자리를 찾아 달라고 부탁했습니다. 정만인은 전국을 두루 살펴본 후 두 곳을 점지해 주었습니다. 한 곳은 충청남도 예산군 덕산면 가야산 일대로 '2대에 걸쳐 왕이 나는 자리'라고 했습니다. 다른 한 곳은 충남 홍성군 광천읍 오서산 부근으로 '만대에 걸쳐 영화를 누리는 자리'라 했습니다. 이하응은 어디를 선택했을까요? 그는 단번에 가야산 자락을 선택했습니다. 그런데 공교롭게도 그곳에는 절이 있었습니다. 더구나 무덤 자리로 좋다고 정해 준 터에는 탑이 서 있었습니다.

이하응은 경기도 연천에 있던 아버지 무덤을 임시로 탑 뒤의 산기슭으로 옮겼습니다. 그 후 재산을 처분해 마련한 2만 냥으로 절과 탑을 없앴습니다. 그런 다음 지관이 지정해 준 터에 아버지를 모셨습니다. 누군가 나중에라도 묘를 파헤칠지 몰라 다량의 석회를 넣고 단단히 흙을 다져서 무덤 훼손을 방지했습니다.

유교 국가에서 왕족이 풍수지리설을 따랐다고?

남연군의 묘 이장과 관련한 사연을 듣고 보니 문득 궁금한 점이 생깁니다. 유교 국가인 조선에서는 불교를 포함해 유교 이외의 다른 사상은 철저히 탄압했는데, 왕족인 이하응이 풍수지리설을 따라 무덤을 만들었다니요? 결론부터 말하자면 고려 시대에 유행했던 풍수지리설은 조선 시대에도 여전히 유행했습니다.

성리학자들은 풍수를 미신으로 생각하지 않고 생활의 원리로 받아들였습니다. 조상의 무덤 자리를 고르는 일은 조상의 제사를 극진히 모시는 유교에서도 중요하게 여겼습니다. 그러다 보니 권세가들 사이에서는 좋다고 하는 무덤 자리를 놓고 다툼을 벌이는 일도 있었습니다.

아버지의 무덤 자리를 옮긴 후, 흥선군은 어떻게 되었나?

정말 무덤을 옮긴 덕분이었을까요? 무덤을 옮기고 나서 7년 후, 이하응은 둘째 아들 명복을 낳았습니다. 이 아이가 철종이 죽은 후 열두 살의 나이로 왕위에 오른 고종입니다. 어린 아들이 임금이 된 덕분에 이하응은 대원군 칭호를 받아 '흥선대원군'이 되었습니다. '대원군'은 왕이 죽은 후 대를 이을 후계자가 마땅하지 않아 일가친척 중에서 왕위를 잇게 되었을 때, 새로운 왕의 아버지에게 붙여 준 칭호입니다. 조선 역사에서 대원군은 흥선대원군 말고도 몇 명 더 있지만, '대원군'이라고 하면 보통 흥선대원군을 말합니다.

그는 왕위에 오른 어린 아들 뒤에서 실권을 휘두르며 세도 정치로 무너진 사회 질서를 회복하기 위해 힘썼습니다. 우선 세도 가문 사람들이 독차지했던 비변사를 축소하고, 의정부 기능을 정상화시켰습니다. 당파 싸움의 근거지로 백성을 수탈하며 피해를 주었던 서원도 대폭 정리했습니다. 고리대처럼 변질한 환곡은 사창제로 개혁했고, 양반에게도 군포를 물게 해 나라의 재정을 확보하고자 했습니다. 또 임진왜란 때 불탄 경복궁을 새로 지어 왕실의 권위를 회복하려 했습니다.

대원군의 이런 정책들은 사람들에게 환영받았을까요? 아닙니다. 양반에게 군포를 내게 한 호포법과 서원 철폐는 양반들의 극심한 반발을 불러일으켰습니다. 경복궁 중건도 상황을 고려하지 않은 정책이었습니다. 중건 자금을 마련하기 위해 '원납전'이라는 기부금을 강제로 거두었고, 고액 동전인 당백전을 마구 찍어 유통시키는 바람에 물가가 치솟아 백성들의 생활이 불안정해졌습니다.

그런데 나라 안에서 일어나는 이러한 혼란은 사실 흥선대원군에게 큰 고민거리가 아니었습니다. 그에게는 해안가에 나타나기 시작한 서양 선박들이 더 큰 고민거리였습니다. '조선 배와 다르게 생긴 서양 배'라는 뜻에서 '이양선'이라 불린 이 선박들은 조선 해안에 자주 출몰하며 통상을 요구해 왔습니다.

이양선의 출몰

연이은 이양선의 출몰

1866년 7월 미국의 상선 제너럴셔먼호가 대동강을 거슬러 올라 평양에 출몰했습니다. 평양 감사 박규수는 우호적인 차원에서 식량과 땔감을 제공하며 영해 밖으로 나가라고 권고했지만, 오히려 그들은 배에서 내려 약탈을 자행했습니다.

분노한 평양 사람들은 감사 박규수의 지휘 아래 배를 불태워 침몰시켜 버렸습니다.

　같은 해 9월에는 강화도 앞바다에 프랑스 군함 4척이 쳐들어왔습니다(병인양요). 이들은 프랑스 신부가 살해된 책임을 물으며 강화도를 분탕질했지만, 양헌수가 이끈 조선군의 항전으로 한 달여 만에 물러갔습니다.

남연군 무덤의 수난, 오페르트 도굴 사건

1868년에는 조선 전체가 발칵 뒤집히는 충격적인 사건이 발생했습니다. 독일 상인 오페르트가 끌고 온 이양선의 선원들이 흥선대원군의 아버지 남연군의 무덤을 도굴하다 발각되었습니다. 오페르트는 그간 조선에 여러 차례 통상을 요구했지만 응하지 않아 실권자인 흥선대원군과 직접 교섭하기 위해 저지른 사건이라고 했습니다. 다행히 무덤을 워낙 단단하게 만들어 놓아 시신은 탈취되지 않았습니다. 그러나 이 사건은 조상의 장례와 제사를 중요하게 여기는 조선 사람들에게 큰 충격을 주었으며 서양 오랑캐 놈들과는 절대 교류하면 안 된다는 생각을 더욱 굳게 다지게 했습니다.

위정척사 운동가들이
서양 문물 수용을 반대한 이유는 뭔가요?

개항 이후 조선은 본격적인 근대화의 길을 걸었어요. 그런데 근대
화 과정에서 서양 문물을 반대하는 사람들이 있었어요. 이들을 '위
정척사 운동가'라고 하더군요. 빨리 근대화가 되어야 다른 나라에 뒤
처지지 않을 텐데, 위정척사 운동가들은 왜 서양 문물 수용을 반대
했나요?

위정척사 운동은 왜 시작되었을까?

'위정척사'란 '바른 것을 지키고 사악한 것을 배척한다.'는 뜻입니다. 여기서 바른 것은
조선 지배층이 지키고자 했던 유교이며 사악한 것은 서양 문물을 뜻합니다.

이 운동이 일어난 것은 1860년대입니다. 이 시기에는 서양 선박인 이양선이 조선
의 해안가에 출몰해 교역을 요구했습니다. 조선의 지배층 대다수는 이들의 요구에 반
대하며 위정척사 운동을 전개했습니다. 당시 대표적 유학자인 이항로와 기정진이 선

두에서 운동을 이끌며 개항 반대와 함께 흥선대원군의 통상 수교 거부 정책에 힘을 실어 주었습니다.

1873년 흥선대원군이 정치 일선에서 물러나자 고종이 직접 나랏일을 챙겼습니다. 고종은 개항에 대한 거부감이 적었습니다. 1875년 9월 일본의 군함 운요호가 강화도 앞바다까지 올라왔습니다. 그들의 명분은 해로를 측량한다는 것이었습니다. 하지만 이는 핑계에 불과했고 진짜 목적은 군사 도발을 해서라도 조선을 개항시킬 의도였습니다. 일본의 계획은 성공했습니다. 고종과 당시 집권 세력인 민씨 일파는 일본의 무력시위에 맞대응하기보다는 조약을 맺고 평화롭게 해결하고자 했습니다. 이때 이항로의 제자 최익현은 '일본도 서양 오랑캐와 같다.'는 '왜양일체론'을 주장하며 일본과 조약 체결을 반대하는 '개항 반대' 운동을 전개했습니다. 최익현은 일본과 조약 체결을 하려면 먼저 자신의 목부터 치라는 뜻으로 도끼를 옆에 놓고 광화문 앞에서 항의 농성을 했습니다. 아래 글은 그가 농성하며 임금에게 올린 상소문입니다.

전하! 화친은 상대편의 구걸에서 나오고 우리에게 힘이 있어 능히 그들을 제압할 수 있어야 그 화친을 믿을 수 있습니다. 겁나서 화친을 요구한다면 지금 당장은 숨을 돌릴 수 있겠지만, 이후 그들의 끝없는 욕심을 무엇으로 채워 주겠습니까? 이것이 나라를 망하게 하는 첫째 이유입니다. 그들의 물건은 모두 지나치게 사치한 것과 괴상한 노리갯감들이지만, 우리 물건은 백성들의 목숨이 걸린 것들이므로 통상한 지 몇 년 되지 않아서 더는 지탱할 수 없게 될 것이며, 나라도 망하게 될 것입니다. 이것이 나라를 망하게 하는 두 번째 이유입니다. 그들은 서양 도적들과 같습니다. 화친이 일단 이루어지면 이단 학문이 전파되어 온 나라에 가득 차게 될 것입니다. 이것이 나라를 망하게 하는 세 번째 이유입니다. 그들이 뭍에 올라와 왕래하고 집을 짓고 살게 된다면 재물과 부녀들을 제 마음대로 취할 것이니, 이것이 나라를 망하게 하는 네 번째 이유입니다.

당시의 국제 정세와 조선의 현실을 고려하면 충분히 타당한 주장입니다. 그러나 최익현은 흑산도로 유배 보내졌고, 1876년 2월에는 강화도에서 양국 간의 강화 조약이 체결되었습니다. 이 조약이 조선 최초의 근대 조약인 '강화도 조약'입니다.

1880년대의 위정척사 운동은 김홍집이 일본에 수신사로 갔을 때 가져온 《조선책략》을 소개하면서 일어났습니다. 수신사는 강화도 조약 체결 이후 조선 정부가 두 차례에 걸쳐 일본에 파견한 외교 사절입니다. 고종과 조선 정부는 문호 개방 후 외국의 신문물을 받아들일 필요성을 느껴 일본의 근대화 정책을 알아보기 위해 수신사를 파견했습니다. 1차는 1876년 강화도 조약 체결 직후 김기수가, 2차는 1880년 김홍집이 사절단을 이끌고 일본에 갔습니다. 이때 김홍집은 청나라 외교관으로 일본에서 근무하고 있던 황쭌셴(황준헌)과 교류하며 그가 지은 《조선책략》을 얻어 와 고종에게 바쳤습니다. 이 책에는 조선이 일본, 청나라, 미국과 긴밀히 협조해 러시아의 남하 정책에 대비해야 한다는 내용이 담겨 있었습니다. 일본은 물론 미국과도 통교해야 한다는 이 책의 내용은 위정척사파가 보기에 너무도 불손했습니다. 유학자 이만손은 개화 정책 중단을 요구하는 대규모 상소 운동을 벌였습니다. 수많은 영남 지방 유생이 함께 상소문을 올렸기에 이 사건을 '영남 만인소 사건'이라 합니다.

이처럼 위정척사 운동은 1860년부터 1880년까지 외국과 교역을 맺는 데 반대했습니다. 흔히 권위적이면서 새로운 문화에 비판적이고 말이 잘 안 통하는 사람을 '꼰대'라고 표현합니다. 그러면 위정척사파는 '유교 꼰대'들이었을까요?

위정척사파는 누구?

위정척사파가 무조건 서양 문물을 받아들이지 말자고 주장한 것은 아닙니다. 당시 조선의 현실에서는 위정척사파의 주장도 일리가 있습니다. 1860년대 이항로는 척화주전론을 주장하면서 서양 국가들과 교역해서는 안 되는 까닭을 조목조목 들었습니다.

서양의 수출품은 공장에서 무제한적으로 생산하는 물건이며 백성의 일상생활에 아무 도움도 주지 못한다. 반면 조선은 토지에서 생산하는 농산품 위주로 유한한 것이다. 만약 조선의 농산품과 서양의 공산품을 교역한다면 조선의 경제가 파탄 날 것이다.

실제로 일본은 강화도 조약 이후 조선 땅에서 대량으로 곡식을 사 갔습니다. 그 결과 곡물 가격이 폭등하며 조선 백성의 삶은 더 어려워졌습니다. 어떤가요? 상당히 타당한 주장이지요?

이항로의 제자였던 최익현이 강화도 조약 체결 당시 '왜양일체론'을 주장하며 조약 체결에 반대했던 것도 같은 맥락입니다. 그는 일본인이 입는 옷과 사용하는 도구가 서양 사람 것과 같다는 점을 들며 일본을 서양과 동일하게 여겼습니다. 그리고 조선이 일본에 주도권을 빼앗긴 채로 조약을 맺는 것이니 그 조약은 믿을 수 없다고 했습니다. 최익현의 주장도 일리가 있었습니다.

개화 정책 추진에 반대했던 이만손은 '미국은 5~6만 리(약 20만 킬로미터)나 떨어져 있어 조선에 제때 도움을 줄 수 없다.'고 했습니다. 또 '러시아를 막는 데 미국의 힘을 빌리는 것은 다른 외적을 집안에 들이는 것'이라는 말도 했습니다. 그리고 《조선책략》만 믿고 러시아를 적으로 삼는다면 러시아가 침략할 수도 있다.'는 걱정도 했습니다.

어떤가요? 꼰대로만 생각하기에는 나라를 걱정하는 마음이 가득하지 않나요? 물론 이들의 주장에 한계가 있었던 것은 분명합니다. 위정척사 운동가들은 거의 유학자들이어서 기본적으로 조선의 유교 문화가 우월하다는 소중화 의식을 가지고 있었기에 중국을 제외한 외국은 '오랑캐'라며 무시했습니다. 이미 세상은 근대화 물결 속에 서로 교류하고 교역하는 것이 대세였는데, 통상 거부를 고수하며 기존의 것만을 지키려 한 것은 위정척사 운동가들의 한계입니다. 하지만 그들의 주장이 결코 반대를 위한 반대는 아니었다는 것도 분명한 사실입니다.

064

조선의 국모가
가짜 장례식을 치렀다고요?

고종의 비 명성황후는 시아버지 흥선대원군과 갈등이 아주 심했더라
고요. 대원군이 며느리 민비의 가짜 장례식까지 치를 정도였으니까
요. 아무리 미워도 그렇지, 어떻게 멀쩡하게 살아 있는 사람을 죽었
다고 했을까요? 도대체 흥선대원군은 며느리가 얼마나 미웠으면 가
짜로 장례식까지 치렀을까요?

임오군란이 일어나기 전 조선 정세는?

임오년인 1882년 7월, 서울 한복판에서 군인들이 왕비를 죽이겠다며 난을 일으켰습
니다. 이 사건을 임오군란이라고 합니다. 군인들은 왜 그랬을까요? 이 질문에 답하기
위해서는 먼저 난이 발생하기 전의 조선 상황을 살펴볼 필요가 있습니다.

강화도 조약 체결 이후 조선에는 서구 문물이 물밀듯이 들어왔고 정부는 다른 나
라에 뒤처지지 않기 위해 적극적으로 개화 정책을 추진해 나갔습니다. 이웃 나라인

일본과 청나라가 어떻게 근대화 정책을 추진하는지 살펴보기 위해 시찰단을 파견했으며, 특히 일본에 비밀리에 보낸 시찰단은 일본의 정치, 군사, 교육, 과학기술 등을 면밀히 조사하고 돌아왔습니다. 일본의 근대화를 직접 목격한 개화 세력은 더 뒤처지면 큰일나겠다는 생각에 적극적으로 서구식 근대화 개혁을 추진했습니다. 이때 군제를 개편하며 수도를 지키는 부대인 5군영을 2영으로 축소시키고 서구식 훈련을 받는 신식 군대 별기군을 창설했습니다.

근대화 과정에서 창설된 신식 군대 별기군. 군복 소매 끝 선은 계급을 나타낸다. 맨 오른쪽 사람이 인솔자이다.

민비를 잡아 죽여라!

1880년대 개화 정책을 추진하며 조선 정부는 재정 위기를 겪습니다. 성급하게 진행한 개화 정책으로 지출이 많았기 때문입니다. 그런데 1800년대 초반은 유독 가뭄이 심해 백성들의 삶이 어려웠고, 국가는 국가대로 세금이 제대로 걷히지 않아 고민이 많았습니다. 그런데도 집권 세력인 민씨 일파의 부정부패는 줄지 않았습니다.

이런 시기에 구식 군인인 2영 군사들의 봉급을 담당하던 선혜청 책임자 민겸호와 그의 수하들이 봉급으로 지급할 쌀로 농간을 부렸습니다. 당시 2영 군사들은 13개월이나 봉급을 받지 못해 불만이 커질 대로 커진 상태였습니다. 마침 전라도에서 세금으로 징수한 쌀이 서울에 도착해 구식 군인 1만여 명에게 한 달 치 쌀을 지급했는데 그 쌀에는 겨와 모래가 섞여 있어서 도저히 먹을 수가 없었습니다. 군인들의 심정이 어땠을까요?

화가 치밀어 오른 군인들은 민겸호의 수하인 창고지기들에게 항의했지만, 돌아오는 대답은 "그거라도 주는 걸 다행으로 알아라."는 것이었습니다. 군인들은 폭발했습니다. 시위가 거세지자 민겸호는 소동을 일으킨 주모자들을 잡아서 사형에 처하겠다며 주모자 4명을 체포했습니다. 군인들은 앞뒤 가리지 않고 벌 떼처럼 일어났습니다.

무기를 들고 일어선 군인들은 선혜청과 별기군을 급습했습니다. 왜 별기군을 공격했냐고요? 평소 구식 군인들은 별기군보다 낮은 대우를 받는 것에 속이 많이 상해 있었습니다. 별기군 주둔지에 쳐들어가 교관이던 일본 군인 호리모토를 살해하고 일본 공사관까지 습격했습니다. 또 권력의 중심 인물인 민겸호와 민창식 등을 살해하고 민비를 찾아 없애려 했습니다. 하지만 구식 군인들이 난을 일으켰다는 소식을 들은 민비는 궁녀 복장으로 갈아입고 재빨리 충주 장호원으로 몸을 피했습니다.

살아 있는데도 치러진 민비 장례식

흥선대원군이 구식 군인들의 지지를 얻어 다시 나랏일을 주도하게 되었습니다. 대원군은 그때까지 시행해 온 개화 정책을 중단시키고 죽지도 않은 민비의 장례식을 치렀습니다. 시신도 없는 상태에서 왕비의 옷을 펼쳐 놓고 치른 가짜 장례식이었습니다. 흥선대원군은 왜 이런 쇼를 벌였을까요? 민비가 죽었다는 것을 나라 안팎에 공표하고 권력을 자신에게 집중시키기 위함이었습니다.

하지만 대원군이 연출한 쇼는 오히려 본인에게 불리하게 작용했습니다. 관료들은 대원군에게 등을 돌렸습니다. 장호원에 숨어 있던 민비는 청나라에 사절로 가 있던 영선사 김윤식에게 급히 편지를 보내 청나라 군대의 파병을 요청했습니다. 그렇지 않아도 조선의 일에 간섭하고 싶어 기회를 노리고 있던 청나라 조정은 민비의 편지를 받자마자 바로 군사를 보냈습니다. 수천 명의 청나라 군사가 서울에 들어왔고 임오군란의 책임자로 흥선대원군을 지목해 청나라로 끌고 갔습니다. 흥선대원군은 3년 2개월 동안 청나라 땅에서 유배 생활을 해야 했습니다.

청군의 개입으로 임오군란은 끝났고 민비는 다시 서울로 돌아왔습니다. 하지만 청의 도움을 받은 조선은 청나라와 '조청 상민 수륙 무역 장정'을 맺고 여러 가지 혜택을 내주며 내정 간섭을 받게 됩니다. 조선 내부에서 일어난 정치 다툼을 스스로 해결하지 못한 탓에 다른 나라의 간섭을 받게 되는 어이없는 일이 벌어지고 말았습니다.

065

갑신정변 실패 후
주역들은 어떻게 지냈나요?

갑신정변의 주역들은 우정국 개국 축하연장을 피바다로 물들이면서
까지 정변을 일으켰는데, 그렇게 수립된 정부가 3일밖에 가지 않았
다니 너무 놀라워요. 조선의 근대 개혁이 지지부진한 것에 불만을 품
고 갑신정변을 일으킨 김옥균, 박영효, 서광범 등 정변의 주역들은
그 후 어떻게 살았나요?

급진개화파가 정변을 일으킨 배경은?

임오군란은 청나라 군대에 의해 진압되었습니다. 다른 나라의 힘을 빌려 나라 안의
분란을 해결한 것이지요. 그 결과 청나라 군인 3,000명이 조선에 주둔했고, 조선 정치
를 자문해 주겠다며 청 정부는 위안스카이, 묄렌도르프를 고문으로 파견해 내정 간
섭을 했습니다.

　이 시기 조선의 개화파는 둘로 쪼개졌습니다. 청나라의 도움을 받아 차근차근 개

갑신정변의 주역들(왼쪽부터 박영효, 서광범, 서재필, 김옥균). 급진 개화파의 쿠데타는 3일 만에 끝났다.

화 정책을 추진하자는 '온건 개화파'와 청의 내정 간섭에서 벗어나 자주적 독립 국가를 건설해야 한다는 '급진 개화파'로 나뉘었습니다. 온건파는 민씨 정권에 우호적인 김윤식과 김홍집이 주도했으며, 이들은 청의 양무운동을 개혁 추진 모델로 삼았습니다. 반면에 급진파는 김옥균, 박영효, 서재필 같은 젊은 지식인이 중심이었으며 일본의 메이지 유신을 모델 삼아 급진적으로 개혁을 추진하려 했습니다.

당시 조선 정부는 온건 개화파들이 장악하고 있어서 급진 개화파는 자기들이 지닌 포부를 펼치기가 쉽지 않았습니다. 게다가 근대화를 추진하려면 막대한 재정이 필요했는데 급진파의 주머니는 텅 비어 있었습니다. 김옥균은 일본으로부터 돈을 빌리려 했습니다. 하지만 이 일은 고종에게 보고까지 된 상태에서 교섭에 실패했습니다. 급진 개화파의 정치적 입지는 더욱 좁아졌습니다.

온건파에게 밀리며 정부 내 입지도 축소된 김옥균과 급진 개화파는 쿠데타를 일으켜 자기들의 의지대로 개혁을 추진하려 했습니다. 마침 베트남에서 프랑스와 청나라 사이에 전쟁이 발발해 청 정부는 조선에 주둔해 있던 청군 병력의 절반을 베트남으로 이동시켰습니다. 절호의 기회라고 판단한 김옥균은 일본 공사에게 자신의 계획을 밝히며 도와 달라고 요청했습니다. 일본 공사는 군대를 동원해 적극적으로 돕겠다고 약속했습니다.

거사 일시는 1884년 12월 4일 저녁 6시, 장소는 우정총국 개국 축하연장이었습니다. 왜 군이 이곳을 쿠데타 장소로 선택했냐고요? 지금의 우체국에 해당하는 우정총국의 개국 행사에 정부 고관들이 대거 참가할 예정이었기 때문입니다. 거사에 방해되는 사람들을 일일이 색출할 필요 없이 한 장소에서 모두 제거할 수 있는 기회였습니다. 쿠데타는 급진 개화파의 의도대로 성공했습니다(갑신정변).

3일 천하 갑신정변

하지만 갑신정변은 3일 만에 끝났습니다. 그들은 온건 개화파를 제거하고 정치적으로는 입헌군주제, 경제적으로는 세금 제도 개혁, 사회적으로는 신분제 철폐 등을 내세우며 개혁에 나섰으나, 청나라 군대의 개입으로 실패하고 말았습니다.

사실 급진 개화파의 주역들은 김옥균만 30대 초반이었고 다른 사람들은 20대였습니다. 심지어 서재필은 갓 스무 살에 불과했습니다. 이들은 혈기만 왕성했지 세상 물정에 어두웠고 정세를 판단하는 데 미숙했습니다. 여기에 거사만 일으키면 적극적으로 돕겠다고 약속했던 일본은 청군이 개입하자 불리하다고 판단해 도망쳐 버리고 말았습니다.

정변 실패 후 그들은?

정변 실패 후 정변의 주역들은 본국으로 도망치는 일본 공사관 직원들을 따라 일본으로 망명했습니다. 조선 정부는 이들을 반역자로 몰아 일본 정부에 돌려보낼 것을 요구했지만, 일본은 범죄인 인도 조약 미체결을 구실로 송환을 거부했습니다.

그렇다고 일본 정부가 망명한 급진 개화파 사람들을 적극 후원해 준 것도 아니었습니다. 외교 분쟁이 생길까 봐 지원을 꺼리며 천대했습니다. 이에 실망한 박영효, 서재필, 서광범은 일본을 떠나 미국으로 갔습니다. 하지만 정변의 핵심 인물인 김옥균은 일본에 남아 '이와타 슈사쿠'라고 개명하고 일본 정부의 협조를 얻어 뜻을 이루고 자 했습니다. 일본 정부가 지원했을까요? 가치가 없어진 그를 일본 정부가 대접해 줄 리 없었습니다. 그는 이곳저곳을 떠돌며 지내다가 조선이 파견한 자객 홍종우의 꾐에 넘어가 중국 상하이 여행 중 그곳에서 암살되었습니다.

한편 미국으로 떠난 박영효는 훗날 다시 일본으로 돌아왔다가 조선에서 갑오개혁 이 일어나자 서광범과 함께 입국해 개혁을 주도했습니다. 서재필은 미국에서 '필립 제이슨'으로 개명해 미국인 후원자의 도움으로 의과대학에서 세균학을 전공, 의사로 활약하며 일제 강점기 조국 독립운동에 투신합니다.

외국 상인의 한반도 진출로
조선 상인들도 이득을 보았다는데요?

개항 이후 우리나라에는 외국 상인들이 아주 많아졌다고 해요. 조선
을 상대로 한 무역도 활발했고요. 덕분에 외국 상인들은 큰돈을 벌었
을 것 같아요. 그런데 외국 상인뿐만 아니라 조선 상인들도 큰 이익을
보았다는데 어떻게 그럴 수 있었을까요?

우리 땅에 외국 상인들이 들어오다

한반도에 외국 상인이 들어와 장사를 한 것은 언제부터였을까요? 기록에 따르면 신
라 시대에 서역 상인이 들어와 교류했고, 고려 시대에는 무역항인 벽란도에 이슬람
상인들이 자주 출입했다고 합니다. 하지만 근대 조약에 의한 외국인의 본격적인 상행
위는 강화도 조약 이후입니다.

　일본은 강화도 조약을 체결하고 자국 상인의 한반도 내 상업 활동을 뒷받침하는

'조일 무역 규칙'을 맺었습니다. 이 규칙의 핵심은 '삼무(三無)'라고 할 수 있는데, 일본 상인의 '무관세', '무항세', '무제한 양곡 유출'을 허용한 것입니다.

조일 무역 규칙 체결로 자유롭게 물건을 팔며 이익을 보던 일본 상인들은 홍콩이나 마카오를 통해 대량으로 수입해 온 영국산 값싼 면직물을 조선 시장에 내다 팔며 엄청난 이익을 챙겼습니다. 당시 영국은 산업 혁명으로 면방직 공업이 발전해 공장에서 대량 생산한 면직물을 세계 곳곳에 팔았습니다. 이 면포를 조선 사람들은 '옥처럼 새하얀 서양 면포'라는 뜻으로 '옥양목'이라 했는데, 이 옷감이 전국 방방곡곡에서 싼 가격에 날개 돋친 듯이 팔리자 조선의 가내수공업은 폭삭 망하게 되었습니다. 또 일본 상인들이 자본력을 동원해 조선의 쌀을 무제한으로 사서 본국으로 가져가 버리니 조선에서는 쌀값이 폭등해 서민들의 피해가 이루 말할 수 없었습니다.

객주, 우리를 통해 교역하시오

강화도 조약이 체결되었을 당시 일본 상인들은 개항장 내 사방 10리(4킬로미터) 안에서만 상행위를 할 수 있었습니다. 강화도 조약 부속 조약으로 맺어진 조일 수호 조규 부록에 개항장 사방 10리 내에서만 무역을 허가한다는 규정이 있었기 때문입니다.

따라서 조선에 들어온 일본 상인들은 주로 개항장에서 도매업에 종사하며 조선인 객주를 통해 조선 각지에 물건을 유통시켰습니다. 객주가 뭐냐고요? 조선 후기 상공업이 융성해지면서 나타난 자본력이 있는 대상인과 그들이 운영하는 점포를 말합니다. 1880년대 부산에 44개, 원산에 10여 개, 인천에 40개 정도가 있었습니다. 객주는 일본 상인한테 영국산 면제품을 대량으로 사서 전국에 유통했고, 그들에게 조선의 곡물, 소가죽, 콩 등을 팔아 큰 이득을 취했습니다.

조선인 객주는 일본 상인과 국내 소상인들 사이에서 중계 무역을 하면서 그 대가로 매매액의 일부를 챙겼습니다. 따라서 조일 수호 조규 부록이 맺어진 개항 초기의 무역에서는 일본 상인들만 이익을 본 건 아닙니다. 이제 막 조선 땅에 들어온 사람들이라 조선 사정에 어두웠고 개항장 밖에서는 교역할 수 없었기 때문에 이를 객주가 적절히 활용하며 이익을 남겼습니다. 객주를 통해 영국산 면제품을 비롯한 서양 물품들을 공급받아 그것을 시장에서 판매한 소규모 상인들도 이득을 보았습니다. 그런데 문제는 이러한 중계 무역은 오래가지 못했다는 점입니다.

이제 한양으로 직접 가서 장사하자!

임오군란 이후 조선과 청나라가 맺은 조청 상민 수륙 무역 장정(1882)은 청나라 상인이 조선의 내륙으로 들어와 물건을 구입할 수 있는 권리를 인정했습니다. 청과 조선의 경제 협약이 체결되었다는 소식을 들은 영국은 조영 수호 통상 조약(1883)을 맺어 더 큰 권리를 얻어 냈습니다. 영국 상인이 한양까지 들어와 물건을 살 수 있는 권리에 팔 수 있는 권리까지 더한 것이었습니다(내지 무역).

영국과 조약이 체결되자 개항장 안팎을 오가며 이득을 보던 조선인 객주는 점차 설 자리를 잃어 갔습니다. 청나라 상인과 영국 상인이 직접 내지로 들어와 물건을 매매했기에 객주들이 중간 이득을 취할 수 없었습니다. 한편 영국에 허용한 내지 무역권은 다른 외국의 상인들에게도 허용할 수밖에 없었습니다. 당시 조선이 외국과 맺은 조약에는 '최혜국 대우'라는 조항이 들어 있었기 때문입니다. 이게 뭐냐고요? 조선으로부터 최혜국 대우를 받은 나라는 다른 나라가 받는 혜택을 우선적으로 보장받는다는 내용입니다. 즉, 조선이 영국에 내지 통상권을 준다면 최혜국 대우 조항을 인정받은 모든 나라는 별도의 조약 체결 없이 내지 통상을 할 수 있다는 뜻입니다.

'최혜국 대우' 조항 때문에 내지 무역권은 자동적으로 미국을 비롯한 일본과 러시아 상인에게도 적용되었습니다. 이들은 조선인 객주의 힘을 빌리지 않고도 수도 서울을 비롯한 전국의 시장에서 상업 활동을 할 수 있게 되었습니다.

객주를 비롯한 조선 상인들은 중계 무역의 이점을 누리지 못하게 되었고 외국 상인들과 직접 경쟁할 수밖에 없었습니다. 부산, 목포, 군산, 인천 등 개항장의 객주들은 공동으로 자본을 모아 상회사, 객주회 같은 조합을 조직해 금융업, 해운업에 투자하며 일본을 비롯한 외국 상인들의 대자본에 대항했습니다. 그러나 막강한 자본력으로 밀고 들어오는 외국 상인에 견주면 왜소하기만 했습니다. 요즘 식으로 말하면, 대형 마트에 대항하기 위해 조직한 골목상권 연합이나 다름없었습니다. 결국 조선 상인들은 나날이 위축될 수밖에 없었고 조선의 경제는 외국 상인, 그중에서도 일본 상인 손에 좌지우지되는 지경에 이르게 되었습니다.

농민들의 세상이
왔다고요?

고부 군수 조병갑의 폭정에 항의하며 발생한 민란은 동학 농민 운동으로 확대되었어요. 이후 전봉준이 이끄는 농민군은 전라도 지방을 중앙 정부의 간섭을 받지 않는 자치 구역으로 관할했다고 합니다. 당시 왕조 국가였던 조선에서 어떻게 민중들에 의한 자치 행정이 가능했을까요?

농민들은 왜 난을 일으켰을까?

1894년 갑오년이었습니다. 서민층, 그중에서도 농민들은 거듭된 흉년과 지방관들의 수탈, 외세의 경제 침탈 등으로 하루도 편할 날이 없었습니다. 이러한 시기에 '동학'에 기댄 호남 지역 농민들이 민란을 일으켰습니다. 직접적인 발단은 고부(지금의 전북 정읍시 고부면) 군수 조병갑의 만석보 사건이었습니다.

보(洑)는 하천의 물을 농사에 이용하기 위해 가두어 두는 시설입니다. 평야 지대인

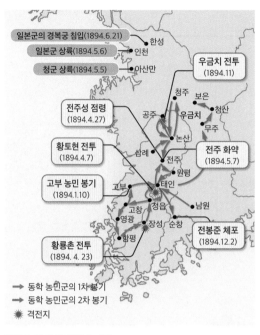

일본군의 경복궁 침입(1894.6.21)
일본군 상륙(1894.5.6)
청군 상륙(1894.5.5)

한성
인천
아산만

우금치 전투
(1894.11)

전주성 점령
(1894.4.27)

청주 보은
공주 우금치 청산
무주
논산

황토현 전투
(1894.4.7)

삼례
전주
원평

전주 화약
(1894.5.7)

고부 농민 봉기
(1894.1.10)

고부
태인
남원

고창 정읍
영광 장성 순창

전봉준 체포
(1894.12.2)

황룡촌 전투
(1894. 4. 23)

함평

→ 동학 농민군의 1차 봉기
→ 동학 농민군의 2차 봉기
✳ 격전지

동학 농민 운동의 전개 과정

고부군은 정읍천과 태인천이 흐르는 상류에 보를 설치해 두어서 아주 심한 가뭄이 아니면 농사짓는 데 지장이 없었습니다. 그런데 고부 군수로 온 조병갑은 가뭄에 대비한다는 명분으로 기존 보가 있는 지점보다 하류에 농민들을 강제 동원해 새 보를 쌓게 하고는 이 보를 '만석보'라 했습니다.

가을에 수확하고 세금 걷을 시기가 되자 조병갑은 새 보의 물을 사용해 농사를 지었다며 물세 명목으로 농민들에게 세금을 물렸습니다. 새 보가 없어도 농사짓는 데 지장이 없었는데, 굳이 사람들을 동원해 새 보를 쌓더니 세금까지 내라 하니 농민들은 어이가 없었습니다. 참지 못한 농민들은 전봉준의 주도로 힘을 합쳐 고부 관아를 점령하고 조병갑을 군 경계선 밖으로 내쫓았습니다. 이 사건을 '고부 농민 봉기'라고 합니다. 이 봉기는 정부가 나서서 신임 군수를 파견하며 일단락되는 듯했습니다.

그런데 사건을 조사하러 온 안핵사 이용태가 조병갑 편에서 관련자들을 엄하게 처벌하며 농민들을 탄압했습니다. 이에 전봉준은 다시 사람들을 불러 모아 농민군을 결성하고 정부에 탐관오리 파면을 요구하며 대규모 난을 일으켰습니다. 농민군은 세력을 확대해 정읍, 고창, 영광, 함평까지 진출하며 전라도 서부 지역을 장악했습니다. 다급해진 정부는 중앙군을 보내 농민군을 진압하려 했지만 장성 황룡촌 전투에서 패배했으며, 농민군은 기세를 몰아 전라도의 중심 도시 전주까지 점령했습니다.

농민들의 개혁 정치는 잘 이루어졌을까?

전주가 점령되었다는 소식을 들은 정부는 충격에 빠졌습니다. 당시 집권 세력인 민씨 일파는 농민군의 기세에 놀라 황급히 청나라에 농민군 토벌을 요청했습니다. 조선 내정에 간섭할 기회만 엿보고 있던 청군은 5월 3일 아산만으로 병력을 파견했습니다. 그러자 일본군도 같이 움직였습니다. 갑신정변 이후 청나라 군대와 일본 군대의 충돌을 피하기 위해 1885년 청과 일본 사이에 맺어진 톈진 조약에는 "청과 일본 양국의 군대는 조선에서 동시 철병하되, 향후 조선의 변란으로 군대를 파병할 시 상대국에 미리 알린다."는 내용이 담겨 있었습니다. 그런데 청나라 군대가 조선 정부의 요청을 일본에 알리지 않고 곧장 조선에 군대를 보냈습니다. 일본은 조약 위반이라며 자국의 군대를 인천항으로 파병했습니다.

조선 정부로서는 빈대 잡으려다 초가삼간 태우는 꼴이 되고 말았습니다. 내란을 진압하려고 외세의 힘을 빌렸더니 자칫하다가는 조선 땅을 청과 일본의 전쟁터로 만들 위기에 처하게 했습니다. 민씨 정권은 청과 일본 두 나라 군대를 내보내기 위해 전주로 관리를 보냈고, 농민군과 전쟁을 끝내기 위한 협상을 극적으로 타결시켰습니다(전주 화약). 전주 화약의 주요 내용은 "농민군의 신변을 보장하고 잘못된 정치를 개혁한다."는 것이었습니다. 이후 정부는 외세의 간섭 없이 내정을 개혁하기 위한 기구로 서울에 교정청을 설치해 운영했으며, 농민군은 자신들이 장악한 전라도 지역 내에 자치 행정 기관인 집강소를 설치해 치안을 유지하며 악습 없애기에 나섰습니다.

동학 농민군이 집강소를 통해 실시했던 폐정 개혁은 매우 획기적이었습니다. 정기적으로 내던 세금을 축소하고, 갖은 구실을 대며 수령들이 받아 갔던 잡다한 세금들을 없애 나갔습니다. 또 부당하게 세금을 요구했던 수령들을 몰아냈으며, 장기적으로는 직접 농사짓는 농민들에게 균등하게 토지를 분배하려 했습니다. 사회적으로는 신분 평등을 이루고자 노비 문서를 불태우고 과부가 재혼할 수 있도록 했습니다.

잡혀가는 전봉준. 전봉준은 동학 농민군 지도자 5명과 함께 사형을 선고받았다. 근대 사법제도 출범 후 최초의 사형 선고였다.

농민 주도 개혁 정치 실패로 끝나다

전주 화약의 체결로 일본군과 청군은 조선에 머물러야 할 이유가 사라졌습니다. 하지만 일본군은 철군하지 않고 버티며 농민들이 반란을 일으킨 것은 내정 개혁이 제대로 되지 않았기 때문이라면서 대신 개혁해 주겠다고 주장했습니다. 조선 정부가 교정청에서 자체적으로 개혁을 추진하고 있으니 군대를 물리라고 다시 요청하자, 이번에는 임금이 사는 궁궐을 점령하고 조정에 압력을 넣어 일본식 개혁을 하도록 했습니다(갑오개혁). 또 아산만에 머무르고 있던 청군을 기습 공격하며 조선에 대한 주도권을 놓고 청과 전쟁을 벌였습니다(청일 전쟁).

전주에 지휘부가 있던 동학 농민군은 내정 간섭에 나선 일본을 보고만 있을 수 없었습니다. 조선 땅이 외세의 침탈장이 되는 것을 막고자 정부와 서둘러 화약을 체결했는데, 의도와는 다르게 서울에서는 일본의 내정 간섭이 심해지고, 조선 땅 곳곳이 청과 일본의 싸움터가 되고 있었습니다. 전봉준은 다시 농민군을 일으켜 서울로 진격해 일본 세력을 힘으로 밀어내려 했습니다. 하지만 우세한 화력을 지닌 일본군과 관군에 밀려 공주 우금치에서 대패하고 농민군은 뿔뿔이 흩어지게 되었습니다. 1년여에 걸쳐 진행된 동학 농민 운동은 이로써 끝을 맺게 되었습니다.

068

신분제가 철폐되었으니
바로 평등한 세상이 되었겠지요?

날이 추워졌다고 동복을 입으라는 안내를 받았어요. 학교 방송도 하고 가정통신문도 보내지만 모든 학생들이 동복으로 갈아입는 데는 시간이 많이 걸려요. 조선 정부는 1894년 7월 30일에 공식적으로 신분제 철폐를 선언했습니다. 모든 사람이 평등해진 거지요. 그런데 실제 조선 사회는 어땠나요? 바로 평등한 세상이 되었나요?

신분제가 폐지되다

1894년에는 동학 농민 운동, 청일 전쟁, 갑오개혁이 동시다발적으로 일어났습니다. 그런데 이 사건들은 서로 연관이 있습니다. 동학 농민군을 진압하겠다고 들어온 일본군에게 경복궁이 점령당하며 갑오개혁이 시작되었고 청일 전쟁도 벌어지게 됩니다.

일본의 강압으로 추진된 갑오개혁은 크게 세 차례로 나누어 진행되었습니다. 그런데 특이하게도 일본의 강요로 추진된 1차 갑오개혁(1894년 7월~11월)이 실제로는 조선 정부의 주도로 시행되었습니다. 왜 그랬을까요? 일본은 조선 내정을 간섭하려고 궁궐을 점령하고 고종을 압박해 내정 개혁을 단행했지만 청일 전쟁을 개시하면서 전쟁에 전력을 쏟았습니다. 그러다 보니 정작 자기들이 대신해 주겠다고 큰소리친 개혁에는 관심을 두지 않았습니다. 1차 갑오개혁은 조선 정부가 개혁을 위해 협의체 기구로 만든 '군국기무처' 주도로 시행되었습니다.

군국기무처는 조선 근대화에 필요한 여러 개혁을 단행했는데, 그중 핵심은 수천 년간 존재한 신분제를 철폐한 것입니다. 신분제 철폐 노력은 오랜 시간 동안 차근차근 진행되어 왔습니다. 1801년 국가 관청에 소속된 노비인 공노비를 해방시켰고, 1882년에는 평민은 물론 천민도 관직에 진출할 수 있도록 했습니다. 1886년에는 노비 세습제를 폐지했습니다. 하지만 이러한 노력이 신분제 완전 철폐로 이어지지는 못했습니다. 급진 개화파가 갑신정변을 일으켰을 때도 신분제 철폐를 계획했지만 정변의 실패로 무산되었고, 동학 농민군이 집강소를 설치해 다시 시도했지만 일본군의 간섭 속에 실패하고 말았습니다. 이처럼 여러 차례에 걸쳐 간헐적으로 추진되어 왔던 신분제가 마침내 1894년 7월 30일 군국기무처에 의해 완전히 철폐되었습니다.

과연 평등한 세상이 되었을까?

이제 조선 사람들은 법적으로 모두 평등해졌습니다. 신분제가 폐지되자 일부 노비는 옛 주인을 욕하고 때리는 굴욕을 주기도 했습니다. 하지만 땅을 가진 지주들이 대부분 양반이기 때문에 여전히 그들의 땅을 부치며 눌러사는 노비도 많았습니다. 법적으로는 신분제가 완전히 없어졌지만 현실에서는 노비로 사는 사람들이 여전히 있었습니다. 천민에 대한 차별 대우도 폐지되었으나 실제로는 천민을 천시하는 사회 풍조가 계속 이어졌습니다. 특히 가축을 잡는 도살업에 종사했던 천민에 대한 차별 대우는 아주 오래 지속되었습니다.

차별받았어도 떳떳한 삶을 산 백정 부자(父子)

백정을 차별하고 천대하는 사회 분위기에서도 당당한 삶을 산 백정이 있었습니다. 박성춘 부자(父子)입니다. 이들은 일찍이 기독교 신자가 되었고 백정의 신분 해방 운동을 주도했습니다. 박성춘은 1898년 10월 말 독립협회의 주도로 관민공동회가 열리자 첫 연설자로 나서 개막 연설을 했습니다.

나라를 위하고 백성을 편하게 하는 길은 관민이 합심한 연후에야 가능합니다. 천막에 비유하건대 1개의 장대로 받치면 천막을 칠 수 없으나 많은 장대로 받치면 능히 천막을 견고하게 칠 수 있습니다. 원컨대 관민 전체가 합심해 우리 대황제의 성덕에 보답하고 만만세를 누립시다.

이 연설은 많은 사람의 호응을 얻으며 박수갈채를 받았습니다. 박성춘의 아들 박서양은 제중원 의학교에 입학해 의술을 공부했습니다. 동기생들은 백정의 아들이라고 무시했지만 박서양은 당당히 말했습니다. "내 속에 있는 백정의 피를 보지 말고 과학의 피를 보라." 이후 그는 의학교를 졸업해 한국 최초의 외과 의사가 되었습니다.

박서양의 활약은 여기서 그치지 않았습니다. 1910년 한일 병합 조약으로 우리 국권이 일본으로 넘어가며 식민지가 되자 그는 간도로 넘어가 의료 활동을 하며 독립운동에 투신했습니다. 나라는 백정을 무시하고 천대했으나, 백정 박성춘과 박서양 부자는 나라의 독립에 헌신하는 삶을 살았습니다.

069

고종은 왜 하필
러시아 공사관으로 피신했나요?

오늘 덕수궁에 갔다가 근처에 있는 '고종의 길'을 걸었어요. 이 길은
고종 임금과 순종 임금이 비밀리에 궁궐을 빠져나가 러시아 공사관
으로 피신할 때 이용했던 길이래요. 왕조 국가에서 최고의 권위를 가
진 임금이 왜 몰래 궁을 빠져나갔을까요? 당시 궁에서는 무슨 일이
있었나요?

을미년에 일어난 일

을미년인 1895년 청일 전쟁이 일본의 승리로 끝났습니다. 일본은 청과 시모노세키 조
약을 맺어 대만과 요동반도를 얻었습니다. 이때 이를 탐탁지 않게 여긴 나라가 있었
습니다. 바로 러시아입니다. 당시 러시아는 호시탐탐 만주와 조선을 노리고 있었기 때
문에 일본의 세력 확장을 경계했습니다. 러시아는 프랑스와 독일을 끌어들여 일본이
요동반도를 다시 청에 돌려주도록 만들었습니다(삼국 간섭). 일본이 요동반도를 차지

하면 동양 평화에 해롭다는 이유에서였습니다. 하지만 이는 구실에 불과했고, 만주로 세력을 확장하려는 러시아의 남하 정책에 방해가 되기 때문이었습니다.

조선 정부는 러시아의 힘도 만만치 않다는 것을 알았습니다. 민비는 일본의 간섭에서 벗어나기 위해 러시아의 힘을 이용하기로 결심하고 친러파 인사 위주로 정부를 구성했습니다. 자기들 손아귀에 들어왔다고 생각한 조선이 갑자기 벗어나려 하자 일본은 가만있지 않았습니다. 눈엣가시였던 민비를 결국 살해했습니다(을미사변). 일본에서 데려온 낭인들을 시켜 저지른 범죄였습니다.

이런 천인공노할 일을 저지르고도 일본은 범죄 사실을 은폐하려 했습니다. 평소 민비와 사이가 좋지 않은 흥선대원군에게 모든 책임을 떠넘길 생각이었습니다. 그러나 사람들은 민비 살해의 배후에 일본 정부가 있음을 알고 있었습니다. 이러한 정치 상황에서 고종은 어떤 선택을 할 수 있었을까요?

궁궐을 탈출하는 고종 부자

'아관파천'을 아시나요? 부인 민비가 살해되고 생명에 위협을 느낀 고종이 러시아 공사관으로 피신한 사건을 말합니다. 하지만 고종은 애초에 러시아 공사관에 몸을 맡길 의사가 없었습니다.

고종은 민비가 살해당한 후 자신도 암살당할지 모른다는 불안함에 잠을 이루지 못했고 독살을 우려해 한동안은 서양 선교사들이 가져다준 음식만 먹었습니다. 또한 밤에는 선교사 2명이 짝을 지어 고종을 특별 경호했습니다.

이런 지옥 같은 상황에서 벗어나고자 고종은 궁궐을 떠나 자신의 몸을 확실히 보호할 수 있는 곳으로 피신하려 했습니다. 을미사변이 일어난 지 50일 만인 1895년 11월 28일, 선교사 언더우드와 동료들은 고종과 세자(순종)를 경복궁 동문인 춘생문을 통해 미국 공사관으로 대피시키려 했습니다. 하지만 궁궐 경호를 책임지고 있던 친위대 대대장 이진호의 배신으로 김홍집 친일 내각에 발각되었고, 이 계획은 실패하고 말았습니다(춘생문 사건).

고종, 다시 탈출을 시도하다

고종은 춘생문 사건 이후에도 왕궁 탈출 계획을 포기하지 않았습니다. 미국 공사관으로 탈출 시도가 사전에 여러 사람이 알고 있어서 실패했다고 판단한 고종은 이번에는 최소 인원만으로 탈출 계획을 세웠습니다. 총애했던 엄귀비를 통해 친러파들과 연결해 러시아 공사관으로 피신하려 했습니다.

드디어 기회가 왔습니다. 일본의 지지를 받으며 조정을 이끌고 있던 김홍집 내각이 을미개혁을 단행하며 백성들에게 머리를 짧게 깎으라는 단발령을 선포했습니다. 이에 많은 유생들이 크게 반발했고 전국 각처에서 의병 운동이 일어났습니다. 이들 의병 진압에 친위대 병력이 동원되며 궁궐 수비가 잠시 소홀해졌습니다. 1896년 2월 11일, 고종 부자는 궁녀의 가마를 타고 러시아 공사관으로 들어갔습니다.

고종은 러시아 공사관에서 살며 일본이 주도해 만든 김홍집 내각을 해산하고 1894년부터 친일 내각이 추진한 갑오개혁과 을미개혁을 중단시켰습니다. 내각을 이끌었던 김홍집은 서울 시내에서 군중에게 몰매를 맞아 죽었고, 어윤중도 귀양 가는 길에 살해되었습니다. 이제 나랏일은 친러파 위주로 구성된 친러 내각이 운영되었습니다.

아관파천 당시 고종이 러시아 공사관으로 거처를 옮길 때 이용했던 길. 왼쪽 위에 러시아 공사관이 보인다.

아관파천 당시 고종이 피신했던 길은 현재 '고종의 길'이라는 이름으로 복원되어 걷기 코스가 되어 있습니다. 서울 중구에 있는 덕수궁 서북쪽 구세군 서울제일교회 건너편에서 정동공원을 지나 옛 러시아 공사관으로 이어지는 길입니다. 1896년 고종 부자는 이 길을 이용해 러시아 공사관으로 들어갔습니다.

070

서재필은 고종에게 받은
4,400원으로 무엇을 했나요?

아관파천으로 어수선하던 조선에 미국에서 의사로 활동하던 필립 제이슨이라는 사람이 들어왔습니다. 그런데 사실은 이 사람이 미국인으로 귀화한 서재필이라고 해요. 미국에서 잘 살던 그는 왜 다시 조선 땅에 들어왔을까요? 그리고 고종은 왜 서재필에게 4,400원이라는 지원금을 주었나요?

미국인이 3,000원으로 만든 《독립신문》

서재필은 1884년 갑신정변에 참여했던 급진 개화파의 일원입니다. 정변 실패 후 일본을 거쳐 미국으로 건너가 의과대학을 졸업한 후 의사로 활동했습니다. 그런 그가 1895년 12월 다시 조선으로 돌아왔습니다. 고종은 서재필에게 4,400원을 하사했습니다. 짜장면 한 그릇 값도 안 되는 적은 돈이지요? 하지만 당시 최고 관리인 정1품 총리의 연봉이 5,000원이었으니 지금으로 치면 수억 원쯤 되는 큰돈이었습니다. 그런

서재필은 고종에게 하사받은 돈으로 《독립신문》을 창간했다. 신문의 한 면은 민중들이 쉽게 읽을 수 있게 한글로, 반대 면은 영문으로 작성해 한국의 사정을 정확하게 외국에 알릴 수 있도록 했다.

큰돈을 고종은 왜 서재필에게 주었을까요?

　서재필은 고종에게 하사받은 돈에서 3,000원을 들여 1896년 4월 7일 《독립신문》을 창간했습니다. 그래서 지금도 해마다 4월 7일을 '신문의 날'로 지정해 기념하고 있습니다. 그런데 서재필은 왜 신문을 발행했을까요? 근대 의식이 부족한 민중들에게 서구 문물과 민주주의 사상, 관습의 개혁 등을 깨우치게 하려는 의도였습니다. 그래서 신문 한 면은 민중들이 쉽게 읽을 수 있도록 한글로, 반대쪽 면은 영문으로 작성해 한국의 사정을 정확하게 외국에 알릴 수 있도록 했습니다. 이러한 계몽 활동을 통해 그가 최종적으로 목표한 것은 국민 전체가 정치에 참여하는 '근대 국민 국가 수립'이었습니다.

《독립신문》의 성공, 독립협회 창설로 이어지다!

《독립신문》 발행 후 서재필은 지식인들과 힘을 합쳐 독립협회를 만들었습니다. 그가 협회를 만든 이유는 '자주독립, 자유 민권, 자강 개혁'을 추진하기 위함이었습니다.

　독립협회는 청나라 사절단을 맞이하던 영은문을 헐어 버리고 그 자리에 독립문을

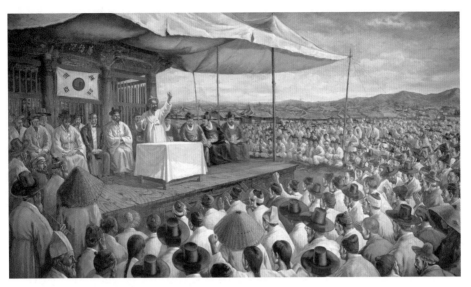

관민공동회에서 개막 연설을 하는 박성춘. 1898년 10월에 관리와 백성이 참여한 관민공동회는 백정 출신 박성춘이 개막 연설을 할 정도로 진보적이었으며, 정부에 올리는 헌의 6조를 결의했다.

세웠습니다. 독립문 건립은 《독립신문》 사설에서 밝혔듯이 "중국뿐 아니라 일본, 러시아, 유럽 열강으로부터 독립"을 선포하고 자주독립을 달성하겠다는 뜻을 담고 있습니다. 한편 독립협회는 아관파천 이후 러시아로 이권이 너무 많이 넘어가는 것을 저지하기 위한 여론 조성에도 적극적이었습니다.

1898년 봄에 독립협회 주도로 러시아의 이권 침탈을 저지하는 대중 집회가 종로에서 열렸습니다. 많은 사람이 함께 참여한다는 뜻에서 집회의 이름을 '만민공동회'라 지었습니다. 이 집회에는 1만 명이 넘는 사람들이 모여 러시아의 이권 침탈과 조선 정부의 비자주적 외교를 규탄하며 고종에게 상소문을 올렸습니다. 고종과 정부는 만민공동회의 주장을 대부분 수용해 당시 러시아가 요구하던 한러 은행 설립과 부산 절영도 조차(한 나라가 다른 나라의 영토 일부를 빌려 통치하는 일) 요구를 거절했습니다.

같은 해 10월 말에는 관리와 백성들이 함께 참여한 '관민공동회'를 열었습니다. 개막 연설을 백정 출신 박성춘이 했을 정도로 진보적이었으며, 이 집회에서 정부에 올리는 6개 조의 건의문(헌의 6조)을 결의했습니다. 이날 결의된 헌의 6조는 자주적 전

제 황권의 강화, 이권 양도의 반대, 예산 공개, 중추원을 개조해 국민의 뜻을 반영할
의회 설립 등 자주 외교와 국정 대개혁에 관한 것이었습니다. 고종은 헌의 6조를 그
대로 수용했습니다.

독립협회의 해체와 한계

그러나 당시 정부는 독립협회의 의회 설립 운동을 비난하며 고종의 승낙하에 보부상
단체인 황국협회를 동원해 독립협회를 해체시켰습니다. 아니, 고종이 승인했다면서
요? 고종은 헌의 6조를 승인했지만, 수구파 관료들이 독립협회의 의회 설치 요구가
공화제(대통령제)로 바꾸려는 꿈수라고 지적하자 독립협회 해산을 명령한 것입니다.

그럼 독립협회를 이끌고 있던 서재필은 어떻게 되었을까요? 서재필은 첫 번째 만
민공동회 개최 후 미국으로 돌아갔습니다. 만민공동회에 많은 사람이 참여해 정부
에 압력 행사한 것을 못마땅하게 생각했던 조정 대신들은 당시 중추원 고문으로 있
던 서재필을 고문직에서 해임하고 미국 공사에게 항의해 그가 미국으로 자진 귀국하
게 만들었습니다.

하지만 독립협회는 서재필이 떠난 후에도 의회 정치를 기반으로 한 근대 국민 국
가를 만들기 위해 계속 노력했습니다. 물론 독립협회 활동에도 한계는 있었습니다.
독립협회 활동의 최종 목표는 '자주독립'이었지만, 이는 러시아와 청나라로부터 자주
성 회복을 뜻했습니다. 당시 조선은 일본에 대한 견제가 가장 시급했는데《독립신문》
과 독립협회는 일본을 견제하는 활동에는 관심이 없었습니다. 의병 활동을 비난한 것
도 한계라고 할 수 있습니다.《독립신문》은 의병을 도둑이나 강도를 뜻하는 '비도'라
고 폄하했습니다. 또 기독교를 믿는 나라들은 강하고 부유하게 산다고 공공연하게 말
하며 서양 문화와 종교를 미화하기도 했습니다.

071

한말 의병장 중에
여성도 있었다고요?

지금은 여군이 장군으로 진급하는 일도 드문 일이 아니지만, 예전에 우리나라 군대는 남자들만의 세계였다고 해요. 그런데 일제 강점기 의병장 중에도 여성 의병장이 있었다고 해요. 오랫동안 남성 중심 사회였던 조선에 여성 의병장이 있었다니 너무 놀라워요. 그 여성 의병장은 누구인가요?

의병 투쟁이 일어나다.

일제의 국권 침탈에 반발해 일어난 의병 운동은 대한제국이 망하기 전까지 크게 세 차례에 걸쳐 발생했습니다. 첫 번째는 명성황후를 시해한 을미사변(1895)과 단발령 시행에 반발해 일어난 '을미의병'입니다. 두 번째는 대한제국의 외교권을 박탈한 을사조약(1905)에 반발해 일어난 '을사의병'입니다. 세 번째는 고종의 강제 퇴위와 군대의 강제 해산, 정미7조약 체결(1907) 등을 계기로 전국 각처에서 일어난 '정미의병'입니다.

을미의병 당시 의병장은 모두 양반 남성이었습니다. 아무래도 신분이 높고 많이 배운 사람들이 병사를 모으기 수월했기 때문입니다. 그러나 을사의병부터는 신돌석 같은 평민 출신 의병장이 등장합니다. 그리고 의병 활동이 활발해지면서 여성 의병장도 등장했습니다.

"나라를 구하는 데 여자와 남자가 따로 있습니까?"

최초의 여성 의병장은 윤희순입니다. 윤희순이 의병장으로 활동한 것은 시아버지 유홍석의 영향이 컸습니다. 유홍석은 을미의병의 대표 의병장이었던 유인석과 같은 집안으로 집안 전체가 위정척사 운동에 뛰어든 가문이었습니다.

유홍석은 명성황후가 시해되는 을미사변(1895)이 일어나자 강원도 춘천에서 의병을 일으켰습니다. 이때 윤희순은 의병들을 위해 음식을 만들고 옷을 지어 주었으며, 〈안사람 의병가〉라는 노래를 만들어 의병들의 사기를 북돋워 주었습니다. 그리고 정미의병 때는 본인이 직접 '안사람 의병대'를 조직해 군사 훈련까지 했습니다.

1910년 일제에 의해 대한제국이 병합되자 윤희순은 가족과 함께 만주로 갔습니다.

최초의 여성 의병장 윤희순의 초상(오른쪽)과 그가 지은 〈안사람 의병가〉(왼쪽). 윤희순은 정미의병 당시 '안사람 의병대'를 조직해 군사 훈련까지 했다.

만주에서도 의병 활동을 위한 군자금 모금을 하며 독립운동가 우당 이회영의 도움을 받아 '노학당'이라는 학교를 건립해 인재 양성에 나섰습니다.

1913년 시아버지가 죽고 뒤를 이어 남편마저 사망했습니다. 하지만 윤희순은 아픔을 추스를 시간도 갖지 않고 장남 유돈상과 함께 가족 부대인 '조선독립단'을 창설해 일제에 항거했습니다. 그러나 아들이 1935년 일본 경찰에 사로잡혀 고문 끝에 죽자, 이로 인한 충격 때문이었는지 윤희순도 얼마 후에 사망했습니다. 그의 나이 일흔다섯으로 유씨 가문에 시집온 후 줄곧 조국 독립에 헌신한 굳건한 일생이었습니다.

"죽어도 같이 죽고 살아도 같이 살자." 부부 의병장 양방매

전남 영암에는 양방매라는 여성 의병장이 있었습니다. 집안사람이 모두 의병이었고 남편 강무경은 의병장이었습니다. 가족들이 모두 의병이었기 때문에 양방매도 마음가짐이 남달랐습니다.

의병을 토벌하기 위해 일본군이 영암까지 쳐들어오자 강무경은 일본군을 상대로 전투를 벌였습니다. 이때 강무경은 아내에게 집에 안전하게 있을 것을 권유했습니다. 하지만 양방매는 "죽어도 같이 죽고 살아도 같이 살자."며 남편과 함께 부부 의병장으로 활약했습니다.

1909년 1년 동안 강무경과 양방매 부부는 함께 전투에 참여하며 일본 군경을 상대로 전과를 올렸습니다. 그러나 호남 의병들의 활약에 곤욕을 치르던 일본군이 '남한 대토벌 작전'이라는 공세를 펼치자 호남 지역의 많은 의병장들이 죽거나 체포되었습니다. 이때 강무경과 양방매도 붙잡혀 형무소에 갇혔습니다. 안타깝게도 강무경은 형무소에서 죽었고, 양방매는 벙어리 행세를 하며 겨우 살아나 고향으로 돌아왔습니다. 그 후 홀로 살다가 1986년 아흔여섯에 세상을 떠났습니다.

072

안중근은 의사일까요?
테러리스트일까요?

1909년 10월 26일 안중근은 중국의 하얼빈에서 조선 침략의 원흉 이
토 히로부미를 저격했어요. 이 일을 우리나라에서는 의로운 일이라
는 뜻에서 '의거'라고 하고 안중근을 '의사'로 존경합니다. 하지만 일
본의 정치인 중에는 안중근을 '테러리스트'라고 하는 사람도 있어요.
안중근은 의사인가요, 테러리스트인가요?

조선을 침탈하는 일본에 대항한 사람들

1905년 11월 17일 일본은 대한제국의 외교권을 빼앗고 내정을 간섭하기 위해 강제
로 조약을 체결했습니다. 이 조약을 '을사년에 억지로 맺은 조약'이라 해서 '을사늑약'
이라 합니다. '늑약(勒約)'은 '억지로 맺은 조약'이라는 뜻입니다.

을사늑약이 체결되었다는 소식이 전해지자, 전국 각지에서 철회를 요구하는 투
쟁이 벌어졌습니다. 장지연은 《황성신문》에 '이날을 목 놓아 통곡한다.'는 뜻의 논설

〈시일야방성대곡〉을 게재해 일본의 악독함과 조약 체결에 찬성한 대신 5명의 매국 행위를 격하게 비판했습니다. 임금의 경호 비서로 있던 시종무관 민영환은 항의의 뜻으로 자결했으며, 서울의 시전 상인들은 상점을 폐쇄하며 일제의 부당함에 항의했습니다. 지방에서는 최익현과 신돌석 등이 의병을 조직해 일본군 토벌에 나섰으며, 조병세, 이상설, 안병찬은 상소를 올려 조약 폐기를 요청했습니다. 나철과 오기호는 '5적 암살단'을 조직해 늑약 체결에 앞장선 매국 관리의 집에 불을 지르고 친일파 조직인 일진회를 습격했습니다.

국내뿐 아니라 미국에서도 의거 활동이 일어났습니다. 1904년 일본의 요청으로 한국에서 외교 고문으로 일한 스티븐스의 망언이 발단이었습니다. 그는 미국으로 돌아간 후 "이완용 같은 충신이 있고 이토 히로부미 통감이 있으니 한국은 큰 행복이다."라는 말을 하고 다녀 한인들의 심기를 자극했습니다. 전명운은 샌프란시스코 오클랜드역에서 워싱턴으로 가려던 그를 저격했습니다. 하지만 전명운의 저격은 실패했고, 같은 생각으로 역에 와 있던 장인환의 총에 스티븐스는 죽었습니다. 전명운과 장인환이 동지였냐고요? 아닙니다. 놀랍게도 둘은 전혀 모르는 사이였습니다. 스티븐스를 처단해야겠다는 생각만으로 두 사람은 각자 오클랜드역에 온 것이었습니다. 장인환은 2급 살인죄로 25년형을 선고받았으나 감형되어 10년 후 출옥했습니다. 전명운은 살인죄에 대한 증거 불충분으로 무죄로 풀려났습니다. 이 사건 이후 전명운은 러시아 연해주로 가 안중근을 만났고 함께 조국 독립에 대한 의지를 다졌습니다. 이 또한 인연이라면 큰 인연이라 할 수 있습니다.

안중근, 침략의 원흉을 쏘다!

1907년부터 연해주에서 활동한 의병 부대 대한의군의 참모중장이었던 안중근은 국내 진공 작전을 벌여 일본 군인을 포로로 잡았습니다. 하지만 인도적 차원에서 국제 규범인 만국공법에 따라 포로를 풀어 주었습니다. 이 일로 의병 부대의 위치가 노출되었고 이후 일본군의 반격을 받아 큰 타격을 입었습니다. 안중근은 다시 의병 부대

러시아 연해주에 있는 단지동맹 기념비. 안중근은 연해주에서 동지 11명과 손가락을 자르는 '단지동맹'을 결성하고 조선 침략의 원흉 이토 히로부미를 암살하겠다고 맹세했다.

를 조직해 활동하고자 했으나 이 사건의 후유증으로 의병들을 모을 수 없었습니다.

1909년 3월 안중근은 의병 활동이 아닌 다른 활동을 결심합니다. 두만강을 사이에 두고 조선 국경과 가까운 연해주 땅에서 동지 11명과 함께 손가락을 자르는 '단지동맹'을 결성하고 조선 침략의 원흉 이토 히로부미를 암살하겠다는 맹세를 했습니다.

1909년 9월 이토 히로부미가 만주에 온다는 소식을 들은 안중근은 치밀한 사전 계획과 준비를 마치고 10월 26일 하얼빈역에 내리는 조선 침략의 원흉 이토를 저격했습니다.

독립운동가들은 테러리스트인가?

일본의 장관과 총리를 역임한 사람이 안중근을 '테러리스트'라고 했습니다. '테러리스트'라고 하면 '알카에다'나 '아이에스(IS)' 같은 이슬람 극단주의 무장 단체가 떠오릅니다. 이들과 안중근, 윤봉길, 이봉창 같은 독립운동가들을 같다고 할 수 있을까요?

알카에다나 아이에스(IS)는 목적 달성을 위해서라면 민간인 대량 학살도 서슴지 않습니다. 2001년 9월 11일 알카에다는 항공기를 이용해 미국 뉴욕의 쌍둥이 빌딩에

재판받는 안중근(제일 오른쪽). 안중근은 재판정에서 대한제국 참모중장의 자격으로 이토 히로부미를 사살했으니 살인자가 아닌 적군의 전쟁 포로로 대우해 줄 것을 당당하게 요구했다.

자살 테러를 감행했고, 3,000여 명의 무고한 희생자를 낳았습니다. 아이에스(IS) 대원들은 수단과 방법을 가리지 않으며 무차별적으로 민간인을 사살했습니다. 이들과 조국 독립을 위해 의롭게 행동한 독립운동가를 동일 선상에 놓고 평가하는 것은 적절하지 않습니다.

안중근을 비롯한 독립운동가들의 저격 대상은 일본의 민간인이 아니었습니다. 일본 정부의 주요 인사들로, 우리 땅을 식민지로 만들고 우리 민중의 삶을 피폐하게 하는 데 앞장섰던 주역들이었습니다. 의사들은 이들을 선택적으로 처단한 것이며 일본 민간인을 상대로 무차별 폭력을 저지른 것이 아닙니다.

안중근 의사의 재판 당시 상황을 보더라도 테러리스트라고 칭할 수 없는 사실이 분명히 드러납니다. 그는 재판정에서 "나는 대한의군 참모중장의 자격으로 이토 히로부미를 사살한 것이니 살인자가 아닌 적군의 전쟁 포로로 대우해 줄 것"을 당당하게 요구했습니다. 또한 "한중일 삼국의 평화를 지키기 위해 침략의 원흉 이토 히로부미를 처단한 것"이라고 진술했습니다. 일제 강점기 조선의 독립운동가들을 테러리스트로 보는 것은 타당하지 않습니다.

073

사진만 보고 1만 킬로미터를 찾아가 결혼한 사람들이 있다고요?

대학생 언니를 보니까 소개팅 상대를 만나기도 전에 SNS에서 사진도 찾아보고 글 올린 것도 읽어 보고 그러더라고요. 그런데 100여 년전에 사진 한 장만 보고 결혼을 결정하고 한국에서 하와이까지 간 신부들이 있었대요. 결혼은 사람한테 굉장히 중요한 일인데, 무슨 사연이 있었던 건가요?

한국인의 미국 이민이 시작되다

대한제국 시기 우리 민족의 해외 이민사를 이야기하면, "우아! 그때도 미국으로 이민을 가다니, 세상 좋았네요!"라고 감탄하는 학생이 더러 있습니다. 정말 그랬을까요? 그때 사람들은 미국이 좋아서 이민을 떠났을까요?

우리 민족의 미국 이민이 시작된 것은 대한제국 시절인 1902년입니다. 당시 미국 하와이는 사탕수수 재배 농장이 많았는데 농장의 일손이 많이 부족했습니다. 주한 미

하와이로 이민 간 한인들. 이민자들의 하와이 생활은 호락호락하지 않았다. 새벽 4시부터 12시간 넘게 일해서 받는 하루 품삯은 고작 50~70센트였다.

국 공사였던 알렌은 고종 황제를 설득해 이민 조약을 체결했습니다. 대한제국 정부는 '수민원'이라는 이민 업무 담당 부서를 만들어 홍보했지만 하와이 이민 지원자는 0명 이었습니다. 지금까지 한 번도 들어 본 적 없는 땅 '하와이'로 선뜻 이민을 결심하는 사람이 없었습니다. 그러자 선교를 위해 국내에 들어와 있던 미국의 개신교 선교사들이 나섰습니다. 그들은 이민을 독려하기 위해 '사람들의 천국 미국에 가는 것은 하나님의 뜻이자 은혜'라고 선전했습니다. 선교사들의 노력 때문이었을까요? 지원자가 늘어나더니 마침내 86명의 조선 사람이 하와이의 사탕수수 농장 노동자로 가게 되었습니다.

이후에도 하와이 이민은 계속되었습니다. 지원자를 많이 모을 수 있도록 신문에 광고도 냈는데, "하와이는 겨울이 없어 1년 내내 일할 수 있고, 돈도 많이 벌 수 있는 지상 낙원"이라고 선전했습니다. 이런 광고가 효과가 있었는지 1905년 이민 정책이 중단될 때까지 7,000여 명의 조선 사람이 하와이로 이주했습니다.

과연 하와이는 '지상 낙원'이었을까요? 이민자들의 하와이 생활은 호락호락하지 않았습니다. 새벽 4시부터 하루 12시간 넘게 뙤약볕 밑에서 일했고, 고된 노동과 외로움 때문인지 술과 도박에 빠지는 사람도 많았습니다. 인종 차별도 당했습니다. 작업복에는 죄수복처럼 번호가 쓰여 있었고 함께 일하는 동료와 이야기라도 하면 바로 등짝에 채찍이 날아왔습니다. 그렇다고 급여를 많이 받은 것도 아니었습니다. 하루 품삯으로 50~70센트를 받아 겨우 먹고살 정도밖에 되지 않았습니다.

현실이 이러하니 이민자 중 일부는 하와이를 탈출해 미국 본토나 멕시코로 재이주하기도 했습니다. 하지만 멕시코도 열악한 노동 환경은 비슷했습니다. 낙심한 사람들이 자살하거나 도망치다 죽는 일도 있었습니다. 그렇게 사망한 사람이 무려 400명이 넘었습니다.

사진 한 장 보고 1만 킬로미터를 건너간 신부들

하와이 이주 노동자들에게 큰 걱정이 하나 있었습니다. 노동 이민을 떠난 이들은 거의가 혈기 왕성한 젊은이들이었습니다. 힘든 노동일이어서 남성의 수가 여성보다 10배 정도 많았습니다. 말도 통하지 않는 이국땅에서 결혼 적령기를 넘기게 되자, 노동자들은 국내로 사진을 보내 신붓감을 찾았습니다.

사진만 보고 신랑을 정해 하와이로 건너간 신부들과 그들이 낳은 아이들

국내에서 사진만 보고 인연이 닿은 신부들은 신랑의 사진 한 장만 달랑 들고 1만 킬로미터를 건너 하와이로 갔습니다. 그런데 웃지 못할 일이 벌어졌습니다. 노동자들이 보낸 사진은 자신이 젊었을 때 찍은 사진이었습니다. 젊고 환하게 나온 사진에 반해 태평양을 건너온 신부들은 깜짝 놀랐습니다. 그 사이 나이도 든 데다 뙤약볕에 그을려 까맣게 탄 남자들이 마중 나와 있었던 것입니다. 이런 황당한 사연 속에서 하와이에 정착한 신부가 1,000명이 넘었습니다.

결혼한 부부들은 잘 살았을까요? 물론 잘 산 부부도 있었습니다. 하지만 신부와 신랑의 나이 차이가 거의 열 살 이상이고 열악한 형편에 갑자기 달라진 환경을 견디지 못해 자살하거나 도망간 신부도 있었습니다.

사진으로 맺어진 부부, 나라를 되찾고자 힘쓰다

사진으로 인연을 맺어 성공적인 삶을 산 부부도 있었습니다. 권도인과 이희경 부부 이야기입니다. 1912년에 사진으로 만나 결혼한 이 부부는 노동을 하며 돈을 모아 하와이에서 가구 사업을 시작했습니다. 대나무발 커튼을 개발해 사업에 성공한 부부는 돈을 많이 벌게 되자 조국의 독립운동에 힘을 보탰습니다. 남편 권도인은 독립운동 자금을 1만 달러 이상 기부했고, 1941년에 일본이 하와이 진주만을 기습 공격했을 때는 직접 민병대로 참여했습니다. 비록 미군이지만 자신의 아들을 입대시켜 항일 투쟁에 힘쓰기도 했습니다. 아내 이희경도 1919년부터 해방이 될 때까지 조국 광복을 위해 '대한 부인 구제회', '대한인 국민회'에 참여해 독립운동 자금을 모아 대한민국 임시 정부에 자금을 전달했습니다. 이들은 오직 사진만으로 이어진 부부지만 서로 힘을 합쳐 어려움을 헤쳐가며 조국의 독립운동에도 큰 힘을 보탰습니다.

074

양복·양산·양말·양주의 '양'이 서양을 뜻한다고요?

우리 주변을 살펴보면 '양' 자가 들어간 물건이 참 많아요. 양말, 양복, 양식 등. 이 이름들은 근대화 시기에 서양의 문화와 물건이 들어오면 서 붙여진 이름이래요. 왜 '양'이라는 말이 붙었을까요?

서구 문물이 수입되다

1876년 개항 이후 우리나라에 서구 문물이 들어오기 시작했습니다. 그런데 이 시기 들어온 외래 문물은 바로 우리 생활 속으로 깊숙이 들어오지는 않았습니다. 위정척 사 운동이 거세게 일어나며 서양 세력과 교류 자체를 부정했기 때문입니다. 그렇다고 나라 문을 계속 걸어 잠그고 있을 수는 없었습니다. 나라 망한다고 통상 수교 거부를 외치며 전국에 위정척사 운동 바람이 불어도 안개처럼 스며드는 외래 문물의 도입을 막아 낼 수는 없었습니다.

이렇게 도입된 서양 문물의 확대를 잘 보여 주는 사례가 고종의 양복 착용입니다. 을미개혁 때 친일 김홍집 내각은 단발령을 공포하며 이를 전국적으로 정착시키기 위해 고종을 압박해 서양식 단발을 하게 했습니다. 이때 고종은 양복도 입었습니다.

근대화기로 접어들자 여성도 치마저고리 대신 원피스, 슈트, 재킷, 블라우스 같은 양장 차림을 했습니다. 복장이 바뀌자 액세서리도 달라졌습니다. 얼굴을 가리기 위해 썼던 여성의 장옷과 쓰개치마가 사라지며 양산이 그것들을 대신했습니다. 또 버선 대신에 양말을 신고, 가죽신은 뾰족구두로 바뀌었습니다.

음식은 어땠을까요? 대한제국 황실의 연회에 최고급 서양 음식이 나왔으며 밥 대신 빵을 먹기도 하고 샴페인으로 건배를 하기도 했습니다. 서양식 찻집도 생겼습니다. 1890년대에 커피가 소개되면서 인천 개항장에 지어진 대불호텔에는 커피숍이 들어서기도 했습니다. 당시 사람들은 커피를 '가비차'라고 했습니다. 고종은 커피를 무척 좋아해 경운궁(지금의 덕수궁)에 서구식 건축 양식으로 '정관헌'을 지어 놓고 휴식을 취하거나 외교 사절단을 접견하며 커피를 자주 마셨다고 합니다.

덕수궁 정관헌. 커피를 좋아한 고종은 정관헌에서 휴식하거나 외교 사절을 접견하며 커피를 자주 마셨다고 한다.

한편 커피는 고종을 독살하는 도구로 사용되기도 했습니다. 1898년 고종의 생일이었습니다. 고종의 총애를 받다가 권력을 남용한 죄로 유배를 간 러시아어 통역관 김홍륙이 불만을 품고 사건을 저질렀습니다. 자신의 심복을 시켜 고종과 세자의 커피에 다량의 아편을 넣었습니다. 커피 맛이 이상하다고 느낀 고종은 바로 뱉어 내 무사했지만, 무심코 삼켜 버린 순종은 후유증을 앓아 죽을 때까지 고생했습니다. 궁궐 안에서 이런 일이 있었으니 암살 위협을 느낀 고종이 수라간에서 만든 음식을 거부했던 것도 이해가 됩니다. 김홍륙 독차 사건은 아직 사건의 전모가 드러나지 않아 여러 가지 설이 떠돌고 있는데 당시 사건을 소재로 2012년에는 영화 〈가비〉가 만들어지기도 했습니다.

히트 치는 중국과 일본의 음식들

서양 문물뿐 아니라 중국과 일본의 문물도 근대화기에 우리 땅에 들어와 유행했습니다. 개항장 인천에는 청나라와 일본 상인들이 경쟁적으로 들어와 살면서 어묵, 호떡, 만두, 우동 같은 음식을 팔았습니다. 그중에서도 당시 인천에서 유명해진 음식이 있으니, 중국 음식의 대명사 '짜장면'입니다. 중국 음식 짜장면은 조청 상민 수륙 무역 장정 체결 이후 조선에 들어온 청나라 노동자들이 발전시킨 음식입니다. 저임금에 힘든 일을 하던 노동자들에게는 간단하면서도 빨리, 값싸게 먹을 수 있는 음식이 필요했습니다. 그래서 중국 식당 주인들은 고기와 채소를 넣고 볶은 춘장에 면을 비벼서 바로 먹을 수 있는 짜장면을 개발했습니다. 인천에서 최초로 짜장면을 판매한 곳은 1905년에 개업한 중식당 '산동회관(공화춘)'입니다.

어떤가요? 우리가 입고 있는 옷과 먹고 있는 음식에도 흥미로운 역사가 담겨 있지요? 아, 호떡은 왜 '호떡'이냐고요? '호(胡)'는 '오랑캐'를 뜻하는 한자로 '청나라 떡'이라는 뜻에서 붙여진 이름입니다. 그럼 호빵은 청나라 빵일까요? 그건 아닙니다. 호빵은 우리나라 기업에서 '뜨거우니 호호 불어 먹는 빵'이라는 뜻에서 붙인 제품명입니다.

7

일제 식민 지배와
민족 운동의 전개

075 한일 병합 조약에는 순종의 서명이 없었다고요?

076 헌병 경찰과 보통 경찰은 어떻게 달랐나요?

077 동양척식주식회사는 무슨 일을 하는 회사였나요?

078 신흥무관학교를 세운 사람들은 누구인가요?

079 3·1 운동의 시작점은 일본 도쿄였다면서요?

080 대한민국 임시 정부에도 탄핵된 대통령이 있다고요?

081 봉오동과 청산리 영웅들은 모두 어디로 갔나요?

082 우리나라에도 공산당이 있었다고요?

083 학생 독립운동 기념일은 왜 11월 3일인가요?

084 의열단원들이 의열 투쟁을 계속했던 이유는 무엇인가요?

085 일본군을 탈출해서 광복군이 된 사람이 있다고요?

086 한글은 서울역 창고에서 다시 태어났다면서요?

087 매주 수요일 일본 대사관 앞에 사람들이 모이는 이유는 무엇인가요?

088 우리나라가 세계에서 두 번째로 원자폭탄 희생자가 많다고요?

089 일제 강점기에 고향을 떠난 사람들은 어떻게 되었나요?

075

한일 병합 조약에는
순종의 서명이 없었다고요?

얼마 전에 서울 남산 자락에 있는 통감부 관저 터에 갔다가 "한일
병합 조약이 체결된 곳"이라는 설명을 들었어요. 통감부 관저라면
1905년 을사늑약 체결 이후 일제가 설치한 한국 통감부 일인자인
통감이 살던 집인데, 어떻게 이런 곳에서 나라와 나라 간의 조약이
체결되었나요?

조약은 어떻게 체결될까?

혹시 친구들과 약속할 때 각서를 써 본 적이 있나요? 각서는 언제 쓸까요? 아주 중요
한 일이 있을 때 작성하겠지요. 그럼 각서에는 무슨 내용이 들어갈까요? 서로 약속한
내용이 들어가고, 약속을 지키지 않았을 때는 어떻게 할지도 들어가겠지요. 또 뭐가
들어갈까요? 약속한 당사자 또는 증인의 이름과 서명 또는 도장이 들어갈 것입니다.

국가 간에도 서로 약속을 합니다. 이를 '조약'이라고 하지요. 조약을 체결할 때는 먼저 각 나라를 대표하는 대표자가 서로 만나 조약문을 작성합니다. 조약은 법과 동일한 힘을 가지므로 대표들은 신중하게 논의해 조약문을 작성해야 합니다.

조약문 작성을 완료하면 각 나라 대표는 자기 나라 정부로 조약문을 보냅니다. 정부에서는 대표가 보내온 조약문의 내용을 검토해 문제가 없으면 최고 결정권자의 승인을 받습니다. 이를 '비준'이라고 합니다. 우리나라는 대통령의 서명으로 '비준'이 이루어집니다.

아, 한 가지가 빠졌네요. 민주주의 국가에서는 국민의 뜻을 반영하는 것이 중요합니다. 따라서 국가 안전 보장이나 국민 생활에 큰 영향을 미치는 조약은 최고 결정권자의 비준 전에 국회의 동의를 받아야 합니다. 우리나라는 국회 동의를 받아야 하는 경우를 헌법 제60조 제1항에 명시하고 있습니다. 이러한 비준 절차를 거쳐 두 나라는 비준서를 교환하고 조약을 발표합니다.

어때요? 국가 간 조약 체결이 생각만큼 간단한 일이 아니지요? 그런데 말입니다, 대한제국 시기 일본과 맺은 조약들은 국가 간 조약인데도 이런 절차들을 무시하고 체결되었습니다. 일본이 군대를 동원해 대한제국 정부를 협박해 강제로 체결한 경우가 대부분이었습니다. 한일 병합 조약도 마찬가지였습니다. 최고 결정권자인 순종황제의 서명조차 없는 이상한 조약이었습니다.

눈물 마를 날 없었던 대한제국

1905년 을사늑약 체결로 대한제국은 일본에 강제로 외교권을 빼앗겼습니다. 고종은 을사늑약이 강제로 체결되었다는 것을 세계에 알리고 국제 사회의 도움을 얻고자 1907년 네덜란드 헤이그에서 열린 만국평화회의에 이준, 이상설, 이위종을 특사로 파견했습니다. 3명의 특사는 회의장에서 을사늑약의 문제점을 알리고자 노력했습니다. 하지만 일본의 방해와 국제 사회의 무관심으로 이들의 노력은 성과를 거두지 못했습니다. 오히려 일본은 고종이 몰래 특사를 파견해 일본을 망신시켰다며 강제로 황제 자리에서 물러나게 하고, 황태자인 순종을 즉위시켰습니다.

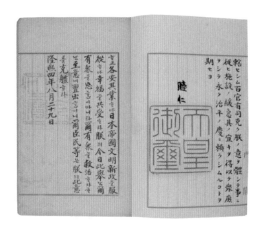

일본 측 한일 병합 조칙(오른쪽)에는 천황이 국새를 찍고 '무쓰히토(睦仁)'라고 서명했지만, 조선 측 조칙(왼쪽)에는 국새가 아닌 어새가 찍혀 있고 순종황제의 이름 '척(坧)'도 빠져 있다. 어새는 행정적 결재에만 사용하는 도장이다. 이 문서의 공개로 한일 병합 조약 무효 주장은 더욱 힘을 얻었다.

이후 일본은 대한제국의 목을 더 조이기 위해 정미7조약(한일 신협약)을 체결했습니다. 중앙 정부 각 부처의 차관을 일본인으로 두게 했으며, 부속 조약을 만들어 군대까지 해산시켰습니다. 1909년에는 기유각서를 체결해 사법권마저도 빼앗았습니다. 대한제국은 외교권도, 군대도, 사법권도 없는 허수아비 국가가 되고 말았습니다.

대한제국의 운명은?

1910년 8월 22일, 통감 데라우치 마사타케와 대한제국 총리대신 이완용이 통감부 관저에서 만났습니다. 대한제국을 일본의 식민지로 만들기 위한 한일 병합 조약을 체결하기 위해서였습니다. 이완용은 순종황제에게 교섭 대표로 임명받아 간 것이라고 했지만, 임명장은 순종황제가 아니라 통감부에서 전달한 것이었습니다. 이는 조약이 일본의 강요로 체결되었다는 명백한 증거입니다. 이완용은 이 자리에서 "대한제국의 통치권을 영구히 그리고 완전히 일본 황제에게 넘긴다."는 한일 병합 조약에 서명했습니다.

대한제국 정부에서는 조약 체결을 위한 회의도 없었습니다. 최고 통수권자인 순종

황제의 비준도 없었습니다. 일본 정부의 지시를 받은 통감부는 대한제국 내의 모든 집회를 금지해, 조약에 반대하는 사람들의 입에 재갈을 물렸습니다.

8월 29일 마침내 순종황제의 이름으로 조약 체결이 공식 발표되었습니다. 하지만 황제의 명령을 알리는 발표문인 조칙에는 순종황제의 서명도, 국가 공식 도장인 국새도 찍혀 있지 않았습니다. 3년 전 강제로 퇴위당한 고종황제의 어새만 찍혀 있었는데, 그 어새조차 누군가 훔쳐서 찍은 것이었습니다. 이처럼 한일 병합 조약은 대표 임명과 교섭, 회의, 비준, 발표에 이르기까지, 절차대로 한 것이 한 가지도 없는 조약이었습니다. 불법이었고 무효였습니다.

하지만 대한제국은 일본에 속수무책으로 당하며 역사 속으로 사라졌습니다. 일제 강점기 36년의 시작이었습니다. 일본은 조선을 일본에 넘기는 데 공을 세운 사람들에게 일본 귀족 칭호와 함께 큰 상금을 주었습니다. 또 경복궁 앞에 조선 총독부를 세우고 우리 땅을 자기들 마음대로 통치했습니다.

076

헌병 경찰과 보통 경찰은
어떻게 달랐나요?

1910년대에 헌병 경찰 제도가 있었다면서요? 경찰이면 경찰이지,
왜 앞에 '헌병'이 붙나요? 헌병 경찰은 우리가 알고 있는 일반 경찰
과 무엇이 다른가요?

경찰이면 경찰이지 헌병 경찰은 또 무엇이더냐?

영화나 드라마에서 탈영한 군인을 체포하는 장면을 본 적이 있나요? 탈영병을 붙잡는
군인의 헬멧에는 "헌병"이라는 글자가 찍혀 있습니다. 헌병은 '군대 내 질서를 유지하
고 범법자를 체포해 조사하는 군인'을 말합니다. 쉽게 말하면 '군인들의 경찰'입니다.

1910년대 식민지 조선에는 헌병 경찰이 있었습니다. 이 헌병 경찰이 하는 일은 지
금 우리가 생각하는 헌병과 달랐습니다. 이들은 군인인데도 민간인을 대상으로 경

찰 업무를 수행했습니다. 총칼을 차고 거리를 돌아다니며 사람들을 검문검색하고, 범법 행위를 적발했던 이들은 1910년대 잔혹했던 일제의 무단 통치를 상징했습니다.

헌병 경찰은 어떤 일을 했나?

1910년 6월 24일, 통감부는 대한제국 정부와 '한국 경찰권 위탁 각서'를 체결해 경찰권을 넘겨받았습니다. 이제 통감부는 치안을 유지하는 경찰권마저 장악했습니다. 통감부는 우리나라에 주둔하고 있던 한국 주차 헌병대(나중에 조선 헌병대로 변경)에게 경찰 업무를 담당하게 했습니다. 이때부터 우리 땅에서 경찰 업무는 일본 헌병이 맡았습니다.

1910년 한일 병합 조약이 체결된 이후부터 1919년 3·1 운동 이전까지 일제의 통치 방식을 '무단 통치' 또는 '헌병 경찰 통치'라고 합니다. 이때의 통치를 '무단 통치'라고 하는 까닭은 우리 민족의 의사는 전혀 반영하지 않고 자기들 마음대로 무력 통치를 했기 때문입니다. 일제는 식민 통치의 최고 기관인 조선 총독부를 이끄는 조선 총독을 군 출신자로 임명했습니다. 왜 그랬냐고요? 우리 민족을 꼼짝도 하지 못하게 하기 위해서였습니다.

또한 일제는 태형 제도를 부활시켰습니다. 태형은 죄인의 엉덩이를 단단한 매로 후려치는 형벌입니다. 비인간적인 처벌이라 갑오개혁 때 폐지한 형벌을 일제가 다시 도입했습니다. 범죄자에 대한 즉결 처분권도 이때 생겼습니다. 여기에 일제는 조선인의 언론·출판·집회·결사의 자유를 박탈했으며, 관리와 교사에게 제복을 입히고 칼을 차도록 했습니다. 교사가 제복을 입고 칼을 찬 채 수업을 진행했다니, 1910년대 '무단 통치'가 어떤 분위기였을지 상상이 되나요?

왜 이런 무지막지한 무단 통치를 '헌병 경찰 통치'라고도 하냐고요? 무단 통치의 중심에 헌병 경찰 제도가 있기 때문입니다. 헌병 사령관은 본래 일반 경찰이 맡아야 할 경무총감(지금의 경찰청장)을 겸했고, 각 도에 주둔하고 있는 헌병 대장들은 경무부장(지금의 지방 경찰청장)을 함께 맡았습니다. 당시 근무했던 경찰의 인원을 보면 헌병 경찰은 8,000명이었는데 보통 경찰은 6,000명 정도로 헌병 경찰의 수가 훨씬 많았습니다.

그럼 헌병 경찰은 어떤 일을 했을까요? 그들이 했던 일은 아주 다양합니다. 독립운동가를 색출하는 일, 신문과 출판물을 단속하는 일, 서당과 학교를 감독하는 일뿐만 아니라 세금 납부를 독촉하고, 여권을 발급하는 일까지 했습니다. 그뿐인가요? 검사가 하는 일을 대신 할 수도 있었고, 판사의 일까지 대신해서 재판을 진행할 수 있었습니다. 권한이 얼마나 막강했는지 짐작이 가지요? 그중에서도 헌병 경찰이 가진 가장 강력한 무기는 '즉결 처분권'이었습니다. 즉결 처분권은 헌병 경찰이 조선인을 재판하지 않고도 즉시 처벌할 수 있는 권한입니다. 조선인 전체를 전쟁터의 군인처럼 다뤘다고 말할 수 있습니다. 현실이 이러했으니 1910년대 조선인에게 인권은 없는 것이나 마찬가지였습니다.

조선인에게 즉결 처분으로 가장 많이 집행되었던 형벌은 앞서 이야기한 태형입니다. 헌병 경찰들은 사소한 잘못에도 즉결 처분권을 행사하며 몽둥이질을 해 댔습니다. 자기 집 앞을 청소하지 않았다며 태형 20대를 내리거나, 헌병 경찰이 지시한 길로 가지 않았다고 태형 5대를 처분한 일도 있었습니다. 즉결 처분이 아닌 재판을 받는 경우는 더 참혹했습니다. 재판을 받기 위해서는 조사를 받아야 했는데, 조사받는 과정에서 혹독한 고문과 협박이 자행되었습니다. 이러니 조선 사람들은 즉결 처분을 받든 재판을 받든, 상상을 초월하는 고통을 견뎌야 했으며, 때로 크게 다치거나 심하면 목숨을 잃었습니다.

3·1 운동 이후에 달라진 통치 정책

1919년 3월 1일, 마침내 우리 민족의 분노가 폭발했습니다. 3·1 운동으로 조선 총독부는 힘으로 억누르며 조선인을 통치하는 것이 더이상 힘들다는 것을 깨달았습니다. 일제는 통치 정책을 바꾸기로 했습니다. 이른바 '문화 통치'가 시작되었습니다.

이제 조선인도 일본인과 동등한 대우를 받을 수 있다.

3·1 운동 이후 새로 취임한 조선 총독 사이토 마코토가 새로운 통치 정책을 발표했습니다. 헌병 경찰 제도와 조선 태형령을 폐지했습니다. 조선인에게 투표권을 주고, 정치 참여도 보장하고, 언론과 출판의 자유도 허용하겠다고 했습니다.

하지만 이 모든 것은 조선인을 분열시키고 친일파를 늘리려는 기만술이었습니다. 헌병 경찰 제도를 보통 경찰 제도로 바꾸겠다고 했지만, 헌병 경찰을 보통 경찰이라고 이름만 바꾼 것에 불과했습니다. 게다가 경찰의 수를 3배 이상 늘려 우리 민족을 더욱 촘촘하게 감시했습니다. 언론과 출판도 허용하는 모양새만 취하고 더 철저하게 감시하며 탄압했습니다. 조선인에게 투표권을 주고 정치 참여도 보장하겠다는 말도 허울에 불과했습니다. 이미 존재했던 중추원을 확대해 총독 자문 기구로 활용했지만, 그저 일본의 통치에 협조한 자들에게 관직을 주기 위한 회유책에 불과했습니다.

문화 통치의 현실이 이러했으니 모든 것은 사탕발림일 뿐이었습니다. 그런데 문제는 이러한 조선 총독부의 속임수에 넘어가는 지식인들이 있었다는 것입니다. 춘원 이광수 같은 사람이 바로 그런 사람입니다. 그는 잡지 《개벽》에 〈민족개조론〉을 발표해 아래와 같은 주장을 했습니다.

지금까지 우리는 온통 일본을 적으로만 여겨 왔다. 하지만 이제 조선은 새롭게 나아가야 할 필요가 있다. 우리 조선은 앞으로 일본이 허락하는 울타리 안에서 발전해 나가자.

총독부의 속임수에 넘어간 지식인들은 일본의 식민 지배를 인정하고, 조선을 발전시키겠다면서 조선 총독부에 적극 협조했습니다. 일본이 무단 통치에서 문화 통치로 정책을 바꾼 의도를 제대로 이해하지 못하고 속아 넘어간 결과였습니다. 문화 통치는 친일파를 만들어 우리 민족을 분열시키겠다는 더욱 악랄해진 일본의 술책일 뿐이었습니다.

077

동양척식주식회사는
무슨 일을 하는 회사였나요?

오늘 서울 명동에 갔다가 나석주 의사 동상을 봤어요. 설명글을 읽어 보니 동양척식주식회사에 폭탄을 던졌다고 쓰여 있더군요. 나석주 의사는 왜 동양척식주식회사에 폭탄을 던졌나요? 동양척식주식회사는 어떤 일을 하던 곳이었나요?

동양척식주식회사는 어떻게 탄생했나?

1908년 동양척식주식회사(약칭 '동척')가 탄생했습니다. 겉으로는 한일 합작을 표방했지만 사실은 일본의 강요로 설립한 회사였습니다. 1909년 서울에서 업무를 시작한 이 회사의 설립 목적은 '조선의 생활 수준을 높여 문명의 혜택을 누리도록 한다.'는 것이었습니다. 그러나 이름만 봐도 조선 사람들에게 도움을 주려고 만든 회사가 아니라는 걸 알 수 있습니다. '척식(拓植)'이라는 말을 사전에서 찾아보면 '다른 나라의 영토나 버려진 땅을 개척해 자국민의 이주와 정착을 촉진하는 것'이라고 나옵니다. 동척은 일본인의 조선 이주와 정착을 장려하고 지원하기 위해 만든 회사였습니다. 그래서 회사를 세울 당시에도 설립 목적에 의문을 제기하는 사람들이 있었습니다. 일본은 일본인이 조선에 많이 이주할수록 조선의 생활 향상에 보탬이 된다는 황당한 주장을 늘어 놓았습니다.

동양척식주식회사는 조선에서 어떤 일을 했나?

1910년대 실시한 토지 조사 사업으로 동양척식주식회사는 조선 최대의 지주가 되었습니다. 대한제국 정부와 황실이 소유했던 땅이 총독부 소유가 되었는데, 총독부가 이 땅을 동척에서 관리하도록 했기 때문입니다.

대한제국 정부나 황실의 땅에서 농사를 짓던 농민들은 주인이 동척으로 바뀌자 거의 2배 가까이 오른 소작료를 내야 했습니다. 농민들은 터무니없이 오른 소작료를 감당할 수 없어 거부했지만 동척 뒤에는 총독부가 버티고 있었습니다. 결국 수탈을 견

일제 강점기 당시 동양척식주식회사. 조선 총독부가 대한제국 황실의 땅을 싼값에 넘겨 동척은 조선 최대의 지주가 되었으며 조선 지배의 거점 구실을 했다.

디지 못한 사람들은 정든 고향을 떠나거나, 동척에서 운영하는 농장에서 품삯을 받고 일하는 일용직 노동자로 전락했습니다.

한편 막대한 자본을 바탕으로 동척은 대출 사업도 진행했습니다. 그들은 먹고살기 힘든 조선인에게 돈을 빌려주고 높은 이자를 붙여 대출금을 갚도록 했습니다. 이자가 높다는 것을 알면서도 당장 돈이 급한 사람들은 동척에서 돈을 빌릴 수밖에 없었습니다. 돈을 갚지 못하면 토지까지 빼앗겼기 때문에 농민들의 삶은 더욱 피폐해졌습니다. 동척은요? 당연히 더 많은 땅을 가진 땅부자가 되어 갔지요.

이런 방법으로 약탈한 땅을 동척은 조선으로 이민 온 일본인에게 싼값에 분양해 주었습니다. 일본 사람들은 대박을 꿈꾸며 조선으로 대거 들어왔고, 조선 사람들은 만주나 연해주로 이주하거나 일본에서 일용직 노동자로 어렵게 살았습니다.

1920년대에 접어들면서 동척과 일본인 지주, 친일 조선인 지주를 상대로 한 농민들의 소작료 인하 운동이 들불처럼 번졌습니다. "소작료를 낮추고 생존권을 보장하라!", "조선인 내쫓는 일본인 이민을 중단하라!"는 것이 농민들의 요구였습니다. 농민들이 얼마나 절박했으면 감옥에 갈 각오까지 하면서 투쟁에 나섰을까요? 하지만 그들에게 돌아온 것은 경찰까지 동원하여 이루어진 잔혹한 탄압뿐이었습니다.

나석주, 동양척식주식회사에 폭탄을 던지다

1926년 12월 27일, 의열단원 나석주가 인천항에 도착했습니다. 가방에는 폭탄 2개와 권총, 실탄 40여 발이 들어 있었습니다. 서울로 이동한 그는 여관에서 하룻밤을 보내고 다음 날 조선 경제를 침탈하기 위해 세워진 조선식산은행으로 갔습니다. 나석주는 가지고 있던 폭탄을 은행 안으로 힘껏 던졌습니다. 하지만 안타깝게도 불발이었습니다. 나석주는 포기하지 않고 동척으로 발걸음을 옮겼습니다. 이곳에도 폭탄을 던졌지만 이 폭탄도 터지지 않았습니다.

나석주는 신고를 받고 쫓아온 경찰과 총격전을 벌이며 도망쳤습니다. 하지만 곧 포위되었습니다. 빠져나갈 길이 없다고 여긴 나석주는 "나는 조국의 자유를 위해 투쟁했다. 2,000만 민중아, 투쟁을 쉬지 말라!"는 유언을 남기고 자결했습니다.

나석주는 왜 조선식산은행과 동양척식주식회사에 폭탄을 던졌을까요? 그것은 이 회사들이 조선 민중을 괴롭혔던 대표적 기관이었기 때문입니다.

078

신흥무관학교를 세운 사람들은 누구인가요?

가끔 어렵게 모은 돈을 가난한 학생들을 위해 써 달라며 전 재산을 기부하는 훌륭한 분들이 뉴스에 나오곤 해요. 저도 나중에 그런 사람이 되고 싶어요. 일제 강점기에도 독립운동을 위해 전 재산을 내놓았던 여섯 형제가 있었대요. 한 사람이 결심하기도 어려운 일을 어떻게 여섯 형제가 함께했을까요? 그분들은 누구죠?

경주 이씨 가문의 여섯 형제, 서간도로 가다

1910년 겨울, 일본에 나라를 빼앗기고 처음으로 맞는 겨울이었습니다. 경주 이씨 가문 여섯 형제가 한자리에 모였습니다. 독립운동을 위해 만주를 드나들던 넷째 이회영이 이야기를 시작했습니다.

사람들은 우리 집안을 나라에서 으뜸가는 명문가라고 합니다. 우리 집안을 명문가라고 하는 것은 나라에서 대대로 벼슬을 하며 큰 은혜를 입었기 때문입니다. 은혜를 입었기에 우리 가문은 나라와 운명을 함께할 위치에 있다고 생각합니다. 일본 아래서 구차하게 사느니 가진 것을 모두 내놓고자 합니다. 저는 중국으로 가서 독립운동에 모든 것을 바치겠습니다. 여러 형님과 아우님들은 어떻습니까? 저와 뜻을 함께하시겠습니까?

여섯 형제는 한마음 한뜻으로 뭉쳤습니다. 가진 재산을 모두 처분하기로 했는데 재산을 파는 데만 꼬박 한 달이 걸렸습니다. 일본의 감시를 피해 팔아야 했기 때문이었습니다. 살던 집까지 남김없이 팔았습니다. 그렇게 해서 당시 돈으로 40만 원을 마련했습니다. 요즘으로 따지면 얼마 정도 되냐고요? 현재 가치로 계산하면 600억 원 정도 되는 어마어마한 돈이었습니다. 워낙 급하게 팔아서 이 정도지, 제대로 값을 받으면 2,000억 원 정도 되는 재산이었습니다. 1910년 12월 30일 새벽, 이회영은 가족 40여 명과 함께 일본의 감시를 피해 압록강을 건너 서간도로 향했습니다.

간도는 어디인가?

간도는 어디를 말할까요? 압록강과 두만강 북쪽 지역을 말합니다. 이곳은 고구려와 발해가 있었던 곳이지만 발해 멸망 이후에는 주로 여진족이 활동했습니다. 조선 후기인 17세기 중엽 여진족은 이곳을 기반으로 세력을 넓혀 중국 대륙을 장악하고 청나라를 세웠습니다. 이후 청 정부는 이 일대를 자신들의 시조가 태어난 신성한 곳이라며 함부로 드나들지 못하게 출입을 금지했습니다.

19세기에 접어들면서 청나라는 대내외적으로 혼란에 빠졌고, 이 지역의 관리도 소홀해졌습니다. 조선 사람들이 하나, 둘 압록강과 두만강을 건너 이주해 와 땅을 개간하고 농사를 지었습니다. 그렇게 넘어온 사람들은 백두산 서쪽 지역인 압록강 건너편 땅은 서간도, 백두산 동쪽 지역인 두만강 건너편은 동간도 또는 북간도라 불렀고 이 지역 전체를 '간도'라 했습니다.

서간도와 북간도

왜 간도라고 했냐고요? 정확하지는 않지만 몇 가지 설이 있습니다. 처음 강을 건너 농사를 지으러 갔던 사람들이 '조선과 청나라 사이에 있는 섬' 같은 곳으로 농사를 지으러 간다고 해서 '사이 간(間)'에 '섬 도(島)' 자를 썼다고 합니다.

이 지역을 '만주'라고도 하지 않냐고요? 예, 맞습니다. 만주라는 말은 물가라는 의미의 만주어에서 유래된 지명으로 요하 동쪽 지역을 말합니다. 더 구체적으로 말한다면, 서쪽으로는 랴오허강, 북쪽으로는 헤이룽강, 남쪽으로는 두만강과 압록강, 동쪽으로는 우수리강을 경계로 한 지역 전체입니다. 한반도보다 훨씬 넓은 땅이지요. 지금은 중국 땅으로 이 지역에 랴오닝성(요령성), 지린성(길림성), 헤이룽장성(흑룡강성)이 있어서 '동북 3성'으로 불리고 있습니다. 간도는 넓은 땅인 만주 중에서도 우리 민족이 농사를 짓기 위해 오갔던 두만강과 압록강 위쪽 지역을 말합니다.

신흥무관학교의 탄생, 그리고 고난과 시련

우여곡절 끝에 이회영 일가는 서간도 삼원보에 자리를 잡았습니다. 이 소식을 들은 사람들이 삼원보로 모여들어 자치단체 경학사가 만들어졌고, 이를 기반으로 1911년 6월 10일에는 '신흥강습소'가 문을 열었습니다. 당시 삼원보 지역에는 중국인들이 많이 살고 있었는데, 그들은 조선인을 일본의 앞잡이로 여겨 경계했습니다. 그래서

1945년 11월 5일 귀국길에 오른 임시 정부 사람들이 상하이 비행장에서 찍은 기념사진. 오른쪽에 눈물을 닦고 있는 모자 쓴 인물이 이시영이다.

신흥강습소는 건물을 구하지 못해 옥수수 창고를 개조해 학교 건물로 사용했습니다.

독립운동가를 길러 내기 위한 학교가 문을 열었다는 소식은 입에서 입으로 퍼져 만주는 물론 중국 본토, 한반도까지 전해졌습니다. 독립을 위해 투쟁하고자 수많은 청년이 신흥강습소로 찾아왔습니다. 사람들이 몰려들어 전원 수용이 힘들어지자 교통이 편한 곳으로 위치를 옮기고 이름도 '신흥무관학교'로 바꾸었습니다(1919년 5월).

만주의 독립운동이라고 하면 바로 떠오르는 봉오동 전투나 청산리 전투에서 싸웠던 독립군 중 많은 사람이 신흥무관학교 출신이었습니다. 1945년 해방이 될 때까지 국내와 해외 곳곳에서 독립 투쟁을 이끌었던 많은 독립운동가가 신흥무관학교를 졸업했습니다. 신흥무관학교는 일제 치하 민족 독립운동의 산실이었으며, 이 학교를 있게 만든 주역이 이회영과 그의 형제들이었습니다.

1945년 8월 15일, 마침내 광복이 이루어졌습니다. 이회영을 비롯한 여섯 형제 중 살아서 고국으로 돌아온 사람은 다섯째 이시영뿐이었습니다. 대한민국 초대 대통령 이승만은 부통령으로 취임한 이시영에게 그의 가족이 독립운동을 위해 내놓았던 재산의 일부라도 돌려주고 싶다는 뜻을 전했습니다. 하지만 이시영은 재산을 되찾으려고 독립운동을 한 것이 아니라며 단호히 거절했습니다. 이씨 일가의 '노블레스 오블리주' 정신을 잘 표현한 말이었습니다. 노블레스 오블리주가 뭐냐고요? 프랑스어로 '고귀한 신분'이라는 '노블레스(Noblesse)'와 '책임이 있다'는 '오블리주(Oblige)'가 합쳐진 말로 초기 로마 시대 왕과 귀족들이 보여준 투철한 도덕의식과 사회를 위해 솔선수범하는 정신에서 유래된 말입니다. 사회에서 높은 지위에 있는 사람은 그 지위에 맞는 책임이 있다는 뜻입니다.

079

3·1 운동의 시작점은 일본 도쿄였다면서요?

1919년 3월 1일 고종의 장례식날, 서울에서 역사적인 3·1 운동이
일어났어요. 이 운동은 전국에서 한 달 넘게 이어졌고요. 3·1 운동
의 영향으로 일제는 문화 통치로 정책을 바꾸기도 했어요. 그런데
3·1 운동의 발생 배경에는 일본 도쿄에서 유학생들이 주도한 2·8
독립 선언이 있었대요. 그때 도쿄와 서울에 무슨 일이 있었나요?

"선생님! 저희는 2월 8일에 쌀을 팔겠습니다."

1919년 새해가 밝았습니다. 제1차 세계대전(1914~1918)이 끝나고 전쟁에서 진 패전
국의 식민지들은 독립할 수 있을 것이라는 소식이 들려왔습니다. 미국 대통령 윌슨이
'민족의 일은 그 민족이 스스로 결정해야 한다.'고 말했던 '민족 자결주의' 원칙은 세계
여러 민족의 마음을 술렁이게 했습니다. 당시 정보가 정확하게 전달되지 않아 일부 사
람들은 이 원칙이 우리에게도 적용될 수 있다고 기대했습니다. 하지만 일본은 제1차

1919년 2·8 독립 선언을 주도한 일본 유학생들. 일본 유학생들의 독립 선언 계획을 들은 천도교 손병희는 유학생들에게 자금을 지원하고 조선에서도 만세 시위를 준비했다.

세계대전 승전국이었고 우리 민족에게는 적용되지 않는 원칙이었습니다.

이런 시기에 한 청년이 서울에 있는 천도교 본부를 찾아왔습니다. 일본에서 유학 중인 송계백이었습니다. 천도교 관계자를 면담한 그는 유학생끼리 일본에서 독립 선언을 준비하고 있다고 말하며 모자 안쪽에 숨긴 헝겊 한 장을 보여 주었습니다. 유학생들이 모여 작성한 〈독립 선언문〉 초안이었습니다. 천도교는 1905년에 동학이 이름을 바꾼 종교로 민족주의 성향이 강했습니다. 이를 알고 있었던 유학생들은 천도교와 함께한다면 조선과 일본에서 동시에 독립 선언을 할 수 있다고 판단한 것입니다.

천도교 교주 손병희는 "젊은이들이 이렇게 독립운동을 한다는데 어찌 앉아서 보기만 하겠는가?"라며 일본 유학생들과 뜻을 함께하겠다고 약속했습니다. 천도교에서는 유학생들에게 독립 선언 준비에 필요한 자금을 지원하는 한편, 준비가 끝나면 편지로 알려 달라고 당부했습니다. 송계백이 떠난 후 천도교는 다른 종교 단체들에 전후 사정을 전하며, 만세 시위를 준비했습니다. 그러던 와중에 약속했던 편지가 일본에서 도착했습니다.

선생님! 저희는 2월 8일에 쌀을 팔겠습니다.

일본에서는 2월 8일에 독립 선언을 하겠다는 신호였습니다. 동시에 진행하기에는 시간이 너무 촉박했습니다. 20일까지 기다려 달라고 부탁했지만 일본에서는 상황이 급박하게 돌아가고 있었습니다. 경찰의 감시가 유학생들을 조여 오고 있었습니다.

학생들은 당초 계획대로 1919년 2월 8일 도쿄 조선기독교청년회관에서 한국유학생대회를 열었습니다. 유학생 600여 명이 모인 자리에서 독립 선언서와 결의문을 만장일치로 가결시켰습니다. 그리고 결의문을 일본 의회에 제출하려 했지만, 일본 경찰의 제지로 실패했고 수많은 유학생이 일본 경찰에 체포당했습니다.

이 소식을 들은 천도교 지도자들은 유학생들의 독립 선언 투쟁에 응답하기 위해서라도 국내의 독립 선언을 꼭 성공시켜야겠다고 다짐했습니다. 기독교인들에게 취지를 알리니 성공한 사업가이자 교육자로 활동하고 있던 이승훈이 적극적으로 참여 의사를 밝혀 왔습니다. 불교계에서도 〈님의 침묵〉 작가로 유명한 한용운이 동참 의사를 밝혔습니다.

마침내 천도교, 기독교, 불교, 유교 인사 등 각계각층을 아우르는 민족 대표 33인을 선정했습니다. 〈독립 선언문〉도 작성했습니다. 이제 거사만 남았습니다. 민족 대표 33인은 여러 상황을 고려해 고종 황제의 장례식을 앞두고 사람이 많이 모이는 3월 1일 토요일에 독립 선언을 하기로 결정했습니다.

1919년 3월 1일, '대한 독립 만세' 소리가 서울 하늘에 울려 퍼지다

드디어 1919년 3월 1일 아침이 밝았습니다. 원래 계획은 오후 2시에 민족 대표 33인이 서울 종로 탑골공원에 모여 〈독립 선언문〉을 낭독하고 일본 경찰에게 자진 체포되어 불필요한 희생을 만들지 않는 것이었습니다. 하지만 학생 200여 명이 함께 참여해 만세를 부르겠다는 소식이 전해졌습니다. 대표들은 많은 사람이 모이면 폭력 사태로 번질 것을 우려해 장소를 바꿔 종로의 음식점 태화관에서 〈독립 선언문〉을 낭독했습니다.

3·1 운동 당시 종로 탑골 공원 앞에서 만세를 부르는 사람들

　한편 탑골공원에서는 약속한 시간이 지났는데도 민족 대표들이 나타나지 않자 사람들이 술렁대기 시작했습니다. 이때 한 청년이 단상 위로 올라가 〈독립 선언문〉을 낭독하고 "대한 독립 만세!"를 외쳤습니다. 사람들은 너 나 할 것 없이 만세를 제창하며 시가 행진을 시작했습니다. 3월 1일 이후 4월 초순까지 우리나라 방방곡곡에서는 "대한 독립 만세!"가 울려 퍼졌습니다.

대한민국 임시 정부에도
탄핵된 대통령이 있다고요?

2017년 3월 10일, 헌법재판소에서 박근혜 대통령의 탄핵을 결정했습니다. 온 나라가 떠들썩했고 세계적인 뉴스이기도 했어요. 그런데 대한민국 임시 정부에서도 대통령 탄핵이 있었대요. 임시 정부라면 독립운동하는 분들이 힘들게 만든 정부였을 텐데, 무슨 일이 있어서 임시 정부는 대통령을 탄핵했을까요?

이완용은 있는 나라를 팔아먹더니, 이승만은 없는 나라도 팔아먹었소!

3·1 운동의 뜻을 모아 탄생한 대한민국 임시 정부

3·1 운동은 일제의 탄압으로 엄청난 희생을 치르며 점차 수그러들었습니다. 하지만 3·1 운동은 실패한 투쟁이 아니었습니다. 일제의 만행을 폭로하며 한국인의 독립 의지를 전 세계에 보여 주었고, 독립을 꿈꾸는 많은 조선인에게 활기를 불어넣어 끈질기게 항일 운동을 이어 나갈 수 있는 계기를 마련했습니다. 한편, 일제는 우리 민족의 결연한 독립 의지에 놀라 무단 통치를 문화 통치로 바꾸며 비록 기만에 불과했지만

상하이에 있던 임시 정부 첫 청사. 3·1 운동의 가장 큰 성과는 대한민국 임시 정부의 탄생이다. 당시 상하이는 외국인 조계가 설치되어 있어서 일본의 감시와 통제를 벗어난 자유로운 활동이 가능했다.

이전보다 온건한 통치술을 펼쳤습니다.

3·1 운동이 우리 민족에게 남긴 가장 큰 성과는 대한민국 임시 정부의 탄생이었습니다. 독립운동에 투신하고 있던 여러 독립지사들은 3·1 운동의 열기를 계속 이어 가기 위해 국내외 곳곳에서 임시 정부를 탄생시켰습니다. 3·1 운동 이전인 1919년 2월에 러시아 연해주에서 최초의 임시 정부인 '대한국민의회'가 탄생했습니다. 4월에는 서울에서 '한성정부', 중국 상하이에서는 '대한민국 임시 정부'가 탄생했습니다. 세 곳의 임시 정부는 하나의 정부로 통합해 체계적으로 독립운동을 해야겠다고 생각했습니다. 세 단체의 대표는 논의 끝에 '대한민국 임시 정부'로 통합하고, 상하이에 본부를 두기로 결정했습니다.

왜 상하이였냐고요? 당시 상하이에는 외국인 조계(개항 도시의 외국인 거주지)가 설치되어 있어서 일본의 감시와 통제에서 벗어난 자유로운 활동이 가능했습니다. 또한 상하이에는 세계 여러 나라의 대사관이 있어서 독립을 위한 외교 활동을 전개하기도

1920년 12월 28일 열린 이승만 대통령 환영회. 왼쪽부터 손정도, 이동녕, 이시영, 이동휘, 이승만, 안창호, 박은식, 신규식, 장붕이다.

용이했습니다. 통합된 대한민국 임시 정부는 프랑스 조계지에 자리 잡았습니다. 이제 우리 민족은 왕조 국가 대한제국의 명맥을 계승했지만, 국가 정체성은 민주공화국인 '대한민국'으로 새롭게 탄생했습니다.

대한민국 임시 정부, 최초로 대통령을 선출하다

대한민국 임시 정부는 설립 초기 외교 활동에 많은 힘을 쏟았습니다. 1919년 5월 파리강화회의, 1919년 8월 루체른 만국사회당대회, 1921년 워싱턴 태평양회의에 대표를 파견했습니다. 초대 대통령으로 이승만을 선출한 것도 그가 미국에 있어 외교 활동이 비교적 수월했기 때문이었습니다.

대한민국 임시 정부는 설립 당시 국무총리제를 채택했습니다. 따라서 이승만의 직함은 대통령이 아닌 국무총리였습니다. 그런데 정작 이승만 본인은 미국에서 자신을 '대한민국 대통령'이라고 소개하고 다녔습니다. 이 소식을 전해 들은 상하이의 임시 정부는 이승만이 헌법을 위반하고 있음을 지적하며 정식 명칭을 사용해 줄 것을 요청했습니다. 하지만 그는 외교 활동을 효과적으로 하기 위해서는 대통령 직함이 필요하다며 명칭을 바꾸지 않았습니다. 심지어 헌법을 고쳐 국무총리제를 대통령제로 바꿔야 한다고 주장해 결국 상하이 정부가 대통령제로 변경하게 만들었습니다.

이승만의 독선과 아집은 점점 심해졌습니다. 그는 임시 정부와 상의도 하지 않고 외교 활동에 필요하다며 미국에 '구미위원부'를 설치했습니다. 그러고는 미국 동포들이 임시 정부를 돕겠다고 모은 성금의 20퍼센트만 상하이로 보내고, 80퍼센트는 구미위원부에서 임의로 사용했습니다. 동포들이 소중하게 모아 보낸 독립운동 자금을 임시 정부와 협의하지도 않고 마음대로 사용한 것입니다.

그러던 중 대통령이 되기 전 이승만이 "우리 민족이 해방되더라도 국제연맹에서 한국을 위임통치해 달라"고 미국 대통령 윌슨에게 청원했다는 사실이 밝혀졌습니다. 임시 정부에서 활동하던 독립운동가들은 크게 반발했습니다.

민족주의 역사학자로 유명한 단재 신채호는 "이완용은 있는 나라를 팔아먹었지만, 이승만은 없는 나라를 팔아먹었다."며 크게 분노했습니다. 임시 정부 국무총리 이동휘가 이승만에게 해명을 요구했으나, 이승만은 해명하지 않았습니다. 결국 이동휘는 국제연맹에 '위임통치 청원은 외교적 대실패'라고 비판하며 항의의 뜻으로 국무총리직을 사임했습니다.

혼란을 수습하고자 여러 독립운동가들은 대통령 이승만에 대한 탄핵과 함께 임시 정부의 운영 방식을 바꿔야 한다고 건의했습니다. 그제서야 이승만은 상하이로 와서 문제를 해결하려 했지만, 해명이나 사과 없이 고압적인 태도로 일관했습니다. 또 상황이 자신에게 불리하게 돌아가는 것을 느끼자 곧장 미국으로 돌아가 버렸습니다.

대통령 이승만의 탄핵, 그리고 다시 서는 임시 정부

1923년 국민대표회의가 열렸습니다. 임시 정부의 독립운동 방향을 설정하고 향후 운영 방안을 논의하기 위한 회의였습니다. 국내외 독립운동 단체의 대표가 거의 모두 참석한 가운데 회의는 6개월 가까이 이어졌지만 결론 없이 끝나고 말았습니다. 이에 실망한 많은 독립운동가가 임시 정부를 떠났습니다.

이후 임시 정부는 명맥만 유지하다가 1925년에 의회 역할을 담당하던 임시 의정원에서 대통령 이승만의 탄핵을 결정하며 체제 정비에 들어갔습니다. 백범 김구를 중심으로 정부 체제를 확고히 갖추며 대한민국 임시 정부는 이때부터 이봉창, 윤봉길 의사 의거를 통해 우리의 독립 의지를 세계에 알렸습니다. 또한 두 의사의 의거에 감명받은 중국 국민당 정부는 일제가 패망할 때까지 대한민국 임시 정부를 후원해 주었습니다. 덕분에 임시 정부는 중국 땅에서 정규 부대인 '한국광복군'을 창설해 국내 진공작전을 준비할 수 있었으며 1945년 8월 15일 광복이 될 때까지 우리 민족 독립 투쟁의 구심점으로 활발히 활동했습니다.

081

봉오동과 청산리 영웅들은
모두 어디로 갔나요?

일제 강점기 독립운동가분들이 함께 찍은 사진을 보면 이름을 알 수
없는 분들도 많더라고요. 저라면 목숨을 바쳐 독립운동을 했는데도
후손이 이름도 몰라주면 엄청 섭섭할 것 같아요. 독립운동을 했던
분들은 어떤 마음으로 했을까요?

봉오동·청산리 전투, 일본에 충격을 주다

1920년 6월, 간도에서 활동하는 독립군 부대를 섬멸하려던 일본군은 홍범도가 이끄
는 독립군의 유인 작전에 걸려 봉오동 골짜기에서 패배했습니다(봉오동 전투). 얕잡
아 보던 독립군에게 일격을 당한 일본은 대규모 군대를 보내 독립군을 쓸어 버려야
겠다고 생각했습니다.

　1920년 10월, 일본군은 철저한 준비 끝에 독립군 토벌 작전에 나섰습니다. 일본군

이 대규모로 쳐들어온다는 소식을 들은 독립군은 백두산 부근으로 이동하며 정면 대결은 피하고자 했습니다. 김좌진이 이끄는 북로군정서군과 홍범도의 대한독립군을 비롯한 독립군 연합 부대의 규모는 대략 3,000명 수준이었는데, 최신식 무기로 중무장한 일본군의 규모는 1만여 명 정도에 이르렀기 때문에 어쩔 수 없이 내린 결정이었습니다. 그런데 백두산 쪽으로 이동하는 독립군 부대를 일본군이 계속해서 따라왔습니다. 독립군 연합 부대는 결국 청산리 일대에서 전투를 벌이기로 했습니다. 청산리 일대가 깊은 계곡이 많은 산악 지대여서 기습을 하면 승산이 있다고 판단했습니다. 독립군 연합 부대는 청산리 일대에서 일본군과 6일 동안 열 차례가 넘는 전투를 벌여 마침내 승리했습니다(청산리 전투).

청산리 전투의 승리는 김좌진과 홍범도로 대표되는 우리 독립군의 강인한 정신력으로 만들어 낸 결과였습니다. 그런데 직접 전투에 참여하지는 않았지만 전투를 승리로 이끈 숨은 주인공들이 있습니다. 바로 청산리 일대에서 살고 있던 조선 동포들입니다. 전투 중에 독립군이 굶주리지 않고 일본군을 상대로 싸울 수 있었던 것은 주변에 살고 있던 우리 동포들이 수시로 식량을 제공해 주었기 때문입니다.

그런 동포들을 일본군이 가만두었을까요? 아니오. 청산리 전투 승리의 기쁨도 잠시, 간도에 사는 우리 동포들은 끔찍한 학살을 당하고 말았습니다.

간도 참변, 조선인은 남김없이 모두 죽여라

일본군은 청산리 전투가 벌어지기 전이었던 10월 초부터 간도에서 조선인 마을을 돌며 방화와 학살을 하고 부녀자 강간까지 자행했습니다. 우리 민족의 독립운동 거점인 간도에서 우리 동포들을 그대로 놔두고는 전투에서 승리를 장담할 수 없었기 때문입니다.

간도 지역 동포 학살은 청산리 전투에서 대패한 후 더욱 잔혹해졌습니다. 전투가 벌어졌던 백운평 마을에서는 복수를 한다며 어린아이까지 모두 집에 가두어 놓고 불을 질렀습니다. 이런 일은 청산리 일대뿐만 아니라 간도 전체에서 벌어졌습니다. 독립군의 일가친척은 물론이고 아무 연고도 없는 사람들까지 오직 조선인이라는 이유만으로 학살당했습니다. 이 처참했던 사건을 '간도 참변'이라 합니다.

이 같은 무자비한 만행으로 간도가 초토화되었음에도 독립군 연합부대는 백두산 인근에서 무장 투쟁을 이어 가고자 했습니다. 그러나 우리 동포들이 학살당하고 있는 상황에서 활동을 이어 가기란 쉽지 않았습니다. 독립군 부대는 나중을 기약하며 러시아와 국경을 맞대고 있는 밀산으로 물러나 부대를 다시 편성해 '대한독립군단'으로 통합했습니다. 총재는 서일, 부총재는 홍범도와 김좌진이 맡았습니다. 새로 편성된 대한독립군단은 밀산에서 겨울을 보내고 봄이 되자 러시아로 부대를 이동시켰습니다. 당시 러시아에서는 사회주의 혁명 이후 혁명파(적군)와 반혁명파(백군) 간에 내전이 벌어지고 있었습니다. 그런데 혁명파가 약소민족을 지원하겠다며 우리 독립군에게 손을 내밀었습니다. 자기들의 거점 기지가 있는 자유시(스보보드니)로 오면 적극 도와주겠다고 약속했습니다. 대한독립군단에게 혁명파의 제안은 가뭄에 내린 단비와 같았습니다.

자유시 참변, 그래도 우리는 멈추지 않는다

대한독립군단이 국경을 넘어 러시아 땅으로 들어가자 러시아 혁명파는 무장 해제를 요구했습니다. 종착지인 자유시에 도착하면 필요한 무기와 물자를 다시 제공하겠다고 했습니다. 김좌진이 이끄는 북로군정서는 이 약속을 믿을 수 없었습니다. 북로군정서군은 무장 해제를 거부하고 밀산으로 되돌아갔습니다. 홍범도를 비롯한 나머지 독립군들은 혁명파를 믿고 자유시로 향했습니다. 러시아의 도움을 받아 다시 일본을 무찌를 수 있기를 고대하며 꿈에 부풀었습니다.

그런데 자유시에서 독립군들은 부대 지휘권을 놓고 갈등을 벌였습니다. 홍범도가 중재하려고 애썼지만 갈등은 돌이킬 수 없이 깊어졌습니다. 결국 독립군끼리 서로 죽이는 사건이 발생했습니다(자유시 참변).

이 전투에서 900여 명의 독립군이 죽고 1,800명은 포로로 붙잡히거나 실종되었습니다. 대한독립군단은 큰 타격을 입고 해체되었습니다. 봉오동, 청산리 전투의 영웅들이 러시아에서 어이없는 죽음을 맞았던 것입니다. 자유시 참변의 참상에 크게 낙담한 독립군 지도자들은 스스로 목숨을 끊기도 했고, 무장 투쟁을 그만두고 해외로 망명하기도 했습니다. 하지만 우리 독립군의 무장 투쟁이 완전히 끝난 것은 아니었습니다. 많은 동지를 잃었지만 남은 사람들은 계속해서 투쟁을 이어 갔습니다. 이들은 아무것도 바라지 않고 독립을 위해 자신의 모든 것을 바쳤습니다.

082

우리나라에도 공산당이 있었다고요?

코로나19 위기로 재난지원금을 받았을 때 아빠가 사회주의의 장점을 받아들인 거라고 했어요. 사회주의는 공산주의고, 공산주의는 북한의 정치 체제잖아요? 공산주의는 민주주의와 반대되는 거고요. 우리나라는 민주주의 국가인데 사회주의를 받아들이면 안 되는 거 아닌가요?

사회주의는 어떤 사상인가?

3·1 운동은 우리나라 독립운동의 흐름을 크게 바꿨습니다. 통일된 지도부의 필요성을 절감해 대한민국 임시 정부를 수립했고, 독립운동 방법에 관해서도 외교, 의열 투쟁, 무장 투쟁 등 다양한 방법이 모색되기 시작했습니다. 그리고 이 시기에 '사회주의'라는 새로운 사상이 유입되었습니다.

사회주의가 뭐냐고요? 사회주의는 자본가와 지주 등 생산 수단을 가진 사람과 노동자, 소작인 등 생산 수단을 가지지 못한 사람 사이에 존재하는 불평등을 없애고 모두 평등하고 고르게 잘사는 사회를 만들자는 사상입니다. 사회주의의 이론을 만든 사람은 여러 명 있지만 가장 유명한 사람이 마르크스와 엥겔스입니다. 이들은 자본주의가 고도로 발달하게 되면 생산 수단의 사유화와 자본가에 의한 노동자 착취가 심해지고 빈곤, 실업, 공황이 발생한다고 주장했습니다. 그래서 노동자들이 혁명을 일으켜 자본가들을 쫓아내고 그들이 소유한 생산 수단을 사회가 공유하면 자본주의 사회에서 발생하는 문제점들을 해결할 수 있다고 생각했습니다.

그런데 우리나라에는 사회주의와 공산주의를 동일한 사상으로 생각하는 사람들이 간혹 있습니다. 하지만 사회주의와 공산주의는 엄연히 다릅니다. 마르크스는 사회주의를 낮은 단계, 공산주의를 높은 단계라고 주장했습니다. 공산주의는 생산력이 고도로 발달하고, 개인의 도덕성도 확립되며, 인간이 억압으로부터 완전히 해방되는 단계입니다. 따라서 공산주의 체제에서는 국가를 대신하는 조직이 사회를 관리하고, 각자 필요한 만큼 분배가 이루어져 완전한 평등이 실현될 수 있다고 주장했습니다. 그러나 생산력이 고도로 발전한 현대 사회에서도 개인의 도덕성 확립과 인간 해방은 기약할 수 없는 미래의 일일 뿐입니다. 따라서 마르크스가 꿈꾸었던 공산주의 국가는 어쩌면 꿈속에서나 그릴 수 있는 이상 사회 같은 것인지 모르겠습니다.

물론 현실에서도 마르크스가 주장한 이상적 공산주의를 꿈꾸며 혁명을 일으킨 나라가 있긴 합니다. 제1차 세계대전이 한창이던 1917년 노동자, 농민, 군인이 함께 힘을 모아 혁명을 성공시킨 소련, 현재의 러시아입니다. 그럼 혁명으로 전제 왕권을 무너뜨린 소련은 정말 모든 사람이 평등한 이상 사회를 만들었을까요? 그렇지 않습니다. 소련 체제는 붕괴되었고 현재 러시아의 정치 현실만 봐도 소련의 공산주의는 실패했다는 것을 알 수 있습니다.

사회주의는 언제 우리나라에 들어오고, 어떻게 확산시켰나?

사회주의를 받아들일 당시 우리나라는 일본의 식민 지배를 받고 있었습니다. 식민지라는 상황에서 도입된 사회주의는 일반적인 사회주의와는 달리 변형된 형태의 사회주의였습니다. 사회주의에서 타도 대상으로 삼았던 자본가와 지주가 당시 우리나라에서는 거의 일본인이나 친일 세력이었습니다. 따라서 우리나라에 도입된 사회주의는 자본가와 지주에 대한 투쟁인 동시에 일본 제국주의를 물리치자는 독립운동이었습니다.

가장 먼저 사회주의 사상을 받아들인 사람은 당시 러시아에 살았던 한국인들이었습니다. 1917년 블라디보스토크에서 이동휘를 중심으로 한인사회당이 조직된 후 3·1 운동을 기점으로 청년 지식인 사이에서 사회주의 사상이 널리 퍼지기 시작했습니다. 사회주의 유입 초기에는 청년, 학생들이 소규모 모임을 만들어 사회주의에 관한 글과 책을 읽고 토론하는 방식이었습니다. 일제 치하 서울에서 이러한 활동을 한 단체로 '북풍회', '화요회', '서울청년회' 등이 있습니다. 이 단체의 구성원들은 노동운동, 농민운동, 청년운동을 주도하며 노동자, 농민들과 연대하며 1924년에 '조선청년총동맹'과 '조선노농총동맹'을 탄생시켰습니다. 그리고 1925년에는 한 걸음 더 나아가 '조선공산당'을 결성했습니다. 그런데 조선공산당은 본격적인 활동을 하기도 전에 일제의 탄압을 받았습니다. 탄압 속에서도 대중 속에 파고들기 위해 여러 번 지도부를 교체하며 조직의 확장을 도모했으나 한계가 있었습니다. 결국 조선공산당은 민족주의자들과 손을 잡게 되었습니다.

신간회 창립 – 민족주의자와 사회주의자의 연대

조선공산당이 일제의 탄압과 조직의 확장을 고민했다면, 민족주의자들은 일제에 타협하는 사람들이 하나둘 늘어나는 게 고민이었습니다. 1920년대 문화 통치가 시작되면서 일제의 논리에 동화되고 회유된 이들은 일제의 식민 통치를 인정하고 일제가 허용하는 범위 안에서 자치권을 얻자고 주장했습니다. 독립을 포기하고 일제의 통치를 받아들이자는 주장이었습니다. 이러한 주장을 한 사람을 '자치론자'라고 합니다. 일제에 맞서 끝까지 싸워야 한다는 비타협 민족주의자들은 자치론자들을 경계하며, 독립을 위해서라면 사회주의 세력과도 손잡을 수 있다고 생각했습니다.

민족주의자와 사회주의자들이 함께하게 된 계기는 1926년에 일어난 6·10 만세 운동이었습니다. 고종황제의 죽음을 계기로 1919년에 3·1 운동이 일어났듯, 대한제국의 마지막 황제 순종의 죽음에 맞춰 독립운동가들은 또 한번 만세 시위를 계획했습니다. 이때 비타협 민족주의자와 사회주의자들은 사상의 차이를 넘어 함께 행동했습니다. 특히 사회주의 사상에 영향받아 학교 안에 비밀 조직을 만들어 활동하던 학생들이 시위의 중심에서 활약했습니다. 안타깝게도 6·10 만세 운동은 사전에 계획이 탄로나 3·1 운동만큼 확산되지는 못했지만, 민족주의자와 사회주의자가 연대해 만세 시위를 이끌고자 한 의미 있는 경험이었습니다. 이러한 연대의 경험이 쌓여 마침내 1927년에는 자치론자를 제외한 비타협 민족주의자들과 사회주의자들이 연합해 '신간회'라는 단체를 조직했습니다.

신간회 구성원은 언론인, 기독교인, 천도교인, 불교인, 조선공산당원 등 다양했습니다. '민족의 정치 경제적 각성', '공고한 단결', '일체의 기회주의에 반대'라는 3개 항을 강령으로 채택했습니다. 이 강령에서 기회주의에 반대한다는 것은 자치론자를 배격한다는 뜻입니다. 신간회는 사람들의 호응을 얻으며 순식간에 지방에 지회를 만드는 등 많은 회원을 확보했습니다. 이러한 성과에 힘입어 한국인의 이익을 위한 사회 운동을 벌이고, 광주 학생 항일 운동에 진상 조사단을 보내는 등 다양한 활동을 펼쳤습니다.

한편 신간회 활동에 자극 받은 여성 운동계에서도 민족주의자와 사회주의자가 힘을 합친 단체 '근우회'가 탄생했습니다. 근우회는 여성 차별 폐지, 봉건적 악습 타파, 결혼의 자유, 인신매매 금지 등을 주장하며 적극적으로 여성 계몽 운동을 펼쳐 나갔습니다.

그런데 얼마 지나지 않아 신간회 활동에 위기가 찾아왔습니다. 집행부 다수가 구속되었고 이를 수습하기 위해 구성된 새로운 집행부는 온건한 활동을 전개해 나갔습니다. 지방 지회들은 중앙 집행부의 활동에 실망했고 비판하는 과정에서 감정의 골이 깊어졌습니다. 이런 상황에서 신간회의 사회주의자들은 코민테른(공산주의 국제 연합)의 지시에 따라 노동운동과 농민운동에 집중하겠다며 신간회를 떠났습니다. 좌우 합작 단체 신간회는 1931년에 해체되고 말았습니다.

신간회 이후 사회주의자들은 어떻게 되었나요?

사회주의자들은 신간회에서 발을 뺀 후 농민운동과 노동운동에 집중했습니다. 그들의 이러한 활동은 일제의 탄압이 날로 심해지는 상황에서 독립운동의 동력을 떨어뜨리는 결과를 초래했습니다. 결국 사회주의자들은 다시 민족주의자와 손잡고 광범위한 민족 통일 전선을 조직해 나갔습니다.

좌우 합작 운동은 국내보다 국외에서 더 활발하게 일어났습니다. 1935년 중국 난징(남경)에서는 사상에 관계없이 여러 단체가 연합해 '조선민족혁명당'을 조직했고, 예하 부대로 '조선 의용대'를 편성해 독립운동에 뛰어들었습니다. 화북 지방에서는 민족주의자와 사회주의자가 연합해 '화북조선 독립동맹'을 결성했으며 예하 부대로 '조선의용군'을 만들어 항일 투쟁을 전개해 나갔습니다. 만주에서는 사회주의자들이 중국 공산당과 연합해 '동북항일연군'을 조직해 일제를 상대로 싸웠습니다. 이처럼 1920년대 이후 국내와 국외에서는 사회주의와 민족주의 계열이 서로 연대하며 조국 독립을 위해 최선을 다했습니다.

그런데 왜 우리는 사회주의에 대해 부정적인가?

우리나라가 광복을 맞이했을 당시 많은 사람이 바라는 국가는 사회주의 체제에 가까웠습니다. 그런데 광복과 동시에 미소 군정 체제가 시작되면서 38선을 사이에 두고 남과 북이 체제 경쟁을 벌였습니다. 그리고 1950년 6월 25일에 발발한 6·25 전쟁은 남과 북, 양 체제를 고착시키며 서로 적대하게 했습니다.

6·25 전쟁 이후 남쪽의 대한민국은 독재 정부가 들어서며 반공주의를 내세웠고 나라 안에서 사회주의나 공산주의 체제를 언급하는 것을 반역으로 간주했습니다. 일제 강점기에 독립운동에 앞장섰던 애국지사라도 사회주의 성향이 있으면 배척했습니다. 이러한 사상 통제 정책은 남한보다 북한이 더 심했지만, 우리가 살고 있는 남한도 매우 엄격하게 통제했습니다.

이러한 체제 경쟁이 지금까지 이어지며 우리 사회는 아직도 사회주의라고 하면,

공산주의를 떠올리고 빨갱이로 낙인 찍어 버립니다. 하지만 사회주의와 공산주의는 차이가 있으며, 사회주의 사상에는 자본주의 체제의 허점을 개선하고 보완할 수 있는 부분이 있습니다.

자본주의 체제로 발전해 온 대한민국 사회에 '88만원 세대'나 '수저론'이 등장하는 것은 무엇 때문일까요? 자본주의 체제가 이상적이기만 하다면 지금 청년 세대가 겪는 문제는 발생하지 않았을 것이고, 사회 불평등과 그로 인해 나타나는 빈곤 문제도 없겠지요. 그런데 빈익빈 부익부 현상은 우리나라뿐 아니라 자본주의 체제를 선택한 대부분의 국가에서 겪고 있는 심각한 사회 문제입니다. 그러다 보니 최근에는 자본주의의 장점과 사회주의의 장점을 결합한 정책을 도입해 시행하는 나라들이 많아지고 있습니다. 이를 '사회민주주의', 또는 '민주적 사회주의'라고 합니다. 2020년에 코로나19 위기로 시장 경제가 위태로워졌을 때 4인 가족 기준으로 각 가정에 80만 원의 재난기본소득을 지급한 것도 사회주의의 장점을 받아들여 사회 복지 체제를 확대한 정책이라고 할 수 있습니다.

083

학생 독립운동 기념일은
왜 11월 3일인가요?

고3인 언니가 수능이 얼마 남지 않아서 요즘 면접과 논술 전형을 보러 다니느라 정신이 없어요. 언니도 수능이 끝나면 한숨 돌릴 수 있겠지요? 우리는 이렇게 입시 공부하는 것만으로도 바쁜데 일제 강점기를 살았던 학생들은 어떻게 독립운동까지 했을까요?

조선인 학생들, 차별에 맞서 힘을 모으다

1920년대, 일본에 나라를 빼앗긴 지도 어느덧 10여 년이 흘렀습니다. 조선에는 일본이 만든 교육 제도가 완전히 자리잡았고, 겉보기에는 조선인 학생과 일본인 학생이 학교에서 똑같은 대우를 받으며 공부하는 것처럼 보였습니다. 하지만 내부적으로 조선인 학생들은 일본 학생들에 비해 늘 차별받았습니다.

이러한 민족 차별에 조선인 학생들은 1920년대 초반만 하더라도 "조선인을 모욕한

악질 일본인 교사를 해고하라!", "조선인 교사를 더 채용하라!"와 같은 구호를 외치며 학내에서 발생하는 차별 대우를 철폐하기 위해 힘을 쏟았습니다. 하지만 1920년 중반으로 접어들며 학생들은 민족 차별이 단순히 학교만의 문제가 아님을 인식하기 시작했습니다. 그래서 이 시기부터는 "식민지 교육을 반대한다!", "조선인을 위한 교육 제도를 마련하라!"와 같은 좀 더 본질적인 교육 문제를 내세우며 일제의 교육 정책을 비판하기 시작했습니다. 또한 민족의식이 강고한 일부 학생들은 비밀 독서 모임을 만들어 당시 유행하던 사회주의 서적을 읽으며 일본 제국주의에 맞서 조국 독립과 민족 해방을 어떻게 달성할 것인지를 심각하게 고민하기 시작했습니다.

6·10 만세 운동, 학생들이 독립운동의 선두에 서다

1926년 4월 25일 새벽, 대한제국 마지막 황제 순종이 사망했습니다. 1919년 3·1 운동의 함성을 기억하는 총독부는 우리 민족의 만세 시위를 철저히 차단하기 위해 만반의 대비를 했습니다. 서울에 비상 경계령을 내리고 지방에 주둔하고 있던 일본군까지

순종의 상여가 종로를 지날 때 학생 수십 명이 태극기를 흔들고 격문을 뿌리며 "대한 독립 만세!"를 외치면서 6·10 만세 운동이 벌어졌다. 학생들의 용기와 열정으로 이루어진 6·10 만세 운동은 많은 독립운동가에게 깊은 감명을 주었다.

서울로 집결시켜 7,000여 명의 군경을 거리 곳곳에 배치했습니다. 또한 지속적으로 감시해 왔던 우리 민족 1만 여 명을 사전에 검거하여 감옥에 가두었습니다.

그러나 이처럼 삼엄한 감시에서도 사회주의자들과 학생들은 각각 별개로 대대적인 항일 시위를 벌일 준비를 했습니다. 사회주의자들은 격문 10만 장을 비밀리에 인쇄하며 동조 세력 확산에 최선을 다했습니다. 3·1 운동 당시 거리 시위에 적극 나섰던 학생들도 여러 학교 학생들이 참여하도록 서로 독려하며 젊은 혈기를 바탕으로 만세 시위 의지를 다졌습니다. 그런데 대규모 만세 시위가 일어날까 봐 두 눈 부릅뜨고 감시에 열을 올리고 있던 일제 경찰의 정보망에 사회주의자들이 시위를 계획하고 있다는 첩보가 전해졌습니다. 일본 경찰은 사회주의자들을 대거 체포하여 사회주의자들에 의한 거사 계획은 수포로 돌아갔습니다.

이제 만세 시위는 학생들의 손에 달려 있었습니다. 6월 10일 순종의 장례 행렬이 시작되었습니다. 시위 주도 학생들은 서울 시내 곳곳에 격문을 뿌리며 '대한 독립 만세!'를 외쳤습니다.

학생들이 앞장서서 시위를 이끌자 순종을 추모하기 위해 거리에 나온 시민들도 시위 대열에 대거 합류했습니다. 시내 곳곳에서는 시위대와 일제 군경 사이에 충돌이 벌어지며 '대한 독립 만세!' 소리가 거리를 휩쓸었습니다. 하지만 일제 경찰의 강경 대응 속에 1,000여 명 이상의 부상자가 나오고 200여 명이 주동자로 몰려 체포 투옥되면서 만세 시위는 점차 약화되었습니다.

6·10 만세 운동은 일제 경찰의 치밀한 사전 봉쇄 작전과 강경한 진압으로 인해 3·1 운동만큼 전국으로 확산되지는 못했습니다. 하지만 이 시위를 통해 우리 민족은 민족 독립 의지를 재확인할 수 있었습니다. 뿐만 아니라 민족주의자와 사회주의자로 분열되어 있던 당시에 양 세력이 서로 손을 잡고 민족 독립운동의 진로를 모색하게 만들었고, 그 결과 우리 민족 최대의 독립운동 단체인 '신간회'가 탄생했습니다.

광주 학생 항일 운동, 함께 일어나 외쳤던 그날

1920년대에 전라도 나주 학생들은 주로 기차를 이용해 광주로 학교를 다녔습니다. 통학 열차는 조선인 학생과 일본인 학생들로 늘 붐볐습니다.

1929년 10월 30일 오후, 광주에서 학생들을 싣고 온 기차가 나주역에 도착했습니다. 개찰구를 빠져나가던 일본인 학생 후쿠다가 조선인 여학생 박기옥과 몸을 부딪쳤습니다. 박기옥이 거의 넘어질 뻔했는데도 후쿠다는 무시하고 지나쳐 갔습니다. 뒤에서 이를 보고 있던 광주고보 2학년 박준채는 후쿠다가 자신의 사촌 박기옥을 희롱한 것으로 생각해 후쿠다를 불러 세웠습니다.

- 후쿠다, 너는 명색이 중학생이라는 녀석이 여학생을 희롱하는 것이냐?
- 뭐라고? 너는 뭐하는 놈인데 조센징 주제에 나한테 까불어?

후쿠다의 입에서 우리 민족을 비하하는 '조센징'이라는 단어가 툭 튀어나왔습니다. 화가 난 박준채는 후쿠다와 몸싸움을 벌였습니다. 이를 제지하던 경찰은 사건 경위도 파악하지 않고 냅다 박준채의 뺨부터 후려쳤습니다.

나주에서 광주까지 통학하는 일본인 학생과 조선인 학생들은 이 사건을 계기로 서로 편을 갈라 대치하는 일이 잦았습니다. 하지만 그때마다 경찰은 거의 일방적으로 일본 학생 편을 들었고, 일본인 기자들도 편파적인 기사를 썼습니다. 조선인 학생들은 분노했습니다.

11월 3일은 일본 메이지 천황이 태어난 명치절이었습니다. 학생들은 일요일인데도 기념식에 참석하기 위해 강제로 등교했습니다. 광주 시내 곳곳에 일장기가 걸렸고, 학생들은 기념식장에서 일본 국가인 〈기미가요〉를 불렀습니다. 기념식이 끝나고 하굣길이었습니다. 조선인 학생들과 일본인 학생들이 서로를 비난하며 시내에서 크게 충돌했습니다. 경찰이 나서고 소방차까지 동원해 진압했지만, 조선인 학생들은 이 사건을 계기로 거리 곳곳에서 만세 시위운동을 전개했습니다.

1929년 11월 3일에 일어난 광주 학생 항일 운동은 시작에 불과했습니다. 광주 학생들의 만세 시위는 지역에 국한되지 않고 활화산처럼 불타올라 전국으로 확산되었습니다. 1930년 3월까지 벌어진 시위에 참가했던 학교가 300군데가 넘었고, 퇴학당한 학생이 600여 명, 무기정학처분을 받은 학생이 2,000명에 달했습니다. 다음은 광주 학생 항일 운동 당시의 격문입니다.

학생, 대중이여 궐기하라!
검거된 학생은 우리 손으로 탈환하자.
언론 결사 집회 출판의 자유를 획득하라.
식민지 교육 제도를 철폐하라.
조선인 본위의 교육 제도를 확립하라.
용감한 학생, 대중이여!
최후까지 우리의 슬로건을 지지하라.
그리고 궐기하라.
전사여 힘차게 싸워라.

어떻습니까? 학내 문제만이 아닌 일제의 식민 통치를 정면으로 부인하며 우리 민족의 독립 의지를 담고 있지요. 결국 1919년 3·1 운동에 이어 또다시 전국 방방곡곡에 '대한 독립 만세!' 소리를 울려 퍼지게 했던 광주 학생 항일 운동은 우리 현대사의 4·19 혁명(1960), 5·18 민주화 운동(1980), 6·10 민주 항쟁(1987)으로 이어지며 우리나라 민주주의 발전의 토대가 되고 있습니다.

084

의열단원들이 의열 투쟁을 계속했던 이유는 무엇인가요?

이번에 시험공부를 열심히 했는데도 성적이 잘 나오지 않아 너무 속상해요. 공부도 포기하고 싶어지고요. 그런데 의열단원들은 여러 번 실패했는데도 투쟁을 계속했더라고요. 나라도 없고 지원도 별로 없었던 상황에서 어떻게 그렇게 열심히 투쟁할 수 있었나요?

조선 총독부, 전기 수리공에게 농락당하다

1921년 9월 11일 경성으로 가는 기차에 일본 경찰들이 올라탔습니다. 열차 칸을 차례로 지나며 검문하는 경찰에게 조선인으로 보이는 한 남자가 눈에 들어왔습니다. 경찰이 다가와 그의 가방을 확인하려는 순간 남자는 옆 좌석에 앉은 기모노 입은 여인의 아이를 받아 안고 대화를 나누기 시작했습니다. 일본인 남편을 수상한 사람으로 오해했다고 생각한 경찰은 열차의 다음 칸으로 발걸음을 옮겼습니다.

경찰이 사라지자 남자는 겨우 한숨을 돌렸습니다. 의열단원 김익상은 그렇게 의심을 피하며 경성에 도착할 수 있었습니다. 그가 가지고 내린 가방에는 권총 두 자루와 폭탄 두 발이 들어 있었습니다. 조선 총독부를 폭파하고 총독을 암살하는 것이 그의 목표였습니다.

다음 날 아침 전기 수리공으로 위장한 김익상은 조선 총독부로 향했습니다. "고장 신고를 받고 왔습니다."라는 말로 검문하는 사람들을 속이고 곧장 2층으로 올라가 사무실에 폭탄을 던졌습니다. 안타깝게도 불발이었습니다. 다시 남은 한 발을 던졌습니다. 큰 폭음과 함께 사무실이 아수라장이 되었습니다. 폭발음 소리에 일본 경찰들이 허겁지겁 뛰어왔습니다. 경찰과 마주친 김익상은 "2층은 위험하니 피하라."고 말하고는 유유히 사라졌습니다.

조선 식민 지배의 중심인 총독부에서 폭탄이 터지자 조선 총독부는 충격에 휩싸였습니다. 그러나 아무리 조사해도 범인을 찾을 수 없었습니다. 경성을 떠난 지 일주일 만에 김익상은 베이징으로 돌아왔습니다. 그는 의열단원들에게 "총독부에 폭탄을 던지고 돌아오는 데 일주일이면 충분하다."고 했던 약속을 지켰습니다.

의열단은 무엇을 위해 폭탄을 던졌나?

1911년 11월 만주 지린성(길림성)에 모인 김원봉을 비롯한 13명의 조선 청년은 '정의로운 일이라면 물러서지 않고 맹렬하게 실행하는 단체'라는 뜻을 가진 '의열단'을 조직했습니다. 그들은 기존의 외교 독립론이나 애국 계몽 운동 같은 독립운동을 소극적인 운동으로 보았습니다. 독립을 위해 폭탄을 던지며 목숨을 바치는 청년들이 계속 나타나면 사람들이 감명을 받아 혁명을 일으킬 수 있다고 생각했습니다. 그렇기 때문에 폭력은 일본에 대항하기 위한 가장 현실적이고 필수적인 방법이라 여겼습니다. 이러한 기개를 지닌 의열단의 정신은 신채호가 김원봉의 부탁으로 써 주었던 〈조선 혁명 선언〉에 잘 담겨 있습니다.

(…) 강도 일본을 쫓아내려면 오직 혁명으로만 할 수 있으며, 혁명이 아니고는 강도 일본을 쫓아낼 방법이 없는 바이다. (…) 민중은 우리 혁명의 대본영(大本營)이다. 폭력은 우리 혁명의 유일 무기이다. 우리는 민중 속에 가서 민중과 손을 잡고 끊임없는 폭력, 암살, 파괴, 폭동으로써 강도 일본의 통치를 타도하고, 우리 생활에 불합리한 일체 제도를 개조하여 인류로서 인류를 압박하지 못하며, 사회로써 사회를 수탈하지 못하는 이상적 조선을 건설할지니라.

〈조선 혁명 선언〉의 일부입니다. 어때요? 무시무시하지요? 이런 다짐을 가슴에 품고 김익상은 다시 한번 의거에 나섰습니다. 1922년 3월 일본 육군대장 다나카 기이치가 상하이를 방문한다는 소식이 들려왔습니다. 그는 동료 2명과 함께 다나카 저격에 나섰으나 작전은 실패했고 일본 경찰에 체포되고 말았습니다. 이 사건을 조사하는 과정에서 비로소 조선 총독부 폭파 사건도 김익상이 했다는 것이 밝혀졌습니다.

의열단의 이름에 부끄럽지 않도록 싸우겠노라

의열단원들의 의거는 이후에도 계속되었습니다. 1923년 1월에는 김상옥이 종로 경찰서에 폭탄을 던졌습니다. 경찰들과 대치하며 무려 3시간이 넘는 총격전을 벌였으며 17명의 일본 경찰을 사살했지만, 총알이 떨어진 그는 결국 자결로 생을 마감했습니다. 1924년 1월에는 김지섭이 일본 왕궁에 폭탄을 던졌습니다. 중국 상하이에서 출발한 화물선 창고에 열흘이나 숨어 천신만고 끝에 도쿄로 잠입했으나, 일본 황궁 안으로 던진 폭탄은 불발되었고 김지섭은 체포되었습니다.

독립지사들이 던진 폭탄 중에는 폭발한 것보다 불발된 것이 훨씬 많았습니다. 왜 그랬을까요? 당시 비밀리에 제작된 폭탄은 성능이 좋지 않았고, 오랜 시간 숨긴 채 가지고 다니다 보면 습기를 머금게 되어 도화선이 제 기능을 못했기 때문입니다.

자신의 목숨을 돌보지 않고 결행한 의열단원들의 의거는 성공보다 실패가 많았음에도 사람들에게 감명을 주었습니다. 여러 독립운동 단체가 연합을 제의했고, 입단하

조선의용대 성립 기념 사진. 김원봉은 1938년에 조선의용대를 창설해 중국 정부의 후원을 받으며 독립 투쟁에 나섰다.

고 싶다며 찾아오는 사람도 많았습니다. 물론 비판하는 사람들도 있었습니다. 독립운동은 외교, 실력 양성, 무장 투쟁 모두 의미가 있는데, 폭력을 통한 암살과 파괴만 유일한 수단으로 삼는 것은 무모하다는 것이었습니다.

의열단 단장 김원봉도 시간이 지나며 한계를 절감했습니다. 그는 한 사람의 목숨 건 투쟁이 아니라 여러 사람이 함께 싸울 수 있는 군대를 만들어야겠다고 생각하며 변화를 모색했습니다. 김원봉은 중국 국민당 정부가 만든 황포군관학교에 입학해 지도자 교육을 받았고, 1938년에는 조선의용대를 창설해 중국 정부의 후원을 받으며 무장 투쟁에 나섰습니다. 마침내 1944년에는 조선의용대를 이끌고 한국광복군에 합류했습니다. 대한민국 임시 정부에서는 군무부장을 맡아 광복이 될 때까지 독립운동에 헌신했습니다.

085

일본군을 탈출해서
광복군이 된 사람이 있다고요?

영화 〈군함도〉를 보니까 군함도에서 탈출하기 위해 작전을 짜는 장
면이 나오더라고요. 감시도 삼엄한데 걸렸다간 죽음이잖아요. 생각
만 해도 무서워요! 정말로 일본에 끌려갔다가 영화처럼 탈출했던 사
람들이 있었나요? 어떻게 탈출했는지 알고 싶어요.

억지로 전쟁에 끌려가야 했던 청년 김준엽

일본은 1937년 중일 전쟁, 1941년 태평양 전쟁을 일으키며 아시아 전체를 장악하려
했습니다. 하지만 전쟁이 장기화되면서 인적·물적 자원이 부족했습니다. 일본은 이
문제를 해결할 목적으로 1938년 국가 총동원령을 선포하여 우리 땅에서도 전쟁에 필
요한 물자라면 무엇이든 걷어갔습니다. 1943년에는 학생 지원병 제도, 1944년에는
징병제를 실시해 젊은 조선인 남자를 모두 전쟁터로 내몰았습니다. 당시 강제로 끌려

갔던 조선 청년은 약 20만 명에 이릅니다.

1944년 1월 일본 게이오 대학에 재학 중이던 김준엽도 전쟁터로 가게 되었습니다. 거부할 경우 본인뿐만 아니라 가족들까지 고통과 협박을 받았으니 이름만 지원병이지 강제로 끌려가는 것이나 마찬가지였습니다. 김준엽은 저항하지 않고 순순히 일본군에 입대했습니다. 왜냐고요? 일본군에서 탈출하면 독립군으로 합류할 수 있다고 굳게 믿었기 때문입니다.

당시 일본군은 개인용 부적과 부적주머니를 신성하다고 여겨 소지품 검사를 하지 않았는데 김준엽은 이것을 이용했습니다. 나침반, 지도, 중국어 회화책, 비상금을 부적주머니에 담아 탈영에 대비했습니다. 어머니와 함께 한복을 입고 찍은 사진도 만일을 위해 넣었습니다. 탈영했다가 중국군을 만나게 되었을 때 자신이 조선인이라는 것을 증명하기 위해서였습니다.

광복군이 되기 위한 6,000리 대장정을 시작하다

1944년 2월 김준엽은 중국 쉬저우(서주)에 있는 쓰카다 부대로 배치받았습니다. 중국군과 일본군이 대치하고 있던 그곳에서 그는 끔찍한 광경을 목격했습니다. 일본 군인들은 사격 연습을 한다며 중국의 민간인들에게 무차별 총격을 했고, 담력 훈련을 한다며 무고한 중국 청년들을 무자비하게 칼로 찔렀습니다. 김준엽은 일본군의 잔혹함에 치를 떨었습니다.

1944년 3월 29일 새벽 2시 김준엽은 마침내 탈출을 감행했습니다. 경비병의 교대 시간은 단 3분, 김준엽은 그 틈을 노려 철조망을 넘었습니다. 탈출에 성공한 김준엽은 강을 건너다 경계를 서던 중국 군인에게 발각되고 말았습니다.

일본군 군복을 입은 채로 끌려가 심문을 받던 김준엽은 가지고 있던 사진을 보여 주며 자신이 조선 사람이라고 밝혔습니다. 중국군은 죽음을 각오하고 탈출한 조선 청년을 크게 환영했습니다. 김준엽은 이후 일본군에 징집된 조선 청년들에게 탈영을 독려하는 일을 맡았습니다. 7월이 되자 조선 청년 4명이 더 탈출해 왔습니다. 김준엽

한국 광복군 활동을 함께한 노능서, 김준엽, 장준하(왼쪽부터). '후손들에게 부끄러운 조상이 되지 말자.'고 다짐했던 스물네 살 청년 김준엽은 세상을 떠날 때까지 자기 다짐에 어긋나지 않은 일관된 삶을 살았다.

은 이들과 함께 대한민국 임시 정부가 있는 충칭(중경)으로 가기로 했습니다. 6,000리 (1,500킬로미터)가 넘는 대장정이었습니다.

충칭으로 가는 길은 고난의 행군이었습니다. 하루에 40~60킬로미터를 걸어 발바닥은 너덜너덜해졌습니다. 낮에는 일본군의 감시와 공습을 피해 걸었고, 밤에는 나무 밑이나 헛간에서 노숙을 했습니다. 꼬박 한 달을 걸어 린취안현의 중국 군관학교에 도착했습니다. 한국 광복군이 중국과 연합해 간부 훈련반을 운영하는 곳이었습니다.

이곳에서 김준엽 일행은 3개월 동안 훈련을 받고 다시 충칭을 향해 출발했습니다. 어느덧 12월로 접어들어 겨울이 되었지만 외투도 없이 여름 군복으로 버티며 발걸음을 재촉했습니다. 파촉령을 넘는 것은 충칭으로 향하는 마지막 고비였습니다. 이 고개는 너무 험해서 일본군조차 진격을 포기했던 곳입니다. 모닥불로 추위를 견디며 밤을 지새웠고, 호랑이를 만나 죽을 뻔한 적도 있었습니다. 하지만 김준엽 일행은 '후손에게 부끄러운 조상이 되지 말자.'는 굳은 다짐을 하며 13일 만에 파촉령을 넘었습니다.

천신만고 끝에 임시 정부 문 앞에 서다

어느덧 해를 넘겨 1945년 1월 31일이 되었습니다. 드디어 충칭에 도착했습니다. 3시간 동안 시내를 헤맨 끝에 임시 정부 건물을 발견했습니다. "대한민국 림시 정부"라고 쓰인 현판과 바람에 나부끼는 태극기가 김준엽 일행을 반겼습니다. 이후 김준엽은 미국전략정보국(OSS, 나중에 CIA로 변경)의 도움을 받아 국내 침투를 계획한 독수리 작전의 요원으로 훈련받았습니다. 하지만 안타깝게도 이 작전은 일본이 생각보다 빨리 항복하는 바람에 실행되지 못했습니다.

1945년 8월 15일 조국이 해방되자 그는 서울로 돌아왔습니다. 다시 찾은 나라에서 그는 '후손에게 부끄러운 조상이 되지 말자.'는 파촉령을 넘으며 했던 다짐을 잊지 않았습니다. 상하이에서 돌아오지 못한 임시 정부 요원의 유해가 고국으로 돌아올 수 있도록 했으며, 대한민국 헌법 전문에 "대한민국은 임시 정부의 법통을 계승한다."는 문구가 들어갈 수 있도록 했습니다. 고려대학교 총장으로 재직하던 시절에는 민주화 운동에 나선 학생들을 퇴학시키라는 정부의 요구를 끝까지 거부했습니다. 결국 이 결정이 빌미가 되어 타의로 총장 자리를 떠나야 했지만, 그는 죽을 때까지 자신의 선택을 자랑스러워 했습니다.

김준엽은 2011년 6월 7일에 세상을 떠났습니다. 6,000리를 걸어 대한민국 임시 정부를 찾아갔던 스물네 살 청년의 삶은 이제 역사가 되었습니다. 부끄럽지 않은 조상이 되고자 힘들지만 올바른 길을 걸었던 김준엽의 삶을 뒤로 하고 이제 우리의 삶이 이어지고 있습니다. 우리는 어떤 길을 걸어가야 할까요?

086

한글은 서울역 창고에서
다시 태어났다면서요?

한글은 현존하는 언어 중에서 가장 체계적이고 과학적인 문자래요.
그런 한글을 자유자재로 사용할 수 있다는 게 정말 뿌듯해요. 그런
데 일제 강점기에 한글학자들이 정리한 《조선말 큰사전》이 서울역
창고에서 발견되었다면서요? 무슨 일이 있었던 거죠?

훈민정음, '언문'에서 '한글'이 되다

세종대왕은 백성들이 말과 글을 쉽고 편하게 익힐 수 있도록 훈민정음을 창제했으나
훈민정음은 이후 '언문'이라고 불리며, 신분이 낮은 사람들이 사용하는 글로 폄하되
었습니다. 사람들은 우리글인 언문보다 중국 글자인 한문을 더 많이 사용했습니다. 그
런데 개항 이후 새로운 문물에 자극받은 지식인 가운데 '한문'이 아니라 '언문'을 사용
해야 한다고 주장하는 사람들이 나타나기 시작했습니다.

많은 지식인이 언문을 사용하는 것에 거부감이 있었지만, 적극적으로 언문을 사용하는 지식인이 늘어났으며, 사람들은 언문을 우리글이라는 뜻에서 '국문' 또는 '국어'라 부르기 시작했습니다. 이러한 흐름에 맞춰 신문도 한문과 국문을 혼용해 인쇄했습니다. 여기에서 더 나아가 독립협회에서 발간한 《독립신문》은 아예 한 면 전체를 '국문'으로만 인쇄했습니다.

주시경은 《독립신문》 발간 당시 국문판 교정을 담당했습니다. 국문으로 기사를 작성해 신문을 만들다 보니, 사람마다 국문을 사용하는 방식이 달라 여러 면에서 불편하다는 것을 알게 되었습니다. 주시경은 국문 사용의 불편함에 공감하는 사람들을 모아 '국문동식회'라는 모임을 만들고, 국문 표기법 통일과 맞춤법 제정을 주도했습니다. 1899년에 독립협회가 해체되고 《독립신문》도 폐간되었지만 주시경은 학생들을 가르치며 국문 연구를 이어갔습니다. 1908년 주시경은 제자들과 함께 '국어연구학회'를 만들었으며, '국문'을 '한글'로 바꿔 부르자고 제안했습니다. 나라는 빼앗겨도 우리글 '한글'은 절대 빼앗기지 말자는 결의가 담긴 제안이었습니다.

일본에 의해 사라질 위기에 처했던 한글

일본은 우리 민족의 반발을 최소화하면서 한글을 없앨 방법을 고민했습니다. 여러 방법을 고민하던 일본은 조선인 스스로 한글을 포기하고 일본어를 선택하도록 했습니다.

학교에서 일본어는 일주일에 10~15시간, 한글은 5시간 정도 배울 수 있도록 편성했습니다. 일본어를 잘해야 좋은 성적을 받을 수 있도록 만든 것입니다. 상급학교 진학 시험에도 일본어는 필수 과목으로 지정했지만, 한글은 시험 과목에서 제외했습니다. 취업 준비생들도 서류, 면접, 필기 시험에 이르기까지 일본어가 능숙하지 못하면 취업은 엄두도 낼 수 없었습니다.

조선에서 살기 위해서 일본어를 능숙하게 하는 것은 당연한 일이 되었고, 반면 한글은 시간이 지날 수록 외면받았습니다. 실제로 당시 학생들 중에는 "한글은 필수 과목도 아닌데 꼭 배워야 하나요?"라고 질문하는 학생도 있었다고 합니다.

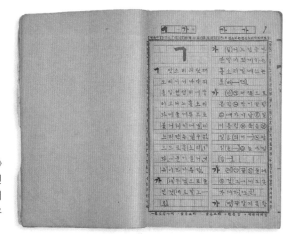

서울역 창고에서 발견된 《조선말 큰사전》 원고. 주시경과 한글학자들의 노력과 헌신 덕분에 한글은 일본어에 자리를 빼앗겼던 시간을 뛰어넘어 모두가 사랑하는 자랑스런 우리말 우리글로 자리잡았다.

한글, 서울역 창고에서 다시 태어나다

한글은 점점 설 자리를 잃어 갔지만, 한글을 지키려는 사람들의 노력은 멈추지 않았습니다. 주시경은 나라를 빼앗긴 이후에도 여러 학교를 돌며 한글을 가르쳤고 서울, 황해도, 경상도에 조선어 강습원을 열어 한글 보급에 앞장섰습니다. 또 제자들을 모아 《말모이》라는 제목의 우리말 사전 편찬을 주도했습니다. 한글 보급에 여념이 없던 주시경은 1914년 여름 복통으로 쓰러져 갑작스럽게 세상을 떠났습니다. 아직 한글을 지키고 가꾸기 위해 해야 할 일이 많았던 서른아홉 살 젊은 학자의 죽음이었습니다.

　존경하는 스승의 죽음을 뒤로하고 제자들은 그의 뜻을 이어갔습니다. 1921년 주시경의 제자들은 한글을 본격적으로 연구·확대·보급하기 위해 '조선어연구회'를 만들었습니다. 이 단체에서는 현재 한글날의 원형인 '가갸날'을 제정하고, 소식지 《한글》을 만들어 널리 보급했습니다.

　1931년에는 단체 이름을 '조선어학회'로 바꾸며 더욱 체계적인 연구를 이어 갔습니다. '가갸날'의 의미를 명확히 하고자 이름을 '한글날'로 바꿨으며, 한글맞춤법과 표준어를 제정했습니다. 이제 스승 주시경이 주도했던 한글 사전 편찬만 마무리하면, 한글은 규칙과 체계를 가진 세계에서 몇 안 되는 문자로 발돋움할 수 있을 터였습니다.

영화 〈말모이〉 포스터. 조선어학회가 《조선말 큰 사전》을 제작하는 과정에서 일어났던 일을 배경으로 만든 영화다.

그러나 1942년 조선어학회 사건은 회원들의 꿈을 산산조각 내고 말았습니다. 33명의 한글학자들이 체포되었고, 인쇄를 앞두고 있던《조선말 큰사전》원고도 압수당했습니다.

1945년 8월 15일, 해방이 되었습니다. 감옥에 갇혀 있다 석방된 한글학자들은《조선말 큰사전》을 다시 편찬하기 위해 모였습니다. 하지만 아무리 애를 써도 일본이 압수해 간《조선말 큰사전》원고를 찾을 수 없었습니다. 그런데 놀라운 일이 벌어졌습니다. 《조선말 큰사전》원고 2만 6,500여 장이 서울역 창고에서 발견된 것입니다.

1947년 10월 9일 한글날, 새롭게 원고 정리 작업을 마친《조선말 큰사전》이 출간되었습니다. 우리글을 지키기 위해 헌신했던 한글학자 주시경의 오랜 꿈이 마침내 이루어졌습니다.《조선말 큰사전》편찬은 한글 맞춤법을 통일하고 규칙을 마련했을 뿐 아니라 말살될 위기에 처했던 우리글을 지켜낸 위대한 작업이었습니다. 주시경과 한글학자들의 노력과 헌신 덕분에 '한글'은 '언문'이라고 천대받고 일본어에 자리를 빼앗겼던 시간을 뛰어넘어 모두가 사랑하는 우리말이자 우리글로 굳건히 자리잡았습니다.

087

매주 수요일 일본 대사관 앞에 사람들이 모이는 이유는 무엇인가요?

지난주 수요일에 일본 대사관 앞을 지나게 되었어요. 사람들이 많이 모여 있더라고요. 매주 수요일에 한다고 '수요 시위'라는 이름까지 붙었대요. 그런데 이 시위가 세계 최장 시위라 기네스북에도 올랐대요. 따져 보니 제 나이보다 더 오래되었더라고요. 수요 시위는 언제부터, 왜 시작된 건가요?

일본군 성노예제 문제 해결을 위한 정기 수요 시위

오랜 시간이 지난 후에야 비로소 밝혀진 일본군 '위안부' 문제

매주 수요일 일본 대사관 앞에서 진행되는 수요 시위의 정식 명칭은 '일본군 성노예제 문제 해결을 위한 정기 수요 시위'입니다. 1992년 1월 8일부터 시작된 시위는 명칭에서 알 수 있듯이 일본군 '위안부' 즉, 성노예제 문제에 대한 진상 규명과 책임 이행, 피해자들의 명예와 인권 회복을 요구하기 위해 시작되었습니다.

그런데 일제가 수많은 여성의 인권을 침해한 지 50여 년이 흐른 후에야 문제 해결을 요구하는 집단적 목소리가 나온 까닭은 무엇일까요? 과거 남성 중심의 가부장 사회는 여성에게 순결을 강요했고, 성폭력을 당한 여성은 피해자로서 보상을 받는 것이 아니라 오히려 죄의식에 시달려야 했습니다. 이런 분위기에서 '위안부' 피해자들은 세상의 차가운 시선을 감당하기 어려웠습니다. 침묵을 깨고 피해자의 목소리가 밖으로 나오기까지는 오랜 시간이 필요했습니다.

1980년대 민주화 운동 과정에서 활발해진 여성 운동의 영향으로 1990년에 한국정신대문제대책협의회(약칭 정대협)가 만들어졌고 이때부터 '위안부' 문제에 대한 본격적인 진상 규명 활동을 시작할 수 있었습니다. 여론의 힘에 밀려 한국 정부는 일본 총리에게 전쟁 당시 강제 연행자 명단을 만드는 데 협조해 줄 것을 요청했습니다. 하지만 일본 정부는 "군 위안소는 민간업자들에 의해 운영되었다."며 책임을 인정하지 않았습니다.

일본 정부의 무책임한 태도에 분노한 김학순 할머니는 1991년 8월 14일 '위안부' 피해 생존자로서 우리나라에서 최초로 공개 증언에 나섰습니다. 그의 용기 있는 행동에 국내외 여러 생존자의 증언이 이어졌고, 일본 안에서도 일본군의 직접 개입 증거들이 발견되기 시작했습니다. 이런 상황에서 1992년에 일본 총리 미야자와가 한국을 방문한다는 소식이 들려오자 정대협은 역사적인 첫 번째 수요 시위를 시작하며 '위안부' 문제에 대한 일본 정부의 책임 있는 사죄를 요구했습니다.

고 김학순 할머니는 1991년 8월 14일 정대협의 기자회견장에서 국내 '위안부' 생존자 중 최초로 피해 사실을 공개 증언했다.

기억을 기억하라

김학순 할머니의 증언과 수요 시위로 일본군 '위안부' 문제가 세상에 알려지기 시작했습니다. 일본 정부는 고노 담화를 통해 '위안부' 강제 동원을 인정하고 사죄했지만, 도의적 책임만 인정했을 뿐 법적 책임에 관해서는 언급하지 않았습니다. 이에 법적 책임을 묻기 위한 할머니들의 소송이 오랜 시간 동안 진행되었고, 수요 시위는 매주 세계 최장 시위 기록을 경신하며 지금까지 이어지고 있습니다.

2011년 12월 14일 1,000번째 수요 시위를 기념하며 일본 대사관 앞에 '평화의 소녀상'이 세워졌습니다. 이 소녀상은 '위안부' 피해자들의 명예와 인권 회복을 위해 만든 조각상으로 역사적 상징성을 지녔기 때문에 파급력이 컸습니다. 전국 각지와 해외 곳곳에 소녀상이 세워지며 더 많은 사람이 일본군 '위안부' 문제를 기억하고 진상 규명과 명예 회복에 함께할 수 있게 됐습니다.

그런데 수요 시위 때마다 자리를 지키던 할머니들의 모습을 안타깝게도 최근에는 보기 힘들어졌습니다. 30여 년 가까이 시위가 이어지는 동안 할머니들이 세상을 떠나고 남은 할머니들도 고령과 지병으로 참석이 어렵게 되었기 때문입니다.

아픈 기억을 간직한 생존자는 점점 줄고 있지만, 다행스럽게도 할머니들과 함께하는 수많은 시민과 학생들이 여전히 수요 시위를 이어 가고 있습니다. 피해 당사자는 아니지만 많은 사람이 수요 시위에 함께하는 까닭은 일본군 '위안부' 피해자가 겪은 고통이 언젠가는 우리의 고통이 될 수도 있기 때문입니다. 피해자에 대한 공감과 연대를 통해 인권 침해 사례를 기억하고 가해자에게 사과와 반성을 촉구하는 것은 중요합니다. 이를 통해 평화와 인권의 가치를 지키고 나와 우리 이웃을 지킬 수 있기 때문입니다.

또 다른 피해 여성들

전쟁이 발생하면 개인의 삶과 인권은 한순간에 무너집니다. 그중에서도 여성과 어린이의 인권은 더욱 취약해집니다. 일본군 '위안부' 피해 사례가 이를 증명합니다. 역사에서 여성 인권 피해 사례는 '위안부' 말고도 여러 상황에서 발견할 수 있습니다.

2019년 8월 14일 1400차 수요 시위가 열렸다. 세월이 흘러 건강이 악화되면서 떠난 '위안부' 할머니의 빈 자리를 시민 2만 명이 채웠으며, 국내 13개 도시를 비롯해 일본, 미국, 대만, 호주 등 세계 12개국 37개 도시에서도 연대해 1400차 수요 시위에 힘을 보탰다.

　6·25 전쟁 때에도 한국군 '위안부'가 존재했다는 기록이 있습니다. 해방 이후 한국군을 이끄는 고위 간부 중에는 일제 강점기 만주군이나 일본군 출신들이 있었습니다. 그들은 일본군에서 경험한 위안소 정책을 전쟁 중 한국군에도 적용시켰습니다. 따라서 한국군 '위안부'는 일제 식민지 정책의 유산이라고 할 수 있습니다. 일본 정부 정책을 규탄하고 있는 우리나라로서는 민감한 사안이긴 하지만 그렇기 때문에 더욱 제대로 해결해야 할 사안입니다.

　6·25 전쟁이 끝나고 나서도 미군은 계속 우리나라에 주둔하고 있습니다. 전쟁 이후 경제가 어렵던 시절 미군 주둔지 주변은 상권이 형성되어 호황을 누렸습니다. 이를 '기지촌'이라 부릅니다. 이곳에서 미군들을 상대했던 여성들은 '기지촌 여성', '양공주', '미군 위안부' 등으로 불렸습니다. 일본군 '위안부'와는 발생 배경이 다르기 때문에 직접 비교할 수는 없지만, 여성을 군대 유지를 위한 도구로 활용하는 일에 국가가 개입했다는 점에서 우리 정부도 불법성을 인정해야 합니다. 실제로 기지촌 여성들은

국가 배상 소송을 제기했고 일부 승소 판결을 받았습니다. 이때 일본군 '위안부' 피해 할머니들은 기지촌 여성들의 소송을 지지하며 적극적으로 연대했습니다.

할머니들은 베트남 전쟁 당시 한국군에 의해 성폭행당한 베트남 여성들과도 연대했습니다. 정대협을 비롯한 시민 사회 단체들은 베트남 전쟁 당시 한국군이 저지른 범죄를 사과하는 1인 시위를 하기도 했습니다. 우리 사회에는 여성 인권 침해 사례가 아직도 많습니다. 일본군 '위안부'뿐만 아니라 여러 피해 여성의 기억을 공감하고 연대의 손길을 내민다면, 지구상에서 다시는 여성의 인권이 유린되는 불행한 일이 일어나지 않을 것입니다.

088

우리나라가 세계에서 두 번째로 원자폭탄 희생자가 많다고요?

몇 년 전에 BTS 멤버가 원자폭탄 티셔츠를 입었다가 바로 며칠 후에 원자폭탄 희생자들에게 사과를 한 적이 있었어요. 그때 우리나라가 세계에서 두 번째로 원자폭탄 희생자가 많다는 걸 알았어요. 원자폭탄이 우리나라에 떨어진 것도 아닌데 어떻게 그럴 수 있죠?

히로시마와 나가사키에서는 무슨 일이 있었나?

1945년 8월 6일 오전 7시 15분, 아침부터 미군 폭격기가 출현했습니다. 일본 히로시마에 공습경보가 울렸습니다. 미국의 일본 본토 공습이 시작된 이래 자주 있는 일이었습니다. 공습을 피해 사람들은 방공호로 숨어들었습니다. 다행히 경보는 곧 해제되었고 정찰기라 안심해도 된다는 소식이 전해졌습니다. 학생들은 다시 학교로 향했고, 직장인들은 회사로 출근했습니다. 하지만 오전 8시 15분 대형 비행기가 히로시마 상공을 날더니 폭탄 하나를 떨어뜨렸습니다. 곧 눈이 멀어 버릴 것 같은 섬광과 함께 휘몰아친 열 폭풍은 모든 것을 쓸어가 버렸습니다. 원자폭탄이었습니다.

히로시마는 4,000도의 화염 속에서 잿더미가 되었습니다. 10초도 걸리지 않은 시간 동안 7만여 명이 즉사했고, 하루 만에 3만여 명이 추가로 목숨을 잃었습니다. 당시에는 방사능이 얼마나 위험한지 몰랐기에 사람들은 계속 방사능에 노출되었습니다. 1945년 말까지 모두 16만여 명이 고통 속에서 사망했습니다. 히로시마에 원자폭탄이 떨어진 지 3일 뒤인 8월 9일에는 나가사키에 원자폭탄이 떨어졌습니다. 7만 명에 가까운 사람들이 죽었습니다.

1945년 7월 연합국은 포츠담 선언으로 일본에 무조건 항복을 요구했습니다. 하지만 일본이 항복을 거부하자 미국은 원자폭탄을 투하했습니다. 당시 전황은 일본에 매우 불리했는데도 일본 군부는 전쟁을 고집했습니다. 그러나 원자폭탄 희생자의 대부분은 군인이 아니라 민간인이었고, 그들 중에는 수많은 조선 사람이 있었습니다.

지역	전체		한국인				
	피폭자	사망자	피폭자	사망자	생존자		
					계	귀국자	잔류자
계(명)	691,500	233,167	70,000	40,000	30,000	23,000	7,000
히로시마	420,000	159,283	50,000	30,000	20,000	15,000	5,000
나가사키	271,500	73,884	20,000	10,000	10,000	8,000	2,000

한국인 피폭자 현황　　　　　　　　　　　　　　　　　　※ 한국 원폭 피해자 원호협회 현황 보고서(1972, 4월)

무관심 속에 방치되었던 조선인 피폭자들

원자폭탄이 떨어진 지 일주일이 지나지 않아 광복이 찾아왔습니다. 하지만 히로시마와 나가사키에 살고 있던 조선 사람에게는 고통의 나날이 계속되었습니다. 폭탄이 떨어지던 날 강제 징용된 조선인 노동자들은 히로시마 시내에서 작업을 하고 있었습니다. 많은 조선인이 피해를 입었지만 임시 진료소에서는 조선인 치료를 거부했습니다. 심지어 치료 도중에 조선인이라는 사실이 밝혀지면 쫓아내기까지 했습니다.

지옥 같은 히로시마에서 조선인들은 아무런 보호 장비 없이 그대로 방사능에 노출되었습니다. 그 결과 히로시마에서 5만 명에 가까운 조선인이 원폭 피해를 입었고, 그중 3만여 명이 사망했습니다. 피폭당한 일본인 중 사망자는 30~40퍼센트였는데, 조선인은 60퍼센트가 사망했습니다.

한국의 히로시마, 여전한 원폭 피해자의 고통

히로시마와 나가사키에서 원자폭탄 피해를 입은 조선인 피폭자는 모두 7만여 명에 달했습니다. 그중 살아남은 사람은 3만여 명에 불과했습니다. 살아남았다고 해서 건강한 것은 아니었습니다. 많은 생존자가 장애를 입은 채 고향으로 돌아왔습니다. 피폭 후유증으로 삶은 피폐해졌고 가난과 질병의 악순환이 계속되었습니다. 고통은 자신한테서 끝나지 않고 자손에게 이어진 것입니다. 방사능에 피폭되면 유전자 변형이 일어나기 때문에 이후에 태어나는 아이에게도 영향을 미쳤던 것입니다.

일본에서는 1957년에 원폭 피해자를 지원하는 법이 만들어졌습니다. 하지만 한국인은 지원 대상에서 제외했습니다. 한국인 피해자들은 일본 정부를 상대로 기나긴 투쟁을 시작했습니다. 2002년에 일본 정부가 재판에서 패소하면서 비로소 한국인 피해자에게도 지원을 약속했습니다. 하지만 시간은 이미 50여 년이나 흘러 버린 후였습니다. 이조차도 일본에 가서 피해 사실을 증명할 수 있는 사람만 가능한 일이었습니다. 지원을 받은 사람도 있었지만 지원 신청 과정의 어려움 때문에 신청을 포기하는 사람들이 더 많았습니다.

경남 합천에 원폭 피해자 마을이 만들어지기는 했으나 한국 정부도 관심이 없기는 일본 정부와 다르지 않았습니다. 한국 정부는 1965년 한일 기본 조약을 체결하여 일본과 관계가 회복된 후에도 조선인 피해자가 국내에 얼마나 살고 있는지 파악조차 하지 않았습니다. 2017년이 되어서야 원폭 피해자 지원을 위한 특별법이 국회를 통과했

원폭 피해자 복지회관. 피폭으로부터 45년이 지난 1990년 한국과 일본 정부는 한국인 원폭 피해자 지원에 합의하고 기금을 마련해 1996년 경남 합천에 원폭 피해자 복지회관을 개관했다.

습니다. 피해를 입은 지 70년이 지난 후에 피해자 지원을 위한 법을 마련한 것입니다.

현재 국내에 살아 있는 원폭 피해자는 2,200여 명 정도입니다. 이들은 일본 식민지 지배에 억울하게 희생당한 분들입니다. 늦었지만 지금이라도 이 땅의 원폭 피해자가 더는 불행을 겪지 않도록 진상 규명과 피해 보상이 철저히 이루어져야 하겠습니다.

089

일제 강점기에 고향을 떠난 사람들은 어떻게 되었나요?

지난 주말에 이사를 했어요. 멀지 않은 곳으로 옮겼는데도 엄청 힘
들더라고요. 일제 강점기에 일본 경찰의 눈을 피해 만주나 연해주
로 이주한 사람들은 얼마나 힘들었을까요? 게다가 연해주로 간 사
람들은 중앙아시아로 강제 이주까지 당했다면서요?

어디로 가야 할지도, 언제 돌아올지도 모르고 떠나야 했던 사람들

먼 곳으로 여행을 떠날 때 기분이 어떨까요? 계획을 세우는 것만으로도 설렐 거예요.
그런데 그 여행이 언제 돌아온다는 기약도 없고, 떠나고 싶어 떠나는 게 아니라 어쩔
수 없이 떠나는 것이라면 어떨까요? 결코 즐겁지 않을 거예요. 영원히 돌아오지 못할
수도 있다고 생각하면 불안과 두려움도 크겠지요.

　일제 강점기에 독립운동을 하거나 일본의 수탈을 피해 고향을 떠났던 사람들의 심

정이 그랬을 겁니다. 당시 많은 사람이 일본 경찰의 눈을 피해 기약도 없이 만주나 연해주로 떠나야 했습니다.

대한제국의 군인이자 의병장이었던 민긍호, 고향을 떠나야 했던 그의 가족

2014년 소치 동계 올림픽에서 카자흐스탄은 자국 역사상 최초로 동메달을 땄습니다. 주인공은 스물한 살 남자 피겨스케이팅 선수 데니스 텐이었습니다. 얼마 후 그가 대한제국의 군인이자 의병장이었던 민긍호의 후손이라는 사실이 전해졌고, 사람들은 깜짝 놀랐습니다. 어쩌다가 데니스 텐의 선조들은 한반도에서 멀리 떨어진 카자흐스탄에 뿌리를 내리게 되었을까요?

2014년 소치 동계 올림픽에서 카자흐스탄 역사상 최초의 동메달을 획득한 데니스 텐은 연해주에 살다가 중앙아시아로 강제 이주당한 민긍호 의병장의 후손이다.

1907년 고종황제가 강제로 퇴위되고 대한제국 군대는 해산되었습니다. 이 소식을 들은 군인들은 서울에서 일본군과 치열한 시가전을 벌였습니다. 서울 소식을 들은 강원도 원주 진위대 소속 특무정교 민긍호는 무기고를 열어 300여 명의 병사들과 모여든 마을 사람들을 무장시켰습니다. 의병을 일으킨 것입니다. 민긍호가 이끈 부대는 강원도에서 가장 큰 규모의 의병 부대였으며 강원도와 충청도 일대에서 크고 작은 전투를 벌이며 일본에 타격을 주었습니다. 1908년 2월 민긍호는 원주 근처에서 전투 중에 포로가 되어 순국했습니다.

민긍호 의병장의 가족들은 조선 땅에서 더 이상 살아갈 수가 없었습니다. 일본의 감시가 심해졌고 수시로 살해 위협을 받았습니다. 남편을 잃은 아내는 일곱 살짜리 딸과 이제 갓 두 살이 된 아들을 데리고 만주로 피신했습니다. 무사히 피신한 가족들은 다행히 은인을 만났습니다. 바로 안중근 의사였습니다. 안중근은 민긍호 의병장의 가족을 정성으로 보살폈습니다.

그런데 1909년에 안중근 의사마저 순국하자 의지할 곳이 사라졌습니다. 민긍호 의병장의 가족은 일본의 눈을 피해 다시 러시아 연해주로 떠났습니다. 하지만 1937년 소련 지도자 스탈린은 조선인을 모두 중앙아시아로 강제 이주시키라는 명령을 내렸습니다. 러시아에 살고 있는 조선 사람들이 일본의 식민지 출신이라 소련과 일본 사이에 전쟁이 일어날 경우 일본 첩자가 될 가능성이 있다고 봤습니다.

소련 정부는 조선 사람들을 연해주의 기차역 광장에 모이게 한 후 짐짝처럼 화물 기차에 실어 무려 5,000킬로미터나 떨어진 중앙아시아로 강제 이주시켰습니다. 당시 연해주에서 중앙아시아로 강제 이주당한 조선인은 약 18만 명 정도였습니다. 민긍호 의병장 가족을 포함한 조선인 동포들은 화장실도 없는 기차 화물칸에 가축처럼 태워져 카자흐스탄과 우즈베키스탄 등지에 내렸습니다. 살면서 한 번도 들어 본 적 없는 낯선 이국땅이었습니다. 민긍호 의병장의 후손인 데니스 텐이 카자흐스탄 대표로 동계 올림픽에 참가할 수 있었던 배경에는 우리 민족의 가슴 아픈 강제 이주 역사가 있습니다.

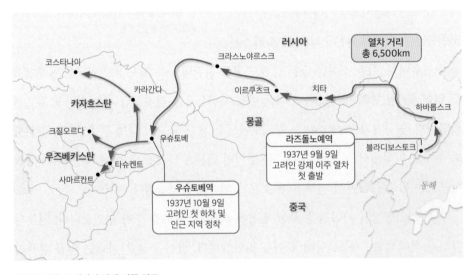

연해주 거주 조선인의 강제 이주 경로

역사의 아픔을 간직한 또 다른 이름, 고려인

봉오동 전투의 영웅 홍범도 장군도 비슷한 아픔을 겪었습니다. 자유시 참변 이후 독립군이 해산되자 홍범도는 연해주에서 조선 사람들을 이끄는 지도자로 활동했습니다. 그러다 1937년에 동포들과 함께 카자흐스탄으로 강제 이주당했고, 다시 조국으로 돌아오지 못한 채 1943년에 생을 마쳤습니다. 홍범도 장군은 카자흐스탄 크질오르다 공동묘지에 묻혔습니다.

중앙아시아로 강제 이주당한 우리 민족은 '고려인'이라는 이름의 소수 민족으로 삶을 이어 갔습니다. 생존을 위해 열악한 환경을 극복하며 척박한 땅을 개간해 황무지였던 땅을 벼가 자라는 옥토로 바꾸었습니다. 중앙아시아에서 벼농사가 발달한 것은 고려인의 피와 땀 덕분이었습니다.

1945년에 조국이 광복되었다는 소식을 들었지만 이들은 고향으로 돌아올 수 없었습니다. 그나마 다행스러운 것은 지금은 고려인 후손들이 우리나라에 자유롭게 들어와 살 수 있게 되었다는 점입니다. 2019년 7월 재외동포 지위에 대한 법률이 개정되어 고려인 4세와 5세도 재외동포로 인정받아 불법 체류자가 되거나 강제 추방당할 걱정 없이 우리 땅에서 살 수 있게 되었습니다. 나라를 잃은 설움 속에 중앙아시아로 강제 이주당했던 고려인의 후손들이 할아버지, 할머니의 고향에서 행복하게 살아갈 수 있도록 지금이라도 관심을 가져 보면 어떨까요?

8

대한민국의
발전

090 해방을 맞았는데 총독부 건물에 왜 미국 국기가 게양되었나요?

091 잘못된 신문 보도 하나로 온 나라가 혼란에 빠졌다고요?

092 민간인 학살을 주도한 사람들이 훈장을 받았다고요?

093 대한민국《관보》1호 발행일은 왜 '대한민국 30년 9월 1일'일까요?

094 친일 청산에 힘쓴 반민특위 사람들이 왜 빨갱이로 몰렸나요?

095 우리나라는 전쟁이 끝난 게 아니라 쉬고 있는 거라고요?

096 고등학생의 일기가 역사적인 자료가 되었다고요?

097 우리나라 경제는 성장했는데, 노동자 전태일은 왜 자신의 몸에 불을 붙였나요?

098 신문 광고란에 시민들의 응원 문구가 가득찬 까닭은 뭔가요?

099 경찰이 책상을 탁! 치니 대학생이 억! 하고 죽었다는데, 사실인가요?

100 뽀로로가 남북 협력으로 만들어졌다고요?

101 동아시아 평화를 위한 바람직한 한일 관계는 어떻게 만들어 가야 할까요?

해방을 맞았는데
총독부 건물에 왜 미국 국기가 게양되었나요?

해방을 맞아 만세 부르는 사람들의 모습을 사진으로 보았어요. 우리 민족의 감격과 환희가 사진에서도 아주 생생히 전해졌어요. 그런데 조선 총독부 건물에 걸린 일장기가 내려가고 미국 국기가 게양되는 사진을 발견하고 의아했어요. 왜 태극기가 아닌 미국 국기가 게양되었을까요?

갑자기 다가온 해방, 그날을 기다려 온 우리

아직도 1945년 8월 15일 우리 민족의 해방을 미국의 원자폭탄 투하로 인한 일본의 항복에서 비롯된 '뜬금없는 해방'으로 생각하는 사람이 있습니다. 하지만 일본의 항복이 곧 우리나라의 독립을 의미한 것은 아니었습니다. 일본의 침략을 받았던 아시아 국가들은 프랑스, 영국, 네덜란드, 미국 등 과거 식민 통치를 했던 제국주의 국가들과 다시 힘겨운 싸움을 시작해야 했습니다.

일본의 항복으로 갑작스럽게 맞이한 해방이었지만 우리 민족은 오랜 시간동안 지치지 않고 투쟁하며 광복의 그날을 준비하고 있었습니다. 당시 우리나라는 미·영·중 최고 지도자들이 모인 카이로 회담(1943)에서 독립을 약속받았고, 일본이 항복하기 전부터 독립운동가들은 국내외에서 새 나라 건설을 준비하고 있었습니다. 여운형은 일제의 패망을 확신하고 '건국동맹'을 결성해 국내에서 독립 국가 수립을 위한 채비를 갖추고 있었습니다. 그러한 준비가 있었기에 해방 당일 조선 총독부로부터 치안 유지 권한을 넘겨받아 '조선건국준비위원회'를 조직하고 새 국가 건설을 위한 활동을 구체적으로 실행할 수 있었습니다.

8월 16일에는 서대문 형무소의 정치범들을 석방했고, 전국 각지에 조선 건국 준비위원회 지부를 설치하며 활동에 나섰습니다. 사람들은 비로소 해방을 실감하고 기쁨의 만세를 불렀습니다. 35년 동안 이어진 독립운동가들의 목숨을 바친 투쟁과 해방 직후 여운형을 비롯한 조선건국준비위원회의 활약 덕분에 우리는 해방에 주체적으로 대응할 수 있었습니다.

한반도 분할 점령과 미군정

새 국가 건설을 위한 우리 민족의 노력은 급변하는 국제 정세 속에서 어려움을 겪었습니다. 미국과 소련은 38도선을 경계로 한반도 분할 점령을 결정했고, 국내 정치 세력들의 이해관계가 얽히면서 새 국가 건설 방향을 둘러싸고 우리 민족 내부에 분열과 갈등이 있었습니다. 8월 24일 소련군이 평양에 주둔하고, 9월에는 미군의 서울 주둔이 예정되자 조선건국준비위원회는 9월 6일 급하게 '조선인민공화국'을 선포해 공식 정부로 인정받고자 했습니다.

그러나 주한 미군 사령관은 우리 민족의 자치 정부 수립 노력을 무시하고 군정을 실시해 직접 통치에 나섰습니다. '군정'은 군인이 정치를 담당하는 형태로 해방 후부터 1948년 8월 15일 대한민국 정부가 정식으로 들어서기 전까지 3년 동안 38선 이남에서는 미군이 우리나라를 통치했습니다. 대한민국 임시 정부를 비롯해 국외에서 독

1945년 9월 9일 조선 총독부 건물 앞에 게양되었던 일장기가 내려오고 성조기가 올라갔다. 새로운 세상을 기대했던 한국인의 열망과 요구는 무시되었고 친일 관료 중심의 총독부 체제가 그대로 유지되었다.

립운동을 이끌었거나, 해방 후 국내에서 건국 작업을 주도해 온 건국준비위원회 같은 세력들은 미국으로부터 인정받지 못했습니다. 일장기가 내려온 조선 총독부 건물에 태극기 대신 미국 국기가 올라가는 상황이 벌어진 것입니다.

한편 미군정은 오랜 식민 통치에서 해방된 한국의 사정을 고려하지 않고 현상 유지에만 주력했습니다. 그 결과 새로운 세상을 기대했던 한국인의 열망과 요구는 무시되었습니다. 친일 관료와 경찰을 중심으로 한 총독부 체제가 그대로 유지되면서 친일 청산 문제는 지금까지도 우리 민족의 숙제가 되고 말았습니다.

환희에서 분노로

해방의 환희를 느낀 지 불과 몇 달밖에 지나지 않았는데, 1945년 말부터 사회 분위기는 암울했습니다. 많은 사람이 기쁨의 만세를 불렀는데 왜 분위기가 어두웠을까요?

첫 번째는 해방 직후 도망갔던 친일 관료와 경찰들이 시나브로 복귀해 미군정에서 큰소리치고 있었기 때문입니다. 징용과 공출로 고통받았던 당시 사람들에게 하루아침에 세상이 바뀐 해방의 감격은 매우 강렬했습니다. 하지만 기쁨이 컸던 만큼 친일파가 다시 자기들 세상인 양 거들먹거리며 행세하는 것을 받아들이기 힘들었습니다.

두 번째는 물가와 쌀 수급 문제로 인해 경제 상황이 심각해졌기 때문입니다. 태평양 전쟁 말기에 조선 총독부는 무분별하게 화폐를 찍어 내 심각한 인플레이션을 유발했습니다. 이러한 상황에서 남한 땅을 통치하게 된 미군정은 당시 한반도 사정을 고려하지 않은 채 자유 경제 정책을 실시했습니다. 그러자 부자들의 매점매석으로 생필품 부족 현상이 발생했고, 주식인 쌀의 유통에 심각한 문제가 생겼습니다. 시장 경제가 왜곡되는 것을 본 미군정은 다급히 통제 경제로 전환했지만 이미 경제 상황은 나빠진 상태였습니다.

미국이 들어와 통치하면서 경제는 더 어려워지고, 기세등등하게 복귀한 친일파들의 횡포가 더해지는 부조리한 상황 속에서 환희는 분노로 바뀌었습니다. 우리 손으로 새로운 나라를 건설할 꿈에 부풀어 있던 민중들은 1946년 10월 대구를 시작으로 미군정에 항의하는 시위를 벌였습니다. 이처럼 해방 후 한국 사회는 미군정이 시작되며 정치·경제·사회적으로 해결해야 할 많은 문제를 떠안게 되었습니다.

091

잘못된 신문 보도 하나로
온 나라가 혼란에 빠졌다고요?

요즘 사실이 아닌 가짜 뉴스가 인터넷에 떠돌아서 국민을 헷갈리게
한다는 얘기를 들었어요. 인터넷 뉴스를 다 진짜로 믿으면 안 된다
는 얘기도 들었고요. 그런데 1945년에도 나라 전체를 혼란에 빠트
린 치명적인 가짜 뉴스가 있었대요. 도대체 어떤 기사였나요?

왜곡 보도에서 시작된 혼란

  소련은 신탁 통치 주장, 미국은 즉시 독립 주장

1945년 12월 27일 《동아일보》 1면에 실린 이 기사는 당시 사회에 큰 영향을 미쳤고
마침내 폭발적인 신탁 통치 반대(반탁) 운동을 불러일으켰습니다.

"소련은 신탁 통치 주장, 미국은 즉시 독립 주장"이라는 머리기사가 실린 1945년 12월 27일 자《동아일보》. 명백한 오보였으나 왜곡된 정보를 바꾸기란 쉽지 않았고 역사는 예측하지 못한 방향으로 흘러갔다.

신탁 통치가 뭐냐고요? 자치 능력이 결여되어 정치적 혼란이 우려되는 지역을 국제연합이 잠정적으로 강대국에 위임 통치하게 해 안정적인 정치 질서를 수립할 수 있도록 하는 것을 말합니다. 해방 후 자주독립을 기대하던 우리 민족에게 신탁 통치는 사실상 식민지의 연장으로 느껴졌습니다. 이러한 신탁 통치를 소련이 주장했다는 기사는 우리 민족을 분노케 하며 사람들을 반탁 운동과 더불어 반소련, 반공산주의 운동으로 몰아가게 했습니다. 그런데 놀라운 건 사람들을 거리로 나오게 만든 이 기사가 사실은 '오보'였다는 것입니다. 도대체 어찌 된 영문일까요?

처음 한반도 문제가 논의되었던 1943년 카이로 회담은 "적당한 시기에 한국의 독립을 회복한다."고 결정했습니다. 1945년 2월 얄타 회담에서 미국은 한국에 대한 신탁 통치를 제안했고, 그해 12월 모스크바 3국 외상 회의에서 다시 구체적인 신탁 통치안을 제시했습니다. 미국은 한국을 독립시키기 위한 '적당한 시기'를 신탁 통치 이후로 판단했습니다. 따라서 신탁 통치안은 소련의 제안이 아니라 미국의 의도가 반영된 것이었고,《동아일보》의 기사는 사실을 왜곡한 보도였습니다.

1945년 12월 30일 자《동아일보》한쪽 지면에 '모스크바 3국 외상 회의 결정문' 전문이 실렸지만, 이미 사람들의 머릿속에 자리 잡은 왜곡된 정보를 바꾸기란 쉽지 않았습니다. 새 나라를 세우기 위한 해방 공간에서 모스크바 3국 외상 회의의 결정은 매우 중요했습니다. 하지만 결정문이 국내에 전달되는 첫 단계부터 꼬이면서 우리나라의 운명은 아무도 예상하지 못한 방향으로 흘러가고 말았습니다.

모스크바 3국 외상 회의와 신탁 통치

1945년 12월 한반도 문제를 논의하기 위해 미국·소련·영국의 외무장관이 모스크바에서 회의를 열었습니다. 회의 결정문 중 신탁 통치가 국내 언론에 의해 부각되면서 격렬한 반탁 운동을 유발했지만 실제 모스크바 3국 외상 회의 결정문의 핵심은 신탁 통치가 아니라 '임시 정부 수립'이었습니다. 이것은 한반도 문제를 한국인 스스로 해결하도록 통일 정부를 구성하는 것에 미·소 양국이 합의했음을 의미하는 것입니다.

미국과 소련은 처음부터 남북 분단을 염두에 두고 한반도 정책을 수립하지는 않았습니다. 38도선은 일본군의 무장 해제를 위한 임시적인 선이었을 뿐, 소련은 만주 지역에 더 관심이 많았고, 미국은 전략적으로 일본을 더 중요하게 여겼습니다. 모스크바 3국 외상 회의의 결과에 따라 한반도에 임시 정부를 세우고 철수하는 것이 두 나라의 공통된 목표였습니다. 전략적으로 후순위인 지역에 군대를 주둔시키는 것은 경제적으로도 부담이기 때문이었습니다. 특히 미국은 신탁 통치를 통해 간접적으로 한반도에 영향력을 행사하는 게 더 효율적이라고 판단했습니다.

이러한 상황을 제대로 파악한 사람들은 모스크바 3국 외상 회의 결정을 지지하는 의견을 제시했습니다. 그러나 좌익인 조선공산당이 모스크바 3국 외상 회의의 결정을 지지하는 선언을 하자, 우익에서는 좌익이 찬탁으로 전환했다며 비판했습니다. 당시《동아일보》보도로 인해 '신탁 통치는 소련이 제시한 것'으로 오해하는 사람이 많았고, 그들은 좌익을 소련을 쫓아 나라까지 팔아먹는 매국노라고 공격했습니다. 우익의 폭발적인 공세로 당시 정국은 찬탁 대 반탁의 구도로 왜곡되었고, 모스크바 3국 외상 회의 결정의 본질은 묻힌 채 좌우 대립만 심해지고 말았습니다.

이 문제를 해결하기 위해 여운형, 김규식 등 중도파들이 좌우 합작 운동을 벌이며 임시 정부 수립을 위해 노력했습니다. 한편 미군정은 이승만을 비롯해 미국을 지지하는 세력들이 반탁 운동의 주류를 이루는 딜레마에도 불구하고 소련과 협력하여 모스크바 3국 외상 회의 결정을 실천하기 위해 노력했습니다. 하지만 국내 정치 혼란과 이승만의 단독 정부 수립 운동, 1947년부터 고조되는 냉전 분위기 속에서 미국과 소련은 한반도 전략을 수정했고 안타깝게도 분단은 현실이 되고 말았습니다.

친일파의 변신, 애국자가 된 그들

모스크바 3국 외상 회의 결정을 둘러싼 극심한 좌우 대립 속에서 나타난 놀라운 현상이 있습니다. 바로 친일파의 변신입니다. 친일 인사들은 반탁 운동에 누구보다 열심히 참여했습니다. 신탁 통치는 식민지의 연장이라고 이해했던 당시 대중들에게 반탁 운동에 앞장서는 사람들은 애국자라는 칭송을 받았습니다. 이런 분위기에 편승해 매국노인 친일파가 갑자기 애국자로 탈바꿈했습니다. 친일파들은 반탁 운동에 그치지 않고 이승만의 단독 정부 수립 운동에도 적극 참여하며 분단에 앞장섰습니다. 통일 정부가 수립되면 친일 청산은 피할 수 없는 과정이 되지만, 남북이 각각 정부를 수립하면 공산주의 반대를 외치는 친일파들은 애국자로서 새로운 삶을 시작할 수 있기 때문입니다.

이처럼 친일파들은 해방 정국에서 열렬한 반탁 운동가이자 반공주의자로 활동하며 애국자로 변신했습니다. 《동아일보》의 오보 기사가 만들어 낸 '반탁-반소련-반공산주의' 구도는 친일파의 신분 세탁을 위한 시간과 기회를 제공하는 결과를 낳았습니다. 모스크바 3국 외상 회의의 본질을 잘못 전달한 《동아일보》의 보도는 해방 이후 우리나라 역사에서 최악의 오보로 지금도 종종 언급됩니다. 이를 통해 우리는 언론 보도가 갖는 사회적 영향력과 책임을 깨달을 수 있습니다. 한편 오보와 가짜 뉴스로부터 우리 사회를 지키기 위해서는 언론을 바라보는 비판적 시각이 필요합니다. 우리는 언론을 잘 감시해야 합니다.

092

민간인 학살을 주도한 사람들이
훈장을 받았다고요?

6·25 전쟁 때 죄없는 민간인이 학살당한 일도 있었다면서요? 게다
가 그 일을 주도했던 사람들은 나중에 훈장까지 받고 잘 살았고요.
너무 이상해요. 잘못한 사람은 처벌받고 피해자는 보상해 줘야 하
는 거 아닌가요? 어떻게 그럴 수 있죠?

분단과 전쟁, 그리고 민간인 학살

우리나라의 대규모 민간인 학살은 1948년부터 1951년 사이에 많이 일어났습니다. 일
제 강점기 동안 사회 경제적으로 핍박을 받았던 우리나라 사람들은 해방이 되면 크
게 달라지리라 기대했습니다. 또 이러한 혁명적 분위기 때문에 당시 한국 사회는 사
회주의 사상의 영향력이 컸습니다.

  그러나 모스크바 3국 외상 회의 결정을 둘러싼 갈등 속에서 친일파들은 애국자로

둔갑해 다시 권력을 휘두르기 시작했습니다. 권력과 돈을 가진 친일파 세력의 지지를 받는 이승만과 우익 세력이 단독 정부 수립을 주장하면서 분단은 눈앞의 현실로 다가왔고, 이를 반대하는 움직임도 매우 격렬하게 일어났습니다. 해방된 나라에서 친일 청산과 토지 개혁 등 사회 문제가 해결될 것이라 기대했던 사람들은 친일파의 횡포와 분단 상황을 도저히 받아들일 수 없었습니다. 이러한 분위기 속에서 1948년 '제주 4·3 사건'과 '여수 순천 10·19 사건(이하 여순 사건)'이 발생했습니다.

그리고 이 사건들을 진압하는 과정에서 민간인 학살이 일어났습니다. 좌익 무장대에 의한 경찰과 우익 인사 처형을 보복하고 좌익에 협조한 사람들을 찾는다는 명목으로 정당한 절차 없이 대규모 민간인 처형이 이루어졌습니다.

제주도와 전남 동부 지역을 중심으로 일어난 민간인 학살은 1950년 6·25 전쟁 이후 전국으로 확대되었습니다. 북한 인민군이 남침해 오자 이승만 정부는 급히 후퇴하면서 인민군에 협력할 것으로 의심되는 사람들을 모조리 잡아 처형했습니다. 의심받았던 대표적인 사람들은 교도소에 수감되어 있던 정치 사상범과 국민 보도 연맹원이었습니다. 제주 4·3 사건과 여순 사건으로 교도소에 갇힌 사람들은 좌익 사상범으로 분류되었고, 국민 보도 연맹은 이승만 정부가 좌익에서 우익으로 전향한 사람들을 가입시킨 단체였기에 북한 공산당 협조 세력으로 분류된 것입니다. 그런데 문제는 이들 중에는 좌익과 전혀 관계없는 사람도 많았다는 점입니다. 특히 국민 보도 연맹원 중에는 단체의 성격도 모른 채 쌀이며 생필품을 준다 해서 가입한 사람들도 있었습니다. 이런 사람들까지 전부 학살했으니, 억울한 희생자가 많을 수밖에 없었습니다.

6·25 전쟁이 장기전이 되면서 군인에 의한 학살도 여러 차례 발생했습니다. 국군에 의한 '거창 양민 학살 사건', '함평 양민 학살 사건'과 미군에 의한 '노근리 학살 사건'이 전쟁 중에 발생한 대표적인 민간인 학살 사례입니다.

전쟁과 학살이 남긴 것

민간인 학살의 비극이 지나가고 살아남은 자들에겐 무엇이 남았을까요? 전쟁과 학살은 사람들에게 극심한 공포심을 심어 주었습니다. 전쟁을 일으킨 북한 인민군에 대한 공포도 있었지만, 국가 권력에 대한 공포도 커졌습니다. 국가 폭력 앞에서 힘없이 쓰러지는 이들의 모습을 보면서 사람들은 정부를 비판하고 반대하는 행동이 얼마나 무서운 일인지, 빨갱이로 몰렸을 때 어떤 일을 당하게 되는지 똑똑히 기억하게 되었습니다. 국민은 권력을 묵묵히 따르게 되었고 그것은 민주주의 발전의 걸림돌이 되었습니다.

민주주의 사회에서는 정부가 잘못하면 얼마든지 비판할 수 있어야 합니다. 하지만 이승만 정부는 강력한 반공산주의 정책을 시행하며 정부를 비판하는 사람을 공산주의자, 빨갱이로 몰아 탄압했습니다. 이러한 극우 반공주의는 6·25 전쟁을 거치면서 더욱 강화되었고, 5·16 군사 정변 이후 박정희, 전두환으로 이어진 군부 독재 권력을 유지하는 핵심 수단으로 오랫동안 활용되었습니다.

피해자와 가해자의 뒤바뀐 삶

민간인 학살을 주도한 사람들은 어떻게 되었을까요? 죄 없는 국민을 학살했다면 반드시 그 책임을 묻고 벌을 받아야 마땅합니다. 하지만 학살자들은 오히려 떵떵거리고 살며 고속 출세까지 했습니다. 이승만 정부의 반공 독재 체제에서 학살자들은 무고한 국민을 죽인 것이 아니라 공산주의자를 죽인 것으로 평가받았습니다. 전쟁 중에 민간인을 죽여 놓고 인민군 협력자를 죽였다고 보고하는 일도 있었습니다. 정부는 그들을 학살자가 아니라 공을 세운 애국자로 평가했고 훈장까지 수여했습니다. 대한민국 애국자에게 주어야 하는 훈장을 학살자에게 수여하며 면죄부를 준 것이나 다름없었습니다.

학살 가해자들의 사회적 평판이 이러했으니, 피해자 가족들의 삶은 무너질 수밖에 없었습니다. 이승만, 박정희 정부에서 학살 피해자는 대부분 공산주의자로 몰렸기 때문에 남은 가족들은 연좌제에 묶여 엄격한 감시를 받으며 피해를 입었습니다. 연좌제는 범죄자와 일정한 친족 관계가 있는 사람에게 책임을 묻는 제도로 대학교 진학과 취업에도 불이익을 당했습니다. 상황이 이러하니 피해자 가족들은 학살 피해 사실을 숨기고 살았고 자녀들은 자신의 부모가 어떻게 사망했는지도 모른 채 성장했습니다.

제주 4·3 사건 희생자 위령제 헌화대 앞에서 묵념하는 노무현 당시 대통령. 제주도민 3만여 명이 희생된 제주 4·3 사건이 일어난 지 55년 만에 정부 차원의 공식적인 사과가 이루어졌다.

알더라도 연좌제의 낙인이 무서워 침묵할 수밖에 없었고 오랜 시간이 지나서야 진실을 말할 수 있었습니다.

민주 정부가 들어선 이후 거창 양민 학살 사건, 제주 4·3 사건 등 일부 사건들은 특별법이 제정되어 피해자들의 명예가 회복되고 있습니다. 그러나 여수 순천 10·19 사건 등은 여전히 미해결 상태입니다. 피해자와 가해자의 뒤바뀐 삶은 언제쯤 제자리를 찾을 수 있을까요.

093

대한민국 《관보》 1호 발행일은 왜 '대한민국 30년 9월 1일'일까요?

대한민국 정부가 세워진 후 나라의 소식을 전하기 위해 발행한 《관보》는 1948년 9월 1일에 처음으로 만들어졌다고 해요. 그런데 발행일이 '대한민국 30년 9월 1일'로 표기되어 있다면서요? 왜 대한민국 1년이 아니고 30년이었을까요?

1919년 4월 10일 임시의정원

제헌 헌법에 담긴 독립 정신

1948년 5월 10일, 헌법을 만들 국회의원을 선출하기 위해 총선거가 실시되었습니다. 소련에 의해 군정이 실시되던 북한 지역은 제외되고 단독 정부 수립에 반대하는 단체들이 다수 불참했다는 한계는 있지만, 우리나라 최초의 국회의원을 뽑은 선거여서 이 선거가 지닌 역사적 의미는 매우 큽니다. 선거 결과 모두 198명의 국회의원이 선출되어 국호를 '대한민국'으로 정하고 1948년 7월 17일 제헌 헌법을 공포했습니다.

1948년 9월 1일에 발행된 대한민국 《관보》 1호. 대한민국 임시 정부가 수립된 1919년을 정부 수립 1년으로 계산해 '대한민국 30년'이라고 발행일을 표기했다.

유구한 역사와 전통에 빛나는 우리들 대한국민은 기미 3·1 운동으로 대한민국을 건립하여 세계에 선포한 위대한 독립 정신을 계승하여 이제 민주 독립 국가를 재건함에 있어서 정의·인도와 동포애로써 민족의 단결을 공고히 하며 모든 사회적 폐습을 타파하고 민주주의 제제도를 수립하여(…)

제헌 헌법 전문(前文)의 시작 부분입니다. 대한민국이 새로 세워지는 국가임에도 불구하고 이전에 발생한 '3·1 운동으로 대한민국을 건립'했다고 강조하고 있습니다. 이는 1948년 세워진 대한민국 정부는 1919년 3·1 운동으로 민족의 정기를 되찾아 설립한 대한민국 임시 정부를 계승하겠다는 의지의 표현이자 독립운동가들의 독립 정신을 이어가겠다는 다짐의 표시이기도 합니다.

대한민국 임시 정부가 축적한 헌법 제정 경험

따라서 제헌 헌법은 1948년에 갑자기 만들어진 것이 아닙니다. 대한민국 임시 정부에서 이미 헌법을 만들었던 역사적 경험이 있었습니다. 1919년 4월 10일 중국 상하이에서 각 지방 대표들로 구성된 임시의정원이 열렸습니다. 임시의정원은 오늘날 국회와 같은 기능을 했기에 법률을 만들고 정부를 구성할 권한이 있었습니다. 밤샘 회의를 통해 국호를 '대한민국'으로 정하고 '민주공화제'를 국가 체제로 하는 임시 헌장을 제정한 뒤, 오늘날 정부에 해당하는 국무원을 구성했습니다. 4월 11일은 대한민국 임시 정부 수립일로 현재 국가기념일로 지정되어 있습니다. 이런 경험이 있었기에 국회는 1948년 대한민국 정부 수립 및 제헌 헌법 제정을 짧은 기간 안에 이룰 수 있었습니다.

제헌 헌법뿐 아니라 현재 헌법 전문에도 명확히 담겨 있듯이, 대한민국은 대한민국 임시 정부의 맥을 이어받은 나라입니다. 다음은 1987년에 개정해 현재까지 사용하고 있는 헌법 전문(前文)입니다.

1948년 8월 15일 조선 총독부 건물 앞에서 대한민국 정부 수립 국민 축하식이 열렸다. 대통령으로 선출된 이승만은 대한민국 정부 수립을 국내외에 선포했다.

유구한 역사와 전통에 빛나는 우리 대한국민은 3·1 운동으로 건립된 대한민국임시 정부의 법통과 불의에 항거한 4·19 민주 이념을 계승하고, 조국의 민주 개혁과 평화적 통일의 사명에 입각하여 정의·인도와 동포애로써 민족의 단결을 공고히 하고, 모든 사회적 폐습과 불의를 타파하며, 자율과 조화를 바탕으로 자유민주적 기본 질서를 더욱 확고히 하여 정치·경제·사회·문화의 모든 영역에 있어서 각인의 기회를 균등히

하고, 능력을 최고도로 발휘하게 하며, 자유와 권리에 따르는 책임과 의무를 완수하게 하여, 안으로는 국민 생활의 균등한 향상을 기하고 밖으로는 항구적인 세계 평화와 인류 공영에 이바지함으로써 우리들과 우리들의 자손의 안전과 자유와 행복을 영원히 확보할 것을 다짐하면서 1948년 7월 12일에 제정되고 8차에 걸쳐 개정된 헌법을 이제 국회의 의결을 거쳐 국민투표에 의하여 개정한다.

- 1987년 10월 29일

어떻습니까? 대한민국 임시 정부의 법통을 계승한다고 분명히 나와 있지요. 이처럼 대한민국은 3 · 1 운동의 영향으로 건립된 대한민국 임시 정부의 정통성을 계승하기에 1948년 당시 대한민국 정부가 《관보》 1호를 발행했을 때 날짜를 '대한민국 1년'이라 쓰지 않고, 대한민국 임시 정부가 수립된 1919년을 정부 수립 1년으로 계산해 '대한민국 30년'이라고 표기한 것입니다. 《관보》 1호 날짜에 숨겨진 비밀을 이제 알겠지요?

094

친일 청산에 힘쓴 반민특위 사람들이
왜 빨갱이로 몰렸나요?

나라를 되찾았으니 친일파를 청산하는 것은 당연하잖아요. 그 일을
주도했던 단체가 반민특위라고 들었어요. 그런데 얼마 전 뉴스에서
어떤 분이 "그동안 반민특위에서 활동했던 것을 자식들에게 숨기고
살았다."고 말하는 것을 보았어요. 나라를 위해 필요한 일을 한 분
인데 왜 숨기고 사셨을까요?

좌절된 친일 청산

1948년 8월 15일 대한민국 정부가 수립되었습니다. 드디어 우리 손으로 새로운 정
부를 세우게 되었으니 국민의 기대가 얼마나 컸을까요? 게다가 새로운 정부는 3·1
운동과 대한민국 임시 정부의 정통성을 계승한다고 하니 독립운동의 정신을 이어받
아 일제 식민 지배의 잔재를 청산하고 친일 반민족 행위자를 처벌할 것이라는 기대
도 있었습니다. 이러한 기대에 부응하여 국회는 친일파 청산을 위한 '반민족행위처

벌법'을 제정했습니다. 그리고 '반민족행위특별조사위원회(이하 반민특위)'를 설치하여 활동을 시작했습니다.

박흥식, 김연수, 최린, 최남선, 이광수 같은 친일 인사들이 체포되자 반민특위는 국민의 지지를 받았습니다. 그런데 반민특위가 노덕술 같은 악명 높은 친일 경찰을 체포하기 시작하자 친일파들은 경찰을 중심으로 조직적으로 저항했습니다. 대통령 이승만은 친일파 청산이 공산당을 이롭게 한다며 반민특위 활동에 부정적인 의견을 밝혔습니다. 1949년 6월 국회에 북한 간첩이 숨어 들어왔다는 국회 프락치 사건, 경찰의 반민특위 사무실 습격, 김구 암살 사건 등이 잇달아 일어나며 결국 반민특위는 힘을 잃고 그해 10월에 해체되고 말았습니다. 반민특위에서 꾸준히 추진하던 친일 청산도 이 사건들을 거치며 사실상 무력화되었고, 친일 반민족 행위자들은 계속해서 사회적 기득권을 유지할 수 있게 되었습니다.

반민특위 = 빨갱이?

반민특위에 체포된 친일파 중에는 과거를 반성하는 사람도 있었지만 대부분 자신의 행위를 정당화하는 데 급급했습니다. 그런데 더 가관인 것은 당시 대통령이던 이승만이 친일파 편을 들었다는 점입니다. 왜 그랬을까요? 대한민국 임시 정부의 독립 정신을 계승한 정부의 첫 번째 대통령이었는데 말이죠.

이승만은 주로 미국에서 활동했기에 국내 정치 기반이 약했습니다. 임시 정부 대통령 출신이지만 탄핵을 당했기 때문에 임시 정부 사람들의 지지도 얻지 못했습니다. 그런 이승만에게 잘 보이려고 아부하면서 가까이 지냈던 사람들은 대부분 친일파였습니다. 총독부 관료와 경찰을 그대로 활용했던 미군정 덕분에 친일파들은 해방 후에도 기득권을 유지할 수 있었고, 친일 청산보다는 반공이 우선이라는 이승만의 정치 노선이 그들을 이승만 편으로 만들었습니다.

자신의 지지 기반을 확보하기 위해 이승만이 내놓은 극우 반공 이념은 반민특위 사람들을 빨갱이로 몰았습니다. 친일 청산을 외치면 공산당을 이롭게 한다는 친일파

반민특위에 체포된 경성방직의 김연수와 민족 대표 33인 중 한 사람인 최린. 반민특위 활동이 시작되자 이승만 대통령과 친일파들은 강하게 반발했다.

의 황당한 주장에 반민특위 사람들이 치러야 했던 대가는 너무나 가혹했습니다. 전쟁을 거치면서 강화된 극우 반공 체제에서 빨갱이라 낙인찍힌 반민특위 사람들은 연좌제가 무서워 자신이 반민특위 위원으로 활동했다는 사실조차 후손에게 숨기기도 했습니다. 친일파 후손들과 반민특위 후손들의 엇갈린 운명 앞에 침묵의 시간만 하염없이 흘러갔습니다.

친일 당사자는 사라졌지만

박정희에서 전두환으로 이어지는 군부 독재 정권을 거치며 극우 반공 체제가 강하게 유지되어 왔기 때문에 친일 청산을 다시 거론하기는 쉽지 않았습니다. 그러나 역사는 이들을 그대로 두지는 않았습니다. 좌절된 친일 청산을 완수하려는 노력은 1987년 민주화 운동 이후 조금씩 힘을 얻기 시작했고 2000년대 들어 국민들의 호응을 받았습니다. 민족문제연구소가 《친일 인명 사전》을 편찬했고, 국회에서 '일제 강점하 반민족행위 진상규명에 관한 특별법(2004)'이 공포되어 '대한민국 친일반민족

행위 진상규명위원회(2005~2009)'가 발족했습니다. 또한 '친일반민족행위자 재산의 국가귀속에 관한 특별법(2005)'이 제정되어 친일파 재산을 환수하기 시작했습니다.

친일 당사자가 대부분 세상을 떠난 오늘날, 친일 청산에 대해 회의적인 시각을 가질 수도 있습니다. '미래만 보며 살아도 살기 힘든 세상에 아직도 친일파 문제냐?'며 지겹다는 반응을 하는 사람도 있습니다. 그러나 친일 청산은 단순히 과거의 일이 아닙니다. 친일 청산이 제때 제대로 이루어지지 못했기에 우리 사회의 정의를 바로 세우는 일도 더디게 이루어지고 있습니다. "독립운동을 하면 3대가 망하고, 친일을 하면 3대가 흥한다."는 부끄러운 말이 사실이 되지 않도록 바로잡지 못하면 우리 사회에 정의로운 미래는 없습니다. 친일 반민족 행위자는 한 시대를 살다 갔지만 역사는 영원히 남습니다. 다시 나라가 위기에 빠졌을 때 국민이 올바른 선택을 하려면 역사에 근거를 남겨야 합니다. 그래서 친일 청산을 위한 노력을 멈추어서는 안 됩니다. 역사를 바로잡고 정의를 다시 세워야 우리는 더 나은 미래를 향해 나아갈 수 있습니다.

095

우리나라는 전쟁이 끝난 게 아니라
쉬고 있는 거라고요?

6·25 전쟁이 끝난 후 우리나라는 민주화와 경제 성장을 이뤄 내고 지금은 한류를 통해 세계적인 영향력을 발휘하는 나라로 성장했습니다. 그런데 선생님께서는 남북 간에 전쟁은 끝나지 않았고 언제든지 다시 일어날 위험이 있다고 말씀하십니다. 1950년에 시작된 6·25 전쟁을 왜 아직도 끝나지 않았다고 하는 거죠?

전쟁을 잠시 멈춘 한반도

6·25 전쟁은 1950년부터 1953년까지 3년 동안 치러졌습니다. 하지만 이 말은 맞기도 하고 틀리기도 합니다. 북한의 남침과 연합군의 인천 상륙 작전, 중국 공산군의 개입, 연합군의 후퇴 등이 있었던 격렬한 전쟁은 1년 남짓한 기간 동안 일어났습니다. 나머지 2년은 어떻게 전쟁을 끝낼 것인가를 협상하는 기간이었습니다. 치열하게 전쟁을 치렀던 시간보다 전쟁을 끝내기 위한 협상 시간이 더 오래 걸렸다니 신기하지요?

일반적으로 전쟁을 끝내는 방식은 몇 가지가 있습니다. 첫 번째는 '휴전'입니다. 전쟁 당사자들이 잠시 전쟁을 쉬자고 선언하는 것이지요. 중동의 이스라엘과 팔레스타인이 무력 충돌 후에 전쟁을 잠시 쉬고 있는 것이 여기에 해당합니다. 휴전은 전쟁을 잠깐 쉬는 것이기에 언제든지 다시 전쟁이 시작될 수 있습니다. 두 번째는 '정전 협정'입니다. 최고 군사령관들끼리 협정을 맺어 전쟁을 멈추는 것입니다. 이 협정도 군사적인 적대 행위를 서로 중지하자고 선언한 것이지 전쟁을 완전히 끝내는 것은 아닙니다. 세 번째는 '종전 선언'과 '평화 협정 체결'입니다.

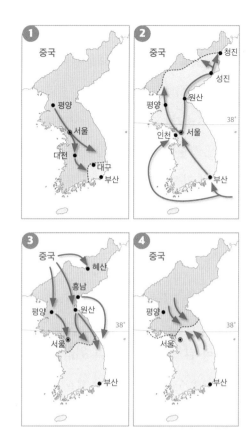

6·25 전쟁 전개 과정

1953년 7월 27일 판문점에서 유엔군 사령관과 북한 측 대표가 정전 협정에 조인하고 있다.

최고 정치 지도자들이 회담을 개최해 종전을 선언하고 평화 협정을 맺어 전쟁을 완전히 끝내는 것입니다.

1953년 7월 27일 유엔군 총사령관과 중국 공산군 사령관 및 북한 인민군 총사령관 사이에 정전 협정이 맺어졌습니다. 위의 방식 중 두 번째에 해당합니다. 따라서 현재 한반도는 군사적 적대 행위는 중단되었으나 종전 선언을 하고 평화 협정을 맺은 것이 아니니, 여전히 전쟁은 진행 중이라고 할 수 있습니다.

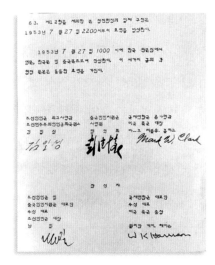

정전 협정 조인서. 조인서에는 중국군, 북한군, 유엔군 사령관만 서명했다.

여전히 남아 있는 전쟁의 위협

하지만 1953년 정전 협정이 체결되었을 때 한반도의 갈등 상황이 지금처럼 오랫동안 이어질 것이라고 예측한 사람은 많지 않았습니다. 정전 협정 제4조 제60항을 살펴보면 협상 당사자들의 생각을 알 수 있습니다.

> 한국 문제의 평화적 해결을 보장하기 위하여 쌍방 군사사령관은 쌍방의 관계 각국 정부에 정전 협정이 조인되고 효력을 발생한 후 3개월 내에 각기 대표를 파견하여 쌍방의 한급 높은 정치 회의를 소집하고, 한국으로부터의 모든 외국 군대의 철수 및 한국 문제의 평화적 해결 등 문제들을 협의할 것을 이에 건의한다.

정전 협정의 효력이 발생한 후 3개월 안에 정치 회담을 통해 평화적으로 전쟁을 끝내자고 의견을 모았고, 다음 해인 1954년에 제네바 회담이 열렸습니다. 그러나 한반도 문제의 평화적 해결책을 마련하지 못했고 이후 추가 회담도 열리지 않은 채 시간만 흘렀습니다.

물론 정전 협정에는 전쟁을 막기 위한 여러 조항이 들어 있습니다. 그런데 문제는 이 조항들이 잘 지켜지지 않고 있다는 점입니다. 북한은 1991년부터 정전 협정 무효를 주장하며 종종 군사 도발을 일으키고 있습니다. 연평도에 포격을 가하는 등 2010년 서해에서 일어난 군사 충돌이 대표적 사례입니다. 이로 인해 우리 국군 장병들이 희생되었고 어민들은 불안 속에서 생업을 이어 가고 있습니다. 정전 협정을 지금 상태 그대로 둔다면 전쟁의 위협은 언제 다시 우리를 혼란의 소용돌이에 빠뜨릴지 모릅니다.

정전에서 종전으로

정전 협정은 과연 언제까지 유효할까요? 협정서 서문을 보면 "최후의 평화적인 해결책이 나올 때까지"라고 언급되어 있습니다. 양쪽이 정치적으로 평화적인 해결책을 찾아 합의할 때까지 여전히 남과 북은 정전 상태입니다. 그렇다면 정전 협정의 합의 내용을 지키려는 노력을 지금이라도 시작하면 어떨까요? 군사적 적대 행위를 멈추고 애초에 합의했던 대로 정치 회담을 통해 종전을 선언하고 평화 협정을 맺는 일 말이에요.

2018년에 남북 정상회담과 북미 정상회담이 성사되면서 한반도 평화를 기대하는 사람들이 많아졌습니다. 하지만 북핵 문제를 둘러싼 다양한 국제 관계와 국내 사정 등을 고려하면 한번에 결론을 내기란 쉽지 않습니다. 한반도 평화 체제 구축이라는 어려운 과제를 풀기 위해서는 상호 간에 신뢰가 필요합니다. 전쟁 위협이 남아 있는 상황에서는 협상이 원활히 진행되기 어렵습니다. 그래서 더 필요한 것이 종전 선언입니다. 한반도 문제 해결은 정전 협정의 당사자들이 모두 모여 전쟁이 완전히 끝났음을 선언하는 것에서 시작되어야 합니다. 이제는 정말 전쟁을 끝내야 하지 않을까요?

096

고등학생의 일기가
역사적인 자료가 되었다고요?

수업 시간에 《난중일기》에 관해 배웠어요. 이순신 장군이 남긴 일
기를 통해 실록에 기록되지 않은 사실들도 알 수 있었대요. 그런데
우리가 쓰는 일기도 나중에 중요한 기록이 될 수 있다고 하셨어요.
학생인 제가 쓴 글이 어떻게 역사 자료가 될 수 있을까요?

어느 고등학생의 일기 1

선두에 있던 남학생들이 "엎드려, 엎드려!" 하며 다급한 소리로 외쳤다. 바로 옆
가까이에서 총알이 떨어지는 소리가 들린다. 우리는 모두 아스팔트에 웅크리고
앉아 있기도 하고, 배를 깔고 엎드리기도 하였다. (…) 아! 이 순간을 어쩌면
좋단 말이냐? 국민에게 총을 겨누다니? 아 어떻게 사람을 정면에 대고 총을 쏠

수 있을까? (…) 정말로 어떻게 해야 좋을지 몰라 방방 뛰면서, 정신 나간 사람처럼 괴성을 지르면서 울부짖었다.

순식간에 일어난 충격에 어쩔 줄 몰랐던 상황을 생생하게 기록하고 있는 이 일기는 1960년 4월 19일 서울의 명성여고 2학년 학생 이재영이 쓴 것입니다. 당시 고등학생이던 이재영은 역사적 현장의 한복판에 있었습니다.

종로 2가 쪽으로 사람들의 시선이 쏠리면서 요란한 박수 소리가 들려오고 있었다. 나는 반사적으로 그쪽으로 뛰어갔다. 사람들을 헤치며 그곳으로 가 보니 의외로 꼬마 데모대들이 오고 있었다. (…) 어쩌다가 이 나라는 어린이까지 거리에 나와 나라를 걱정하며 부르짖고 있는지 (…) 방금 만난 어린이들인데도 내가 말하는 대로 잘 따라 주었다. (…) 어린 학생 데모대와 열심히 구호를 외치며 걷다 보니 광화문 사거리를 지나고 있었다.

초등학생들까지 거리에 나왔던 4·19 혁명 당시의 상황을 감수성 예민한 여고생은

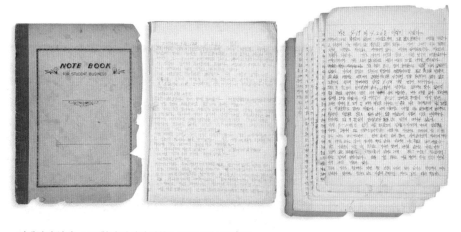

이재영의 일기. 4·19 혁명 당시의 상황을 꼼꼼하게 기록했다.

꼼꼼하게 일기에 기록했습니다. 교과서에서는 찾아볼 수 없는 생생한 역사 현장의 기록이 일기장에 담겨 있습니다.

어느 고등학생의 일기 2

18일부터 정부에서 공수부대의 파견으로 많은 민주 시민들이 무차별 학살당했으며 입으로 말할 수 없는 갖은 만행을 벌여 (…) 그러나 매스컴은 일절 이러한 사실을 발표하지 않았으며 완전한 정부 편에 서서 우리 민주시민들을 폭도로 몰고 있었다.

공수부대의 무자비한 폭력을 보도하지 않는 언론에 실망한 고등학생은 자신이 목격한 사실을 남기기 위해 글을 썼습니다. 이 일기는 1980년 5월 당시 광주여고 3학년이던 주소연이 썼습니다. 그는 5·18 민주화 운동 소식을 담은 신문 기사를 일기장에 부착하며 본인이 직접 목격한 광주의 진실을 기록으로 남겼습니다. 주소연의 일기를 비롯해 당시 상황을 생생하게 담았던 광주 시민들의 기록물은 2011년 5월 25일 유네스코 세계기록유산으로 등재되었습니다.

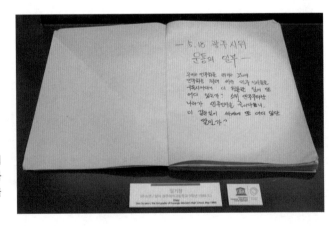

주소연의 일기. 사실을 보도하지 않는 언론에 실망해 5·18 민주화 운동 당시 자신이 목격한 사실을 기록했다.

작은 기록의 가치

정부의 기록이나 유명한 인물의 기록만이 역사 자료가 되는 것은 아닙니다. 때로는 평범한 시민의 기록이 역사적 상황을 더 생생하게 보여 주고 가려졌던 진실을 드러내기도 합니다. 이러한 기록은 국가의 통제로 언론이 진실을 보도하지 않을 때 더 큰 가치를 지닙니다. 지금 일상에서 여러분이 보고 느낀 것을 일기로 남겨 보세요. 흔한 일상생활을 묘사한 기록이지만 나중에 다시 읽으면 여러분의 과거를 돌아보고, 역사의 현장을 새로 느낄 수 있는 소중한 기록물이 될 수 있습니다.

097

우리나라 경제는 성장했는데,
노동자 전태일은 왜 자신의 몸에 불을 붙였나요?

우리나라는 '한강의 기적'이라는 말이 생겼을 정도로 급속도로 경제
성장을 이루었다고 해요. 그런데 청계천 다리에 있는 전태일 동상
을 보니 궁금한 점이 생겼어요. 기적이라 불릴 정도로 경제가 성장
했는데, 노동자 전태일은 왜 분신을 했나요?

경제 성장의 빛

6 · 25 전쟁으로 폐허가 된 우리나라는 세계에서 가장 가난한 나라 중 하나였습니다.
그래서 1950년대에는 미국의 원조에 기대어 살 수밖에 없었습니다. 그러나 미국 원
조는 시일이 지날수록 줄어들었고, 자력으로 경제 발전을 이루어야 했습니다. 이에
정부는 1962년부터 경제 개발 5개년 계획을 만들어 추진하려 했습니다. 원조와 수입
에 의존하는 물자들을 스스로 만들어 경제 자립을 이루는 게 당초 목표였지만, 이 계

획은 자금 부족으로 어려움에 처했습니다. 이에 외국 시장으로 물건을 팔기 위한 수출 주도형 공업화로 계획을 수정하여 이후 우리나라는 한일 기본 조약(1965), 베트남 전쟁 파병(1964~1973), 광부와 간호사의 서독 파견(1966~1977) 등을 통해 확보한 자금을 바탕으로 1 · 2차 경제 개발 5개년 계획(1962~1971)을 추진했습니다. 그리고 세계가 놀랄 정도로 빠른 경제 성장을 이루어 냈습니다. 1964년 수출 1억 달러 달성을 기뻐할 정도였는데, 1977년에는 수출 100억 달러를 돌파했습니다.

경제 성장의 그림자 그리고 전태일

기술력이 부족했던 우리나라는 물건을 싸게 팔아야 수출 경쟁력을 가질 수 있었습니다. 외국에서 수입한 원료 또는 중간 재료를 가공해 완제품을 만들어 수출했기 때문에 노동력이 저렴해야 싼값에 물건을 수출할 수 있었습니다.

이러한 수출 경제 구조에서 경제 성장이라는 명분으로 노동자들은 낮은 임금을 강요당했습니다. 노동자들이 낮은 임금으로도 의식주를 해결해야 했기에 농산물 가격도 최대한 낮게 유지해야 했습니다. 따라서 1970년대 초고속 경제 성장의 배경에는 노동자와 농민의 희생이라는 그림자가 짙게 드리워져 있습니다. 이러한 열악한 노동 현실에 문제를 제기한 사람이 전태일입니다.

서울 평화시장에서 일하던 전태일은 열악한 노동 환경을 개선하기 위해 노력했습니다. 평화시

서울 청계천 다리 위에 설치된 전태일 동상. 전태일의 희생으로 노동 문제가 사회적 관심을 받기 시작했다.

장 노동자들의 근무 환경을 조사해 노동청에 제출하며 근로기준법에 엄연히 보장되어 있는 노동자의 권리를 찾고자 했습니다. 하지만 현실은 나아지지 않았습니다. 결국 전태일은 1970년 11월 13일 자신의 몸에 불을 붙이며 소리쳤습니다.

"근로기준법을 준수하라!", "우리는 기계가 아니다!", "내 죽음을 헛되이 하지 말라!" 전태일의 희생으로 비로소 노동 문제가 사회적 관심을 받기 시작했습니다.

〈아름다운 청년 전태일〉 포스터. 노동 운동가 전태일의 일생을 그린 영화다.

빈부 격차와 노동자 농민의 삶

1970년대 박정희 정부는 성장 먼저 하고, 분배는 나중에 하자며 노동자와 농민의 희생을 강요했습니다. 그러나 경제 성장의 열매는 제대로 분배되지 못했고 기업도 살고 노동자도 사는 건강한 사회를 만들고 싶었던 전태일의 꿈은 좌절되었습니다. 박정희 독재 정권은 전태일의 죽음 후에도 노동자와 노동조합을 강하게 통제했습니다. 노동 운동은 1987년 6월 항쟁으로 민주화를 쟁취한 후에야 비로소 활성화되었습니다.

그런데 빠른 경제 성장을 자랑하던 우리나라 경제가 1997년 외환 위기를 맞아 국가 부도를 걱정할 정도로 흔들렸습니다. 국제 통화 기금(IMF)의 관리를 받게 된 김대중 정부는 강도 높은 구조 조정을 시행했고 노동 환경은 더 나빠졌습니다. 비정규직 노동자들이 많아졌고 노동자들은 일상적으로 고용 불안에 시달렸습니다. 물론 우리나라는 외환 위기를 슬기롭게 극복했고, 세계적인 경제 강국으로 성장했습니다. 그러나 다수의 국민이 느끼는 삶의 질은 여전히 낮습니다. 왜 그럴까요? 수십 년 전 평화 시장 앞에서 전태일이 분신하며 외쳤던 메시지에 우리는 다시 귀를 기울여야 합니다.

098

신문 광고란에 시민들의
응원 문구가 가득찬 까닭은 뭔가요?

요즘은 어딜 가도 광고판이 가장 크게 보여요. 인터넷 신문에도 광
고가 뜨고요. 그런데 선생님께서 광고란이 텅 빈 채 인쇄된 신문을
보여 주셨어요. 신문사도 회사인데 장난하는 것도 아니고 어떻게
그런 신문을 찍을 수가 있죠? 무슨 일이 있었던 건가요?

자유가 억압된 유신 시대

언론은 시민이 알아야 할 정보를 사실대로 전달하고 올바르게 해석해 우리 사회가 바
른 길로 나아갈 수 있도록 하는 공적 역할을 담당합니다. 하지만 대부분의 언론사는
이익을 창출해야 하는 회사이기도 합니다. 신문사의 이익은 거의 광고 수입으로 발생
하는데, 우리 역사에는 신문사가 광고를 전혀 싣지 않은 채 신문을 발행했던 적이 있습
니다.

장발 단속에 걸린 남성의 머리를 깎는 경찰. 유신 독재 정권의 경찰은 자와 가위를 갖고 다니면서 남성의 머리카락 길이를 재고 강제로 머리를 깎았다.

경찰이 여성의 치마 길이와 남성의 머리카락 길이를 단속하고 길 한가운데에서 강제로 머리카락을 자르는 모습이 상상되나요? 여러분이 좋아하는 노래를 정부에서 부르지도 듣지도 못하게 금지한다면요? 이것은 상상 속 이야기가 아니라 1970년대 유신 시대 우리나라 현실이었습니다.

강압적인 통치를 고집했던 유신 독재 체제에서 지식인, 종교인, 대학생을 비롯한 많은 사람이 저항했습니다. 하지만 유신 정권은 그들을 반정부 세력으로 규정하거나 북에서 내려온 간첩으로 몰아 처벌했습니다. 민주주의 회복을 외치는 사람들은 징역을 살거나 사형을 선고받아 억울하게 목숨을 잃었습니다. 1974년에 발생한 민청 학련 사건은 독재 정권이 조작한 대표적인 사상 탄압 사건입니다. 유신 독재 시대의 대한민국은 사람들이 '겨울 공화국'이라 불렀을 정도로 혹독했으며 국민들을 좌절시켰습니다.

언론인의 저항과 광고 탄압

당시 우리나라 정부를 이끌었던 박정희 정권은 각 언론사에 '보도 지침'을 내려 유신 반대 의견이나 조작한 사건의 진실을 보도하지 못하게 했습니다. 하지만 양심 있는 기자들은 굴복하지 않았습니다. 1974년 10월 24일 《동아일보》 기자들은 '자유 언론 실천 선언'을 발표했습니다. 언론에 대한 외부 세력의 간섭을 배제하고자 했던 이 선언은 《한국일보》, 《조선일보》, 《경향신문》 등 다른 신문사 기자들의 선언으로 이어졌습니다.

정부는 기업에 압력을 넣어 《동아일보》 광고를 무더기로 취소하게 함으로써 신문사를 경제적으로 압박했습니다. 《동아일보》는 정부의 탄압으로 발생한 취소된 광고란을 백지 상태 그대로 인쇄해 1974년 12월 26일 자 신문을 발행했습니다. 정부는 언론사를 길들이려 했으나 《동아일보》의 백지 광고 신문 발행으로 오히려 유신 독재의 횡포가 그대로 드러나게 되었습니다. 상황은 정부가 의도하지 않은 방향으로 흘러갔습니다.

불의에 맞서는 연대의 힘

광고가 끊겨 경제적 어려움에 직면한 신문사에 여러 단체와 국민들이 광고를 내고 성금을 보내기 시작했습니다. 단체에서 발표하는 호소문과 수많은 사람이 보낸 한 줄짜리 응원 문구가 빈 광고란을 채우는 놀라운 일이 벌어졌습니다. 끼고 있던 금반지를 내놓고 응원 글을 남긴 사람, 신문을 팔아 번 돈으로 광고를 낸 사람, 허름한 작업복 차림으로 찾아와 꾸깃꾸깃 접은 돈을 내놓는 사람까지, 시민들의 격려가 언론인을 감동시켰습니다. 그것은 정론 직필을 지키고자 한 언론인을 향한 국민의 진심 어린 응원이었습니다.

이에 힘입어 기자들도 사실에 충실한 기사를 쓸 수 있었고, 민청학련 사건 관련자들이 수사 중 고문을 당한 내용도 기사로 나갈 수 있었습니다. 유신 정권의 폭력성과 악랄함이 그대로 드러나, 오히려 "백지 광고 사건 때문에 신문 볼 맛이 난다."는 말이 생겼을 정도였습니다.

그런데 안타깝게도 당시 정부의 부정과 비리를 조사하며 자유 언론 운동에 앞장 섰던 양심적인 언론인 다수가 신문사에서 쫓겨나고 말았습니다. 수익을 내야 살아남을 수 있는 신문사가 독재 정권에 굴복했기 때문입니다. 해직자가 된 언론인들은 독재 정권에 대한 저항 운동을 멈추지 않았습니다. 그 후로도 이어진 민주화 운동 과정에서 우리나라 민주주의 발전에 힘을 보탰습니다.

1970년대 중반, 진실 보도를 위해 독재 정권에 맞선 언론인의 용기와 그들을 향한 응원과 연대의 힘은 지금도 우리에게 큰 울림으로 남아 있습니다.

경찰이 책상을 탁! 치니
대학생이 억! 하고 죽었다는데, 사실인가요?

〈1987〉이라는 영화 예고편에서 어이없는 장면을 봤어요. 경찰이
발표를 하는데, 책상을 탁! 치니 심문을 받던 대학생이 억! 하고 죽
었다고 하는 거예요. 어린 제가 들어도 완전 말도 안 되는 소리인데,
어떻게 경찰이 기자들한테 그런 발표를 할 수 있죠?

고문으로 지켜 온 독재 정권

1980년대 우리나라는 경제 호황을 바탕으로 성장을 거듭하여 1986년 아시안게임과
1988년 하계올림픽을 서울에서 개최했습니다. 풍요롭고 평화로워 보였던 그 시절은
전두환 정부의 독재에 저항하여 치열하게 싸우며 민주화를 쟁취해 냈던 시기였습니다.

당시 민주화 운동을 하던 사람들에게 가장 악명 높았던 곳은 '남영동 대공 분실'이
었습니다. 이곳이 뭐 하는 곳이냐고요? 당시 경찰의 주요 업무 중 하나였던 공산주의에

<남영동1985> 포스터. 군부 독재 시절 민주화 운동 활동가를 고문했던 곳으로 유명한 남영동 대공분실에서 일어났던 일을 다룬 영화다.

대응하는(대공) 업무를 담당했던 곳으로, 비밀리에 운영했기 때문에 '○○연구소'나 '△△물산' 같은 간판으로 위장하고 있었습니다. 주요 업무는 간첩이나 국가 보안법을 위반한 사람을 체포해 조사하는 일이었는데, 군사 독재 시절 정부에 저항하는 사람들을 끌고 와 고문을 하고 간첩 사건으로 조작하던 곳으로 악명을 떨쳤습니다.

민주화 운동을 하던 대학생이 실종되면 가족들이 남영동으로 향할 정도였으니 그곳이 어떤 곳인지 능히 짐작할 수 있습니다. 사람들은 남영동으로 끌려가면 고문을 당해 고생한다고 막연히 추측했지만, 실제로 그곳에서 겪은 고통은 인간 존엄성이 짓밟히며 이후의 삶 전체가 무너질 정도로 참혹한 것이었습니다. 다음은 남영동 대공 분실에서 받은 끔찍한 고문을 폭로했던 김근태의 법정 진술이 실린 공판 기록입니다.

본인은 9월 한 달 동안, 9월 4일부터 9월 20일까지 전기고문과 물고문을 각 5시간 정도 당했습니다. 전기고문을 주로 하고 물고문은 전기고문으로 발생하는 쇼크를 완화하기 위해 가했습니다. 고문을 하는 동안 비명이 바깥으로 새어 나가지 않게 하기 위해 라디오를 크게 틀었습니다. 그리고 비명 때문에 목이 부어서 말을 하지 못하게 되면 즉각 약을 투여하여 목을 트이게 하였습니다.
(어지러운 듯 말을 중단하고 난간을 붙들면서 잠깐 쉬었다.)
이러한 과정에서 9월 4일 각 5시간씩 두 차례 물고문을 당했고, 9월 5일, 9월 6일 각 한 차례씩 전기고문과 물고문을 골고루 당했습니다. 8일에는 두 차례 전기고문과 물고문을 당했고. 10일 한 차례, 13일, 13일의 금요일입니다. 9월 13일 고문자들은 본인에게 "최후의 만찬이다. 예수가 죽었던 최후의 만찬이다. 너 장례날이다." 이러한 협박을 가하면서 두 차례의 전기고문을 가했습니다.

(검사가 이의 제기하자 방청석에서 "조용히 해", "계속해"라고 외침)

그다음에 20일 전기고문과 물고문을 한 차례 받았습니다. 그리고 25일 집단적인 폭행을 당했으며 그 후 여러 차례 구타를 당했습니다. 물론 잠을 못 잔 것은 말할 필요도 없고, 밥을 굶긴 것도 대략 절반쯤 됩니다. 고문 때문에 13일 이후에는 밥을 먹지 못했고 그 후유증으로 지금까지 밥을 먹지 못합니다. 가방을 갖고 다니면서 그 가방에 고문 도구를 들고 다니는 건장한 사내는 본인에게 "장의사 사업이 이제야 제철을 만났다. 이재문[남민전 사건으로 옥사했음]이가 어떻게 죽었는지 아느냐. 속으로 부서져서 병사를 했다. 너도 각오해라. 지금은 네가 당하고 민주화가 되면 내가 그 고문대 위에 서 줄 테니까. 그때 너가 복수를 해라." 이러한 참혹한 이야기를 하며 본인에 대한 동물적인 능욕을 가해 왔습니다. 뿐만 아니라 고문을 받는 과정에서 본인은 알몸이 되고 알몸 상태로 고문대 위에 묶여졌습니다. 추위와 신체적으로 위축돼 있는 상태에서 본인에 대해 성적인 모욕까지 가했습니다. 말씀드리면 제 생식기를 가리키면서 "이것도 X이라고 달고 다녀? 민주화 운동 하는 놈들은 다 이따위야!" 이렇게, 말하자면 깔아뭉개고 용납할 수 없는 만행을 저질렀습니다. 고문을 할 때는 온몸을 발가벗기고 눈을 가렸습니다. 그다음에 고문대에 눕히면서 몸을 다섯 군데를 묶었습니다. 발목과 무르팍과 허벅지와 배와 가슴을 완전히 동여매고 그 밑에 담요를 깝니다. 머리와 가슴, 사타구니에는 전기고문이 잘 되게 하기 위해서 물을 뿌리고 발에는 전원을 연결시켰습니다. 처음엔 약하고 짧게, 점차 강하고 길게, 강약을 번갈아 하면서 전기고문이 진행되는 동안 죽음의 그림자가 코앞에 다가와,

(이때 방청석에서 울음이 터지기 시작, 본인도 울먹이며 진술함.)

이때 마음속으로 "무릎을 꿇고 사느니보다 서서 죽기를 원한다."

(방청석은 울음바다가 되고 심지어 교도관들조차 숙연해짐.)

는 노래를 뇌까리면서 과연 이것을 지켜 내기 위한 인간적인 결단이 얼마나 어려운 것인가를 절감했습니다. 죽음의 그림자가 드리울 때마다 아우슈비츠 수용소를 연상했으며 이러한 비인간적인 상황에 대한 인간적인 절망에 몸서리쳤습니다.

(방청석 통곡)

1985년 12월 19일 김근태는 법정에서 남영동 대공 분실의 실상을 폭로했습니다. 그는 발가벗겨진 채 고문 기술자에게 전기고문과 물고문, 집단 폭행을 당하며 23일 동안을 버텨 내야 했습니다.

김근태의 법정 진술은 많은 국민을 경악하게 했고, 1986년부터 야당을 중심으로 대통령을 직접 뽑을 수 있도록 헌법을 고치자는 운동이 거세게 일어났습니다. 그럼에도 독재 정권은 고문으로 사건을 조작하며 민주화 운동 인사들을 탄압했습니다. 그러던 중 부천 경찰서에서 여성 노동 운동가를 성고문하는 사건이 발생했습니다. 사람들은 치를 떨었고 여론은 들끓기 시작했습니다. 정부는 언론을 통해 왜곡 보도를 흘리고 검찰을 통해 진실을 감추며 사건을 무마하고자 했지만 진실이 완전히 감춰지지는 않았습니다.

1987년 1월 13일에 다시 대형 사건이 발생했습니다. 서울대 언어학과 3학년 박종철이 남영동 대공 분실에서 물고문을 당하던 중 목숨을 잃고 말았습니다.

최후의 양심이 밝힌 진실

경찰은 고문 사실을 숨기기 위해 급히 시신을 화장하려 했습니다. 그런데 부천 경찰서 성고문 때는 사건을 감추려 했던 검찰이 이번에는 달랐습니다. 담당 검사는 시신 보존 명령을 내려 부검을 지시했습니다. 경찰은 책임을 회피하기 위해 "책상을 탁! 치니 억! 하고 죽었다."는 터무니없는 발표를 했습니다. 하지만 남영동에 응급 출동했던 의사로부터 "바닥에 물이 흥건했다."는 말을 들은 신문기자가 물고문에 의한 사망

가능성을 제기했습니다. 보도 지침과 언론 통제로 정부에서 주는 내용을 '받아쓰기'밖에 할 수 없었던 기자들도 고문으로 인한 젊은 청년의 억울한 죽음은 그냥 넘길 수 없었습니다. 국립과학수사원의 부검을 담당한 의사는 소신껏 부검 결과를 발표했습니다. "탁! 치니 억! 하고" 죽은 것이 아니라 고문으로 인한 살인이었습니다. 그제서야 경찰은 고문이 있었음을 인정하고 2명의 경찰관을 구속하면서 사건을 간단히 마무리하려 했습니다.

그런데 고문 경찰이 구속되어 있던 영등포 구치소에서 경찰 지휘부가 감추려 했던 진실이 새어 나왔습니다. 붙잡힌 2명의 경찰관 외에 더

〈1987〉 포스터. 고 박종철 고문치사 사건을 시작으로 6월 항쟁까지, 대한민국 현대사의 분수령이 되었던 1987년의 이야기를 담은 영화다.

많은 경찰이 고문에 가담했으며 경찰이 이를 은폐하려 했다는 사실을 구치소 내에 있던 민주 인사들이 알게 되었습니다. 이들은 새로 알게 된 사실을 은밀히 천주교 정의구현사제단에 알렸고, 사제단은 1987년 5월 18일 광주민주화운동 7주년 기념식 날에 박종철 고문치사 사건의 진상이 조작 은폐되었음을 공식 발표했습니다. 비로소 진실이 세상에 알려지고 국민은 고문 살인을 일삼는 독재 정권의 강압적 통치에 반대하는 목소리를 높이기 시작했습니다.

거리에서 확산된 민주화 운동

박종철의 죽음에 강하게 항의한 사람은 여성들이었습니다. 평범한 대학생의 갑작스런 죽음에 여성들은 자신의 자녀도 그렇게 당할지 모른다는 생각을 했습니다. 민주화 운동으로 구속된 사람들의 가족이 결성한 '민주화실천가족운동협의회(약칭 민가협)' 여성들은 남영동 대공 분실 앞에서 시위를 벌였고, 언론사에는 항의 전화가 빗발

쳤습니다. 실제로 언론사들이 박종철 사건을 크게 다룬 데에는 여성들의 거센 항의가 큰 역할을 했다고 합니다. 이런 분위기 속에서 민주 세력은 힘을 모아 추도회를 개최했고 종교계와 시민들이 적극 참여하며 독재 정권의 고문과 폭력을 비판했습니다.

1987년 6월 9일 연세대학교 학생 이한열이 경찰이 쏜 최루탄에 머리를 맞고 쓰러졌습니다. 박종철에 이어 이한열마저 쓰러지니 시민들은 분노하며 거리로 몰려 나왔습니다. "종철이를 살려 내라!", "한열이를 살려 내라!", "호헌 철폐!", "독재 타도!", "민주 쟁취!"를 외치며 정권에 민주주의 회복을 요구했습니다. 평소 운동권과는 거리를 두었던 대학생들도 시위에 적극 참여했으며, 중산층의 상징인 회사원들도 퇴근 후에 집에 가지 않고 거리 시위에 참가했습니다. 이때 시위에 참가한 회사원들을 가리켜 '넥타이 부대'라고 했습니다.

악랄하게 고문을 자행하며 권력을 유지해 온 독재 정권의 폭력으로 두 대학생이 희생되자 시민들은 그 죽음을 더는 두고 보지 않았습니다. 시민들의 참여와 연대는 독

6월 항쟁 중 전투경찰이 쏜 최루탄에 맞아 사망한 이한열의 장례식 장면. 6월 항쟁 이후 대통령 직선제 개헌을 포함한 6·29 민주화 선언이 이루어졌다.

재 정권을 몰아내는 원동력이 되었고, 우리나라는 민주화의 길을 걸을 수 있게 되었습니다. 1987년 6월 대학생은 물론 회사원들까지 참여하여 전국 곳곳에서 민주화를 요구한 이 시위 운동을 우리는 '6월 민주 항쟁'이라 합니다.

이제 민주주의는 일상생활이 되었습니다. "탁! 치니, 억! 하고 죽었다."는 말은 통하지 않는 시대입니다. 다만 알아야 할 것은 지금 우리가 누리고 있는 민주주의가 수많은 사람의 희생과 노력으로 얻어진 값진 결과물이라는 사실입니다. 이렇게 얻은 민주주의를 우리는 소중하게 여기고 앞으로도 잘 가꾸어 나가야 하겠습니다.

뽀로로가
남북 협력으로 만들어졌다고요?

제가 어렸을 때는 매일 '뽀로로'를 보면서 놀았어요. 뽀로로 만화를
보고, 뽀로로 장난감을 가지고 놀고요. 그런데 뽀로로가 우리나라
와 북한이 함께 만든 캐릭터라면서요? 함께 만화영화 캐릭터를 만
들 정도로 우리나라와 북한이 사이가 좋았나요?

햇볕 정책과 남북 교류

6·25 전쟁은 남북 간에 적대감과 공포심을 심어 주었습니다. 양쪽 정권은 이를 활
용하여 독재 체제를 강화해 나갔고 체제 경쟁은 1990년대까지도 계속되었습니다.

경쟁 체제였던 남과 북에 획기적인 변화가 찾아온 것은 평화적 정권 교체로 집권
한 김대중 정부 출범 이후입니다. 김대중 정부는 적대감을 해소하고 평화를 정착시키
기 위한 대북 화해 협력 정책, 이른바 '햇볕 정책'을 추진했습니다. 이 과정에서 금강

1998년 6월 트럭 50대에 나누어 실은 소 500마리와 함께 현대그룹 명예회장 정주영이 판문점을 넘어 북한을 방문했다. 실향민인 정주영 회장의 소 떼 방북 사건은 남북 민간 차원의 경제 교류와 협력이 이루어지는 물꼬를 트게 했다. 4개월 후 501마리의 소 떼와 함께 2차 방북이 이루어졌다.

산 아래가 고향이던 현대그룹 명예회장 정주영이 두 차례에 걸쳐 소 1,001마리를 이끌고 북한을 방문했습니다. 소들을 태운 트럭이 판문점을 지나가는 장면은 생중계되었고, 이 일로 남북 민간 교류의 물꼬가 트였습니다.

2000년 6월 15일에는 김대중 대통령이 북한의 김정일 국방위원장과 만나 최초로 남북 정상회담을 했고 '6·15 남북공동선언'을 발표했습니다. 다음은 선언문 내용입니다.

1. 남과 북은 나라의 통일 문제를 그 주인인 우리 민족끼리 서로 힘을 합쳐 자주적으로 해결해 나가기로 하였다.

2. 남과 북은 나라의 통일을 위한 남측의 연합제 안과 북측의 낮은 단계의 연방제 안이 서로 공통성이 있다고 인정하고 앞으로 이 방향에서 통일을 지향시켜 나가기로 하였다.

3. 남과 북은 올해 8·15에 즈음하여 흩어진 가족, 친척 방문단을 교환하며 비

전향 장기수 문제를 해결하는 등 인도적 문제를 조속히 풀어 나가기로 하였다.

4. 남과 북은 경제 협력을 통하여 민족 경제를 균형적으로 발전시키고 사회 · 문화 · 체육 · 보건 · 환경 등 제반 분야의 협력과 교류를 활성화하여 서로의 신뢰를 다져 나가기로 하였다.

5. 남과 북은 이상과 같은 합의 사항을 조속히 실천에 옮기기 위하여 빠른 시일 안에 당국 사이의 대화를 개최하기로 하였다.

김대중 대통령은 김정일 국방위원장이 서울을 방문하도록 정중히 초청하였으며 김정일 국방위원장은 앞으로 적절한 시기에 서울을 방문하기로 하였다.

2000년 6월 15일
대한민국 대통령 김대중
조선민주주의인민공화국 국방위원장 김정일

비록 5항에 나온 김정일 위원장의 서울 방문은 성사되지 않았지만, 역사적인 두 정상의 만남에 많은 이들이 감격하며 남과 북이 한겨레임을 확인할 수 있었습니다.

'6 · 15 남북 공동선언'에 이어 햇볕 정책을 계승한 노무현 정부도 2007년 제2차 남북정상회담을 열어 '10 · 4 남북 공동선언'을 발표했습니다. 이 선언에서는 '6 · 15 공동선언'의 내용을 재확인하면서 상호 신뢰 증진, 군사적 대결의 종식과 평화 정착을 위해 협력할 것을 합의했습니다. 이처럼 김대중, 노무현 정부 10년 동안 다양한 분야에서 남북 협력이 진행되었습니다.

가까워진 남과 북

1998년부터 금강산 관광이 시작되어 북한 땅을 방문할 기회가 생기자 국민의 관심이 집중되었습니다. 고등학교 수학여행, 대학교 모꼬지 행선지로 금강산을 선택할 정도로 폭발적인 인기를 끌었습니다. 이후 개성 관광까지 가능해지자 사람들은 평양이나 북한을 관통하여 백두산을 관광하는 날도 곧 오리라 믿었습니다. 이산가족이 상봉하고, 끊어졌던 도로와 철도가 다시 이어졌으며, 개성 공단이 가동되어 경제 협력 규모도 커졌습니다.

문화 · 스포츠 교류도 활발하게 이루어져 남한의 유명 가수와 아이돌이 북한에서 공연하는 진풍경이 벌어졌고, 주요 스포츠 행사에서 남북한 선수들이 동시 입장을 하기도 했습니다. 개성의 고려 궁궐 터를 공동 발굴하는 등 학술 교류도 추진되었고 문화 콘텐츠를 함께 제작하기도 했습니다.

남과 북이 공동으로 작업해 크게 성공한 문화 콘텐츠 사업이 〈뽀롱뽀롱 뽀로로〉 애니메이션 제작입니다. 남한의 EBS를 비롯한 4개 회사와 북한의 삼천리총회사가 공동 작업한 결과물이었습니다. 세계적인 인기를 끌었던 만화영화 〈뽀롱뽀롱 뽀로로〉가 남북 협력의 결과물이었다니 신기하죠? '뽀로로'는 활발한 남북 교류의 분위기 속에서 탄생할 수 있었습니다.

제2의 뽀로로를 기다리며

그러나 한반도 평화가 한 걸음 앞으로 다가왔던 것도 잠시, 노무현 정부 다음으로 출범한 이명박 정부는 대북 강경 정책을 폈습니다. 금강산 관광객 피살 사건으로 관광은 중단되었고 천안함 사건, 연평도 포격 사건 등 군사적 충돌이 잇따라 발생하며 남북 관계는 갈등으로 치달았습니다. 박근혜 정부 때인 2016년에는 남북 경제 협력의 상징인 개성 공단마저 폐쇄되어 남북 교류의 마지막 희망마저 끊기고 말았습니다.

촛불 혁명으로 정권이 교체되며 들어선 문재인 정부는 '한반도 평화 프로세스'라 불리는 대북 포용 정책을 펴고 있습니다. 평창 동계 올림픽에 북한이 선수와 응원단을 파견하고 남북 정상회담이 판문점과 평양에서 연이어 개최되면서 남북 교류의 장면이 연출되었습니다.

하지만 북한을 향한 국제 사회의 경제 압박 조치가 해제되지 않은 상황에서 과거처럼 적극적인 남북 교류에 나서기는 아직 쉽지 않습니다. 우리는 언제쯤 '제2의 뽀로

2018 평창 동계 올림픽 개막식에서 남북 선수단이 동시 입장하고 있다. 평창 동계 올림픽 때는 올림픽 사상 최초로 여자 아이스하키 남북 단일팀을 구성해 출전했다.

로'를 만날 수 있을까요? 남과 북 그리고 국제 사회가 지혜를 모아 한반도 평화 정착을 위해 노력해야 합니다. 남북이 자유롭게 오가고 다양한 분야의 교류가 가능한 세상이 어서 왔으면 좋겠습니다. 그때가 되면 수학여행을 금강산으로 꼭 떠나 봅시다.

동아시아 평화를 위한 바람직한 한일 관계는 어떻게 만들어 가야 할까요?

축구든 야구든 한일전만 하면 꼭 보게 돼요. 응원도 열심히 하고요. 왜 일본에만 이렇게 경쟁심이 생기는지 모르겠어요. 일본은 이웃 나라니까 친하게 지내는 게 좋을 텐데, 어떻게 하면 일본과 싸우지 않고 평화롭게 지낼 수 있을까요?

과거사를 둘러싼 입장 차이

일본을 흔히 '가깝고도 먼 나라'라고 합니다. 경제와 문화 교류가 활발하게 이루어지는 이웃 나라지만, 왜란과 식민 지배라는 과거사 때문에 크게 경계하는 나라이기도 합니다.

2018년 우리나라 대법원은 강제 징용 피해자에 대한 일본 기업의 배상 책임을 인정한 판결을 내렸습니다. 일본 정부나 법원이 인정하지 않아 힘들게 살면서 좌절했던 피해자들은 환호했습니다. 하지만 일본 정부는 즉각 반발했고, 2019년에 한국에 대한 수출 규제 조치를 내렸습니다. 사실상 보복 조치였습니다. 우리나라 사람들은 반성 없는 일본 정부의 태도를 비판하며 일본 상품 불매 운동을 벌였고 정부도 강경한 대응에 나섰습니다.

과거의 잘못을 공식적으로 인정하면 금방 끝날 일 같은데, 일본 정부는 왜 이렇게 고집을 부리는 걸까요? 사과와 배상을 요구하는 한국과 1965년에 맺은 한일 기본 조약으로 이 문제에 대한 해결은 이미 끝났다는 일본이 맞서며 평행선을 달리는 이 상황은 언제쯤 해결될 수 있을까요? 면밀히 따져 보면 한일 과거사 문제의 근본 원인은 식민 지배를 둘러싼 두 나라의 견해 차이에 있습니다. 이를 알아보기 위해 1965년 한일 기본 조약 체결 과정을 살펴보겠습니다.

애매하게 잘못 끼워진 첫 단추

해방 이후 수립된 우리 정부는 연합국과 일본 간에 맺어질 강화 조약에 참여하여 일본의 식민 지배와 전쟁 범죄에 대한 책임을 묻고자 했습니다. 그러나 우리나라의 참여는 좌절되었고 미국의 중재로 일본과 교섭할 수밖에 없었습니다. 1951년 예비 회담 개최부터 1965년 조약 체결까지 한일 간의 교섭은 꽤 오랜 시간이 걸렸습니다. 일제의 한일 병합과 식민 지배에 대한 두 나라의 견해가 너무 달랐기 때문입니다. 한국은 을사늑약을 비롯한 한일 병합 과정에서 맺어진 조약이 모두 무효이기 때문에 식민 지배는 불법이라고 주장했지만, 일본은 조약이 정상적으로 맺어졌기 때문에 합법이라고 주장했습니다.

식민 지배가 합법이었는지 불법이었는지에 따라 책임의 정도가 달라지고, 국가 자존심이 걸린 문제였기에 두 나라는 결코 물러서지 않았습니다. 하지만 한국-미국-일본으로 이어지는 동아시아 반공 체제를 형성하고자 했던 미국은 한일 국교 정상화를 강하게 원했고, 새롭게 들어선 박정희 정부는 경제 개발 자금이 필요했기에 일본과 협상에 적극 나섰습니다. 시간이 촉박했던 한일 협상단은 '외교적 지혜'를 발휘하여 적당히 협상을 마무리했습니다. 조약 체결의 핵심은 제2조였습니다.

1910년 8월 22일 및 그 이전에 대한제국과 대일본제국 간에 체결된 모든 조약 및 협정이 이미 무효임을 확인한다.

"이미 무효"라는 모호한 문구가 두 나라를 적절히 만족시켜 주었습니다. 한국은 "과거의 조약들이 체결 당시부터 불법이었기 때문에 무효"라고 해석할 수 있었고, 일본은 "체결 당시는 합법이었으나 국교를 정상화하는 시점에서는 이미 무효"라고 해석할 수 있었기 때문입니다.

이렇게 체결된 한일 기본 조약은 반대가 심한 두 나라 국민에게 협상의 결과를 설명하고 설득하는 데 편리했습니다. 하지만 이로 인해 과거사에 대한 두 나라의 생각은 지금까지도 평행선을 유지하고 있습니다. 잘못 끼워진 이 첫 단추가 오랜 시간이 지난 지금까지도 한일 관계 발전의 걸림돌이 되고 있는 셈입니다.

평화로운 한일 관계를 위하여

한번 맺은 조약을 깨는 일은 쉽지 않습니다. 외교는 국가 간 신뢰가 바탕이 되어야 합니다. 1965년 한일 기본 조약의 체결 과정은 아쉬움이 남지만 지난 조약은 조약대로 인정하고 미래를 위한 지혜를 모으는 게 현명합니다. 그런데 정치적·외교적 해결 방법은 멀게만 느껴집니다. 또 우리가 지금 당장 처리할 수 있는 해결 방안도 되지 못합니다. 그렇다면 과거사 문제를 해결하고 평화로운 한일 관계를 만들기 위해 우리는 무엇을 할 수 있을까요?

2019년 일본의 수출 규제 조치로 발생한 한일 간의 갈등 이슈에 "NO 일본"이라는 구호 대신 "NO 아베"라는 구호로 대처하는 시민들의 모습에서 모범답안을 찾을 수 있습니다. 무분별한 반일 감정은 자제해야 합니다. 일본이나 일본인 전체를 싸잡아서 비난할 것이 아니라 과거사를 반성하지 않고 왜곡 선전을 하는 극우 정치인을 꼭 집

2019년 일본의 수출 규제 조치로 발생한 한일 갈등 이슈에 시민들은 "NO 일본"이라는 구호 대신 "NO 아베"라는 구호로 대처했다.

어 비판해야 합니다. 반일 감정에 휩싸여 일본이나 일본인 전체를 비난하면 합리적인 대화가 불가능해지고 반감만 커지기 때문입니다.

한국과 일본 국민이 가장 경계해야 하는 사람은 '혐오'를 부추기는 정치인입니다. 그들이 말하는 '혐오'와 '적대감'은 국가의 자존심을 세우는 것처럼 보이지만, 실제로는 국민의 삶을 억압하고 권력을 장악하기 위한 도구로 활용될 가능성이 큽니다. 한국의 독재 정권이 북한에 대한 적대감을 자극해 권력을 유지했던 것과 일본의 아베 정권이 각종 스캔들로 위기에 처할 때마다 한국 혐오(혐한) 감정을 자극해 위기를 벗어나고자 했던 것을 보면 잘 알 수 있습니다.

현재 한국과 일본 국민이 먼저 해야 할 일은 잦은 교류를 통해 과거사에 대한 공감대를 형성하고 각자 현명하게 투표하여 평화를 사랑하는 좋은 정치인이 나라를 운영하도록 하는 것입니다. 한일 관계를 자신의 권력 유지에 이용하지 않고 동아시아 평화를 위한 외교적 노력으로 발전시키는 정치인들이 정부와 국회를 이끈다면, 한일 간에 합리적이고 발전적인 합의가 가능할 것입니다. 정치와 외교의 변화를 이끌고 평화로운 한일 관계를 만드는 원동력은 국민 한 사람 한 사람의 인식 변화와 투표 같은 참여에 있다는 것을 꼭 기억하기 바랍니다.

찾 아 보 기

〈1987〉 429, 433

1차 세계대전 343, 344, 357

1책 12법 63

3·1 운동 332, 343,
347~348, 356, 358~359,
407~408

4·19 혁명 419

4군 6진 194

5·16 군사 정변 404

5·18 민주화 운동 420

5대 10국 시대 133

6·10 만세 운동 359,
363~365

6·15 남북 공동 선언
437~438

6·25 전쟁 402~404,
414~415

6두품 52~53, 107, 114~116

6월 민주 항쟁 435

8조법 63

NO 아베 443

ㄱ

가깝고도 먼 나라 441

〈가락국기〉 45

가야 46, 49~50, 56, 70~73,
76, 96

각저총 68, 79, 85

간관 182

간도 301, 339~340,
352~354

간도 참변 353~354

갈밭 마을 남자 260

갑술환국 214, 237

갑신정변 287~289, 297,
300, 306

갑오개혁 187, 299~300,
305, 331

갑자사화 207~208

강감찬 135~136

강동 6주 134~136

강제 이주 388, 390

강제 징용 피해자에 대한 일본
기업의 배상 책임 441

강조의 난 135

강화도 조약 248, 270,
281~283, 291~292

개로왕 41, 60~61

개성 공단 439

개항 반대 280

객주 292~293

거란 49, 112, 132~135,
160, 162, 164~165, 168

거창 신씨 161

건국자 34, 45, 111

겨울 공화국 426

견훤 119, 124~125

결초보은 37

《경국대전》 204, 227~228

경신환국 214, 236

경원 이씨 142~144

경제 개발 5개년 계획
422~423

경제 성장 414, 422~424
경주 설씨 161
계단식 돌무지무덤 79~80
〈고구려본기〉 36
고국원왕 48
《고금도서집성》 253
고등학생의 일기 418, 420
《고려대장경판》 165~167
고려인 146, 161~162,
　164~166, 168, 390~391
고령가야 71
고인돌 22~26
고조선 27~34, 63, 242
고종 258, 272, 275~276,
　280~281, 283, 288, 300,
　302~310, 318, 322~323,
　327, 329, 343, 345, 359,
　389
고종의 길 302, 305
고종의 장례식 343
곤지 41, 61
골품제 51~53
공납 201~202, 260~261
공노비 185, 300
공론 210, 213, 236
공민왕 169~171
공산주의 240, 356~357,
　359~361, 429
과거 114~115, 127,
　150~153, 156, 158,
　177~179, 183, 186~187,
　254
과거 제도 115, 177, 179
《관보》 406~407, 409
관료전 104~106
관민공동회 301, 308
관학파 205~206

광개토대왕 47~50, 56~57,
　65, 72
광개토대왕릉비 49, 56
광부와 간호사의 서독 파견
　423
광종 129~131, 142, 162
광주 학생 항일 운동 359,
　364~366
광해군 175, 214, 222, 235,
　238
구미위원부 350
구석기 시대 14~17
구지가 46, 70
국가 총동원령 371
국무총리 349~350
국자감 150~153
국자감시 151
군국기무처 300
군신공치 210
군역 199, 203~204,
　260~262
군정의 문란 262
궁예 118~121
권문세족 168~171
귀주 대첩 135~136
균역법 252, 261
근대화 268~270, 279,
　281~282, 284, 288, 300,
　321~323
근우회 359
근초고왕 48, 57, 56, 65, 68
근친혼 141~143
《금강삼매경론》 108
금관가야 44~46, 49, 56,
　71~72
급진 개화파 288~289, 300,
　306

급진파 사대부 171
기묘명현 212
기묘사화 207~208
기사환국 214, 237
기유각서 328
기지촌 여성 382~383
기황후 169~170
김근태 430, 432
김수로 44
김원봉 368, 370
김유신 96~97
〈김유신 열전〉 96
김익상 368~369
김준엽 371~374
김충선 216~218

ㄴ

나무아미타불 107, 109
나석주 334, 336~337
난전 243~244
남귀여가혼 189
남북국 시대 100, 103
남북조 시대 68
남영동 대공 분실 429~430,
　432~433
남인 213~214, 226~228,
　230, 236~238, 241,
　257~258
〈남한산성〉 223
납세 197
내지 무역 293
노론 213~214, 251, 258
노리사치계 76
노블레스 오블리주 342
노비안검법 130

녹봉 186
녹읍 104~106
능산리 고분군 80

ㄷ

단군 27~30, 160~162
단군 신화 27, 29~30
단일 민족 97, 160~163
단지 동맹 315
당나라 96~97, 101, 105,
　108, 110~111, 114~116,
　133
당백전 277
당차 94
당파성론 215
대가야 36, 49, 71~72, 77
대간 181~183
대과 177, 179
대관 182~183
대성동 1호분 38
《대승기신론소》 108
대조영 110~111, 113
대통령 103, 274, 309, 327,
　341, 343, 347, 349~351,
　405, 408, 411~412, 432,
　434, 437~438
대한 독립 만세 345~346,
　363~364
대한 부인 구제회 320
대한민국 임시 정부
　347~349, 351, 356, 370,
　373, 395, 407, 409~411
대한민국 정부 수립 408
대한인 국민회 320
덕수 장씨 161

데니스 텐 389~390
도굴 82, 278
도쿄 조선기독교청년회관
　345
〈독립 선언문〉 344~346
《독립신문》 306~309, 376
《독사신론》 97
돌무지 덧널무덤 78, 81~82
돌방무덤 78~81, 85, 113
《동국통감》 28~29
동도서기 270
동양척식주식회사 334~337
〈동이전〉 35, 41
동인 213~214
동족 마을 191
〈동천왕조〉 36
동학 265, 295, 344
동학 농민 운동 265, 296,
　298~299
두품 52~53

ㅁ

만민공동회 308~309
만석보 사건 295
《말모이》 377~378
명경업 151
명나라 193~196, 222, 225,
　233, 235
모곡 263~264
모비우스 15~17
모스크바 3국 외상 회의 309,
　400~402
몽골 145~149, 158, 161,
　165, 168, 340, 390
묘호 174~175

무과 179~180
무령왕릉 59~60, 80, 82
무오사화 207
〈무왕조〉 90
무용총 79, 83~85
문과 179~180, 183
문명개화론 269
문무왕 96, 104
문벌 138, 143
문중 188, 191
미군 위안부 382
미군정 394~397, 401, 411
미륵불 118, 120~121
미륵사지 석탑 90~91
민간인 학살 402~404
민비 283~286, 303
〈민족개조론〉 333
민족 자결주의 원칙 343
민족주의자 358~360
민주적 사회주의 361
민주주의 182, 307, 327,
　356, 366, 404, 407, 426,
　428, 434~435

ㅂ

바닷길 67~68
바둑판식 고인돌 24
박성춘 부자 301, 308
박종철 433~434
박지원 187, 239
박혁거세 44~45
반민족 행위 특별 조사 위원회
　(반민특위) 411
반탁 389~401
《발해고》 101

발해를 꿈꾸며 100,
 102~103
발해사 101, 111~112
방납 202
베트남 전쟁 파견 423
벽돌무덤 80, 82
별기군 284~285
별무반 137, 139
병인양요 273, 278
병자호란 221, 223~224
보부상 245~246
복수법 128, 130~131
복시 179~180
복천동 38호분 72
본관제 126
봉오동 전투 341, 352, 391
봉족 203
부마국 148~149
부족장 22, 45~46, 51,
 64~65
북벌론 224~245
북인 213~214
《북학의》 241
분경금지법 183
불교 48, 65, 75, 81,
 107~109, 165~167, 232,
 276, 345
붕당 209, 211~215, 226,
 229, 236, 252~255
비단길 67
비준 327, 329
빈공과 115~116
빈부 격차 24, 240, 424
빗살무늬 토기 18, 20~21
〈뽀롱뽀롱 뽀로로〉 439
빨갱이 361, 404, 410~412

ㅅ

사간원 182
《사기》 32, 34
사교육 150, 152
사노비 185~186
사대 193~196
사대주의 193, 194
사도세자 251~254
사림파 206~209
사명대사 218~219
사설시조 248~249
사심관 제도 126
사절단 61, 68, 134,
 194~195, 219, 225, 239,
 281, 307, 323
사학 12도 150, 152
사헌부 182~183
사회민주주의 361
사회주의 354, 356~359,
 360~361, 363~364
사회주의자 358~360, 364
산상왕 39~41
살수 대첩 94
삼국 간섭 302
《삼국사기》 36, 54, 60, 93,
 96~97
삼국 시대 54, 56~59,
 63~67, 78, 81, 87, 101,
 107, 119, 188
《삼국유사》 27~28, 45, 70,
 87, 90~91, 162
《삼국지》 35, 41
삼정이정청 265
상경성 110, 113
생원 178, 179

서당 177, 249, 332
서동요 88
서민 문화 247~248
서아시아 15, 66~67
서얼 241~242, 249
서역 66~69, 145, 291
서인 41, 213~214, 222,
 226~228, 230, 236~238
서재필 288~290, 306~307,
 309
서태지 100, 102~103
서희 132~134, 136, 448
석촌동 고분군 80
선조 67, 175, 213~214,
 218, 222, 235, 389
선화공주 87~91
성골 52
성균관 177~179, 205
성덕왕 106
성리학적 명분론 196
성리학적 이상 정치 208, 212
성종 135, 142, 175,
 205~208, 212
세계기록유산 164~167,
 271, 420
세일즈 외교 274
세조 174~175, 205~208,
 212
세조반정 206~207
세종 174~175, 193~1394,
 196, 199~200, 212, 238,
 375
소가야 71
소과 177~179
소그드인 69
소 떼 방북 437

소론 213~214
소손녕 134
소수림왕 48~49, 65
소중화론 235
소현세자 223~224, 227~229, 235, 256
《송막기문》 112
송산리 59, 80
수나라 92~95
수렵도 79, 84
수령7사 183
수 문제 92~93
《수서》 93
수 양제 93~94
수요 시위 379, 382
수저론 187, 361
수정목 공문 170
숙종 137~140, 143, 234~238, 255
순교자의 땅 259
순장 35~38
순조 214, 255, 258
순종(고려) 143
순종(조선) 302~303, 323, 326~329, 359, 359, 363~364
순종의 장례식 363~364
시무책 10조 116
시전 243~244, 314
시집간다 188
식민 사학 215
신간회 358~360, 364
신기군 137
〈신라본기〉 36
신문왕 104~105
신법 138~140
신보군 137

신분제 116, 186~187, 241, 248, 257, 269, 289, 299~300
신유박해 258
신재효 248
신진 사대부 170~171, 193
신채호 97, 350, 368
신흥무관학교 338, 340~341
실크로드 67~68
실학자 101, 239~242, 257
《심양 일기》 223
《십문화쟁론》 109
쌍기 162
쌍릉 89
쌍성총관부 170
《쌍화점》 161

ㅇ

아관파천 303~306, 308
아담 샬 224, 256
아라가야 71
아리타 219~220
아베 443~444
아편 전쟁 269
〈아름다운 청년 전태일〉 424
아프라시압 궁전 벽화 68
〈안사람 의병가〉 311
안악3호분 79, 85
안중근 313~316, 390
암사동 20
암행어사 184, 238
〈애절양〉 262
약탈 경쟁 24
얄타 회담 399
양방매 312

언문 375~376, 378
엄격한 법, 그래도 법 131
여수 순천 10·19 사건(여순 사건) 403, 405
여운형 395, 401
여전제 240
연나라 31, 33
연대 책임 126, 159
연분9등법 199~201
연산군 175, 207~208, 212, 234
연우 40
연해주 101~102, 113, 314~315, 334, 336, 348, 388~390
영남 만인소 사건 281
영정법 201, 261
영조 175, 214, 234, 238, 241~242, 252, 255, 257~258
예부시 151~152
예송 226, 228~230, 236
《오대회요》 111
옥양목 292
온건 개화파 284~289
온달 54~55, 57
〈온달조〉 54
왕건 54
왜양일체론 119~121, 124~129, 132~133, 138, 141~142
요나라 133~136, 145
요역 198, 204
용광로 23
운제 94
원납전 277
원자폭탄 384~386, 394

원효 107~109
위만 31~34
위만 조선 28, 31, 33~34
〈위서〉 35
'위안부' 379~383
위정척사 운동 279,
　　280~282, 311
위진남북조 시대 92
위훈 삭제 사건 209
유교 꼰대 281
유득공 101, 241~242
유형원 240
윤관 137~140
윤지충 257~258
윤희순 311~312
율령 48, 63~65
을미사변 303, 310~311
을미의병 310~311
을사늑약 313, 326~327,
　　442
을사사화 207, 209
을사의병 310~311
음서 150~151
《의궤》 271~274
의상 107~108
의열단 336~370
이동휘 349~350, 358
이민 317~319, 336
이삼평 219~220
이소노카미 신궁 74
이슬람 상인 161, 291
이승만 341, 347, 349~351,
　　401, 403~404, 408,
　　411~412
이승훈 257, 345
이시영 341~342, 349
이양선 277~279

이익 240
이자겸 141, 143, 144
이조 전랑 213
이회영 312, 338~341
익산 89~90
인조 175, 201, 221~224,
　　227~229, 235, 256
인조반정 196
《일본서기》 41, 61, 77
일부일처제 156
일체유심조 108
임나일본부설 76~77
임오군란 283~284,
　　286~287, 293
임진왜란 196, 201, 216,
　　218, 219, 221, 235, 244,
　　277
임천 이씨 161

ㅈ

자유 언론 실천 선언 427
자유시 참변 354~355, 391
자의대비 227~229
잡곡 23
잡과 179~180
잡업 151
장가간다 188
장발 단속 426
장수왕 49, 56~57
재산 상속 41, 190
전곡리 16~17
전기수 249~250
전봉준 295~296, 298
전분6등법 200
전세 198~199, 200~201,

260~261
전시 179~180
전정의 문란 261
전태일 422~424
접객도 79, 84
정묘호란 222
정미7조약 310, 328
정미의병 310~311
정병 203
정선 231~232
정신대 문제 대책 협의회(정
　　대협) 380, 383
정약용 240, 253~254, 258,
　　262
정전 협정 416~417
정조 174, 204, 214, 232,
　　238~239, 241, 251~255,
　　257~258
〈정조대왕능행도〉 254
정종 129, 175
정주영 437
정착 생활 19
제네바 회담 416
제단 26
제사장 30
제술업 151, 153
《제왕운기》 162
제정일치 사회 30
제주 4·3 사건 403, 405
제중원 301
조공 무역 195
조병갑 295~296
조선 건국 준비 위원회 395
《조선말 큰사전》 378
《조선왕조실록》 208,
　　271~272
조선 의용대 360, 370

조선 총독부 331, 333, 367, 369, 395~397, 408
조선공산당 358~400
조선독립단 312
조선식산은행 336~337
조선어학회 377~338
조선중화론 225
〈조선 혁명 선언〉 369
《조선책략》 281~282
조영 수호 통상 조약 293
〈조의제문〉 208
종갓집 191
종법 230, 234~235
종전 선언 415, 417
주먹도끼 14~17
주먹도끼 문화권 15, 16
주몽 44~45
주시경 376~378
《주자가례》 229
중계 무역 32, 67, 70, 72, 292, 293
중앙 집권 국가 57, 63, 72
중앙아시아 66~67, 69, 113, 388~389, 390~391
중종 207~209, 212
중종반정 208
중체서용 269~270
중화사상 193
지산동 고분 36~37
지신허 마을 102
지증왕조 36
진경산수화 231~233
진골 52~53, 105~106, 114, 116, 118~119
진사 178
진흥왕 57, 65, 69
짜장면 306, 323

찍개 14~16
찍개 문화권 15~16

ㅊ

처가살이 156, 188
천도교 344, 345, 359, 364
천마총 69, 81
천민 158, 186~187, 241, 300
천주교 성인 256, 259
《천주실의》 256
천하관 192~194, 196
철기 22~23, 31~32
철기 시대 22~23
청동기 23, 27, 29
청동기 시대 22~25, 29
청산리 전투 341, 352~353, 355
청일 전쟁 299~300, 302
초시 179
초원길 67~68
《초조대장경》 164~165
최치원 114~116
최혜국 대우 293
《춘향전》 184, 249
친영 189
친일파 314, 333, 397, 398, 401~403, 410~413
《친일 인명 사전》 412
칠지도 74~77

ㅋ

카이로 회담 395, 399
커피 322~323

쿠빌라이 147~148

ㅌ

탁자식 고인돌 24~25
탄생 신화 45
탄핵 209, 347, 350~351, 411
탈춤 248
태조 132~133, 138, 142, 174~175, 208
태형 331~333
테러리스트 313, 315~316
토기 18~21, 25, 113
토황소격문 116
통감부 326, 328~329, 331
통구 68
통일 신라 100~101, 114~115, 118

ㅍ

판문점 103, 415, 437, 439
판소리 184, 248
《팔만대장경》 164~167
평강공주 55
평창 동계 올림픽 439~440
평화 협정 체결 415
풍수지리설 276
핑매바위 26

ㅎ

한강 49, 54~58, 65, 69, 422
한국광복군 351, 370

한글 소설 248~250
한일 국교 정상화 442
한일 기본 조약 386, 423, 443
한일 병합 조약 301, 326~329
한전론 240
항마군 137
해동성국 110, 113
해방 47, 186, 301, 320, 341,
  357, 363, 378, 382, 394,
  396~397, 399~402, 405,
  411, 442
햇볕 정책 436, 438
향공시 151
향교 152, 177
《허생전》 187
헌병 경찰 330~333
헌의 6조 308~309
형사취수제 41
혜종 129
호우명 그릇 47~48
호우총 47~48
호족 53, 118~119, 121,
  124~129, 133, 142, 212
호포법 277
홍경래의 난 264~265
화산 이씨 161
화성 204, 251~255
화친 134, 147, 149, 280
환곡의 문란 263
환국 정치 236
황남대총 36, 69, 81
황사영의 백서 사건 258
황성신문 313
황소의 난 116
황포군관학교 370,
후고구려 119, 125
후금 222~223

후백제 119~120, 125
후삼국 시대 119, 125
후삼국 통일 125, 130
후진 133
훈구파 206~207
훈민정음 194, 375
휴전 218, 415
흥선대원군 258~259, 270,
  272, 275~278, 280, 283,
  285~286, 303

사 진 출 처

15쪽 찍개와 주먹도끼 ⓒ 국립중앙박물관

20쪽 빗살무늬 토기 ⓒ 국립중앙박물관

25쪽 강화 부근리 고인돌 ⓒ 북앤포토

26쪽 전남 화순 핑매바위 ⓒ 북앤포토

28쪽 《삼국유사》 고조선 부분 ⓒ 한국학중앙연구원 장서각

36쪽 경북 고령 지산동 44호분 발굴 당시 모습 ⓒ 경북대학교 박물관

38쪽 경남 김해 대성동 1호분 덧널무덤 복원 모습 ⓒ 대성동고분박물관

48쪽 호우명 그릇 ⓒ 북앤포토

55쪽 온달산성 ⓒ 북앤포토

60쪽 무령왕릉에서 출토된 지석과 석수 ⓒ 문화재청 국가문화유산포털

68쪽 아프라시압 궁전 벽화 ⓒ 문화재 디지털 복원가 박진호 제공

69쪽 황남대총 유리병과 잔, 경주 계림로 보검 ⓒ 문화재청 국가문화유산포털

72쪽 가야 시대 철제 갑옷 ⓒ 문화재청 국가문화유산포털

75쪽 칠지도 모사품 ⓒ 국립중앙박물관

79쪽 고구려 장군총 ⓒ 위키미디어 | Prcshaw

80쪽 석촌동 고분군 2호분 ⓒ 위키미디어 | Hahyejin

80쪽 무령왕릉, 능산리 고분군 1호분 ⓒ 문화재청 국가문화유산포털

84쪽 무용총 〈접객도〉 ⓒ 북앤포토

85쪽 무용총 〈수렵도〉 ⓒ 국립문화재연구소

89쪽 쌍릉 ⓒ 아카이브코리아 | 게티이미지코리아

90쪽 복원된 미륵사지 석탑 ⓒ 국립문화재연구소

91쪽 미륵사지 석탑 금판 ⓒ 국립익산박물관

102쪽 지신허 마을 옛터 기념비 ⓒ 한국외대 임영상, 이병조, 김동훈

113쪽 발해 유물 ⓒ 국립중앙박물관

115쪽 최치원 초상화 ⓒ 국립중앙박물관

139쪽 〈척경입비도〉 ⓒ 고려대학교박물관

166쪽 《고려대장경판》 ⓒ 문화재청 국가문화유산포털

189쪽 김준근의 〈장가가고〉 ⓒ Archive Room | Alamy Stock Photo

217쪽 달성한인우호관 ⓒ 연합뉴스

219쪽 아리타 마을 ⓒ 장용준

220쪽 이삼평 비 ⓒ 박용준

233쪽 김홍도의 〈사인암도〉 ⓒ 문화재청 국가문화유산포털

245쪽 김홍도의 〈행상〉 ⓒ 문화재청

249쪽 전기수 정규헌 ⓒ 연합뉴스

253쪽 수원화성 ⓒ 셔터스톡

272쪽 외규장각 《의궤》 ⓒ 연합뉴스

284쪽 신식 군대 별기군 ⓒ계명대 동산의료원 정성길 명예박물관장 소장

288쪽 갑신정변의 주역들 ⓒ 독립기념관

298쪽 잡혀가는 전봉준 ⓒ 독립기념관

304쪽 러시아 공사관 ⓒ 북앤포토

307쪽 독립신문 ⓒ 국립중앙박물관

308쪽 관민공동회 그림 ⓒ 독립기념관

311쪽 〈안사람 의병가〉, 윤희순 초상화 ⓒ 강원대학교 중앙박물관

315쪽 단지동맹 기념비 ⓒ 위키미디어 | Minewater

316쪽 재판받는 안중근 ⓒ 안중근의사기념관

318쪽 하와이 한인들 ⓒ 연합포토

319쪽 하와이 신부들과 아이들 ⓒ 조선일보 | 뉴스뱅크

322쪽 덕수궁 정관헌 ⓒ 위키미디어 | Kimhs5400(블루시티)

328쪽 한일 병합 조칙(일본) ⓒ 서울대 국사학과 이태진 명예 교수

328쪽 한일 병합 조칙(한국) ⓒ 이태진,《일본의 한국병합 강제연구》

335쪽 동양척식주식회사 ⓒ 위키미디어

341쪽 귀국길에 오른 임시 정부 요인 ⓒ 우당이회영기념관

344쪽 조선청년독립당 ⓒ 독립기념관

346쪽 3·1 운동 당시 만세 시위를 벌이는 사람들 ⓒ 서문당

348쪽 상하이 임시 정부 첫 청사 ⓒ 경기도박물관

349쪽 상하이 임시 정부의 이승만 대통령 환영회 ⓒ 독립기념관

363쪽 순종의 장례식 ⓒ 서문당

370쪽 조선의용대 ⓒ 위키미디어

373쪽 광복군 활동 당시 김준엽 ⓒ 위키미디어

377쪽 우리말 사전 원고 ⓒ 국립한글박물관

380쪽 고 김학순 할머니의 기자회견 ⓒ 경향신문

382쪽 1400차 수요시위 ⓒ 데일리안 | 뉴스뱅크

387쪽 합천 원폭 피해자 복지회관 ⓒ 합천원폭피해자복지회관

389쪽 데니스 텐 ⓒ 위키미디어 | Aleksandr Veprev

396쪽 총독부 건물에서 내려지는 일장기, 게양되는 성조기 ⓒ NARA

399쪽 1945년 12월 27일 자《동아일보》신탁 통치 기사 ⓒ 동아일보

405쪽 제주 4·3 사건 희생자 위령제에서 묵념하는 노무현 대통령 ⓒ 노무현재단

407쪽 대한민국《관보》1호 ⓒ 국가기록원

408쪽 대한민국 정부 수립 국민 축하식 ⓒ 연합뉴스

412쪽 반민특위에 체포된 최린 ⓒ 조선일보 | 뉴스뱅크

415쪽 정전 협정 조인 장면 ⓒ 위키미디어

416쪽 정전 협정 조인서 ⓒ 위키미디어

419쪽 이재영의 일기 ⓒ 대한민국역사박물관

420쪽 주소연의 일기 ⓒ 연합뉴스

423쪽 전태일 동상 ⓒ 북앤포토

426쪽 장발 단속 ⓒ 동아일보 | 뉴스뱅크

434쪽 이한열 열사 장례식 ⓒ 주립희, (사)이한열기념사업회

437쪽 정주영 회장의 소 떼 방북 ⓒ 조선일보 | 뉴스뱅크

440쪽 2018 평창 올림픽 개막식 남북한 선수 동시 입장 장면 ⓒ 한국일보 | 뉴스뱅크

444쪽 'NO 아베' 시위 ⓒ 연합뉴스

글쓴이

전국역사교사모임과 전남역사교사모임 회원으로 만나 함께 공부하고 있는 교사들이다. 중·고
등학교에서 역사 수업을 하며 시간이 부족해 미처 다 설명하지 못한 역사 지식이나 새롭게 대
두되는 학설 등을 재미있으면서도 쉽게 학생들에게 전달하기 위해 이 책을 썼다.

권사라 특성화 고등학교에서 역사를 쉽게 가르치기 위해 노력하는 생각이 자유로운 교사
김영옥 하나의 주제를 꼼꼼하게 파고들어 글로 엮는 능력이 탁월한 재주꾼 교사
류지은 발상이 자유롭고 촘촘하게 짜 맞춘 글쓰기에 능한 살림꾼 교사
박래훈 학생들의 눈높이에 맞춘 쉽고 재미있는 글쓰기에 능한 팔방미인 교사
백종일 역사를 보는 안목이 남다르고 새로운 시각으로 주제에 접근하는 참신한 교사
백형대 역사 연구자들에 의해 대두되는 학설을 쉬운 글쓰기로 잘 엮어 낸 학구파 교사
봉창훈 역사 흐름을 정리하여 체계화하는 안목이 탁월한 꼼꼼이 교사
양홍석 현대사를 보는 시각과 이를 해석하는 능력이 뛰어난 생각이 곧은 교사
장용준 이 책을 기획하고 학생들의 눈높이에 맞추기 위해 힘쓴 전직 교사

그린이 **이병익**

만화와 일러스트를 그립니다. 《조선일보》에 〈뉴스 속의 한국사〉 〈미술관에 갔어요〉 〈창의 퀴
즈〉 〈고전은 내 친구〉 〈책으로 보는 세상〉 〈고전과 철학〉 등을 그렸고, 《소년중앙》에 만화 〈튜보
와 현이의 코딩 여행〉을 연재했습니다.

역사선생님도 궁금한
101가지 한국사질문사전

1판 1쇄 발행일 2021년 3월 5일 **1판 3쇄 발행일** 2022년 5월 20일

글쓴이 박래훈 외 8명
그린이 이병익

펴낸곳 (주)도서출판 북멘토 **펴낸이** 김태완
편집주간 이은아 **책임편집** 변은숙 **편집** 김경란, 조정우
디자인 키꼬, 안상준 **마케팅** 이상현, 민지원, 염승연

출판등록 제6-800호(2006. 6. 13.)
주소 03990 서울시 마포구 월드컵북로 6길(연남동 567-11), IK빌딩 3층
전화 02-332-4885 **팩스** 02-6021-4885
ⓘ bookmentorbooks_ _ 🅕 bookmentorbooks ✉ bookmentorbooks@hanmail.net

ISBN 978-89-6319-406-6 43910